아름다운
외출

아름다운 외출
페미니즘, 그 상상과 실천의 역사

지은이 실라 로보섬
옮긴이 최재인
편   집 손소전
펴낸이 송병섭
펴낸곳 삼천리
등록 제312-2008-121호
주소 121-820 서울시 마포구 망원동 376-12
전화 02) 711-1197
팩스 02) 6008-0436
이메일 bssong45@hanmail.net

1판 1쇄 2012년 6월 1일

값 23,000원
ISBN 978-89-94898-07-0 03900
한국어판 ⓒ 최재인 2012

아름다운
외출

| 페미니즘, 그 상상과 실천의 역사 |

실라 로보섬 지음 | 최재인 옮김

삼천리

차례

새날을 꿈꾼 여성들

여성의 '영역'을 넘어

1902년, 미국의 여성참정권 운동가이자 소설가인 위니프리드 하퍼 쿨리(Winifred Harper Cooley)는 20세기에는 거대 석유회사들과 고한 작업장, 빈민가가 없어지기를 꿈꾸었다. '풍성한 주름의 우아한 드레스'를 입은 '빛나는' 여성인 쿨리는, 백 년 뒤에는 누구도 집이 없어서 혹은 일자리가 없어서 거리를 배회하는 일이 없을 것이라고 생각했다. 그날이 오면 세계의 노동은 평등하게 나뉘어 사람들은 하루에 다섯 시간만 노동해도 될 것이라고 생각했다.[1] 몇 년 뒤 영국으로 가서 크루 지역의 의류 노동자가 되고, 뒷날 사회주의자이자 페미니스트가 된 에이다 닐드 추(Ada Nield Chew)는 "지금 우리가 처한 대부분의 문제는 여태껏 살아온 모습, 그리고 현재를 아주 바람직한 것으로 여기고 숭상하는 오랜 버릇 때문"이라고 선언했다.[2]

낙관적으로 미래를 상상하는 능력은 19세기 말과 20세기 초 미국과 영국 두 나라 개혁가들과 급진주의자들의 특징이었다. 여성참정권운동과 궤를 같이하면서, 그리고 페미니스트와 반페미니스트가 서로 연관되어 있는 가운데, 일상과 문화를 바꾸려는 다양하고 독특한 시도들이 진행되었다. 1880년대 이래 사상과 활동은 성찰과 제안, 정책과 유토피아적 조망의 소용돌이 속에서 서로 영향을 주고받았다. 탐구적이고 탐험적인 열정은 책이나 논문뿐 아니라 운동, 조직, 지역 단체와 프로젝트에서도 나타났다. 남성과 함께 여성도 일상을 바꾸려는 기류에 휩쓸려 들어갔다. 사회적 환경은 변화될 수 있으며, 세상을 보는 관점뿐 아니라 사는 방식도 변할 수 있다는 신념은 '할 수 있다'는 기풍을 낳았고, 이런 현상은 특히 미국에서 두드러졌다.

이런 열기는 놀라운 기술 발전과 패러다임의 변화를 가져온 발견, 그리고 인습 타파에 나선 예술 덕분에 더욱 고조되었다. 국제무역과 투자의 규모가 유례없이 커졌고, 생산과 소비가 새로운 방식으로 조직되었으며, 통신과 도시 생활이 날로 발전하는 가운데 과거와 완전한 단절이 일어나고 있다는 믿음이 더욱 확고해졌다. 그러나 변화의 보폭이 빨라지면서 문제가 생겨나기 시작했다. 경쟁이 치열해지고 이윤율이 낮아지면서 1870년대와 1880년대에 걸쳐 경제 불황이 시작되더니 1890년대 중반까지 이어졌다. 1890년대 말부터는 인플레이션이 나타났다. 제어되지 않는 대기업의 힘과 우후죽순처럼 늘어나는 도시 빈민가 그리고 농촌 생활의 파탄 등을 경험한 노동자들은 새롭게 전투적인 태도를 취했다. 일부 중산층도 빈민의 처지에 불안감을 느껴 계급적 차원에서 평등의 문제를 제기했다. 남성뿐 아니라 여성도 저마다의 경험을 토대로 당시 등장해 있던 반체제적인 경제적·사회적 주장들에 힘을 실어 주어야 한다는 도덕적 압박감을 느꼈다. 중산층과 노동계급 여성들이 공공 영역에 진출하면서 이에 반대하는 세력과 맞닥뜨리게 되자 그들은 모성보호, 도덕적 정화, 계급적 충성심 등을 내세우면서 한정된 '여성의' 영역을 넘어서는 활동들을 정당화했다.

여성은 취업의 권리와 정치적 권리를 요구하면서 집 밖으로 진출했다. 그들은 여성이 남성에게 의존해 있고 종속되어 있다는 통념에 문제를 제기했다. 여성참정권운동을 통해 여성은 다른 형태의 불의와 불평등에도 저항하면서 사회경제 생활 전반에도 변화를 가져왔다. 이와 함께 자아실현과 인간의 존엄성을 추구하는 내면적 기대도 높아졌고, 개인적으로 존재 방식을 바꾸려는 노력들도 힘을 얻었다. 페미니스트들은 공공 영역 가운데 새 역할을 찾는 여정에서 여성이 어떠해야 하고, 무엇을 할 수 있는지에 대한 기존의 문화적 전제를 뒤흔들어 놓았다.

자전거는 이렇게 자체 추진력을 갖추고 물리적 혹은 심리적 투쟁을 했던 여성 전위의 상징이 되었다. 영국의 사회 개혁가 클레멘티나 블랙(Clementina Black)은 1895년 《여성의 소리》(Woman's Signal)에서 "자전거는 여성의 독립성을 다른 어떤 것보다 잘 보여 준다"고 선언했다. "여성이 보모나 하녀 또는 하인의 에스코트 없이 자전거를 탈 것이라고는 그 누구도 생각하지 못했다."[3] 여성이 관행을 벗어나기 시작했다는 것은 젠더의 제약이 느슨해졌다는 것을 의미했다. 남과 여, 공과 사의 관례를 둘러싸고 긴장이 격화되면서 분열 양상이 나타났다. 여성의 사회적·정치적 역할이 확대되는 것을 저지하고자 한 이들은 곧 '벨트 아래를 차는' 비겁한 공격을 해댔다. 이들은 운동에 참여하는 여성을 여성답지 못하고 부조리한 인물로, 혹은 지나친 성욕을 가진 광기 있는 인물로 희화화했다. 1894년 《펀치》(Punch)는 영국의 신여성은

'오로지 신문지와 잉크만' 먹고산다고 조롱했다. 뉴욕에서 '보헤미안 아가씨'들은 도덕성을 의심받았다.⁴ 자전거를 타든 안 타든 남정네의 보호 없이 혼자 활동하는 여성은 타락하기 쉽다고 생각했다.

변화를 요구하는 바깥 활동은 부메랑이 되어 존재와 관계라는 개인의 영역으로 되돌아왔고, 사생활과 공적 생활 사이의 경계는 더욱 모호해졌다. 교육을 통한 발전이나 고용 기회의 확대는 예상하지 못한 새로운 문화적·심리적 장벽을 드러나게 했다. 급진적 운동들과 함께 이에 대한 반발도 등장했고, 이들이 한 영역으로 결합되어 일으킨 저항이 다른 여러 영역의 반발로 이어지기도 했다. 1880년대부터 1920년대까지 3대에 걸쳐 미국과 영국의 여성들은 여러 측면에서 여성의 종속성에 도전했고, 인류의 경험이 어떻게 규정되고 분류되어야 하는가 하는 문제를 제기했다. 1912년 미국의 사회 개혁가 메리 비어드(Mary Beard)는 그 총체적 문제의식을 이렇게 요약했다. "일반적인 삶 속에서 고려되는 모든 것은 정치적이다."⁵

자신의 운명뿐 아니라 모든 일상과 문화를 바꾸려고 한 여성들은 선지자이자 모험가였다. 이들은 밑그림 수준의 지도만 가지고 미지의 세계로 나아갔다. 이들은 개인적 관계에서나 사회생활에서 전제로 삼고 있는 행동 규범에 용감하게 문제를 제기하며 앞으로 나아갔다. 또한 젠더 구분, 성에 대한 태도, 가족 관계, 집안일과 어머니의 역할, 기존의 소비 형태와 임노동의 조건 등을 문제로 삼았다. 이들은 몸에 대해 새롭게 접근할 것을 제안했고, 의생활과 식생활에서도 다른 대안을 추구했다. 또한 도시 공간이 어떻게 활용되는지, 여가 활동에 필요한 시간은 어느 정도인지, 노동의 목적은 무엇인지에도 관심을 두었다. 익숙한 것들을 거부하면서 인습을 깨뜨리는 프로젝트, 요구, 개념들이 등장했다. 이 과정에서 이들은 기존의 교육 방식을 비판했고, 지식 영역의 윤곽선을 새롭게 그렸으며, 문화에 대한 기존의 전제들을 뒤집었다. 미국 작가 케이트 쇼팬(Kate Chopin)은 새 정체성, 새 관계, 더 많은 새로운 것에 대한 여성들의 각별한 요구를 1899년 자신의 '신여성' 소설 《깨어남》(The Awakening)에서 분명히 보여 주었다.

그러나 새날을 꿈꾼 다양한 저항 운동가와 개혁가들은 하나의 단일한 집단을 이루지 못했다. 심지어 하나의 조류도 이끌어 내지 못했다. 이들의 저항은 여러 이질적인 출발점에서 자라난 것이었다. 이들을 움직인 것은 도덕적·사회적 붕괴에 대한 두려움, 불의에 대한 분노, 유토피아에 대한 꿈, 일상의 삶과 관계들을 개선해 가겠다는 의지였다. 전망이나 목적에서 이들은 전혀 통일성이 없었다. 기존 문화를 변화시키고자 했던 이도 있었고, 세계를 변혁시키려는 이도 있었다. 일부는 통제하면서 개선하기를 원했고, 일부는 자유와 해방을 추구했다. 게다가 이들은 저마다 다양한 사회적 배경을 갖고 있었다. 상위 중산층 출신들은 진지하게 특권을 포기하려 했다. 당시 증가하고 있던 중간계급 출신들은 교육은 받았지만 완전한 '숙녀' 대우는 받지 못했던 계층으로, 유동성이 높고 인습을 타파하려는 성향을 가졌다. 이들 가운데 노동계급 여성들은 단결을 추구했으며 인종 해방을 추구한 아프리카계 미국인 여성과 젠더적 유대감을 형성하며 걸음을 함께했다.

미국과 영국에서 새날을 꿈꾼 이들은 서로 다른 정치 문화에서 출발했다. 이들은 같은 여성이었지만 개개인으로 보면 자유사상가, 아나키스트, 사회주의자, 페미니스트, 공산주의자, 도덕적·사회적 개혁가, 자유주의자, 혁신주의자, 노동운동가, 보헤미안들, 성 급진주의자 또는 우생학의 열렬한 지지자였다. 이들의 관점은 극단적인 자유주의자에서부터 조직과 집단주의를 옹호하는 이들까지 다양했다. 내적인 변화를 추구하는 신비주의자도 있었고, 외부 개혁에 집중하기를 원하는 이도 있었다. 이들 가운데는 여성성이 특별한 가치를 지니고 있어 남성 위주의 공공 영역을 개선할 수 있을 것이라고 생각하는 이도 있었고, 젠더의 정체성은 언제나 유동적이라고 보는 이도 있었다. 참정권보다 사회적 변화가 중요하다고 강조하는 이도 있었고, 참정권이 더 큰 개혁으로 가는 길이라고 믿는 이도 있었다. 국가 차원의 계획을 신뢰하는 이도 있었고, 자발성과 직접행동을 중시한 이도 있었다. 생산성과 소비의 증가를 옹호하는 이도 있었고, 근검과 자조가 변함없는 해결책이라고 생각하는 이도 있었다. 기술이 일상의 잡무를 처리해 줄 것이라고 예상한 이도 있었고, 검소하고 소박한 삶을 진지하게 제기한 이도 있었다.

선지자들은 대립되는 지점에서 출발해 반대의 길로 접어들기도 했고, 해결 방식을 놓고 의견을 달리하기도 했지만, 이들이 가장 집착하는 문제의 상당 부분은 서로 겹치고 소통되었다. 이런 현상은 개인적 정체성과 공적 정체성을 가르는 경계선을 둘러싸고 뚜렷하게 나타났다. 영국과 미국 두 나라에서 공공 영역과 과감하게 대면한 여성들은 자신들이 젠더에 대한 통념을 뒤흔들고 있음을 깨닫게 되었다.

중산층의 도덕적·사회적 개혁가들은 흑인이든 백인이든 범죄와 빈곤을 퇴치하기 위해 노력했으며, 그 과정에서 의도하지는 않았지만 여성 개인의 역할과 활동 영역을 도시 빈민가로까지 새롭게 확장시켰다. 이는 자연스레 여성이 할 수 있는 일에 대한 생각을 바꾸어 놓았다. 아나키즘, 사회주의 또는 아프리카계 미국인 해방운동 등과 연관되어 있던 급진적 여성들은 공공 영역에서 활동하는 것 때문에 개인적으로 많은 문제가 생기는 지경에 놓였다. 일부는 젠더 문제에 대한 본격적인 논의가 왜 막연한 미래로 밀려나는지, 함께 운동하는 남성들 가운데 그들이 추구하는 자유가 여성에게는 적합하지 않다고 여기는 경우가 자주 있었는데 그 까닭이 무엇인지 의문을 품기 시작했다.

개인적인 관계에서 여성에게 여성적 태도를 기대하는 문화에 대해 회의가 일기도 했는데, 이는 외부의 권력이 일상을 침해했을 때 광범위한 저항으로 번졌다. 이는 대단한 충격이 되기도 했다. 외부 세계의 대기업과 근대 산업은 가정에서 생활하는 도시와 농촌 여성의 관습적 삶을 관통하면서 익숙한 것들을 파괴해 나갔다. 한편, 아프리카계 미국인에 대한 폭력적 공세는 여성으로 하여금 조직 활동에 나서도록 만들었다. 저항의 길로 나선 이들은 집단행동에 참여하면서 권력을 경험했고, 일부는 계속 참정권운동에 적극적으로 참여했다.

참정권운동에서 노동운동까지

여성의 처지가 변화하면서 이단적 행위가 등장할 공간이 새롭게 만들어졌다. 20세기 초까지 페미니스트 운동에서 급진적 여성들은 개인 해방에 관한 놀랄 만한 아이디어들을 내놓았다. 저항적인 보헤미안 여성들은 받아들여질 수 있는 여성성의 영역을 놓고 투쟁을 벌였고, 대안이 될 만한 성 정체성을 세우려고 노력했다. '모던한' 1920년대 여성들은 제1차 세계대전의 충격과 함께 전개된 이 모든 저항의 유산을 이어받았다. 이들은 평등한 미래 사회를 전망하며 이를 여성의 다양한 요구와 연계시켰고, 개인의 감정과 희망에 대해 새로운 관점을 분명히 표현했으며, 여성으로서의 경험을 토대로 좀 더 광범한 일상의 민주화를 이루기 위해 분투했다.

집단과 세대 사이의 분열은 결코 절대적인 것이 아니었다. 아주 다른 진영의 여성들 사이에서도 깜짝 놀랄 정도의 협력이 이루어졌고, 이들이 19세기 말부터 발전시켜 온 강한 네트워크들이 계속 확대되어 상당히 촘촘한 조직망을 형성했다. 이는 그 뒤로도 수십 년 동안 계속 이어져 왔다. 이들이 구상한 수많은 정치적 사안과 사회정책들이 이들 생전에 실현되지는 못했지만, 유토피아적 구상 가운데 일부는 훗날 주류 사회로 흡수되었다. 개인적 차원에서도 끊임없이 투쟁을 벌이며 새날을 꿈꾼 이들은 여성이 어떠해야 하고 어떻게 살아야 하는가에 대한 태도들을 바꾸는 데 일조했다. 상황이 더욱 호전될 수 있다는 확신은 문화의 모든 면에 영향을 끼쳤다. 그 모든 결과가 그들이 전망했던 것은 아니었지만, 모순되는 실험들 속에서 여성의 새로운 존재 방식이 등장했다.

영국과 미국 두 나라에서 변화를 자극하는 비슷한 요소가 나타났지만, 그것이 작동되는 맥락은 분명히 달랐다. 1880년 영국은 세계적인 경제 강국이었다. 반면 미국은 급속히 발전하고 있기는 했지만 패권 국가가 된 것은 1920년대에 와서다. 미국의 새로운 자본주의 체제는 귀족적 유산의 제약을 받지 않았다. 따라서 유럽보다 좀 더 혁신적이고 탐욕적이었다. 젊고 새로운 노동력을 계속 불러올 수 있었던 미국은 유례없는 경제적 발전을 이루면서 경쟁과 개인적인 자조에 더욱 가치를 두는 사회가 되었다. 재능 있는 이들은 어느 정도 신분 상승을 할 수 있었는데, 이는 영국에서는 거의 일어나지 않는 일이었다. 한편 미국에서는 대자본의 힘이 규제를 받지 않았고, 노동운동은 좀 더 폭력적이었으며, 미국의 고용주는 노동조합에 그다지 적응하려는 노력을

보이지 않았다. 미국의 노동자들은 인종과 민족으로 나뉘어 있어 영국보다 분열 양상이 훨씬 심각했다.[6]

미국의 백인 중산층 관찰자들은 대도시에 계속 들이치는 새로운 유행의 물결에 경악했다. 미국 남부에서 인종 분리와 폭력이 심해지면서 고향을 떠나온 흑인 이주자들은 유럽, 시리아, 일본, 푸에르토리코에서 온 수많은 이민자들과 생존 경쟁을 벌여야 했다. 외국에서 온 이민자들은 낡은 가방을 비롯한 짐 꾸러미들과 풍요의 땅에서 행복한 생활을 꾸려 나갈 꿈을 부여안고 항구에 도착했다. 미국 북부에도 인종마다 발전 단계가 다르다고 단정해 버린 진화론 때문에 사회 전반에 인종적 편견이 은근히 퍼져 있었고, 아프리카계 미국인들은 그런 편견을 감수해야 했다.

인종마다 타고난 자질이 다르다는 생물학계의 주장은 갈수록 인기를 끌었다. 워싱턴(Booker T. Washington)과 듀보이스(W. E. B. Du Bois) 같은 지식인 지도자들이 이런 주장에 맞서는 시도를 했다. 하지만 이들은 아프리카계 미국인 사회의 발전 전략을 놓고 의견을 달리했다. 워싱턴은 흑인들이 기술자로 성장할 수 있도록 지원하는 전략을 신중하게 펼쳤고, 듀보이스는 광범한 인문교육 속에서 백인 지식인의 헤게모니에 도전할 수 있는 재능 있는 흑인 엘리트를 키워 내야 한다고 주장했다. 한편 민중적 차원에서 아프리카계 미국인들은 그들만의 변혁 운동을 조직하고 독창적인 자조 조직들을 만들었다.

두 나라에서 변화를 추구한 운동과 조직의 구조와 과정은 상당히 달랐다. 영국에서는 20세기 초 노동당이 창당되면서 1880년대와 1890년대의 사회주의자와 아나키스트 조직들을 보완했다. 노동당은 특히 노동조합과 동맹 관계를 형성했다. 한편 미국에서는 1901년부터 1912

년까지 많은 선거들을 치르면서 사회주의당이 지지를 얻기는 했지만, 영국처럼 정당과 노동조합의 결합은 나타나지 않았다. 미국에서 19세기 말에 대안적인 협력을 추구한 쪽은 사회주의 조직들보다는 인민주의 운동이었다. 1890년대 이후 '혁신주의자들'로 이루어진 역동적인 연합체들은 노동조건과 생활 조건에 대해 국가가 규제해 줄 것을 요구했다. 혁신주의자들의 주장을 놓고 논란이 많았지만, 크게 보면 그들은 경쟁이 뒤따르는 상당히 혹독한 징후들을 개혁하려고 했다. 이들은 장기적으로 볼 때 규제되는 자본주의가 좀 더 효율적일 것이라고 생각했다. 온건한 변화를 요구하며 압력을 행사하는 이런 운동에서 여성들은 중요한 역할을 했다. 여성에게는 참정권이 없었지만 측면 지원을 통해서 지역정부와 국가 정책에 영향을 미쳤다.

영국에서 이에 견줄 만한 사상은 자유당 내의 급진파 또는 국가를 통한 점진적 개혁을 추구한 페이비언 사회주의자들 사이에서 찾을 수 있다. 자유주의자, 급진주의자, 사회주의자, 노동조합 운동가들은 국가적 차원의 법 개정 운동뿐 아니라 지역 차원의 법 개정 운동에도 열심이었다. 그 결과 여성도 폭넓은 연대를 형성할 수 있었다. 급진적인 중산층 여성과 노동계급 남성이 교육위원회에서 협력했고, 1890년대 이후에는 자유당과 여성노동운동 세력이 구빈법(빈민 구제법) 개혁을 위해 힘을 합쳤다. 1907년부터는 여성도 자치주와 자치 의회에 참여해 봉사를 했다. 지역자치정부는 여성에게 실제로 정치에 참여할 수 있도록 기회를 제공했고, 프로젝트를 위해 국가 자원을 활용할 수 있는 수단도 마련했다. 1888년에는 여성지역정부협회(Women's Local Government Society)가 설립되어 여성 후보가 지역정부 요직에 선출될 수 있도록 지원했고, 여성 활동가들은 여성의 요구를 대변하여 지역정부에 널리 알리는 역할을 했다.[7] 여성 노동자는 지역 의회를 통해 목욕탕이나 세탁실 같은 공공 편의시설을 확보할 수 있었다. 1920년대에 여성들은 기본적으로 서비스뿐 아니라 요금에서도 만족할 수 있기를 요구했다. 1926년 요크셔의 시플리에서 그룬디(Grundy) 여사는 지역 목욕탕협의회 회장한테서 여성도 남성과 똑같은 가격으로 터키식 열탕을 이용할 수 있다는 약속을 받아 냈다.[8]

제도적 차이는 있었지만 두 나라 여성들 모두 지역사회에서 다양한 형태의 자조 활동에 참여했다. 정치 영역 밖에서 여성들은 서로 힘을 합쳐 자율적인 영역을 창출해 냈고, 이를 통해 많은 여성들이 사회문제를 인식할 수 있게 되었다. 그중 가장 중요한 것은 1880년대 말부터 여러 도시와 소읍에 세운 사회복지관이었다. 남녀 할 것 없이 중산층 출신의 개혁가들이 여기저기 등장하면서, 빈곤에 대해 개인의 도덕적 책임을 강조하는 선교사들과 자선가들의 관점이 비현실적이라는 인식이 확산되었다. 실천적인 사회 활동을 강조한 영국 성공회와 그린(T. H. Green)의 신헤겔식 이상주의 철학에 영향을 받은 개혁가들은 저임금과 도시 슬럼에 만연한 빈곤의 구조적 원인에 주목했다. 목표는 세속적인 것이었지만, 그래도 그들은 기독교 정신을 버리지 않았다. 1888년 이스트런던에서 교육받은 중산층 연구자들과 개혁가들이 처음 복지관을 세웠을 때 이들은 가난한 이웃에 파견된 사회적 '선교사'로 불리기도 했다. 개혁가 토인비(Arnold Toynbee)를 기념하여 '토인비홀'이라고 이름 붙인 이 복지관은 미국의 유토피아 공동체들에서 영감을 받았다. 이후 토인비홀은 다시 미국의 복지관 운동에 직접적인 영향을 주었다. 미국의 사회 개혁가 제인 애덤스(Jane Addams)는 1889년 시카고에 여성 복지관 '헐하우스'를 세웠다.[9] 영국의 선례보다 좀 더 민주적이었던 헐하우스는 여성 노동조합에서 공공 부엌 사업에 이르기까지 다양한 운동의 중추가 되었다. 두 나라 모두에서 사회복지관은 여성이 새롭게 공공 역할을 할 수 있는 공간이 되었고, 복지와 고용을 위한 사회정책과 법안의 아이디어가 만들어지는 공간이 되었다.

복지관과 대학의 사회과학부 사이에도 관계가 맺어지기 시작했다. 여성 사회조사원들은 남성 조사원과 마찬가지로 지적인 영향을 받았고 도시문제로 어려움을 겪었지만 여성 고유의 경험을 십분 활용했다. 시카고대학은 사회학, 경제학, 공민학(公民學)을 전공한 여성들의 강력한 네트워크를 만들었고, 헐하우스와 긴밀하게 연계하여 작업했다. 플로렌스 켈리(Florence Kelley), 줄리아 래스롭(Julia Lathrop), 앨리스 해밀턴(Alice Hamilton), 소포니스바 브레킨리지(Sophonisba Breckinridge) 등이 바로 그들이다. 이 여성 연구자들은 노동조건, 아동노동, 이민자, 모성 같은 주제로 획기적인 연구 성과를 냈다. 이들은 자신의 연구를 실천 활동을 위한 제안으로 활용했을 뿐 아니라 수익보다 인간의 필요를 우선시하는 사회적 경제에 대해 관점을 공유했다. 이런 이단적 사고는 1920년대 내내 미국의 여러 여자대학에서 쉽게 찾아볼 수 있었다.[10]

영국에서도 몇몇 대학과 노동계급이 주로 거주하는 지역사회 사이에서 비슷한 관계가 생겨났다. 리버풀에서 개혁가 엘리너 래스본(Eleanor Rathbone)은 참정권운동 단체와 복지관 두 곳에서 활동했다. 그녀는 제1차 세계대전 이후 전국평등시민협회연합(National Union of Societies for Equal Citizenship, NUSEC) 회장이 되면서 정치와 사회 개혁을 결합시켰고, 가족수당 운동을 선도했다.[11]

여성이 사회 활동을 통해 제기한 구체적 이슈들은 사회정책에 관한 것일 뿐 아니라 문화적인 문제 제기이기도 했다. 1908년 사회연구가 리브스(Maud Pember Reeves)는 페이비언여성그룹(Fabian Women's Group)을 세워 여성의 경제적 독립과 평등을 사회주의와 관련하여 연구했다. 런던정경대학과 연계된 몇몇 선구자적인 사회경제사 학자들이 여기에서 함께 활동했다. 바바라 드레이크(Barbara Drake), 마벨 앳킨슨(Mabel Atkinson), 베시 레이 허친스(Bessie Leigh Hutchins), 앨리스 클라크(Alice Clark)는 여성 노동의 과거와 현재에 관한 글을 썼다. 이들은 직업을 가진 여성도 노동과 결혼을 병행할 권리가 있다고 주장했다.[12] 이들의 관심사는 사회 전반에 걸쳐 두루 퍼져 있었기 때문에 여러 학문 분야에 걸쳐 있는 지식과 작업에 대한 통상적인 구분을 과감하게 허물고 진척을 이루어 낼 수 있었다. 이들은 여성이 살아온 삶의 방식에 맞섰으며, 이어서 자신들의 도전이 불러온 문화적 파장과도 맞붙어야 했다. 일상을 젠더라는 렌즈를 통해 들여다보면서 남성의 경험이 보편적이라는 전제에 문제를 제기했고, 여성의 눈으로 보면 무엇이 달라지는지를 보여 주었다.

그런가 하면 여성은 여성으로 살아온 경험을 토대로 대안적인 전망을 내놓을 수 있었다. 미국 인민주의 운동에서 여성들은 1891년 전국여성연맹(National Woman's Alliance)을 결성했다. 이들은 '남녀의 완전한 정치적 평등'이 보장되는 '협동조합 공화국'을 목표로 했으며, "근대적인 발명과 발견, 사상을 총동원하여 인간 사회 구조와 관련된 모든 문제를 연구할 것"을 결의했다.[13] 인민주의 여성들은 정치적·사회적 시민권을 주장했을 뿐 아니라 자매애의 관점을 도입했고, 반군사주의와 노동자 조직 그리고 도덕적 절제와 협동조합식 가사 운영을 통해 어떻게 가치관과 일상을 변화시킬 것인가를 논의했다. 인민주의 운동은 해체되었지만, 이런 젠더화된 윤리적 급진주의는 1900년대에 미국 사회주의당에서 다시 등장했다.[14]

영국에서 여성협동조합길드(Women's Co-operative Guild)와 노동당의 여성노동자연맹(Women's Labour League)은 작업 현장과 지역사회운동을 통해 계급의식과 젠더의식을 결합시키고자 했다. 미국은 이에 견줄 만한 정치 조직이 전국적 차원에서 아직 마련되지 않았다. 그러나 지역의 여성 노동자 단체들에서 비슷한 관점들이 등장했다. 두 나라 모두에서 여성들은 노동조건 개선을 위해 계급을 넘어선 여성 단체를 건립했다. 영국에서는 1874년에 중산층 출신의 에마 패터슨(Emma Paterson)이 여성노동조합연맹(Women's Trade Union League)을 출범시켰다. 이는 미국의 여성노동조합 협의회에 영향을 받은 것이다. 노동조합으로부터 여성 노동자들이 배제되는 상황에서 여성노동조합연맹은 여성 노동자들을 조직했고, 여성 고용과 관련한 법 개정 운동을 해 나갔다. 여성노동조합연맹의 활동가이면서 연구자인 블랙은 1894년 여성산업평의회(Women's Industrial Council)의 창립에 중요한 역할을 했다. 평의회는 "여성 노동자의 조건을 체계적으로 조사하고, 도움이 될 수 있는 정확한 정보를 제공하며, 이들의 발전을 도모할 수 있는 활동을 장려"하기 위해 출범했다.[15]

어머니연합(Mother's Union)과 같은 기독교 단체들은 지역 차원에서 일반 자선 프로젝트와 연대했다. 버밍엄에서는 버밍엄숙녀연합(Birmingham Ladies' Union of Workers among Women and Children) 같은 연대 기구가 여성노동조합과 레크리에이션 클럽, 교육이나 금주운동과 관련한 사업들을 지원했다. 좀 더 좌파 쪽을 보면, 20세기 초에 실비아

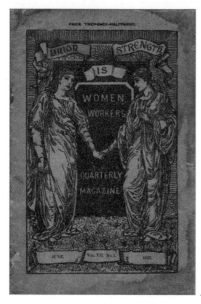

버밍엄숙녀연합 회보

팽크허스트(Sylvia Pankhurst)의 노동자참정권연합(Workers' Suffrage Federation, 후에 사회주의자연맹)이 자체적으로 서비스 프로그램을 만들기도 했다. 제1차 세계대전과 그 직후에는 지역사회와 작업 현장에서 여성의 삶을 향상시키기 위한 정책과 법 제정 운동이 일어났다.[16]

미국에서 백인 중산층 여성이 사회운동에 참여하는 양상은 여성기독인금주운동연맹(Woman's Christian Temperance Union)이나 전국어머니회의(National Congress of Mothers) 같은 강력한 여성 클럽이나 조직에 가입하는 것이었다. 이들 단체는 사회 개혁의 모성적 측면을 강조했다. 금주운동은 미국에서 가장 강력한 힘을 가진 운동이었다. 여성기독인금주운동연합의 지도자 프랜시스 윌라드(Frances Willard)는 도덕적 개혁과 사회적 변화를 연계시키고자 했다.[17]

가사 활동을 둘러싼 혁신 조직들도 생겨났다. 가정경제 교사인 엘런 스왈로 리처즈(Ellen Swallow Richards)와 빈곤퇴치운동가 헬렌 캠벨(Helen Campbell)은 전국가정경제학협회(National Household Economics Association)에서 활동했는데, 이 단체는 1893년 시카고 엑스포가 열린 당시 여성회의에서 만들어졌다. 두 사람 모두 공공 부엌을 주창했다. 리처즈는 봉사와 햇빛, 깨끗한 물을 이용해 박테리아를 퇴치하는 운동을 벌였고, 캠벨은 가정이 어린이의 요구와 필요에 맞게 설계되어야 한다고 주장했다. 캠벨은 전국소비자연맹(National Consumers' League)과 같은 도덕적 소비를 주장하는 운동에도 참여했다. 1890년대 초부터 소비자연맹은 소비자들을 조직해 상품이 생산되는 조건을 좀 더 향상시키기 위한 활동을 벌였다.

연맹 안에서 급진파는 여성의 노동조건 개선을 강조했다. 이들은 개인의 책임을 강조하는 강한 도덕성을 사회적 변화에 헌신하는 것과 결합시켰다. 미국여성노동조합연맹(American Women's Trade Union League)도 비슷한 가치관을 갖고 있었다. 1903년에 설립된 이 연맹은 영국에 있는 같은 이름의 단체에 영향을 받아, 노동계급과 중산층 여성이 함께 네트워크를 형성하는 중요한 발전을 이끌었다.[18] 미국에서 여성 단체들은 국가적 차원에서 복지와 고용 개혁을 이루어 내는 데 중요한 역할을 했다. 일부 선구적인 개혁가들은 계속 투쟁을 전개하여 1930년대 뉴딜 정책에도 영향력을 행사했다.

아프리카계 미국인 여성들도 여성기독인금주운동연합, 여성단체총연맹(General Federation of Women's Clubs), 미국여성참정권협회(National American Woman Suffrage Association) 같은 조직에서 함께 활동했지만, 백인 여성 단체들은 아프리카계 여성의 요구를 당연한 것으로 내걸지 않았다. 사실 백인 개혁가들 사이에서는 흑인 여성과 함께

아이다 B. 웰스-바닛

활동할 것인지를 놓고 내분이 있었다. 심지어는 흑인 여성이 단체에 가입하는 것을 거부하는 경우도 있었다. 인종에 대해 폭력 정치가 난무하는 상황에서, 흑인 여성들은 백인 여성운동이 이에 관심을 갖도록 하기 위해 노력하는 한편, 1896년 전국유색인여성연합(National Association of Colored Women)을 만들었다. 이들은 갈수록 기승을 부리고 있던 인종주의를 통해 단련되었다. 아프리카계 여성은 계급에 상관없이 인종주의를 경험했다. 전국유색인여성연합의 창립자인 메리 처치 테럴(Mary Church Terrell)은 고등교육을 받고 판사와 결혼한 상층 여성이었으나, 군중 속에서 인종주의적 폭력으로 친한 친구를 잃었다. 19세기 말부터 테럴과 언론인 아이다 B. 웰스-바닛(Ida B. Wells-Barnett)을 비롯한 흑인 여성들이 인종주의의 폭력에 맞서 참정권을 쟁취하기 위한 운동을 전개했다. 아프리카계 미국인 여성은 저항 운동과 함께 상호부조를 위한 나름의 조직도 많이 만들었다. 이를 통해 흑인 여성은 경제적 능력을 키웠고 상호 복지 서비스도 제공했다.[19]

아프리카계 미국인은 자신들이 겪은 억압을 통해 해방에 대한 폭넓은 전망을 제시했다. 1893년 시카고에서 열린 세계여성대표자회의 (World's Congress of Representative Women)에서 프랜시스 엘렌 하퍼 (Frances Ellen Harper)는 여성운동이 비폭력 운동과 흑인 아동의 교육권을 옹호하는 활동에만 그치는 것이 아니라 '금에 대한 탐욕과 권력에 대한 욕망'에 지배받지 않는 사회를 만들기 위해 나서야 한다고 주장했다.[20] 하퍼는 반노예제운동과 여성참정권운동, 여성기독인금주운동연합에도 참여했는데, 도덕적이고 욕심 없는 사회에 대한 그녀의 전망은 인민주의 운동에서 나타난 유토피아주의의 영향을 받은 것이기도 했다.

페미니즘과 유토피아

19세기 말 사회적·문화적 격동기에 나타난 중요한 특징은 상상력 넘치는 유연함이었다. 그 속에서 허구적 우화나 유토피아들이 현실적인 결실을 거둘 수 있었다. 에드워드 벨러미(Edward Bellamy)의 유토피아 소설 《과거를 돌아보다》(Looking Backward, 1888)는 국유화된 산업과 집단화된 가정생활의 미래상을 제시했다. 이 소설의 영향력은 대단했다. 미국 여러 도시에서 '국유화주의자' 클럽이 생겨날 정도였다. 그러나 벨러미가 이상으로 제시한 미래상에 모두가 만족한 것은 아니었다. 영국의 자유주의적 사회주의자인 윌리엄 모리스(William Morris)는 이 책에서 풍기는 권위적이고 집단주의적인 경향에 진저리를 쳤다. 그는 곧 펜을 들어 국가주의에 반대하는 대안을 내놓은 《에코토피아 뉴스》(News from Nowhere)를 집필했다. 1890년 모리스가 사회주의자연맹 기관지인 《공공복지》(Commonweal)에 연재하던 글에서 주장했다시피, 그는 국가가 완전히 쇠퇴하면서 공동생활과 개인의 창조적 표현이 피어나는 사회상을 제시했다. 유토피아를 놓고 벌어진 이 초기의 경합은 일상을 형성하는 데 있어 국가의 역할을 놓고 남성 사이에서만이 아니라 여성 사이에서도 이견의 골이 깊어지는 전조가 되었다. 영국에서 국가주의적인 대안은 개혁가들과 좌파 진영에서 우세했다. 미국의 혁신주의자들 역시 국가권력의 강화를 중시했다. 그러나 세계산업노동자연맹(IWW) 내부의 생디칼리스트는 물론이고 개인주의적인 아나키스트 역시 국가주의에 격렬하게 반대했다.

미국의 사회주의 페미니스트 샬럿 퍼킨스 길먼(Charlotte Perkins Gilman)은 벨러미의 시장 자본주의에 대한 비판과 여성 평등을 강조하는 내용에 고무된 중산층 출신의 혁신주의자이다. 국유화를 주장하는 클럽에 참여한 그녀는 사회적 과업에 헌신하면서 개척자로서 영향력 있는 삶을 살았다. 불행한 결혼 생활을 고통스럽게 끝내고 생계를 위해 돈을 벌어야 했던 그녀는 신여성답게 강연과 저술을 통해 생계를 이어 나갔다. 그리고 1890년대부터 일상을 경제적·사회적으로 조직하는 문제에 관한 중요한 책들을 저술했다. 이와 함께 새로운 젠더 관계와 생활 방식을 묘사한 장·단편 소설도 꾸준히 발표했다. 명석한 길먼은 유토피아적인 변혁을 꿈꾸는 급진주의자들뿐 아니라 현실적인 개혁가들한테도 호감을 샀다. 그녀는 여성이 일상에서 겪는 자잘한 어려움들을 세밀하게 묘사하여 이를 지식인의 토론 과제로 만들 만큼 뛰어난 능력을 발휘했다. 그녀는 유토피아를 새로운 상식처럼 보이게 만들었다. 또한 자신이 편집한 《여성 저널》(Woman's Journal)과 《하퍼스 바자》(Harper's Bazaar), 《여성의 벗》(Woman's Home Companion) 같은

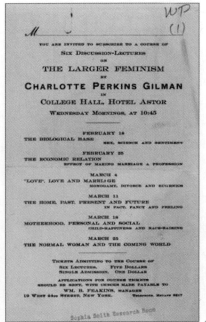

샬럿 길먼의 연설회를 알리는 전단지

대중 잡지에도 글을 실어 폭넓은 독자층을 확보했다. 또 1909년부터
만들기 시작한 《선구자》(Forerunner)라는 잡지는 미국은 물론 영국에
서도 널리 읽혔다. 그녀는 독자들에게 《영국여성》(Englishwoman) 같
은 영국 저널에 있는 글들을 참조하라고 권하기도 했다. 《영국여성》은
1909년부터 여성과 경제에 관한 논문들을 싣고 있었다.[21]

정기간행물은 저항자들과 말썽꾼들이 꿈과 구상을 펼치며 와글거리
는 벌집과도 같은 역할을 했다. 그중 하나가 에즈라 헤이우드(Ezra
Heywood)의 《말》(The Word)이었다. 1872년에 창간된 이 잡지는 자유
로운 언론과 자유롭게 사랑할 권리를 강하게 옹호했다. 1880년대부터
모세 하먼(Moses Harman)과 그의 딸 릴리언 하먼(Lillian Harman)이 편
집한 미국의 자유사상 저널 《루시퍼》(Lucifer: The Light Bearer) 역시 양

성 사이에서 변화하는 관계 등을 논의한 '선진' 사상들이 모이는 장이었다. 자유연애 주창자들은 자신감을 갖고 자신에게 충실할 것을 강조함으로써 특정한 젠더적 감성을 자극했다. 특히 남북전쟁 이전에 유행한 유토피아 운동에서 영향을 받은 한 과감한 여성 집단에서 큰 인기를 끌었다. 헤이우드의 부인 안젤라 헤이우드(Angela Heywood) 역시그 가운데 한 사람이었다. 안젤라의 어머니 루시 틸턴(Lucy Tilton)은노예해방운동가인 동시에 자유연애 옹호자였으며, 엘미나 드레이크슬렌커(Elmina Drake Slenker) 같은 이들과 어울렸다. 슬렌커는 셰이커목회자의 딸로, 그녀의 아버지는 자유주의적인 사고방식 때문에 종교공동체에서 파문을 당하기도 했다. 슬렌커는《물 요법 저널》(Water-Cure Journal)에 평등주의를 추구하는 남편을 구한다는 광고를 내기도했다. 그녀는 남성이 오르가슴 상태를 늦추거나 지탱할 수 있다고 하는 '남성의 성적 욕구 자제 이론'을 옹호했다. 그녀는 사랑을 만드는것은 '자석처럼 끌리는 힘을 주고받는 것'이라고 생각했다.[22] 그녀의친구인 로이스 웨이스브루커(Lois Waisbrooker)는 1826년생 노동계급출신으로 하녀 일을 하기도 했고, 뒷날 흑인 학교에서 교사로 일했다.여권운동과 자유연애, 영성주의 등에서 영향을 받은 웨이스브루커는그 무렵 미국에서 한창이던 개인주의적 아나키스트가 되었다. 그녀는여성이야말로 세상을 정화시킬 소명이 있다고 하는 신비주의적인 믿음을 갖고 있었는데, 사회정화를 추구한 개혁가와 일부 사회주의자와페미니스트들도 비슷한 경향을 공유하고 있었다.

언론을 중심으로 활동한 작은 조직들도 운동에서 영향력을 행사할수 있었다. 영국에서 '합법연맹'(Legitimation League)을 만들어 활동한성 급진주의자들의 저널인《성인》(The Adult)은 미국의 개인주의적 아나키스트들과 연대하여 1895년에 사회주의자 이디스 랜체스터(Edith Lanchester)를 정신병원에서 구출하는 운동을 전개했다. 랜체스터의 가족은 노동자 애인과 동거한다는 이유로 그녀를 정신병원에 입원시켰다.[23] 정기간행물과 잡지는 정치 집단이 만드는 것이기는 했지만, 주류 문화에 도전한 하위 집단의 목소리가 표출되는 수단이 되기도 했다. 20세기로 접어들 무렵 몇몇 아프리카계 미국인 언론은 새로운 자신감으로 충만한 인종 의식을 드러내기 시작했다. 작가 홉킨스(Pauline Elizabeth Hopkins)는 1899년 여러 사람들과 함께 《미국 유색인 매거진》(Colored American Magazine)을 창간하여 흑인 문화를 선보였다. 유명한 '니그로' 남성과 여성을 다룬 홉킨스의 글을 통해 흑인 역사에 대한 관심이 높아졌다.[24]

1890년대 이래 미국 뉴욕의 그리니치빌리지에서 보헤미안 문화가 발전하면서 저항 정신을 가진 남녀들이 모여들었다. 이들은 개인의 자율성을 강조하는 자유연애론과 자신을 표현하고 실현하는 것을 중시한 낭만적 몰입을 결합시켰으며, 그 밖에도 여러 급진적인 운동과 관계를 맺었다. 1900년대에 여성의 성적 자유권을 옹호한 아나키스트 엠마 골드만(Emma Goldman)은 《어머니 대지》(Mother Earth)라는 저널을 발간했다. 출산조절 운동가 마거릿 생어(Margaret Sanger)가 편집한 《여성의 반란》(Woman Rebel)처럼 《어머니 대지》는 개인의 자유를 사회 활동과 연계시켰다.

영국에서는 《새 시대》(New Age)와 《자유여성》(Freewoman)이라는 작은 잡지가 성적 자유와 동거를 주장하는 저항적 사상을 비롯해 철학적 이기주의와 생기론(生氣論, vitalism, 생명 현상은 물질의 기능을 넘어 생명 원리에 의한다는 설—옮긴이)에 바탕을 둔 아방가르드 이론의 출발이 되었다. 나중에 파리로 이주하여 다다이즘과 초현실주의 운동에 관계하기도 한 '비어트리스 헤이스팅스'(Emily Alice Haigh의 필명)는 《새 시대》에 기고한 여성 작가 가운데 한 명이었다. 소설가가 된 캐서린 맨스필드(Katherine Mansfield)와 스톰 제임슨(Storm Jameson)도 《새 시대》에서 문필 활동을 했다. 《자유여성》역시 1910년대에 뚜렷하게 드러난 인습을 타파하는 흐름과 함께했다. 전투적 단체인 '여성사회정치연합'(Women's Social and Political Union) 출신의 저항적 페미니스트들이 1911년에 창간한 이 간행물은 팽크허스트처럼 참정권이라는 하나의 이슈에만 집중하는 것에 반대하면서, 해방이 갖는 개인적이고 사회적인 의미를 다양하게 탐구했다. 《새 시대》와 마찬가지로 《자유여성》역시 사회적으로 '중간계층에 속한' 북부 지역의 다양한 여성들이 함께했다. 편집자 도라 마스던(Dora Marsden)은 요크셔의 중간계급 가정 출신으로, 어렸을 때 아버지가 가족을 저버림으로써 가난에 시달려야 했다. 그녀는 장학금을 받고 맨체스터에 있는 오언대학에 다녔으며, 리즈에서 학생들을 가르치다가 1905년에 다시 맨체스터로 돌아왔다. 마찬가지로 교사이면서 사회주의 페미니스트인 메리 거소르프(Mary Gawthorpe)도 리즈의 노동계급 출신에서 계층 상승을 한 경우로, 그녀 역시 잠시 동안이지만 《자유여성》일에 관여했다. 동료인 하위 중간계급 지식인 테레사 빌링턴-그레이그(Teresa Billington-Greig)는 열일곱 살에 고향인 블랙번을 떠나 맨체스터로 와서 앤코트복지관에서 일했다.[25]

　미국과 영국의 이런 지식인 활동가들은 문필 활동뿐 아니라 클럽 등에서 노동조합의 결성, 우생학, 이혼법 개정, 독신주의와 자위행위 등에 대해 열정적으로 토론하면서 자기 자신과 정치적 시야를 새롭게 창조해 나갔다. 《자유여성》의 '런던토론서클'(London Discussion Circle)

은 금기를 깨고 새로운 규정을 만들어 가는 여성 공간으로 두각을 드러냈다. 남성도 초대받기는 했지만 여성의 조건을 받아들여야 했다. 미국에도 그리니치빌리지에 '이단클럽'(Heterodoxy Club)이라는 흡사한 클럽이 있었다. 예술과 학문, 급진적인 정치에 관여하던 '선진' 여성들이 이 클럽으로 모여들었다. 예를 들어, 그 일원인 마벨 닷지 루언(Mabel Dodge Luhan)의 살롱은 그리니치빌리지 사교 모임의 중심지였다. 엘시 클루스 파슨스(Elsie Clews Parsons)는 섹스와 출산조절에 관한 글을 쓰면서 인류학자가 되었고, 또 함께 어울린 엘리자베스 걸리 플린(Elizabeth Gurley Flynn)은 생디칼리스트이면서 세계산업노동자연맹(IWW)의 구성원이었다.[26]

　20세기 초 급진적인 꿈을 꾼 이들은, 돌을 치우지 않은 상태에서 뿌리와 가지를 바꾸는 것을 목표로 했다. 1912년 위트비(영국 북부 요크셔에 있는 작은 항구 도시)의 선장 딸인 제임슨은 장학금을 받고 런던대학으로 왔다. 그녀는 요크셔 출신의 젊은 두 남자와 함께 하숙집에서 살았다. 자서전에서 제임슨은 함께 거주한 좌익 성향의 젊은이들을 불손할 정도로 거침없이 묘사했다. 과거의 도그마를 혐오한 이들은 의식적으로 자신을 과거와 단절시키면서, 자신들이 '새 시대의 선봉'에 있다고 믿었다.[27] 미국의 아나키스트 챔프니(Adeline Champney) 역시 단호했다. 1903년 그녀는 생산뿐 아니라 재생산과 문화까지 바꾸어야 한다고 주장했다. "현재의 경제체제가 기반을 두고 있는 모든 제도와 관습은 무너져야 한다." 그녀는 '우리의 생활 방식과 도덕'이 재검토되어야 한다고 믿었다. 삶에 필요한 경제적인 것들을 사회화하는 것은 물론, 새 시대에는 남성과 여성이 생산과 분배에 관여하는 방식도 바꿔어야 한다고 했다. 온종일 소파에 앉아 구경만 하는 사람은 없어야 했

다. 챔프니는 독자에게 "당신과 나, 우리 모두 분발해야 한다"고 독려했다.[28]

이들은 정말 스스로를 '분발'시켰다. 우아한 맞춤옷을 입고 사회복지관이나 아나키스트 공동체에서 새 시대를 살았다. 이들은 조합에 가입했고 시위에 참여했다. 지역정부의 위원회에서 활동하기도 했고, 보헤미안 카페에서 보란 듯이 밤늦게까지 술을 마시기도 했다. 인종에 따라 좌석과 칸을 배정한 기차의 운영 방침에 저항하기도 했고, 빈민을 위해 값싸고 건강한 식단을 개발하기도 했다. 결혼하지 않고도 자녀를 낳고 함께 살았고, 남자가 아니라 여자와 사랑을 하기도 했다. 본격적인 경제학 책을 쓰기도 했고, 머리를 짧게 자르기도 했다. 신여성이었고 '앞선' 근대 여성이었다. 어머니 같기도 했고, 두목 같기도 했으며, 매력적이고 외교적 수완도 있고 또 분노할 줄도 알았다.

이들의 낙관주의는 제1차 세계대전으로 수그러들었지만 아주 사라지지는 않았다. 1918년 미국의 사회 개혁가 메리 파커 폴릿(Mary Parker Follett)은 《새로운 국가: 집단 조직, 인민정부의 해결책》(The New State: Group Organization, The Solution of Popular Government)에 이렇게 썼다.

우리는 이제 우리가 하는 일, 그 일이 놓여 있는 조건들, 우리가 사는 집, 우리가 마시는 물, 우리가 먹는 음식, 우리가 후손에게 제공하는 기회들에 대해, 나아가 실제로 우리의 일상적인 생활 모두가 정치가 되어야 한다는 사실을 점점 더 분명하게 깨닫기 시작했다. 가정생활이 끝나고 시민의 생활이 시작되는 지점에 구분선은 없다. 나의 사생활과 공적인 생활 사이에 벽은 없다.[29]

일상을 바꾸겠다는 거대한 전망은 아니더라도 초기 개척자들이 주장한 여러 제안과 태도는 근대의 생활을 규정했고, 상대적으로 눈에 잘 띄지는 않지만 모든 생활에서 관계가 만들어지는 방식에 두루 영향을 끼쳤다.

1장

침묵의 일상을 깨우다

여성 노동자

그토록 많은 여성이 다양한 방향에서 일상을 바꾸는 일에 나설 수 있었던 힘은 무엇인가? 이는 부분적으로는 상황의 힘 덕분이다. 여성 개개인의 삶은 크게는 경제적 변화와 연관이 있다. 경제적 변화는 여성의 삶에 풍요를 가져오기도 했고 시련을 주기도 했다. 강한 기득권 세력은 도시뿐 아니라 농촌의 일상까지 침투해 들어갔다. 뒷날 미국에서 아나키스트가 된 케이트 오스틴(Kate Austin)과 농부인 남편은 거대한 하천 개발 회사인 리버컴퍼니에 밀려 디모인 강 분지에서 쫓겨나게 되자 이에 맞섰다. 연방 정부는 리버컴퍼니가 지역을 발전시켜 줄 것이라고 생각하면서 회사 편을 들었다. 그러나 리버컴퍼니는 이 지역을 곧 부동산업자들에게 매각해 버렸다.[1]

리지 홈스(Lizzie Holmes)는 1877년 철도 노동자들이 이끈 격렬한 파업 이후 그녀의 고향 오하이오에서 쫓겨났다. 그녀는 당시를 이렇게 회고했다.

'노동자계급'이라는 용어가 이제 막 사용되던 때였다. 그 무렵 나는 하나의 계층으로 두각을 드러내고 있던 이 사람들에 관해 좀 더 알고 싶었다. …… 그래서 나는 여동생과 함께 2년 동안 의류공장을 다녔고, 그 과정에서 삯바느질하며 기를 쓰고 힘들게 살아가는 여성의 삶을 두루 경험했다. …… 나는 바느질하는 소녀들이 자신들의 궁핍하고 고단한 모습을 세상에 내색하지 않으면서, 가난하지만 체면을 잃지 않고 소박하게나마 자부심을 지키며 살기 위해 얼마나 고군분투하는지를 알게 되었다.[2]

시카고로 간 홈스는 노동여성조합(Working Women's Union)이라는 작은 조직을 어렵사리 찾아냈다. 이 조합은 젊은 여성들을 조직하는 일을 했다. 1881년 노동여성조합은 미국의 전국적 산별노조인 노동기사단(Knights of Labor)의 승인을 받았다. 노동기사단은 모든 '생산자'를 대상으로 했으며, '평등'을 중요한 가치로 내걸었기 때문에 여성과 흑인도 조직원으로 받아들였다. 1886년 5월 2일, 아직 신혼인 홈스는 남편 윌리엄 홈스(William Holmes)와 함께 하루 8시간 노동을 요구하며 봉제공장 지역에서 여성들의 시위행진을 주도했다. 《시카고 트리뷴》은 시위에 참여한 여성들이 "얼굴은 삭아 주글주글하고, 옷은 낡아 누덕누덕 기워 입기는 했지만, 웃고 소리치고 노래하며 충만한 분위기를 만들었다"고 보도했다.[3]

그러나 이런 축제 분위기는 오래 가지 못했다. 5월 3일, 헤이마켓 광장에서 시위 도중 폭탄 하나가 경찰에게 날아들었고, 경찰은 시위대에 총을 발사했다. 부상자는 200여 명에 달했으며, 사망자 수는 정확히 알려지지 않았다. 경찰은 시위대를 무작위로 검거했고, 홈스도 경찰에 연행되었다가 석방되었다. 연행된 사람들 가운데 앨버트 파슨스(Albert Parsons)처럼 사형을 당한 이도 있었다. 파슨스는 홈스와 함께 《경종》(Alarm)이라는 신문의 공동 편집자였다. 이 신문은 '8시간 노동제'를 위해 직접행동에 나설 것을 강력히 주장했다. 아프리카계 미국인과 미국 원주민을 조상으로 둔 파슨스의 아내 루시 파슨스(Lucy Parsons) 역시 홈스와 함께 노동기사단에서 활동했다. 파슨스 부부와 가깝게 지냈기 때문에 홈스는 헤이마켓 사건을 거치면서 정치적인 것 못지않게 개인적으로도 큰 충격을 받았다. 변화에 대한 절박한 마음과 저항심이 약해진 것에 절망한 홈스는 《경종》에 이렇게 썼다. "정의와 복수의 기운이 어쨌든 살아남아 깊이 자리하고 있다고 하지만, 지금 우리 사회에서는 그 기운을 조금도 느낄 수가 없다."[4]

그녀는 점점 아나키즘으로 기울었고 《경종》, 《루시퍼》, 《노동 탐구》(Labor Enquirer), 《새로운 인류》(Our New Humanity)와 같은 자유지상주의 간행물에 정기적으로 글을 썼다. 헤이마켓 사건은 개인적으로 이 사건에 연루되지 않은 이들에게도 커다란 영향을 미쳤다. 당시 러시아에서 갓 이민 온 의류 노동자 골드만(Emma Goldman) 역시 이 사건에서 충격을 받아 아나키즘을 가까이하게 되었다. 이 시카고의 순교자들은 중산층 사람들의 양심도 불편하게 만들어 가만히 있기 힘들게 했다. 나중에 헐하우스 복지관의 활동가이자 사회 개혁가가 된 래스롭(Julia Lathrop)도 이 사건을 보며 사회체제에 회의를 품게 되었다고 했다.[5]

영국의 노동관계는 이렇게까지 격렬하지 않았다. 그러나 1880년대

엠마 골드만

말부터 1890년대 초까지 노동자의 전투적인 저항이 중산층 여성과 노동계급 여성 모두를 급진적으로 만들었다. '신노동조합'은 남성 숙련 노동자에 국한하지 않고 비숙련 노동자와 반숙련 노동자까지 포괄했으며, 심지어 여기저기 흩어져 있는 가내 노동자까지 포함시켰다. 사회조사 연구가 블랙(Clementina Black)은 마르크스의 딸 엘리너 마르크스(Eleanor Marx)와 함께 런던에서 신노동조합주의자들을 지원했다. 1889년 10월 브리스틀에 있는 바턴힐 면직공장에서 여성들이 파업에 돌입했을 때 그 지역의 '신여성'인 헬레나 본(Helena Born)과 미리엄 대니얼(Miriam Daniell)이 파업위원회를 구성하는 데 한몫하기도 했다. 런던과 리버풀 부두 노동자들의 도움을 받아 파업은 성공을 거두었다. 그러나 신노동조합과 연계하면서 전투성과 노동조합 조직을 계속 유지하는 것은 많은 여성에게 쉬운 일이 아니었다.

공장 노동자 추(Ada Nield Chew)는 1894년 여름 《크루 크로니클》(Crewe Chronicle)에 노동조건에 항의하는 글을 쓰면서 세간의 주목을 받기 시작했다. 그녀는 여성 노동자의 임금으로는 생계를 이어 나갈 수 없는 형편이라고 항의하면서, 하루 종일 일자리를 기다리며 초조하게 서 있다가 일자리가 생기면 싸우기까지 하는 여성 노동자의 어려운 사정을 묘사했다. 또한 차를 마시기 위해 더운 물을 쓸 때면 공장주에게 돈을 내야 하는 어처구니없는 상황들을 폭로했다. 그해 8월, 추와 에이블링(Eleanor Marx Aveling, 마르크스의 딸인 엘리너의 결혼 후 이름 — 옮긴이)은 '신노동조합' 소속인 '전국가스노동자와일반노동자조합'(National Union of Gasworkers and General Labourers)이 개최한 집회에 참여해 연설을 했다. 이 노동조합은 여성도 조합원으로 받아들였고, 8시간 노동제를 목표로 했다.[6] 뒤에 추는 독립노동당에 가입했고, 낸트위치보호자위원회(Nantwich Board of Guardians)의 구성원으로 활동하기도 했다. 이 위원회는 빈민 구제 활동을 관장했다. 추는 참정권운동과《자유여성》도 지원했다.

추의 활동을 통해 '고한' 노동으로 알려진 노동 집약적 업종의 저임금 문제에 관심이 높아졌다. 공장 노동과 가내 작업 모두 '고한' 노동이라는 공통점이 있었다. 영국과 미국의 여성 개혁가들은 빈민가 공동주택의 어두운 복도 계단을 수도 없이 오르내리며 상황을 기록했다. 시카고에서 켈리(Florence Kelley)는 고한 노동에 반대한다는 뜻을 사회에 알리고, 사회가 여기에 개입해야 한다고 요구하는 운동을 전개했다. 1900년대에 블랙과 거트루드 터크웰(Gertrude Tuckwell)은 고한노동반대연맹(Anti-Sweating League)을 통해 런던에서 광범위한 연대 조직을 구성할 수 있었다. 이 연맹에는 개혁가와 노동조합 운동가들을 비롯해 자유주의적 고용주들도 가입했다. 이 고용주들은 노동 집약적 사업장이 확대되면서 상황이 어렵게 된 이들로, 이런 낡은 생산 형태가 사회의 경쟁적 효율성에 장애가 된다고 생각했다.

종교적 · 도덕적 사명감

분노와 죄책감뿐 아니라 종교적이고 도덕적인 사명감 역시 여성들을 공공 활동으로 이끈 동력이 되었다. 성적 순결 의식을 고양시키려는 종교적 · 도덕적 사명감 아래 여성들은 성매매에 반대하는 운동에 나서기도 했다. 영국에서는 여성들이 구세군을 조직하여 행진을 하기도 했고, 전국자경단협회(National Vigilance Association)를 후원하기도 했다. 전국자경단협회는 사회의 도덕성을 감시한다는 목적 아래 1886년에 조직되었다. 포르노와 성매매의 위험을 경고하면서 여성 도덕 개혁가들은 일하는 여성들을 '아네모네 모임'(Snowdrop Bands)에 참여시켜 상스러운 대화, 경박하고 음란한 행실, 어리석고 불량한 책 보기 등을 하지 말라고 권고했다.[7] 특히 미국에서는 전투적인 복음 선교사들이 죄인임을 인정하고 회개할 것을 강조했는데, 여성들은 이 운동에 열성적으로 참여했다. 구원에 대한 호소는 젠더적 예의범절을 제쳐 놓고 적극적으로 나서게 만들 수 있는 절박한 문제로 여겨졌기 때문이다. 구호와 구원에 대한 강조 역시 여성클럽 운동이나 세력이 큰 여성기독인금주운동연합 같은 조직들을 통해 널리 퍼져 나갔다. 여성기독인금주운동연합은 음주와 폭력, 빈곤 사이에 연관이 있음을 강조했다.

이러한 도덕적 열정은 사회적 · 정치적인 개입과 결합되었다. 윌라드(Frances Willard)는 여성기독인금주운동연합을 움직여 참정권과 사회 복지, 노동운동을 조직화하는 데 힘썼다. 여성과 노동자가 함께 활동한 1891년에는 "전쟁 괴물은 처단되고, 빈곤의 독사는 멸종할 것이다. 돈벌레는 은침으로 박제될 것이며, 술집은 홍수에 떠내려가게 될 것이다. 위스콘신의 숲, 시카고와 워싱턴의 매음굴에서 마지막 백인 노예가 해방될 것이다"라고 선언했다.[8] 윌라드를 비롯한 미국 여성 개혁가들은 여성을 구원 활동의 최전선에 놓았을 뿐 아니라 여성이 문화와 일터, 정부에 좀 더 순수한 가정적 가치를 부여해 줄 수 있다고 생각했다. '여성은 특별한 도덕적 사명감을 갖고 있다'고 하는 생각은 미국에서 자선 활동과 사회 개혁 운동에 참여한 흑인과 백인 여성 모두에게 지속적으로 큰 영향을 미쳤다. 여성의 가정적 책임감을 공적인 영역으로까지 밀어붙이고, 자선 활동의 범위를 확대시킨 이들은 모성과 가정을 지키는 여성의 사명감을 원동력으로 활용했다.

한편 미국 흑인 개혁가들은 가정의 구원자 역할을 하는 여성을 흑인 사회의 '발전'과 결부시키려고 했다. 1896년 테럴(Mary Church Terrell)이 중심이 돼서 조직된 전국유색인여성연합(National Association of Colored Women)은 여성의 특별한 역할을 흑인 사회의 발전과 연계시켰다. 1898년 전국여성참정권협회(National Woman Suffrage Association) 총회에서 테럴은 흑인과 백인 청중 모두가 이해할 수 있는 도덕적 용어로 이 점을 분명히 했다. "그러니까, 우리가 오르는 만큼 모두 함께 올라갈 수 있습니다. 밖으로 위로 분투하며 열심히 나아갑시다. 우리가 희망하는 싹과 꽃봉오리가 머지않아 풍성한 결실을 맺기를 갈망하면서 나아갑시다."[9] 그녀는 개인의 성취를 이루기 위해서는 다른 아프리카계 미국인과 의식적으로 관계를 만들어 나가야 한다고 생각했다. 그녀의 말은 흑인 여성 개혁가들의 실천적 삶에 뿌리를 두고 있었다. 백인 구호 활동에서 거의 배제되어 있던 남부 흑인들은 생존을 위해 저마다 대안을 마련하면서 뛰어난 창조성을 발휘했다. 1890년 배릿(Janie Porter Barrett)은 버지니아 주의 햄프턴에 '로커스트스트리트복지관'이라는 흑인 복지관을 세웠다. 다른 많은 아프리카계 미국인 복지 사업과 마찬가지로 이 복지관 역시 자조와 상호부조를 연계시켰다. 일상에서 필요한 서비스를 제공하면서 다른 변혁 운동들과 연결시킬 수 있었다. 1908년 호프(Lugenia Burns Hope)가 세운 애틀랜타마을연합(Atlanta Neighborhood Union)은 교육과 건강 봉사 활동을 더 좋은 학교와 위생적인 환경을 만들어 나가는 운동으로 발전시켰다.[10]

폭넓은 윤리 의식은 여성이든 남성이든 사회 활동에 관심을 갖게 해주는 계기가 되었다. 그러나 일부 영역은 누가 봐도 '여성적'인 영역으로 이해될 수 있었다. 영국에서는 상류층 여성이 구빈법의 지킴이로 나서서 노인이나 '심신 허약자'를 돌보는 일뿐 아니라 어린이를 돌보고 소녀들을 교육시키고 미혼모를 '구제'하는 역할을 해왔는데, 이는 사회적으로 여성이 떠맡아 온 자선 활동을 확장시켜 나간 경우였다. 선구적인 구빈법 개혁가 트와이닝(Louisa Twining)은 1886년에 이렇게 주장했다. "여성은 과감히 나서서 이렇게 필요한 자리를 채워 주었다. …… 이들은 정말 눈부신 업적을 남겼다고 할 만하다. 이들은 여성과 어린이가 상당수를 차지하는 가난하고 무력한 이들을 위해 훌륭한 봉사를 했다."[11]

신앙심에 기초한 의무감과 봉사 의식은 사회주의로 발전하기도 했다. 케이트 리처즈 오헤어(Kate Richards O'Hare)는 캔자스에 있는 '플로렌스 크리텐튼 선교복지관'에서 선교 활동가로 성매매 여성들을 구제하는 일을 하다가 미국 사회주의당의 활동가가 되었다. 오헤어는 봉사를 통해 구원에 이른다는 생각을 계속 유지했으며, 여기에 모성의 의미까지 부여했다. 1919년 그녀는 군국주의자들이 여성을 '전쟁 기계'를 키우는 존재로 격하시키고 있다고 비판했고, 그 때문에 간첩죄로 구속될 상황에 놓이게 되자 열정적인 고별 연설을 남겼다.

나는 노동계급에게 내가 가진 모든 것, 내가 할 수 있는 모든 것을 다 주었다. 누구도 그 이상을 할 수는 없을 것이다. 나는 내 청춘을 다 바쳤고, 아내의 마음과 어머니의 마음으로 봉사했다. 나는 태어나지 않은 숱한 아기들을 계급 전쟁의 포화 속으로 데려갔다. 나는 젖먹이 아이를 안고 참호 속에서 활동했다.[12]

사회적 양극화에 대해 개인적으로 느끼는 거북한 감정도 활동의 동력이 되었다. 보스턴의 개혁가 비다 더튼 스커더(Vida Dutton Scudder)는 이민자들이 주로 사는 빈민촌의 복지관 '데니슨하우스'(Denison House)에서 일했다. 그녀는 '진지하고 참된 교류'를 통해 계급 사이의 거리가 좁혀질 수 있기를 열망했다.[13] 사회주의 페미니스트인 이사벨라 포드(Isabella Ford)는 리즈에 있는 진보적인 퀘이커 가문 출신으로, 도덕적 책임감이 강한 가풍 속에서 자랐다. 동생 에밀리는 포드가 사회주의자가 된 건 그들 자매가 공장 여성 노동자들을 위해 공부방을 운영한 경험 때문이라고 믿었다. "우리 또래 소녀들이지만 완전히 다른 환경에서 성장하는 이들을 가까이서 계속 지켜보면서 …… 삶을 그르치게 만드는 문제들이 곳곳에 있음을 알게 되었다. …… 그들이 좀 더 나은 조건에서 살 수 있게 돕고 싶은 마음이 생기기 시작했다."[14] 개인적인 교류가 계급 간의 거리감을 좁혀 주었을 뿐 아니라, 경험을 통해 배움을 얻게 해주었다.

제인 애덤스

　한편 다윈의 진화론이 등장하면서 기독교 복음의 진실성에 대한 회
의가 일어나자 남녀 할 것 없이 빈민가에 복지관을 세워 자신들의 종
교적 신념을 세속적인 맥락에서도 지켜 나갈 수 있도록 했다. 여성에
게 이런 사회적 박애주의는 좀 더 의미 있는 일을 하고 싶어 하는, 개
인적으로 절박했던 욕구와 결합되기도 했다. 시카고의 빈민가에서 헐
하우스를 시작하기 전, 제인 애덤스(Jane Addams)와 엘런 게이츠 스타
(Ellen Gates Starr)는 무엇을 하며 살 것인지에 대해 아직 확신을 갖지
못했다. 스타는 여동생에게 "애덤스는 복지관 일을 노동계급을 위해
서라기보다는 그 일을 하는 사람들을 위한 것으로 여기고 있다"고 말
했다. 당시는 교육받은 중산층 여성이 택할 수 있는 삶이 지극히 제한
되어 있었고, 이들 사이에 개인적인 불만이 팽배해 있었기 때문에, 애
덤스는 복지관에서 활동가를 모으는 것이 그다지 어렵지 않을 것이라
고 확신했다.[15] 복지관은 여성이 관습대로 살지 않으면서도 체통은 유
지할 수 있게 해주는, 거의 집과 같은 역할을 했다. 헐하우스는, 애덤
스에게는 사랑하는 스타와 함께 살 수 있는 곳이었고, 켈리에게는 불

행한 결혼 생활로부터 탈출해서 한 러시아 혁명가한테로 갈 수 있도록 피난처가 되어 주었다. 보스턴의 데니슨하우스복지관 역시 비컨힐의 명문가 출신 스커더가 보스턴의 빈민 지역인 사우스엔드 곳곳을 다니며 활발하게 활동할 수 있도록 해주었다. 복지관 활동가들은 빈민가를 지도 그리듯 철저하게 조사했다. 그들은 여성의 일하는 삶과 개인적 관계에 대해 새롭게 윤곽선을 긋는, 일종의 지도를 만드는 사람들이었다.

봉사에 대한 윤리 의식은 기독교에서만 비롯된 것은 아니었다. 이는 '대의'를 위해 개인적 삶을 희생할 것을 강조한 러시아혁명의 전통에 바탕을 둔 것이기도 했다. 골드만은 젊은 여성으로서 자아를 부정하는 교리에 저항했다. 그녀의 삶은 개인적 성취와 정치적 헌신 사이에서 균형을 찾고자 하는 여정이기도 했다. 이러한 상황이 그녀에게만 해당되는 것은 아니었다. 혁명가, 개혁가, 페미니스트, 아프리카계 미국인 여성 활동가들은 개인적 삶을 위한 욕망과 집단적 단결을 위한 의무 사이에서 갈등하곤 했다. 이런 상황은 여성으로 하여금 일상과 관습에 도전하게 만드는 데 일조했다. 또한 불편함을 느끼고 의심을 불러일으키게 하는 여러 모순들 가운데 하나였다.

괴짜 여성들

19세기 말부터 20세기 초 사이에 전개된 첫 세대의 운동을 통해 여성도 고등교육을 받아야 한다는 주장이 널리 퍼졌다. 이는 미국에서 두드러지긴 했지만, 영국에서도 19세기 말에 여성들이 남성 특권의 요새인 옥스퍼드대학과 케임브리지대학의 문고리를 비틀었고, 대학의 공개강좌를 수강했으며, 지방대학에 입학했다. 그러나 여성들은 학생으로서 명백하게 불합리한 대우를 받아야 했다. 1880년대와 1890년대에 맨체스터에 있는 오언대학은 여학생의 도서관 출입을 금했다. 여학생이 도서관에서 책을 빌리려면 하녀를 보내야 했다.[16] 졸업한 뒤 일부는 교사, 서기, '타이프라이터,' 번역가, 언론인, 사회조사원으로 일하며 생계를 꾸려 나갔다. 좀 더 수입이 좋은 남성 전문직에서는 여성을 거의 받아들이지 않았다. 여성이 자율적 능력을 갖추게 되면서 이러한 부조리는 더 큰 저항을 일으켰다. 많은 중산층 여성들은 한 발은 관습적 세계에 놓고, 다른 한 발은 '신여성성'이라는 새로운 개척지에 내딛고 있음을 깨닫게 되었다. 계급과 젠더에 대한 기존의 제한적인 경계선을 맴돈 이 '괴짜 여성들'의 등장은 기성 질서를 불안하게 했다. 이들은 기성 사회구조에 어울리지 않았으며 반골 성향이 많았다.

1889년 노르웨이의 극작가 입센(Henrik Ibsen)의 저항하는 개인의 호소에 자극을 받은 에이블링과 소설가 올리브 슈라이너(Olive Schreiner) 그리고 뒷날 신여성 작가가 된 이디스 엘리스(Edith Ellis)는 영국에서 〈인형의 집〉 첫 공연을 보고 난 뒤 런던에 있는 노벨티 극장 밖에서 모였다. 엘리스는 "자신을 비롯해 친구들 역시 가정생활에 대한 노라의 저항을 보고 숨조차 쉬기 힘들 정도로 감격했다"고 썼다. "우리는 토론을 하며 걷잡을 수 없이 흥분했다. 가만히 앉아 있기도 힘들 정도였다. 여성에게는 한 세계가 종말을 고하고 새 세계가 열리는 지점이었다."[17] 1896년 미국의 아나키스트 홈스는 여성들에게 저항하는 개인으로서 용감하게 욕설을 퍼부으라고 호소했다. "진실을 드러내기 위해서는 '여성답지 않다'는 비난에 개의치 않아야 한다."[18]

한편 인습에 얽매이지 않고 활동한 여성들도 불안한 처지에 놓이기는 마찬가지였다. 여성이 파격적인 행동을 했을 때는 남성보다 훨씬 가혹한 상황을 감수해야 했다. 이디스 럽턴(Edith Lupton)은 페미니즘과 지역자치제를 통해 모리스(William Morris)의 혁명적인 사회주의자연맹(Socialist League)에 힘을 실어 주었다. 1890년까지 이 연맹에서는 아나키스트들이 영향력을 행사하고 있었다. 그해 8월 럽턴은 '리더십'에 대한 신념을 공개적으로 발언한 것 때문에 동료들에게 비난을 받았다. 또 9월에는 자유발언 대회에서 여성의 지위를 주장하는 옥외 집회 연설가로서 기개를 보였는데, 이런 모습을 보고 경찰은 그녀를 음주와 난동 혐의로 체포했다. 법정에서 럽턴이 혐의를 부인하자 경찰관은 그녀가 술에 취한 것이 아니라면 '미친' 것이 틀림없다는 의견을 내놓았다.[19] 완벽한 저항은 소수에게만 통했다. 다른 이들은 자신들의 행로를 전략적으로 수정하기로 의견을 모았다. 주거 개혁가 옥타비아 힐(Octavia Hill)과 토인비홀의 사회복지 활동가들에게 깊은 인상을 받아 훗날 페이비언 사회주의자가 된 비어트리스 웨브(Beatrice Webb)는 노련한 협상으로 자기만의 자율성을 유지해 갔다. "약간의 모험을 하며 의미 있는 고생을 감수하는 삶은 정말 즐겁다. 그러나 '별종'이라는 치명적 인상을 남겨서는 안 된다."[20]

평판에 대한 염려가 중간층과 상위층에만 한정된 것은 아니었다. 다른 방식으로 노동계급과 흑인 여성도 젠더적 관습을 벗어나는 행동을 했을 때 어떤 비난을 받을지 잘 알고 있었다. 그러나 자기주장에 대한 의지가 강했기 때문에 어려운 처지에도 불구하고 몇몇 여성들은 위험을 기꺼이 감수했다. 미국의 이민 노동자인 안지아 예지에르스카(Anzia Yezierska)는 작가가 되기를 갈망했고, 자기실현을 위해 고향을 떠나 마침내 할리우드로 진출했다. 그녀는 비통하게 물었다. "사상은 유용한 것이 아니란 말인가? …… 미국인에게 필요한 것은 내 몸을 쓰는 노동뿐인가?"[21] 어머니가 노예 출신인, 아프리카계 미국인 작가이자 활동가인 안나 줄리아 쿠퍼(Anna Julia Cooper)는 지적 세계에 대한 갈망을 생생하게 표현했다. "나는 밖에서 손짓해 부르는 어떤 소리에도 응답하지 못한 채, 내면에서 나오는 어떤 큰 압박감에 계속 시달렸다(야심 있는 소녀라면 누구나 그럴 것이다)."[22]

그래서 몇몇 용감한 여성들은 공식적인 교육 기구에만 기댈 게 아니라 사회 활동을 통해서도 '밖에서 손짓해 부르는' 상황을 이끌어 가기 위해 노력했다. 헌터(Jane Edna Hunter)는 1911년 클리블랜드에서 한 여성단체의 얼마 안 되지만 자발적인 기부금을 토대로 '노동소녀를위한복지협회'(Working Girls' Home Association)를 세웠다. 헌터의 부모는 하인이었고, 그녀는 1925년 법률에 관심을 두기 이전까지 간호사로 일했다. 그녀는 아프리카계 미국인 여성을 위한 활동에 전념하기로 하면서 이렇게 썼다.

무언가가 …… 나를 계속 부추겨서 지금 내가 하고 있는 일에 만족할 수 없게 만들었다. 그리고 좀 더 큰일을 할 수 있도록 나를 이끌어 주었다. …… 어느 순간, 클리블랜드에는 나와 비슷하게 이방인으로 외롭게 와서 내가 겪은 것과 같은 고난을 겪으며 자신의 자리를 확보하기 위해 노력하는 소녀들이 여전히 이 대도시에 많이 있다는 걸 떠올렸다.[23]

이런 개인적인 교류는 흑인 여성 사회 개혁가들의 특징이기는 했지만, 급진적인 일부 중산층 백인 여성도 그 영향을 받았다. 헐하우스에

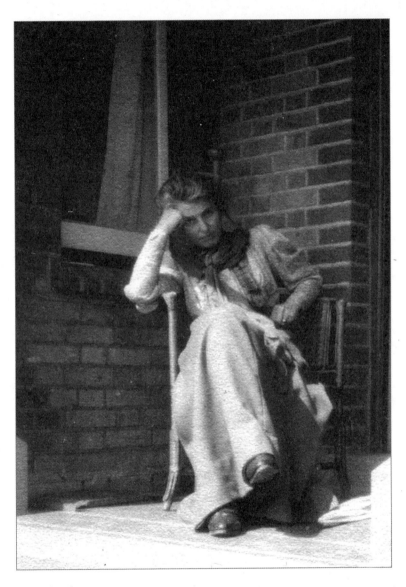

비어트리스 웨브

서 일하기 전에 엥겔스의 《영국 노동계급의 조건》을 번역한 켈리는 1887년 엥겔스에게 편지를 써서 자신의 친구 캠벨(Helen Campbell)의 빈곤에 대한 이해는 전형적인 미국식으로, 이론보다는 '사적인 교류'를 통해 얻은 것이라고 언급했다.[24] 물론 그런 접근 방식은 미국 개혁가들에게만 해당되는 것은 아니었다. 맨체스터의 엥겔스도 개별적인 만남을 통해 노동계급에 대한 이해를 넓혀 나갔다. 1883년, 젊은 시절에 웨브는 일기장에 단호한 글을 남겼다. "가난한 사람들 사이를 거니는 것은 우리에게 매우 중요하다."[25]

기독교 사회주의자 목사의 딸인 마거릿 루엘린 데이비스(Margaret Llewellyn Davies)는 1880년대 말부터 노동계급의 여성협동조합길드에서 활발히 활동했는데, 그녀 역시 개인적 교류의 중요성을 확신했다. 그녀는 협동조합을 매개로 개인적인 자기 발전을 상호성이라는 새로운 관계와 결합시킬 수 있다고 보았다. 그녀는 친구인 버지니아 울프(Virginia Woolf)에게 길드 구성원들이 쓴 빛바랜 종이 다발을 건네며, 이런 고난과 갈망의 기록들을 통해 "여성이 더 이상 상징이 아니라 한 개인으로 기억될 수 있기를 희망한다"고 분명하게 말했다.[26] 협동조합 여성들의 감동적인 이야기들은 마침내 1930년 호가스 출판사에서 《우리가 배운 인생》(Life as We Have Known It)이라는 제목으로 출간되었다.

새날의 꿈과 자아

많은 여성 개척자들은 다양한 사회운동에 참여해 사회에 기여하겠다는 강한 열망을 갖고 있으면서, 개인의 자율성을 지키기 위해서도 노력을 아끼지 않았는데, 이 배경에는 새날에 대한 꿈의 그림자가 드리워 있었다. 이런 꿈을 품은 이들의 일부는 개인주의적 급진주의와 협동조합 운동의 오랜 전통과 맞닿아 있었다. 미국의 아나키스트 오스틴은 18세기 급진주의자 토머스 페인(Tomas Paine)을 숭상하는 집안에서 자랐다. '볼테린느 드클레이르'(Voltairine de Cleyre)는 말 그대로 '계몽주의의 아이'였다. 그녀의 이름은 아버지가 볼테르라는 이름에서 따온 것이다. 출산조절 운동가인 생어(Margaret Sanger)의 아버지는 아일랜드계 석공이었는데, 그의 우상은 미국의 자유사상가 로버트 잉거솔(Robert Ingersoll)이었다. 1880년대 중반 영국의 '선진' 여성 제인 흄 클래퍼턴(Jane Hume Clapperton)은 19세기 초 협동조합 운동의 선구자인 로버트 오언(Robert Owen)의 저작에 정통했다. 그녀는 오언이 "공동체와 조화를 이루며 소박한 삶을 사는 것에 익숙지 않은 상태에서 사람들이 공동생활을 하도록 만든 것은 잘못이다"라고 지적하면서, 먼저 가정 안에서 관계의 변화가 시작되어야 한다고 주장했다.[27] 1898년 전국여성참정권협회 총회에서 테럴은 여권운동이 다양한 전통에 기반을 두고 있다면서 외교적으로 사려 깊게 여러 전통들을 언급했다. 그녀는 18세기 흑인 시인인 필리스 휘틀리(Phillis Wheatley)를 비롯해 오언주의자들과 로즈(Ernestine Rose) 같은 여권운동가, 백인 여성으로서 노예제 폐지 운동과 여권운동에 충직한 모트(Lucretia Mott), 스탠턴(Elizabeth Stanton), 스톤(Lucy Stone), 앤서니(Susan B. Anthony) 등을 언급했다.[28]

유토피아적 공산주의자 오언과 샤를 푸리에(Charles Fourier)의 사상은 미국에서는 협동조합식 살림 전략으로, 영국에서는 여성협동조합 길드의 전통으로 활용되었다. 1893년 캐서린 웨브(Catherine Webb)는

메리 처치 테럴

협동조합 여성들을 방문하여 "새벽을 알리는 전령이 되어 '좋은 세상이 온다'는 소식으로 세상을 깨우라"고 했다. 웨브가 생각한 조합주의의 미래는 아일랜드계 급진주의자 윌리엄 톰프슨(William Thompson)의 주장을 되새기는 것이었다. 그는 일찍이 1825년에 여성의 사회적·정치적 권리를 유려한 문체로 주장했다. 톰프슨과 마찬가지로 웨브도 삶의 모든 단계와 국면에서 '협력과 상호부조'가 이루어지는 날이 더디지만 분명히 다가오고 있으며, 새날의 여명 앞에 개인주의의 어두운 밤은 물러날 수밖에 없다고 믿었다.[29]

웨브는 유토피아적 미래가 점점 모습을 드러내고 있다고 하면서 개인이 실천에 나서야 한다고 확신했는데, 이런 신념은 19세기 마지막 20년 동안 아나키즘과 사회주의에서도 공유하는 것이었다. 샬럿 윌슨

(Charlotte Wilson)은 페이비언협회에서 아나키즘 분파를 형성했으며, 신념 때문에 오랫동안 옥살이를 한 아나키즘 공산주의자 크로폿킨 경에게 영향을 받았다. 1886년 윌슨은 "개인의 직접행동을 통해 사회·정치·경제 등 인간사 모든 영역에서 혁명을 이끌면서 목표를 이루어야 한다"고 주장했다.[30]

조금 덜 극단적인 방식으로, 일부 사회주의자들 역시 개인이 바로 지금 여기에서 삶의 대안을 선택해야 한다고 주장했다. 여성 면방직 노동자들을 조직한 브리스틀의 사회주의자 본과 대니얼을 비롯해 리즈의 사회주의자 포드, 작가 슈라이너와 엘리스 모두 영국의 사회주의자 에드워드 카펜터(Edward Carpenter)가 선구적으로 내세운 '새로운 생활'이라고 하는 사상의 영향을 받았다. 1880년대 사회적 불평등과 자신이 속한 계급이 노동자에게 기생적으로 의존하는 삶을 영위하는 것에 가책을 느낀 카펜터는 욕구를 줄이고 자연 친화적인 삶을 살기로 결심했다. 그는 미국 작가 월트 휘트먼(Walt Whitman)과 헨리 데이비드 소로(Henry David Thoreau)의 영향을 받아 외부 세계뿐 아니라 자신이 타고난 '내면'과도 조화를 이루는 자아실현을 강조했다. 자유를 옹호하는 사회주의자 모리스와 마찬가지로 카펜터는 동성애와 여성의 자유에 대해 글을 썼으며, 여성이 개인의 해방과 공적인 활동 사이에서 균형을 이루기 위해 노력하는 것이 중요하다고 강조했다.[31] 이는 미국의 초월론자들은 물론이고 휘트먼과도 상통하는 것이었다.

1890년 본과 대니얼은 브리스틀을 떠나 미국으로 향했다. 1894년 대니얼이 일찍 사망한 뒤 본은 보스턴에 정착했고, 이곳에서 그녀는 아나키스트 서클에 들어가 '월트 휘트먼 협회'의 일원이 되었다. 비록 성공하지는 못했지만 농사를 지어 자급자족하는 삶을 시도하던 시절, 그

녀는 아나키스트인 애인을 전혀 아랑곳하지 않은 채, '나에게는 모리스
가 있다'라는 포스터를 벽에 붙여 놓았으며, 랠프 월도 에머슨(Ralph
Waldo Emerson)과 휘트먼의 사진도 볼 수 있게 걸어 두었다.[32] 길먼
(Charlotte Perkins Gilman)은 1880년대에 윌리엄 엘러리 채닝(William
Ellery Channing)의 손녀딸 그레이스 채닝(Grace Channing)과 사적으로
친분 관계를 유지하고 있었다. 1896년 영국을 방문했을 때 길먼은 카
펜터가 직접 만들어 준 신발을 특히 자랑스럽게 여겼으며, 카펜터의
《사랑의 성숙》(Love's Comming of Age, 1896)의 열렬한 독자였다.[33] 영
국 사회주의 페미니스트인 거소르프(Mary Gawthorpe)는 카펜터와 휘
트먼이 20세기 초에도 리즈의 노동계급 사회주의자들 사이에서 여전
히 존경받고 있었다고 회고했다.[34]

사회 이론과 조직

입센, 카펜터, 휘트먼 그리고 초월론자들이 개인의 실천과 내면의 변
화를 움직이게 하는 동력이었다면, 일부 개척자들은 사회를 상호 연계
되어 있는 가정처럼 유기체로 보는 존 러스킨(John Ruskin)의 영향을 받
았다. 여성의 역할에 대한 러스킨의 가부장적인 관점은 무시하면서 이
들은 러스킨을 다양한 방식으로 해석했다. 영국의 가정 개혁가 힐
(Octavia Hill)은 국가의 간여보다는 개인의 노력을 좀 더 신뢰했다. 그
녀는 자신이 구상한 주택 공급 계획에 러스킨을 활용했고, 자선조직협
회(Charity Organization Society)에 그의 사상을 이용했다. 한편 자유방
임주의와 경쟁적 사회관계에 대한 러스킨의 비판에 영향을 받아 독립
노동당의 당원이자 학교에서 의료와 탁아 서비스를 제공해야 한다는

운동을 전개한 마거릿 맥밀런(Margaret McMillan)과 랭커셔 주 넬슨의 사회주의자 노동계급 활동가인 쿠퍼는 러스킨의 열렬한 추종자가 되었다. 1897년 쿠퍼는 자신의 아이 이름을 러스킨의 이름을 따서 존이라고 했다. 미국에서 빈곤퇴치운동과 가정개혁운동을 펼친 캠벨은 러스킨에게 깊은 영향을 받았다. 1894년 캠벨은 길먼과《임프레스》라는 정기간행물을 만들어 함께 일했으며, '가정과 경제' 란에 칼럼을 썼다. 뒷날 길먼은 '생활의 묘법'이라는 이색적인 제목의 칼럼에서 러스킨을 인용하면서 여러 가지 고유의 주제를 발전시켜 나갔다.[35]

1890년대 말 보스턴의 복지운동가 스커더는 러스킨이 "이른바 '경제적 인간'이 내포한 비현실적이고 불쾌한 발상들"을 묵살하면서 "능력과 욕망과 도덕적 본능으로 충만한 사람"을 선호했기 때문에 개혁가들 사이에서 인기가 높았다고 설명했다.[36] 러스킨은 조각 난 삶의 여러 측면들이 재통합되어야 한다고 전망했고, 자본주의 생산에 대한 미학적 비판은 모리스의 사회주의를 통해 미술공예 운동으로 옮겨 갔다. 보스턴의 '신여성' 메리 웨어 데닛(Mary Ware Dennett)과 같은 미술공예 열광자들에게 예술은 새로운 윤리적 삶의 방식과 분리될 수 없는 것이었다.[37]

개인의 도덕성에 대한 강조와는 별개로 여성 개척자들은 좀 더 단호한 사회 이론에 동화되기도 했다. 길먼과 캠벨은 모두 미국 사회학의 창시자인 레스터 프랭크 워드(Lester Frank Ward)를 존경했다. 워드의 사회진화론은 정치적 통일체를 하나의 유기체에 비유하여, 한 부분에서 나타난 사회 변화가 불가피하게 다른 영역에까지 영향을 미치게 된다는 점을 명료하게 보여 주었다. 길먼이 이런 통합적인 시각에 특히 매력을 느낀 까닭은, 이것이 한 영역의 사회 개혁을 다른 영역으로까지 확장시키는 이론적 틀을 제공해 주었기 때문이다. 워드는 진화적 생존에서 여성이 남성보다 중요하다고 보았다. 남성은 기껏해야 출산의 조력자에 불과하다는 얘기였다. 이런 관점은 길먼을 비롯한 페미니스트에게 힘이 되었다.[38] 워드의 생물학적 필요에 대한 개념은 20세기 초까지 여러 방식으로 변형되면서 어머니들에게 좀 더 나은 고용조건과 사회복지 혜택이 돌아가야 한다는 주장들에 힘을 실어 주었다.

한 가지 사상 속에서 모순되는 주장을 함께 내세우는 것은 여성 개척자들에게만 나타나는 특징은 아니었다. 결정론적인 사회적 다윈주의는 당시 등장한 사회과학들 안에서 상당한 영향력을 행사했지만, 이는 계몽된 사회과학자들이 사회문제들을 정리해 낼 수 있다고 하는 신념과 자주 결합되기도 했다. 1880년대부터 사회 진화에 대한 허버트 스펜서(Herbert Spencer)의 개인주의 사상은 자본주의적 욕망이 낳은 최악의 효과들을 완화시키는 범위 안에서 국가의 규제를 좀 더 요구한 개혁가들의 주장과 경쟁해 왔다. 사회가 집단주의로 진화한다는 사상은 자유주의자들과 사회주의자들 모두에게 영향을 주었다. 그들은 서로 다른 방식으로 자신들이 그 과정의 속도를 높여 왔다고 생각했다.

목적론적으로 전개되는 역사와 인간의 능동성 사이의 긴장은 마르크스의 저작에서도 볼 수 있다. 19세기 말에는 후자보다 전자에 중점을 두는 경향이 있었다. 마르크스와 엥겔스, 독일의 사회주의자 아우구스트 베벨(August Bebel)은 모두 여성해방을 지지했지만, 베벨만이 여성이 의식적으로 능동성을 발휘하는 것이 중요하다고 강조했다. 마르크스주의자 그룹은 언제나 선명한 반자본주의 세력으로서 프롤레타리아에 집중했다. 이는 미국 개혁 운동 서클 안에서 여성의 중요성이 강조된 것과 분명히 대비되었다. 개인적 관계 역시 어려운 지점이 있었다. 예를 들어 애덤스는 마르크스의 저작을 탐독했지만, 타고난 감수성 탓에 서로 다른 계급과 인종 사이에서 생길 수 있는 주체적 요인들에 대해서는 마르크스와 엥겔스의 이론과 거리를 두었다. 에이블링, 애니 베전트(Annie Besant), 도라 몬테피오리(Dora Montefiore)를 비롯한 영국의 여성 마르크스주의자들은 여성과 남성의 관계에 대해 불만을 표현하기가 쉽지 않았다. 이는 개인적으로 경험해야 하는 출산과 육아처럼 여전히 '정치'의 바깥에 자리하고 있었다.[39]

새날을 위해 여성 개척자들은 급진 사상의 전통을 돌아보기도 했고, 동시대 남성들의 사상들을 선별하여 취하기도 했다. 하지만 무엇보다 이들은 서로에게서 배웠다. 애덤스는 비어트리스 웨브의《영국의 협동조합 운동》(The Co-operative Movement in Great Britain)을 1891년에 출간되자마자 읽었다. 이 책은 뒤에 시카고 여성 사회이론가들에게 영향을 주었다.[40] 미술공예에 깊은 관심을 가지고 있던 데닛은 영국의 아방가르드 간행물《자유여성》의 구독자였다.[41] 여성 노동자들 역시 외국에서 온 이 책과 사상에 대해 알고 있었다. 1911년 미국 시애틀에서 카드와 라벨산업 노동조합의 여성 노동자들은 노조가 없는 공장에서 생산된 상품에 보이콧운동을 했는데, 이 여성 노동자들은 남아프리카의 사회주의자이자 '신여성'인 슈라이너의 글을 읽었다.[42]

여성 개척자들의 조직망은 다양한 이슈를 통해 확대되었고 놀랄 정도로 널리 퍼져 나갔다. 이들은 개인적으로 경계를 넘어서기도 했고, 대서양을 건너가 토론을 갖기도 했다. 아프리카계 미국인 참정권 운동가이자 미국 미시시피 출신의 운동가인 웰스-바넛(Ida B. Wells-Barnett)은 1893년 영국을 방문하여 강연을 했다. 그녀는 급진주의자,

사회주의자, 페미니스트들의 초대를 받았다. 또한 베전트의 초대로 런던에서 여성으로만 이루어진 '파이어니어 클럽'(Pioneer Club)에서 연설을 하기도 했다. 웰스-바닛은 윌라드와 관계가 안 좋았는데, 윌라드가 남부 백인 사이에서 여성참정권에 대한 지지를 확보하는 일에만 관심을 두었기 때문이다. 웰스-바닛은 페미니즘, 생체 해부 반대, 종두접종 반대, 금주운동을 주제로 토론을 하는 파이어니어 클럽에서 동지들을 만날 수 있었다. 그녀는 이 클럽의 이름이 휘트먼의 시 〈개척자〉(Pioneers! O Pioneers)에서 따온 것임을 단번에 알아차렸다. 베전트를 비롯해 에이블링, 몬테피오리, 슈라이너 그리고 '신여성' 작가 모나 케어드(Mona Caird) 같은 클럽 회원들은 오래전 바이런 경이 살던 품격 있는 메이페어관에 자주 모였다.[43]

자유사상가들과 아나키스트들은 국제주의자들임이 분명했다.《루시퍼》편집자의 딸 릴리언 하먼(Lillian Harman)은 1898년 영국으로 건너왔다. 하먼은 자유연애를 주장한 그룹인 합법연맹(Legitimation League)에서 연설을 했는데, 이 연맹은 그녀가 동거를 했다는 이유로 투옥된 과거를 알고는 그녀를 영웅으로 여기기도 했다. 골드만은 영국을 여러 차례 방문했으며, 드클레이르는 1897년 런던에 가서 프랑스 출신의 아나키스트 루이스 미셸(Louise Michel)을 만났다. 이스트엔드(전통적으로 노동자 계층이 밀집해 살던 런던 동부 지역—옮긴이) 출신의 유대인 아나키스트 로즈 위트콥(Rose Witcop)은 생어의《여성의 반란》에 평론을 썼고, 1920년에는 런던에서 생어와 함께 출산조절에 대해 연설을 했다.[44]

사상을 교류하는 과정에서는 개인적 관계가 중요했다. 미국의 유명한 급진적 페미니스트인 엘리자베스 스탠턴의 딸 해리엇 스탠턴 블래치(Harriot Stanton Blatch)는 19세기 말 영국에서 살면서 페이비언 사회주의자들과 어울렸다. 1902년 미국으로 돌아간 뒤에도 그녀는 영국 사회운동과 친분을 이어 갔다. 훗날 지역의 개혁 운동가이자 역사가가 된 비어드(Mary Beard)는 옥스퍼드에 사는 동안 영국의 여성참정권운동을 접했다. 1899년 옥스퍼드에서 그녀의 남편 찰스는 노동조합 대학인 '러스킨홀'(Ruskin Hall)을 세웠다. 여성들 사이의 유대감은 특히 여행에서 큰 도움이 되었다. 헐하우스에 거주하면서 납중독을 연구한 해밀턴(Alice Hamilton)은 1919년 영국을 방문해 여성지역정부협회(Women's Local Government Society)에서 활동하는 마거릿 애슈턴(Margaret Ashton)의 돌봄을 받았다. 페미니스트 사이의 국제 연대는 제1차 세계대전에 반대한 국제여성동맹(International Alliance of Women)이나 평화와자유를위한국제연맹(International League for Peace and Freedom)과 같은 공식 기구의 도움을 받기는 했지만, 사적인 관계도 사상과 정책들을 전파하고 공유하는 데 있어 상당히 중요한 역할을 했다.[45]

성 급진주의자들도 공식적으로만이 아니라 비공식적으로도 국제적인 연대망을 구축했다. 영국에서 출산조절을 주장한 스텔라 브라우니(Stella Browne)는 미국으로 건너가, 피임에 관한 정보를 유포한 혐의로 기소된 생어를 만났다. 이후에도 두 사람은 계속 연락을 주고받았다. 1916년 브라우니는 성과 출산조절에 대한 글을 쓴 작가 파슨스에게 편지를 보내 생어를 지지해 달라고 부탁하기도 했다.[46] 편지는 직접 대면하지는 못해도 사적인 관계를 깊이 있게 유지할 수 있도록 도와주었고, 사상을 널리 전파하는 데 공식 간행물만큼이나 중요한 역할을 했다.

이곳저곳을 비교적 쉽게 다닐 수 있는 중산층 여성들은 좀 더 끈끈한 유대감을 형성할 수 있었다. 사적인 유대 관계는 사회주의자나 아나키스트 서클을 통해 노동계급 여성에게도 확대되었다. '크루의 공장 아가씨' 추는 길먼의 책을 열심히 읽었다. 길먼의 책은 노동자와 협동조합 서클들에서 인기가 많았다.[47] 여성 노동자들 또한 조직에 대한 생각들을 주고받았다. 미국의 노동조합원 콘(Fannia Cohn)은 1927년 영국 노동당 지도자 매리언 필립스(Marion Phillips)에게 이렇게 말하고 있다.

> 나는 노동조합원의 아내들에게 정말 관심이 많다. 나는 그들이 조직을 만들어 중산층 여성이나 전문직이나 사업을 하는 여성들처럼 조직적으로 사회적 기능과 역할을 해내야 한다고 생각한다. 미국에서 중산층 여성들은 훌륭한 조직을 형성하고 있다. 이들은 정치 정당이나 지도자들이 감히 무시할 수 없는 사회적 영향력을 행사하고 있다.[48]

개척자들의 사회적 발언은 그들이 조직한 역동적인 연대망을 통해 지속되었다. 여성들 사이에 사상이 자유롭게 교류되면서 이들은 서로 영향을 주고받고 논쟁을 벌이기도 했으며 그런 가운데 계속 변화해 나갔다. 계속 움직여 나간 것은 사상만이 아니었다. 새로운 급진주의자들이 계속 등장하고 조직과 유대 관계가 끊임없이 재구성되면서 높은 유동성을 보여 주었다. 한 개인이 여러 가지 운동에 관계하는 일이 다반사였고, 살아가면서 관점을 바꾸는 경우도 많았다. 처음에 여성참정권운동에 반대했던 웨브는 1900년대 중반에 생각을 바꾸었다.

영국의 아나키스트 윌슨의 궤적은 이론적으로나 조직적으로나 포용성이 극단적으로 큰 경우였다. 1880년대 중반 윌슨은 런던에 기반을 둔 남녀클럽(Men's and Women's Club)에서 주변의 시선을 의식하면서도 성과 사회에 관한 '선진적인' 논의에 참여했고, 러시아 혁명가 출신의 망명자 스테프니아크(Stepniak)를 중심으로 한 모임인 러시아자유

우애협회(Society of the Friends of Russian Freedom)의 회원으로도 활동했다. 그녀는 곧 마르크스주의사회민주연합(Marxist Social Democratic Federation)에 동조하게 되었고, 이후에는 페이비언협회에서 활동했다. 그곳에서 그녀는 아나키즘 분파를 조직했다. 1885년 윌슨은 영국 최초의 무정부주의 신문 《아나키스트》를 발간했는데, 이 신문은 미국인 벤자민 터커(Benjamin Tucker)가 보스턴에 기반을 두고 펴내는 개인주의적 아나키즘 신문 《리버티》와 제휴했다. 이듬해 그녀는 크로폿킨과 함께 아나키즘적 공산주의 간행물인 《프리덤》을 편집했다. 1890년대에 정치에서 물러난 윌슨은 1900년대에 여성지역정부협회와 여성참정권운동 조직인 여성자유연맹(Women's Freedom League), 연구 조직인 여성산업평의회에 참여하면서 새로운 정치적 페르소나를 갖고 다시 등장했다. 그녀는 1908년에 페이비언협회로 돌아가 페이비언여성그룹을 조직하는 데 힘썼다.[49]

윌슨이 특이한 경우이기는 했지만 그녀만 그런 것은 아니었다. 다른 개척자들도 여러 운동을 전전했고 전혀 다른 경향에 합류하기도 했으며 관점을 바꾸기도 했다. 베전트는 자유사상론(종교나 도그마에 좌우되지 않는 합리적 이성을 중시함-옮긴이)의 영향으로 급진화되었으며, 나중에는 마르크스주의사회민주연합과 페이비언협회에서 활동했다. 1893년 그녀는 신지학(神智學, theosophy)의 영성 철학으로 전향했고, 인도에서 오래 살면서 그곳의 민족주의 운동을 지원했다. 마찬가지로 마르크스주의사회민주연합의 멤버이자 페미니스트인 몬테피오리는 신지학주의자면서 파이어니어 클럽과 여성지역정부협회 회원이었으며, 여성참정권 운동가였다.[50]

다양한 세대의 여성 개척자들은 당대의 사상적 분위기에 영향을 받았다. 19세기 말에 개혁 집단들 속에서 등장한 연구와 조사에 대한 열정은 1900년대까지 지속되기는 했지만, 이에 대한 정밀하고 거센 비판도 함께 제기되었다. 복지관 운동가 메리 킹스버리 심코비치(Mary Kingsbury Simkhovitch)와 함께 일한 파슨스(Elsie Clews Parsons) 또한 민족지학 (ethnography)을 강조한 인류학자 프란츠 보아스(Franz Boas)의 영향을 받았다. 카메라 렌즈를 통해 타자를 관찰하는 것은 자신을 마치 연구 대상으로 취급하는 것과 크게 다르지 않았는데, 파슨스는 자신의 개인적 관계를 면밀하게 관찰하고 검토하여 그 결과를 저널에 발표했다.[51] 그녀는 참고만 있지 않겠다는 새로운 풍조를 보여 주는 인물이었다. 20세기 초 '현대' 여성의 전위들은 성적 금기와 맞설 준비가 되어 있었다. 이는 앞 세대들 대부분이 조심스럽게 타협하고 넘어간 문제였다.

1914년 그리니치빌리지 이단클럽의 창시자 하우(Marie Jenny Howe)는 아방가르드 잡지인 《뉴 리뷰》에 글을 쓰면서 정치, 경제, 문화, 심리적 변화를 연결하여 여성의 내적·외적인 경험을 모두 포괄하려고 했다.

> 페미니즘은 자유를 향한 여성의 투쟁이다. 정치적으로는 투표권을 향한 열망으로 나타난다. 경제적으로는 더 이상 맞지 않게 된 관습과 표준에 대한 여성의 재평가이다. …… 페미니즘이 의미하는 것은 세상의 변화만이 아니다. 이는 변화된 심리, 새로운 의식의 창조를 의미한다.[52]

1880년대에 런던남녀클럽(London Men and Women's Club)의 회원들은 섹슈얼리티를 어떻게 말할 것인가를 놓고 격론을 벌였다.[53] 그에 비해 20세기 초가 되면 클럽의 회원들은 심리적으로 이 문제에 훨씬 익숙해 있었다. 그러나 이들 역시 여성의 다양한 성적 욕망을 표현해 줄 수 있는 용어를 찾기 위해 고심했다.[54] 대부분은 페미니스트, 사회주의자 혹은 개혁가로서 사회에서 추구해 온 외적인 사회 변화를 자기 자신에 대한 탐구와 자신을 표현해 내는 일과 결합시키고자 했다. 따라서 적확한 표현을 찾아내는 작업은 더욱 어려운 일이었다. 사회적으로 가장 많은 특권을 누리고 있던 계층에서도 타협을 이루기란 쉬운 일이 아니었다. 루언(Mabel Dodge Luhan)은 영적인 스승들과 혁명적 노동운동가들로 그득한 그리니치빌리지 살롱에 등을 돌리고, 1917년 뉴멕시코 주의 타오스로 떠나면서 "내 인생은 두 동강이 났다"라고 선언했다.[55] 파슨스 역시 다른 문화를 건강함의 원천으로 대하기 시작했다.

　1915년 파슨스는 민족지학에 대한 관심을 신문화인류학으로 전환해 나갔다. 신문화인류학은 전통적인 진화론적 세계관에 기반을 둔 인종 서열 주장을 반박했다. 파슨스는 문화인류학이 통상적인 분류 체제에 대해 문제를 제기한다면 '관습에 얽매이지 않는 사회'를 발전시켜 나가는 데 기여할 수 있을 거라고 주장했다.[56] 1920년대에는 새로운 여성 문화인류학자들이 이런 관점에서 문화에 대한 연구를 진척해 나갔다. 그 가운데 허스턴(Zora Neale Hurston)은 남부 흑인의 관습과 생각을 조사했다. 미드(Margaret Mead)는 자유로운 성에 관심이 있었기 때문에 사모아 섬에서 성에 관한 태도와 관습을 조사했다.

일상의 균열

　미국과 영국 모두에서 구세대 개척자들은 1920년대의 새 분위기에 큰 혼란을 느꼈다. 어떤 면에서 보자면 그들의 성공이 코앞으로 다가온 것이기도 했다. 갈수록 많은 젊은 여성들이 고등교육을 받았고, 중산층에서는 처음으로 일과 어머니의 역할을 병행하는 세대가 등장했다. 짧은 머리에 짧은 치마를 입은 기동성을 갖춘 신세대는 1880년대와 1890년대에 순교자가 될 것을 각오해야 겨우 펼칠 수 있었던 생각과 행동을 거리낌 없이 편하게 드러냈다. 섹스와 출산조절은 논의에만 머물지 않고 권리로서 주장되었다. 레즈비언의 정체성이 편견에 맞서며 분명하게 등장하기 시작했다. 성 경험과 일부일처제에 대한 문제 제기가 아무렇지 않게 논의되었다. 이런 현상은 전쟁 전 같았으면 과격한 소수의 보헤미안들 사이에서나 볼 수 있는 모습이었다. 이런 논의들이 주류의 성 관행을 조금씩 변화시켜 갔다.

영국에서 여성 노동자들은 임대주택과 시립 수영장 그리고 심지어 대중탕까지 넘보았다. 미국에서도 사회적 시민 의식이라는 생각이 유행했고, 특히 지역에서 도시 살림을 주장하는 혁신주의자들이 지역 정치에 영향력을 행사하기도 했다. 이렇게 사회적이고 일상적인 변화들이 하나하나 감지하기도 힘들 정도로 당연시되고 있었지만, 이런 변화들이 모두 새 시대와 새날에 대한 애초의 거대한 꿈에 제대로 부응한 것은 아니었다.

전쟁 직후, 환경과 생각은 근본적으로 변화했다. 페미니즘은 하나의 운동으로서 구심력을 상실했다. 투표권을 향한 투쟁의 도정에서 무시되었던 분파들이 본격적으로 등장하기 시작했다. 미국의 사회주의자 크리스털 이스트먼(Crystal Eastman)은 법적 개혁, 동일 임금, 국가가 어머니에게 지급하는 자립 수당, 유아원, 출산조절 등을 포괄하는 광범한 페미니스트 프로그램을 만들고자 했다. 그녀는 동등한 시민권을 주장하면서 동시에 여성의 특별한 요구에도 강조점을 두었다. 개인의 생활까지도 변화시키기를 원했던 것이다.[57] 그러나 주체적인 면과 사회적인 면을 결합시키고자 한 이스트먼 같은 여성들의 노력은 거대한 정치적·경제적 파도에 직면했다.

균열이 페미니스트들에게만 나타난 것은 아니었다. 여성 개척자들은 일반적 차원에서 좀 더 다양하게 분열되었다. 한쪽은 효율성, 사회적 규제, 기술을 통한 진보를 중시했고, 또 다른 한쪽은 타고난 대로의 자연스럽고 소박한 삶에 가치를 두는 낭만주의를 선호했다.

이 두 흐름은 전쟁 전까지는 2인용 자전거를 타고 함께 바퀴를 굴리며 나란히 갈 수도 있었을 테지만, 1920년대에는 서로 다른 길을 가야 했다. 일부 미국인에게 헨리 포드(Henry Ford)는 고임금 경제와 소비 민주주의를 보장해 주는 사람으로 보였다. 그러나 또 다른 일부는 한창 절정에 달한 물질주의에 진저리를 치면서 농촌 공동체나 미술공예 공방으로 가거나 파리 센 강의 좌안(자유분방한 예술가들이 많이 사는 지역 —옮긴이)으로 옮겨 갔다. 활기찬 시장경제가 개척자들의 자아실현에 대한 신념에 부합하는 측면이 있기는 했지만, 그것이 기업 문화와 접목될 때는 사회 변혁보다 개인적 소비를 자극하는 꼴이 되었다. 미술공예는 형식의 문제가 되었고, 취향으로 중화되어 복잡한 장식을 피하고 단순함과 간소함을 특징으로 하는 1920년대의 '모던'한 생활양식에 기여했다. 마찬가지로, '자연스러움'에 대한 열정은 사회적 유토피아와 거리가 멀어지면서 그을린 건강한 몸에 관심을 두게 만들었고 패션과 아름다움에 대한 이상에서 혁명을 가져왔다. 일상은 변화하고 있었다. 그러나 혁신가들이 상상한 그런 것은 아니었다.

영국에서도 비슷한 경향이 나타났지만, 장기적인 경제 쇠퇴와는 다른 정치적 맥락에서 제약을 받았다. 노동당은 개혁을 지향하는 자유주의자들을 비롯해 노동조합과 여성 노동자 조직의 후원을 받으며 유지해 나갔다. 노동당의 활약 덕분에 영국은 국가적 개입이 지방 차원이나 전국 차원 모두에서 미국보다 훨씬 강하게 이루어졌다. 전쟁에 반대한 자유주의자들과 일부 좌파 자유지상주의자들 가운데 국가에 대해 의구심을 가진 이들이 여전히 있기는 했지만, 대다수의 남녀 개혁가들은 국가의 자원을 적극적으로 이용하는 것이 분명히 필요하다고보았다. 그러나 1920년대에 격렬한 산업 분쟁과 높은 실업 사태를 경험하면서 새날을 전망한 초기의 열기는 고된 시련 속에서 사그라졌다. 이들의 목소리는 정당의 결의문과 지역정부의 위원회 등에서 좀 더 낮아지고 온건해졌다. 경제적 어려움 속에서 작은 소득이라도 확보해 보자는 투쟁이 길게 진행되다 보니 작업장과 지역사회, 개인 사이에서 민주적 관계를 발전시키고자 한 희망은 과거에서 온 이상주의자의 비현실적인 사치처럼 보이기도 했다.

그러나 희망은 쉽게 사라지지 않았다. 1927년 영국의 사회주의자이자 페미니스트인 도라 러셀(Dora Russell)은 "변화를 두려워하지 않으면서 유연하고 지혜롭게 끝없이 발전하며, 새로운 형식과 즐거움의 원천을 계속 개발하는 세계에서 편안히 살 수 있는" 인류의 미래를 전망했다.[58] 새날에 대한 꿈은 변형되기는 했지만, 그래도 여전히 살아 있었다.

2장

어떻게 존재할 것인가

세기의 문턱에서

교육, 의미 있는 일 그리고 독립을 강하게 주장한 선진 여성들은 개인적으로도 특별한 선택과 결단을 해 나갔다. 이들은 어떻게 살아야 할 것인가의 문제를 넘어 좀 더 실존적으로 어떤 존재가 되어야 하는지를 고민했다. 외모, 정체성, 관계에 대해 논의했고, 사적인 경험과 공적인 경험을 가르는 경계도 논제가 되었다. 1890년대 초부터 이렇게 재창조된 자아 그리고 사회와의 관계에서 자아가 야기한 딜레마에 대해 여러 여성들이 글과 책을 통해 탐구해 들어갔다.

영국의 사회주의자이자 페미니스트인 포드(Isabella Ford)는 《문턱에서》(On the Threshold, 1895)라는 소설에서 한 신여성이 가족들의 기대에 맞서 싸우고 결혼을 놓고 고민하면서 활발하고 독립적인 삶에 대한 열망을 키워 가는 모습을 영웅적으로 그려 냈다. '문턱'이라는 이미지는 역시 사회주의자이자 페미니스트인 몬테피오리(Dora Montefiore)의 시에서도 등장한다. 그녀는 1898년 데카당파의 신여성에 대해 "세기의 문턱에서 숨을 고르는, 그녀의 얼굴은 새벽을 향했다"라고 묘사했다.[1] 문턱은 시간적 차원에서만 새 시대의 도래를 상징하는 것이 아니었다. 그것은 미지의 가능성을 향한 첫 설렘이자 강한 예감을 의미했다.

상상력의 경계에 서 있었기에 이들은 내면적인 저항을 통해 발전을 도모하기도 했다. 아나키스트 리지 홈스는 1896년에 "여성이 가슴속에 타오르는 가장 밝은 빛을 따라 가장 좋은 생각과 기운을 갖고 일하려는 길 앞에, 어떤 장벽도 어떤 규범도 어떤 미신도 걸림돌이 되어서는 안 된다"라고 선언했다.[2] 본(Helena Born)이 1902년 보스턴에서 사망했을 때, 리버티 아나키스트 서클의 친구인 에마 헬러 슘(Emma Heller Schumm)은 관습의 보호를 떠나 본과 대니얼(Miriam Daniell)이 만들어 낸 여정에 대해 이렇게 존경심을 표했다.

그들은 자처해서 새 삶의 수련 생활을 시작했다. 그곳에는 인식에 대한 뜨거운 열정이 있었지만, 비바람과 스트레스가 거셌으며 물질적으로도 심히 곤궁했다. 그러나 이 모든 것은 너무나 아름다웠다. 거친 세파로부터 그들을 보호해 줄 수 있기를 내가 얼마나 간절히 원했는지 모른다.[3]

본의 삶을 떠올리며 슘은 "본은 확실히 실험적인 삶을 살았다. 그녀에게 관습의 자국은 남아 있지 않았다"고 선언했다.[4]

새로운 자아는 의지만 충분히 강하다면 이전 것을 통해서도 만들어질 수 있다고 생각했다. 기존의 도덕적 통념과 관습에 맞서 스스로 결정함으로써 개인적 차원에서도 실험적 삶을 살아갈 수 있다고 하는 인

FABIAN WOMEN'S GROUP

Fabian Tract No. 157.

THE
WORKING LIFE
OF WOMEN.

By Miss B. L. HUTCHINS.

PRICE ONE PENNY.

'페이비언여성그룹' 팸플릿 《여성의 일하는 삶》

간의 능력에 대한 신념은, 19세기 말 선구적인 아나키스트들뿐 아니라 페미니스트와 사회주의자 신여성들에게도 영향을 미쳤다. 클래퍼턴(Jane Hume Clapperton)은 1885년에 "오늘날 타당하다고 여기는 것들이 1919년에 가서는 그렇지 않게 될 것"이라고 예견했다. 그녀가 옳았음이 증명될 참이었다.[5] 시대에 뒤처진 잡다한 관습들은 쓸어버리고 내적인 신념을 따르자는 결의는 좀 더 급진적인 페미니스트 운동과 아방가르드 예술가들 사이에서도 나타났다. 사회주의자이자 페미니스트인 빌링턴-그레이그(Teresa Billington-Greig)는 1914년 글래스고에서 열린《클래리언》신문 관련 청년 단체인 '클래리언스카우트' 모임에서 이렇게 말했다. "우리는 관례와 관습과 전통에 제약되고 통제받고 있다. 이들을 심판대에 올려 우리의 상식으로 판단하려고 하지 않기 때문이다."[6]

자전거와 반바지, 샌들

여성들이 다르게 살고자 결심했을 때 부닥치는 현실적인 문제는 이들이 쉽게 움직일 만한 여력이 없다는 점이었다. 일을 하거나, 도시의 슬럼가를 거닐거나, 자전거를 타고 교외로 나갈 때 당시 유행하던 옷차림은 아무 소용이 없었다. 사우스런던에 있는 버몬지사회복지관의 시먼스(Mary Simmons)는 사회 활동의 즐거움 가운데 하나는 "모자나 장갑을 끼지 않고도, 햇빛 가리개를 하지 않고도" 즐겁게 거리를 활보하는 것이었다.[7] 훗날 여성참정권 운동가가 된 엑스턴-한(Florence Exten-Hann)은 사우샘프턴의 사회주의자 노동계급 가정 출신으로, 1890년대에 그녀와 그녀의 어머니는 그곳 '클래리언자전거클럽'

(Clarion Cyciling Club)의 회원이었다. "엄마와 나는 반바지를 입고 자전거를 탔다. 그러나 항상 치마를 갖고 다녔다. 도심으로 들어갈 때는 몰매를 피하기 위해 치마를 입어야 했기 때문이다."[8] 좀 덜 억압적인 환경에 있던 어린 이스트먼(Crystal Eastman)은 '남자용' 안장이 달린 자전거를 타고 뉴욕의 작은 도시인 글레노라와 세네카 호수 주변을 폭 넓은 반바지를 펄럭거리며 다니곤 했다.[9] 그녀의 부모는 모두 회중파 목회자로 여성의 권리를 옹호했다. 그러나 수영복을 입고 '그을린 다리를 그대로 내놓자' 그녀의 부친은 무척이나 놀랐다. "아버지도 수영할 때 치마와 스타킹을 입고 싶지는 않잖아요. 그런데 왜 내가 그래야 하냐고요!"[10]

반바지에는 긴 역사가 있다. 반바지를 처음 도입한 이들은 19세기 중반의 공상적 사회주의자와 선진 여성들이었다. 확실하게 해방의 인상을 주는 이 의상은 대중의 비난을 받으며 조롱거리가 되었다. 이런 경험을 거치면서 다음 세대에 다시 합리적 의상을 시도한 이들은 반바지가 마치 치마처럼 보이도록 디자인에 주의를 기울였다. 미국의 노장 페미니스트 스탠턴은 1882년 글래스고에서 열린 참정권 집회장에서 이들의 창의성에 감탄했다. "의상이 바지처럼 둘로 갈라져 있기는 했어도 주름과 폭이 넉넉해서 얼핏 보면 이 옷이 얼마나 혁신적인 것인지 알아차릴 수 없을 정도였다."[11] 1888년에는 합리성, 실용성, 간소함에 기초한 편안하고 몸에 좋은 의상을 장려하기 위해 '합리적 의상 협회'(The Rational Dress Society)가 창립되었다. 이는 여성 옷차림의 폭을 확장시키는 것에 그치는 것이 아니라 새로운 생활 스타일을 예고했다. 1889년부터 협회는 영역을 유아복까지 확대했다. 다리 사이에 안전핀을 한 흰색 플란넬 면 소재의 옷이나 앞에서 여밀 수 있도록 만든 흰색 플란넬 셔츠, '작은 보온 부츠' 등 시대를 앞서 '한층 간소해진' 옷을 입은 아기들은 보다 활달하게 움직일 수 있었다.[12]

물론 합리성과 실용성을 고집스럽게 적용하는 것만으로는 충분하지 않았다. 낭만주의 역시 대안 의상의 여러 흐름에 영감을 주었다. 이를 대표하는 초기 인물은 메리 페일리(Mary Paley)였다. 케임브리지대학 졸업생으로 구성된 선진 조직의 일원이었던 페일리는 처음에는 브리스틀에 새로 설립된 유니버시티칼리지에서 정치경제학 강사로 일했고, 이후 옥스퍼드대학과 케임브리지대학에서 강의를 했다. 그녀를 따른 한 학생은 페일리를 테니슨의 박식한 '이다 공주'(테니슨의 서사시에 나오는 작품 속 인물—옮긴이)에 비유했다. "그녀는 풍성한 주름의 청록색 드레스를 입었는데, 끝단까지는 아니더라도 아랫부분은 진갈색 털로 장식했다. 곱슬곱슬한 진갈색 머리카락은 뒤로 넘겨 핀으로 느슨하게 고정시켰다."[13] 심미안이 있던 페일리는 1877년 경제학자 마셜(Alfred Marshall)과 결혼한 뒤 수년 동안 위대한 남편을 내조하는 역할에 머물면서 세간에서 차츰 잊혀 갔다. 이 때문에 웨브(Beatrice Webb)로부터 결코 그렇게 되어서는 안 되는 전례로 비난을 받기도 했다.

스타일에서 낭만주의적인 요소가 그동안 상실했던 황금시대를 일깨우는 역할을 했다면, 또 다른 경향으로는 자연을 닮고자 하는 시도가 있었다. 자연과 가까워지려는 노력은 어떻게 입을 것인가에 대한 생각을 다시 하게 만들었다. 1890년 브리스틀에서 보스턴으로 이민을 간 뒤 본은 '휘트먼과 자연'이라는 강의에서 이렇게 말했다.

보통의 옷은 자연을 감상하는 데 방해가 되기 쉽다. 특히 여성의 경우 옷이 제 역할을 영 못하고 있는데, 정말 심각한 지경이다. 간소하게 입을 수록 행복은 커진다. 그렇지만 상식적으로 봤을 때 다니기 편하게 입는 것만큼이나 우아하게 보이도록 입는 것도 필요하다.[14]

20세기 전환기 미술공예 운동은 가볍게 걸어 다니는 것을 즐기는 여성들에게 적합한 간소한 옷차림을 선호했다. 1901년에 설립된 '건강하고 아름다운 의상 연맹'(The Healthy and Artistic Dress Union)은 "건강에 좋고 편안하고 활동적인" 옷차림을 강조했다.[15] 핵심 회원 가운데 한 사람인 재닛 애시비(Janet Ashbee)는 그녀의 남편인 디자이너 찰스 애시비(Charles Ashbee)가 잉글랜드 중서부 코츠월즈의 치핑캠든에 '수공예길드학교'(Guild and School of Handicrafts)를 세우면서 이곳에 정착했다. 이 '미술공예' 지역공동체에서는 혁신적인 시도들도 수용했다. 1900년대 초 애시비는 농부들이 걸치는 작업복에 챙 달린 보닛 또는 어부들이 입는 겉옷에 샌들을 신고 거리를 다니곤 했다.[16] 유토피아 공동체들은 새로운 생활양식과 함께 좀 더 자유로운 의상을 선호했는데, 이는 처음에는 보헤미안적인 지식인들에게 영향을 주었고, 결국은 주류 사회로까지 퍼져 나갔다. 넬리 쇼(Nellie Shaw)는 코츠월즈의 아나키스트 거주지인 화이트웨이에서 맨발에 샌들을 신고 다녔다. 그러나 모친이 방문할 때는 글로체스터 바로 외곽에서부터 "어머니의 걱정을 사지 않기 위해 스타킹과 신발"을 신었다.[17]

'건강하고 아름다운 의상 연맹'은 '우아한 외모'에 문화적으로 대안이 될 만한 아름다움을 정립하려고 노력했으며, 자유로움을 표현하고자 하는 여성들을 위해 자연스럽게 흘러내리는 그리스식 의상을 추천했다.[18] 이 스타일은 미국의 무용가 이사도라 덩컨(Isadora Duncan)과 영국의 운동과 건강식의 선구자 마거릿 모리스(Margaret Morris)를 통

마거릿 모리스

해 대중성을 인정받았다. 미국에서 이주해 온 부유한 레즈비언 나탈리 바니(Natalie Barney)는 1900년대 초 파리에 있는 풀과 나무가 무성한 그녀의 마당에 '우정의 전당'(Temple à l'Amitié)을 만들었다. 그녀의 여자 친구들은 자연에서 살아가는 님프를 연상시키는 짧은 그리스식의 옷을 입고 춤을 추었다.[19]

옷은 사회적 휘장

그러나 옷으로 말하자면 눈에 보이는 것이 다는 아니었다. 길먼은 1915년에 쓴 《여성의 옷》(The Dress of Women)에서 "옷은 사회적 휘장이다. 일종의 사회적 피부인 것이다"라고 하면서, 남성과 여성이 분명하게 구분되는 의상을 착용하는 것은 "우리가 결코 성의 차이를 잊어서는 안 된다"는 것을 상기시켜 주기 위함이라고 주장했다.[20] 19세기 말에는 실용적인 블라우스와 타이가 이런 구분선들을 흐리게 했다. 옷에서 남녀 구분을 없애 가면서 여성들은 일터나 카페와 같은 남성의 공간으로 진출해 들어갔다. 이는 그런 공간에 꼭 성적 구분이 필요한 것이 아님을 보여 주는 것이기도 했다. 한 걸음 더 나아간 신여성들은 남자처럼 옷을 입고 남자와 같은 머리 모양을 하고 시내를 별 문제 없이 활보할 수 있다는 것을 보여 주기도 했다. 남성처럼 보이는 차림새는 결과적으로 지리적 유동성을 표현하는 수단이 되었고, 신여성이 남성의 영역에 사회적으로 진출했음을 보여 주는 것이 되었다.

그러나 외모와 행동의 관행에 저항하는 것은 한편으로는 보호받지 못하는 영역에 발을 들여놓는 것을 의미하기도 했다. 러시아계 유대인 이민자 노동계급의 신여성들은 장식 없는 블라우스에 타이를 매고 카페에 앉아 결혼, 가정, 노동조건 등에 관해 토론을 하곤 했는데, 비평가들은 이들의 옷차림을 비웃었다. 1890년대에 한 적대적인 관찰자는 '차향과 담배 연기로 가득한 분위기'를 비꼬면서, "헬쑥하고 피곤에 절은, 작은 입술과 납작한 가슴의 까칠한 여성들이 걸핏하면 자정까지 카페에 앉아 있다"고 비난했다.[21] 이 시대의 앞선 여성들은 다르게 옷을 입고 행동하고 생각함으로써 젠더에 대한 뿌리 깊은 문화적 통념을 뒤집었다.

처신에서 어느 정도 일탈을 감행한 여성은 사회적으로 용인될 수 있는 행동 규범을 벗어났다고 여겨져, 남자들뿐 아니라 다른 여성들에게도 비난을 샀다. 랭(Cosmo Gordon Lang, 후에 캔터베리 주교가 됨)은, 웨브가 1889년 협동조합 운동을 위해 책을 준비하던 시기에 여성들에게 담배를 피울 수 있겠냐고 물어보면서, 자신은 하워스무어에서 남자들과 함께 산책할 수 있다고 선언을 해 헵튼브리지의 협동조합 여성들을 화나게 했다고 회고했다.

귀부인들은 자신들의 주인을 보호하기 위해서는 주인들 가까이 있어야 한다는 신념을 더욱 굳히게 되었다. 우리는 괴이하게 보이는 파티를 시작했다. 그러나 긴 드레스를 입고 옆면에 고무를 댄 부츠를 신은 착한 여성들은 집과 상점 또는 교회를 벗어난 길을 걷는 것이 익숙하지 않아 곧 포기해야 했다. 그들이 이 신여성(비어트리스 웨브)에게 돌아가야 한다고 말하자, 그녀는 담백한 어조로 말했다. "미안해요. 하지만 저는 계속 갈래요." 그러자 이 예의범절의 수호자들 가운데 한 명이 다른 이를 쳐다보며 모질게 말했다. "뻔뻔한 천방지축 같으니라고."[22]

일부 여성들은 관습에 공공연히 저항하기보다는 의상에 관심을 두지 않는 편을 선택했다. 팽크허스트(Sylvia Pankhurst)도 추(Ada Nield Chew)도 패션에 특별한 관심을 두지 않았다. 그러나 남들에게 어떻게 보이는지 개의치 않는 것 또한 확실한 괴짜로 보일 수 있었다. 이로부터 반세기 이상이 지난 1970년대에 노동조합 지도자 한(Maurice Hann)은 팽크허스트가 블라우스를 뒤집어 입고 집회에 나와 연설한 것을 기억했다. 그는 "정말 추레했다"고 하면서 나에게 자기가 했다는 말은 하지 말라고 주의를 주었다.[23] 추의 딸은 자신의 어머니가 "사적인 허영심은 전혀 없는" 사람이었다고 회고했다. 실제로 한 미용사는 추가 "아름답게 출렁거리는 머리카락 위에 모자를 얼마나 무심하게 꾹

눌러 썼는지"를 우수 어린 태도로 회고했다.[24]

추라면 아마 "싸구려 폰즈 콜드크림 한 병을 갖고도 세계 일주"를 했을 것이다. 그러나 많은 중산층 페미니스트들은 저항 운동을 하면서도 스타일은 고수했다.[25] 통상적으로 여성스러운 스타일을 지키는 것이 통상적이지 않은 정치 활동을 도모하는 역할을 하면서 남성 반대자를 혼란스럽게 할 수 있었다. 역설적이게도 이는 새롭게 등장한 대규모 백화점의 유혹에 참정권 지지자들이 빠져드는 결과를 가져왔다. 비록 깨진 유리창을 통해서이기는 했지만. '여성사회정치연합'(The Women's Social and Political Union)의 급진파인 에멀라인 팽크허스트(Emmeline Pankhurst)와 크리스타벨 팽크허스트(Christabel Pankhurst)는 우아하게 보이기 위해 세심하게 가꾸는 편이었다. 의회에서 참정권을 주장한 자유당 당원인 마제리 코벳 애시비(Margery Corbett Ashby)의 부친 역시 이들과 같은 입장이었다. 이 아버지는 딸에게 "만약 무언가를 개혁하고 싶다면 옷은 바꾸지 말라"고 조언했다.[26]

이와 대조적으로 노동계급 여성에게 유행을 따르는 옷차림은 관습에 복종하는 것과는 다른 의미를 가질 수 있었다. 20세기 초 미국의 총명하고 모던한 젊은 전화교환원들은 여성 노동자들 가운데서도 엘리트라고 할 수 있는데, 이들은 글래머들을 시위대 앞의 피켓 라인에 세워 파업 방해자와 맞서게 했다. 이들은 존중과 권력이라는 계급적 자부심을 갖기 위해 부유한 여성처럼 보이게끔 옷을 입었다. 널리 알려진 예로 1920년대 말 미국 콜로라도 광산업계에서 벌어진 격렬한 파업에 참여한 광부의 딸 밀카 새블리치(Milka Sablich)는 실크 드레스를 입어서 비웃음을 샀다. 그러자 빨간 머리의 '분노한 밀카'는 이렇게 되받았다. "광부의 자녀도 다른 이들과 마찬가지로 아름다운 것을 좋아

한다."[27] 제1차 세계대전 동안 영국 군수공장에서 일한 젊은 여성들은 높은 위험을 감수하는 조건 때문에 많은 임금을 받았다. 이들은 옷을 사 입는 것에서 재미를 찾았고, 언론은 이를 부정적으로 보도했다. 그러자 1917년 11월, 한 '군수공장의 여공'이 《데일리 익스프레스》에 반박문을 보냈다.

나에게 비난의 손가락질을 한 사람들은, 내가 보기에는 도무지 상상력이 없는 이들이다. 내 처지에 한번 서 보라. 그들은 영혼까지 질식할 것 같은 생활을 마무리하고 드디어 자유로운 공기를 들이마시면서 자신을 회복해 가는 것, 감옥 같은 벽이 허물어져 내리는 것을 보는 것, 폭압의 사슬에서 풀려나 내 발로 걸을 수 있게 되는 것, 꿈이 조금이라도 실현되는 것이 무엇인지 알아야 한다. 꿈은 그것이 세계 지배를 목표로 하든, 아니면 생생한 컬러의 크레이프드신(블라우스나 드레스 등에 사용되는 직물의 종류 ─옮긴이)으로 만든 작은 물건을 목표로 하든 일상의 모든 걸음에서 똑같은 힘으로 작용한다.[28]

필립 랜돌프(A. Philip Randolph)를 비롯해 풀먼열차회사에서 함께 일한 흑인 노동자들의 조직인 '침대차포터형제회'(Brotherhood of Sleeping Car Porters)는 아프리카계 미국인 여성이 자신의 권리를 주장하면서 동시에 유행에도 뒤지지 않도록 지원했다. 노동조합 기관지인 《메신저》는 "단발머리는 매력적이고 또 점점 유행하고 있다. 그러나 그렇다고 생각마저 싹둑 잘라 버린다면 심각한 문제가 된다."[29] 필립 랜돌프는 사회주의자 아내인 루실 랜돌프(Lucille Randolph)의 영향을 받았다. 루실은 '흑인 신여성'은 아름답고 현명한 여성이라고 보았다.

그녀는 형제회에 딸린 여성 조직 '여성경제평의회'(Women's Economic Council)에서 '단발머리' 콘테스트를 열어 흑인 여성들이 1920년대의 유행에 다가가도록 만들었다.

'옷이 사회적 휘장'이라는 말은 여러 의미에서 맞는 말이었다. 잘 차려입은 여성참정권 지지자들은 참한 숙녀처럼 현장에 들어갈 수 있었고, 그곳에서 유리창을 깨고 정치인들을 향해 도끼를 휘둘렀다. 노동자들은 계급적·인종적·젠더적 자부심을 주장하기 위해 옷을 차려입었다. 반면에 '신여성'들은 젠더 구분을 궁지에 몰아넣기 위한 수단으로 남성복을 걸쳤다. 셔츠와 넥타이는 첨단을 걸어 온 여성들 덕분에 존중의 표식이 되었다. 1920년 그리니치빌리지 이단클럽의 멤버들은 클럽 창립자인 하우(Marie Jenny Howe)를 위한 앨범을 만들면서, 자신들의 사진으로 흰 셔츠와 넥타이 차림의 사진들을 골랐다. 그중에는 이단클럽의 유일한 흑인 회원인 그레이스 네일 존슨(Grace Nail Johnson)도 있었다. 그녀는 '미국유색인발전협회'(National Association for the Advancement of Colored People)에서 활동하면서 할렘의 시인 제임스 웰던 존슨(James Weldon Johnson)과 결혼했다.

남성 스타일은 여성적인 잡다함을 넘어서 진지한 목적의식을 보여 줄 수 있었다. 그러다가 1920년에 오면서 이는 첨단 패션으로 변해 갔는데, 여성들은 세련된 최신 유행의 옷차림이 남장 차림과 구분되도록 하기 위해 여성성을 보여 주는 작은 장식들을 추가했다. 예를 들어 1926년, 레즈비언 소설가 라드클리프 홀(Radclyffe Hall)은 남성용 이브닝드레스에 스페인식 모자와 진주 귀걸이를 하고, 이마에 곱슬머리를 납작하게 붙여 멋을 냈다. 그녀의 외모는 성적 취향을 표현한 것이 아니었다. 다만 유행을 앞서 가는 아방가르드의 일원임을 보여 줄 뿐이었다. 1928년 그녀의 소설 《고독이라는 행복》(The Well of Loneliness)이 처음 발간되었을 때 《뉴캐슬 데일리 저널》에서 한 비평가는 그녀의 "교양 있는 모더니즘적인 분위기"를 언급했다.[30] 그러나 얼마 지나지 않아 그 소설은 외설적이라고 폄하되었고, 저자의 옷차림은 하위문화로 여겨진 레즈비언 문화의 상징으로 읽혔다. 1929년이 되면 보이시한 스타일은 더 이상 세련된 것으로 통하지 않았다. 짧은 머리, 외알 안경, 맞춤복은 레즈비언의 정체성을 의식적으로 표현하는 수단으로 간주되었다.

1920년대 스타일의 변화는 별 생각 없는 말괄량이 댄서 아가씨들 사이에서도 분명하게 드러났다. 이들은 지극히 근대적인 추세에서 주목을 받기는 했지만, 다른 한편으로는 제1차 세계대전 이전의 관습에 맞선 다양한 이단자 집단의 그늘 아래 놓이기도 했다. 남성복 스타일은 한때 성적 자율성을 추구한 진지한 신여성들의 휘장이었으나, 이렇게 다른 이성의 옷을 입는 것은 빅토리아시대와 에드워드시대(에드워드 7세가 재위에 오른 1901~1910년)의 성애물에 동기를 제공하는 역할을 하기도 했다. 발기된 상태를 나타내는 나폴레옹 차림의 옷을 입고 우편엽서에 등장한 섹시한 모델은 성적 금기를 건드리기 충분했다.

1910년 프랑스의 작가 시도니 가브리엘 콜레트(Sidonie Gabrielle Colette)가 과감하게 담배를 물고 남자 옷을 입고 포즈를 취했을 때, 상징적으로 그녀는 포르노와 성매매가 자리하던 문화 공간 속으로 뛰어든 것이나 다름없었다. 아무 곳에도 뿌리내리지 않고 '유랑하는' 한 여성으로서 콜레트는 속이 비치는 옷을 입은 님프, 그리스식 누드, '오리엔탈' 노예 여성, 여성 지배자 등 그들의 장신구를 걸치고 발레리나처럼 경쾌하게 몸을 돌려 금지된 환상을 기꺼이 연출해 내면서 이들을 조롱했다.

이렇게 여성적 정체성의 경계들이 무너지고 있었다. 당시 유럽의 사상가인 타르드(Jean Gabriel de Tarde), 마흐(Ernst Mach), 베르그송 (Henri Bergson)의 영향을 받은 파슨스는 제1차 세계대전 이전에 이 유랑자들을 이론화했다. 1914년《페미니스트 저널》에서 그녀는 이렇게 썼다.

> 개인마다 어느 정도 갖고 있는 여성성과 남성성을 …… 보여 주어야 할(혹은 굳이 보여 줄 필요가 없을) 날이 올 것이다. 어느 날 아침 내가 남자가 된 것 같은 느낌이 들면 남자처럼 행동한다. 그러다가 오후에 여자가 된 것 같은 느낌이 들면 또 그렇게 행동한다. 한낮이나 한밤중에 내가 성별이 없는 존재처럼 느껴지면 또 그렇게 행동한다. …… 영원히 한 가지 성 역할에만 매여 있어야 한다는 것은 정말 지긋지긋하고 터무니없는 일이다.[31]

경험할 권리

보헤미안 아방가르드들은 이성 또는 저마다 타고난 자아를 찾아가는 노력을 하면서, 새로운 자아를 추구하기보다는 다양한 자아들을 연출해 내기 시작했다. 이런 흐름에 따라 노동계급 사이에서도 마음먹은 대로 될 수 있다고 하는 분위기가 형성되었다. 크리스털 이스트먼의 남동생인 맥스 이스트먼(Max Eastman)은 1927년에 내놓은 소설《벤처》(Venture)에서 루언(Mabel Dodge Luhan)이 말한 '버릇과의 영원한 전쟁'을 조롱했다. 루언에 기초해서 만든 가상의 인물인 '메리'는 "지나간 모든 것과 완전히 결별하고 새로운 영혼을 지향하는 실험을 항상 시도했다." 이런 추구가 쉬지 않고 이어지자 그녀는 차분하게 안정을 취할 수 없었다.

　　그녀는 결혼 생활을 하는 중이거나 이혼 중이거나 또는 애인의 사랑을 시험하는 중이었다. …… 뱀 춤을 추거나 힌두 철학을 배우거나 힌두인의 터번을 쓰고 있거나 또는 여성 농부이거나 아편을 피우거나 플루트를 연주했다. 이 세상에 메리가 하고 싶지 않은 일이라고는 없었다. 이 놀랍도록 좁고 짧은 세상에서 그녀가 할 수 없는 일도 없었다.[32]

　　루언의 끝없이 변화하는 열정은 폭넓은 활동성을 의미했다. 근대 여성은 붙박이처럼 고정되는 것을 원하지 않았다. 1916년 파슨스는, 페미니즘의 중요한 목적은 정치적·사회적 권리를 확보하는 것이 아니라 여성에 대한 분류와 구별을 폐지하는 것이라고 주장했다. "신여성은 분류되지 않는, 나아가 분류될 수 없는 여성을 의미한다."[33]
　　선진 사상가들과 유랑하는 보헤미안에 의해 허물어진 금기들을 1920년대에는 신여성들이 공공연하게 조롱했다. 그러면서 이들은 새로운 상식들을 만들어 갔다. 페미니스트 프레다 키치웨이(Freda Kirchwey)가 엮은 평론집 《변화하고 있는 우리의 도덕》(Our Changing Morality, 1924)에서 바너드대학의 이소벨 레번워스(Isobel Leavenworth)는 여성의 경험할 권리, 특히 성적 경험을 할 권리를 주장했다.

　　무엇보다 그녀는 오염되지 않은 원형에 충실해야 하기 때문에, 그리고 사회는 그녀가 그렇게 순응하고 있는 상식의 세계를 확고히 보장하고 있기 때문에 그녀가 삶을 자유롭게 만나기란 정말 힘들다. 자신을 둘러싼 울타리를 벗어나 그녀가 사는 세계를 더 잘 이해하기 위해 여기저기 구석구석을 들추고 다니면서 경험을 하기란 정말 힘들다.[34]

1920년대 미국 문화는 기회가 무한정 확장되어 저마다의 신념을 키워 주는 분위기이기는 했지만, 다중의 정체성을 선택할 기회까지 평등했던 것은 아니다. 할렘 르네상스에서 아프리카계 미국인 여성 작가들은 자신을 역동적으로 규정하는 작업에서 성과를 내기도 했고 저마다 듀보이스가 강조한 엘리트이기도 했지만, 한편으로는 인종주의적 문화에 속박되어 있었다. 1920년대의 자유에는 함정이 있었다. 그리니치빌리지의 낭만주의에서 출발한 자연에 대한 급진적인 열정과 문화 바깥으로 눈을 돌리는 유행 안에서 흑인 여성은 즉자적인 동물성을 가진 존재로 규정되었다.

인종적 차이를 이런 식으로 재규정하는 것은 흑인 여성의 정체성을 또다시 한정하는 것이었다. 백인 여성이 자신에 대한 분류와 규정에서 벗어나려고 시도한 바로 그 시기에 전개된 일이었다. 일부는 그런 관능적인 시선을 즉각 거부함으로써 이에 맞섰고, 다른 일부는 '원시적'이라는 꼬리표를 부여잡고 뛰어야 했다. 1920년대에 코미디언이자 무용가인 조지핀 베이커(Josephine Baker)는 "사람들은 나를 동물이라고 생각하는데, 나는 이것을 영예로 받아들인다"라고 선언했다. "나는 동물을 사랑한다. 동물은 가장 정직한 존재이다."[35] 그녀는 개, 고양이, 원숭이, 토끼, 돼지, 염소 그리고 표범까지 애완동물로 키웠다.

어떤 이들은 자신들의 언어로 '존재'할 수 있기를 시도했다. 파리로 망명한 좌파 미국인 가운데 흑인 소설가 제시 포셋(Jessie Fauset)은

넬라 라슨

1925년 이렇게 말했다. "내가 '이러면 안 되는데'라는 것을 늘 의식하지 않아도 되는 환경과 사람들 사이에서 살고 싶다고 말하는 것은 아주 단순한 이유 때문이다. 나는 유색인이고 유색인으로 알려지기를 원한다. 그러나 가끔 나는 작가로서의 삶이 내 나라에서는 제약을 받고 있다는 느낌이 든다."[36] 아프리카계 미국인 여성은 계급에 상관없이 누구나 순수한 한 개인으로 살기에는 많은 어려움이 따랐다.

넬라 라슨(Nella Larsen)의 소설 《모래성》(Quicksand, 1928)에서 혼혈 여주인공인 크레인은 인종적인 상승을 받아들이는 것에 주춤해 있었는데, 그러는 가운데 그녀의 유럽계 친척들이 그녀를 원시적 관능을 간직한 이국적 상징으로 여기고 있음을 알게 된다. 남부에서 온 흑인 목사에게 육체적으로 끌린 크레인은 결국 그의 부인이 된다. 그녀는 지역 여성의 삶을 발전시키는 일에 열심이었지만, 반복되는 임신으로 몸과 마음이 약해지면서 좌절을 겪는다. 헤이즐 카비(Hazel Carby)는 이렇게 회고한다.

독자로서 우리는 '사회적 자아'의 대안적 가능성이 가지는 본질적인 문제에 대해 숙고하게 된다. '모래성'이 무엇을 비유한 것인지를 생각해 보라. 이것은 개인의 투쟁, 고립된 노력이 실패할 수밖에 없는 상황을 말하는 것이다. 결국 크레인은 자아를 찾기보다는 자아를 묻어 버리는 꼴이 되었다. 허물어지는 '모래성'에서 살아 나올 수 있는 유일한 방법은 외부에 도움을 청하는 것이다. 고립된 개인의 투쟁은 더욱 깊은 수렁에 빠져드는 결과를 낳을 뿐이다.[37]

자율적인 자아의 추구가 의도된 것이든, 숨겨져 있던 타고난 진정한 자아의 해방을 위한 것이든, 혹은 변화무쌍한 자아의 역동적인 모습이든 간에 선진 여성들은 자기만의 독특한 개인성을 열정적으로 추구하면서 이를 동력으로 삼았기에 관습과 결별할 수 있었다. 그러나 거기에는 카비가 시사했듯이 '사회적 자아'라고 하는 간과할 수 없는 문제가 있다. 신여성은 개인이 되는 새로운 길뿐 아니라 타인과 다른 종류의 관계 맺기를 모색할 필요가 있었다. 길먼은 자기표현을 위해서는 사회성이 필요하다는 것을 잘 알고 있었다. "우리의 특성화된 지식, 힘, 기술은 사회적 집단과 유기적 관계를 맺는 가운데 개발된다."[38]

사회와의 유기적 관계는 세간의 여론에 맞서 새로운 자아를 위해 스스로를 날카롭게 벼려 가야만 했던 많은 맹렬한 저항가들에게는 어려운 과제였다. 그리고 당연하겠지만 급진적인 반문화들 사이에도 순응하거나 대응해 가야 하는 구세계와 마찬가지로 경쟁과 저주와 편견이 있다는 것을 알게 되었다. 그러나 이들은 상호 교류를 통해 소중한 상상의 공간을 개발했다. 이 공간은 미래가 현재와 늘 함께하고 있음을 알게 해주었고, 전망 있는 가능성들을 발굴할 수 있게 해주었다. 이 반짝이는 경험들은 그들의 삶 속에서 마치 북극성처럼 빛났다. 루언은 그리니치빌리지에서 자유롭게 교류했던 경험을 이렇게 회고했다. "장벽은 없었다. 사람들은 처음 만나는 사이인데도 서로 자연스럽게 다가갔다. 그곳에서는 새로운 소통이 이루어졌을 뿐 아니라 온갖 다양한 방식으로 소통이 시도되었다. 새로운 기운이 널리 퍼지면서 우리 모두를 휩쓸었다."[39]

가치 창조 운동

참정권운동은 개개인에게 사적 관계를 비롯해 내부적인 문화에까지 커다란 영향을 미쳤다. 이 운동에 참여한 여성들은 다른 여성들과 친밀한 관계를 맺음으로써 열정적인 사랑, 전 생애를 걸쳐 지속되는 우정, 가능성 있는 존재라는 자신감을 얻을 수 있었다. 참정권운동을 돌아보면서 영국의 참정권 운동가 애시비(Margery Corbett Ashby)는 다른 여성들과 관계를 맺음으로써 인식이 어떻게 변화하는가에 대해 이렇게 회고했다. "여자는 심술궂고 샘이 많다는 통념 대신 다른 여성을 같은 편의 선수로 보기 시작하면서 우리는 다른 여성을 지극히 생각하는 자신을 보게 되었다." 참정권운동은 '모든 불가능을 가능성으로' 바꾸어 놓으면서 개인적으로 페미니스트들에게 큰 영향을 미쳤고, 집단적 정체성이라는 새로운 정서를 창출해 냈다.[40]

아나키즘과 사회주의 운동 역시 여성들에게 어느 정도 평등한 분위기를 제공했고, 이 속에서 사적인 관계들이 상대적으로 폭넓게 형성될 수 있었다. 포드는 1890년대에 요크셔의 독립노동당에 끌렸는데, 여성 문제가 노동계급 정치와 밀접한 관계가 있었기 때문이다. 그녀는 콜른 계곡에 있는 한 노동자 클럽을 방문했을 때 깊은 감동을 받았다. 이곳에서는 남자들이 여자들을 위해 티파티를 열고 차를 따르고 빵과 버터를 잘랐으며, 마지막 설거지까지 '여자들의 도움을 조금도 받지 않고 아무 탈 없이' 마무리를 했다.[41]

1899년 《클래리언》 신문은 '억지웃음이나 얼굴 붉힘 없이 남자의 얼굴을 똑바로 바라볼 수 있는' 여성을 새로운 '클래리언 여성상'이라고 자랑스럽게 치켜세웠다.[42] 그러나 말과 현실이 딱 맞아떨어지는 것은 아니었다. 겨우 일주일 뒤, 칼럼니스트 줄리아 도슨(Julia Dawson)은 "맨체스터 클래리언자전거클럽에서 여성들을 내쫓으려고 한 구제 불능의 여성 혐오주의자들을 호되게 비난"했다.[43] 1912년 추가 담담히 서술한 것처럼, "일부 개혁가에게 여성을 받아들이는 일은 너무나도 어려운 일이기에 그들은 이 문제를 책꽂이에 꽂아 둔 채 문제 해결을 차일피일 미루었다."[44]

그러나 여성들은 새로운 가치 창조를 강조한 운동들 속에서 동료 의식과 동지 의식을 경험했다. 이들은 생각을 발전시키고 모든 일상을 나눌 수 있는 문화 기구들을 만들었다. 카페, 클럽, 합창단, 극단 그리고 휴일에 집에서 갖는 모임과 같은 작은 유토피아적 관계망을 통해 새날이 오고 있다는 희망을 이어 나갔다. 이런 대안적인 분위기에서 구혼이 이루어지기도 했다. 1896년 추는 '클래리언 밴 사회주의 선전 여행' 당시 장차 남편이 될 조지를 동반했다. 침대와 벽장까지 갖추고 있는 밴을 이용한 이 여행은 도슨의 아이디어였다. 조지는 텐트에서

'사회주의 일요교실' 회원 카드

자면서 밴을 끌고 다니는 말을 관리했다.[45]

영국과 미국의 아나키스트와 사회주의자들은 남녀노소 가리지 않고 교육에 중점을 두었다. 제1차 세계대전 이전 애니 데이비슨(Annie Davison)이 글래스고의 노동계급 사회주의자 가정에서 자랄 때, 이 도시에서는 아나키스트, 마르크스주의자, 사회주의자들이 운영하는 일요학교들이 번성했다. 한 사회주의자가 이끄는 일요학교를 통해 데이비슨은 배우는 것을 좋아하게 되었고, 부모뿐 아니라 선생님도 존경하게 되었으며, "세상의 좋은 모든 것은 노동을 통해 생산된다"라는 말을 꼭 기억해야 한다고 배웠다. 그녀는 '왕과 여왕의 역사'가 아니라 '보통 사람들의 역사'를 배웠고, 가장 중요한 세 가지는 '사랑, 정의, 진

실'이라고 배웠다.[46]

여성들은 상호 협력에 특히 큰 가치를 두었다. 미국 시애틀의 협동조합 여성들은 "협동조합에 우리의 미래가 달려 있으며, 진정한 협동조합은 돈의 문제만이 아니라 사회생활과 가정생활 모두와 관련되어 있다"고 믿었다.[47] 지금 바로 이곳에서 미래의 사회적 관계에 대해 유토피아적인 신념을 갖는 것은 사려 깊고 창조적인 방식으로 얼마든지 확대될 수 있었다. 1920년대 시애틀의 협동조합 여성들은 혼자 사는 여성들이 없는 세상을 꿈꾸는 동시에 싱글 소녀들이 안전하게 외출할 수 있는 사교 클럽을 만들기로 결심했다. "공공 무도회장을 비롯해 오락을 즐길 수 있는 공공장소로 나가기를 꺼려 해, 그 결과 그들이 그토록 갈망한 사회생활의 기회를 갖지 못하고 있는 외톨이들에게 우리는 손을 내밀었다."[48]

아프리카계 미국인 여성들 또한 상호 협력이 그 누구보다 여성들에게 이로우며 가족들에게까지 확장될 수 있음을 인식했다. 특히 남부에서 상호부조하며 서로 돕는 단체들이 번성했다. 흑인 교회들과 더불어 이들은 협동조합의 문화를 이용해 회원들에게 실질적인 이득이 될 수 있도록 노력했다. 여기에는 비공식적인 이웃과의 네트워크도 한몫했다. 1900년대 초 버지니아의 리치몬드에서 창의적인 아프리카계 미국인 여성들은 일련의 상호부조 단체들을 조직했다. 이 가운데에는 '참개혁가연합'(Grand Fountain United Order of True Reformers)이 세운 '어린이를 위한 로즈버드 샘'(Children's Rosebud Fountains)도 있었는데, 여기서는 어린이들이 "다른 사람의 어려움을 이해하고 …… 사랑과 애정을 나누며, 다른 이의 슬픔과 고통을 나의 슬픔과 고통처럼 여기고, 재물도 함께 나누어 쓸 수 있도록" 가르쳤다.[49] 생존과 협력은 불가분의 관계에 있었다. 서로 가까워질수록 미래는 더 밝아졌다.

대안적인 관계를 맺으면서 이들은 다른 방식으로 자신의 존재 가치를 추구하게 되었고, 저항 운동에도 더 적극적으로 나섰다. 미국여성노동조합연맹(American Women's Trade Union League)의 회원인 뉴먼(Pauline Newman)은 당시 대다수 이민 여성들과 마찬가지로 열두 살 때부터 뉴욕 트라이앵글 셔츠웨이스트 공장에서 일을 했고, 그 속에서 우정을 쌓아 가면서 "더 이상 이방인도 혼자도 아님"을 배웠다.[50] 보헤미안 급진주의자 메리 히턴 보스(Mary Heaton Vorse)가 1912년 매사추세츠의 로렌스 지역에서 벌어진 방직 노동자 파업을 취재하러 갔을 때 그곳 노동자들은 다양한 지역에서 온 이민자들이었지만, 고용주를 비롯해 경찰과 회사가 고용한 구사대에 맞서 싸우기 위해 힘을 합쳤다. 그 모습을 보며 그녀의 인생 또한 바뀌었다. 그녀는 당시를 이렇게 회고했다.

로렌스에 가기 이전에도 나는 노동에 대해 웬만큼은 알고 있었다. 그러나 그것을 느끼지는 못했다. 분노도 없었다. 로렌스에서 나는 분개했다. …… 내 생활과 노동자들의 생활이 묘하게 겹쳐졌다. 이제 나는 극소수가 누리는 부가 다수의 불행에 의해 만들어진 것이라는 사실을 결코 무심히 바라볼 수 없게 되었다.[51]

파업과 피켓 시위, 각종 위원회, 집회 등 소란한 분위기에서 여성들은 급진적이고 개혁적인 운동을 통해 새로운 사회적 관계를 만들어 갔다. 그들은 마땅히 이루어져야 하는 일들을 해내면서 하나씩 배워 나갔다. 20세기 전환기, 플로리다 주의 탬파에서 일하는 이탈리아계와 쿠바계 담배 노동자 가운데에는 아나르코생디칼리슴(노동자에 의한 생산·분배 수단의 소유를 목표로 하는 이념—옮긴이)의 영향을 받은 이들이 많았다. 이들은 국적이나 피부색에 상관없이 남녀 노동자 모두를 '도덕적이고 물질적으로 완벽하게 통일'시키고자 했다.[52] 잠깐이나마 이들은 전 세계를 새롭게 만들겠다는 이룰 수 없는 유토피아적 희망에 가슴이 부풀었고, 경계를 허무는 기쁨을 경험했다.

사랑과 결혼, 그 딜레마

아나키스트 골드만(Emma Goldman)은 자율과 상호 협력은 따로 떼어 놓고 생각할 수 없다고 믿었다. 여성에게 중요한 문제는 "자신을 지키면서도 다른 이들과 하나 될 수 있는 길을 찾는 것, 모든 인류와 깊은 공감대를 형성하면서도 고유의 품성과 자질은 조용히 지켜 내는 것"이었다.[53] 그녀는 우정과 사랑에서만이 아니라 사회운동에서도 여성의 해방을 향해 개인적인 모색은 물론이고 관계를 잘 만들어 가는 것을 중요시했다. 골드만 스스로도 잘 알고 있었겠지만, 관계 속에서 사는 것은 그것을 이론화하는 것보다 훨씬 어려운 일이었다. 손상받기 쉬운 자율성을 지키려는 노력과 좀 더 폭넓은 유대 관계를 가지려는 시도 사이의 줄다리기가 주기적으로 긴장을 자아냈다면, 남성과의 성관계는 조심스럽게 쌓아 올린 독립성을 한 번에 날려 버렸다.

길먼은 1882년 스테트슨(Walter Stetson)이 청혼했을 때 "독립적으로 혼자 살고 싶다"며 망설였다.[54] 2년 뒤 그녀는 그와 결혼했다. 그러나 아내이자 엄마로서의 삶은 그녀를 정신적·육체적 위기에 빠뜨렸다. 그녀는 획기적인 단편 《노란 벽지》(The Yellow Wallpaper, 1890)에서 폐쇄공포증의 절망스러운 상황을 잘 묘사했다. 이 책이 발간된 해에 길먼은 친구에게 편지를 썼다. "나에게 남은 것은 상처뿐이야. …… 이제 나는 다시 마음의 문을 닫아야 할 것 같아. 문 앞에 이렇게 써 붙여야겠어. 사업상의 일을 제외하고는 누구도 받지 않습니다."[55]

소수의 저항가들을 제외한 19세기 여성 탐험가의 대다수는 사랑과 욕망이라는 작은 개울을 조심스레 건너려고 했다. 페일리처럼 사랑에 빠진 이들도 많았지만 여전히 더 많은 이들이 독신으로 살아갔다. 일부는 제인 애덤스처럼 다른 여성과 함께 진지한 삶을 추구했고, 일부는 어느 정도 희생을 감수하면서 적당한 타협점을 찾아갔다. 젊은 시절 비어트리스 웨브는 성적 매력이 있고 통솔력 있는 조지프 체임벌린(Joseph Chamberlain)에게 마음이 흔들렸지만, 결국 시드니 웨브를 선택했다. 그녀는 동생 커트니(Kate Courtney)에게 자신에게는 결혼보다 일이 우선이라고 말했다. 동생이 "그건 남편의 문제"라고 반박하자, 웨브는 "아니, 그것은 남편을 선택하는 문제야"라고 답했다.[56] 그녀는 1890년 5월 어느 날 일기에 이렇게 썼다.

나의 삶은 얼마나 고독하고 또 독립적이 되었는가. 그렇다고 외로운 건 아니다. 나에게는 많은 친구와 동료가 있다. 지금 받고 누리는 공감이면 충분하다. 더 이상은 필요하지 않다. 대부분의 관계에서 나는 받는 것 이상으로 기꺼이 주고 있다. 그러나 괴롭고 힘든 고통의 시간들을 보냈기에 내 성격은 날카로운 칼이 되었다. 그 칼은 누구를 죽이는 칼이 아니라 누군가를 구할 수 있는 외과의사의 칼이다.[57]

외부 세계에서 활발히 활동하기 위해서는 종잡을 수 없는 감정과 성적 열망을 꾹꾹 눌러야 했다. 이후 세대는 좀 더 솔직하고 공격적이 되었다. 1913년 낙관적인 파슨스는 이렇게 선언했다. "사랑 대신 그 대안으로서 일을 옹호했던 구닥다리 사고방식은 이제 버리자. 일은 사랑을 위한 것, 사랑을 위한 구원의 수단이라고 생각하자."[58]

1924년 미국의 융 심리학자 비어트리스 M. 힝클(Beatrice M. Hinkle)은 현대 여성이 자유에 관한 수사학적이고 추상적인 개념으로는 결코 만족하지 못한다고 지적했다. "현대 여성은 자유를 남성과의 관계에서 구체적이고 현실적으로 요구하고 있다. 이는 이전까지의 남녀 관계에서는 보기 힘든 것이었다."[59] 그녀는 대안적인 성관계에서는 남성보다 여성이 주도적인 역할을 하는 것이 바람직하다고 보았다.

이러한 자신감 넘치는 태도는 제1차 세계대전 이전부터 이미 징조가 드러나고 있었다. 전쟁 이전부터 여성들은 성 상대자에 대해 자신들이 취해야 할 대응에 대해 기록하기 시작했는데, 이는 앞 세대의 여성들은 생각도 못한 일이었다. 1911년 파슨스는 남편과의 파경을 《상상의 정부》(The Imaginary Mistress)라는 소설에서 가슴 깊숙이 숨겨져 있는 감정을 탐구하는 방식으로 설명했다.

내가 전통적인 부부의 것이라며 비웃었던, '그와 나는 하나'라는 이 오래된 느낌, 나에게는 아주 근본적이고 즐거운 현실이기도 했는데, 그것이 사라졌다. 그는 이방인이 되었고, 그 순간 우리의 육체적 친밀함이 더 이상 아무것도 아닌 것으로 느껴졌을 뿐 아니라 아주 모순되는 것이라는 생각에 고통스러웠다. 이런 내 안의 변화가 우리 생활의 표면에서는, 심지어 그의 눈동자에조차 어떤 영향도 미치지 않았다. 그는 알아채지 못

했다. 그는 상당히 만족스러워 했다.[60]

1912년 《뉴에이지》(New Age)에 도도한 미인 '비어트리스 헤이스팅스'는 한 남성에 대한 경멸이 성관계를 어떻게 파괴시키는지를 묘사했다. "그는 나에게 빌붙은 아첨꾼이 되었다."[61] 그녀는 곧 《뉴에이지》의 파리 특파원이 되어 대마초를 피우면서 애인 모딜리아니(Amadeo Modigliani)와 함께 '돔'이나 '로통드' 같은 카페를 돌아다녔다. 이 시기에는 그녀에게 아첨꾼이 없었다. 그들은 몽마르트르의 거리와 카페에서 열정적이고 요란하게 다투곤 했다.

20세기 초 페미니스트들은 여성의 요구가 가진 양면성을 탐구했다. 그리니치빌리지의 두 작가 수전 글래스펠(Susan Glaspell)과 네이스 보이스(Neith Boyce)는 각각 페미니스트의 해방을 지지하는 남자들과 결혼했는데, 이들은 성관계를 비롯해 삶을 바꾸고자 하는 여성의 욕망과 이와 반대로 젠더적 구분을 갈망하는 감정 사이의 간극을 연구했다.[62] 이들의 작품은 성적이고 젠더적인 관계에서 여성의 심리적 변화는 통제되거나 예측이 가능한가에 대해 좀 더 광범위한 문제의식을 보여 주었다. 1913년 파슨스는 《페미니스트 저널》에서 이렇게 말했다. "페미니스트가 아직 직면하지 못한 섹스의 문제는 무엇보다 심리적인 것이다." 그녀는 "여성이 종속되고자 하는 충동 …… 스스로 항복하려고 하는 경향은 여성이 가진 주요한 성격의 하나"라고 결론을 내렸다.[63]

성관계 속에 자리하고 있는 복잡한 실재를 드러내면서, 그동안 감추어 온 문제를 드러내기로 한 결단은 새로운 심리학적 지식과 결합되었다. 이는 앞 세대들은 상상도 못한 일이었다. 여성이 성관계에서

원하는 것이 정확히 무엇이냐를 놓고 논란이 일었다. 20세기 초 여성 저항 운동가들은 모순적인 유산 위에 놓여 있었다. 그들은 이성의 딸이면서 동시에 자연적 본성의 딸이기도 했다. 그들은 근대적이면서도 동시에 원시적인 것에 매혹되었다. 그들은 지성을 무기로 삼기를 원했지만, 동시에 무한한 에너지와 자연스럽고 소박한 감수성으로 차 있는 모든 무분별한 낭만적 감성에도 기꺼이 개방적이었다. 이제 그들은 자기 절제를 향한 도정에서 배제시켜 버린 친밀감과 상호 협력, 따듯함, 감성 등이 다시금 필요하다고 느꼈다. 점점 많은 여성들이 이성 간의 관계가 변화하면서 나오는 불일치들을 극복하며 사는 모습을 보여 주었다.

1920년대가 되면서 주체적인 목소리가 주류를 강타했다. 1927년 영국의 언론인 레오노라 아일스(Leonora Eyles)는 《좋은 살림》(Good Housekeeping)에서 이혼이 그녀가 오랫동안 갖고 있던 독립에 대한 생각에 어떻게 회의를 품게 만들었는가를 고백하면서 이렇게 덧붙였다. "저마다 자기만의 위치를 가질 필요가 있다." 그녀는 독자들에게 자신이 "그리 강하지 않은 성품을 지닌 남성과 결혼했고, 모든 일을 그와 상관없이 진행시켜 나갔다"고 말했다. 그러나 그것이 결국 그 남자에게 "자신은 쓸모없는 사람이라는 느낌을 갖게 만들었다"라고 했다.[64]

빵보다 자유!

노동운동에서도 문제들이 명확히 드러났다. 아일스는 좌파 언론《주간 랜즈버리 노동》(Lansbury's Labour Weekly)에 "여성 동무들 가운데 신여성에 가까울수록 좀 더 유약하고 부드러우며 덜 활동적인 남성을 좋아하는 경향이 있다"라는 글을 썼다. 반대로 그런 남성들은 '적극적인 여성'에게 끌렸다. 젠더 역할을 바꾸어 보고자 노력하는 가운데 예상치 못한 난관이 등장한 것이다. 아일스는 이런 새로운 관계가 결국 적대적이 되는 것을 확인했다. 남성은 여성이 자신들이 신성하게 여기는 영역을 침범해 온다고 느낄 때 예민해졌다. 아일스는 여성들에게 "수입과 능력의 우월함을 자랑해서 이성에게 적대감을 사는 일은 하지 말라"고 강조했다.[65]

1925년 아프리카계 미국인 여성 사회 연구가이자 언론인인 엘리스 존슨 맥더갈드(Elise Johnson McDougald)는 흑인 지식인을 특집으로 다룬 《서베이 그래픽》 특별호에서 화해를 주장하는 글을 썼다. 그녀는 "육체노동에 종사하는 …… 흑인 남성 대중과 경제적 독립을 맛본, 좀 더 거친 노동계급 흑인 남성들, 그리고 이런 가부장적인 태도를 몹시 싫어하는 흑인 여성 노동자 사이에서 일어나고 있는 심각한 갈등"들을 지적했다. 그러나 "교육을 받은 젊은 흑인 남성들은 건강한 동료 의식과 자유로운 태도를 분명히 보여 준다"라고 하면서 여성들에게 "남성은 진심으로 함께하는 동지가 될 수 있다"라는 생각을 놓지 말라고 권고했다.[66]

새로운 인간관계의 가능성은 외부 조건과 상호작용한다. 맥더갈드는 인종 관계의 변화에 대한 희망이 북부에서 활동하는 그녀와 같은 젊은 흑인 지식인 사이에서나 겨우 회자되던 시기에 이 글을 썼다. 미국 남부에서도 흑인과 백인 여성들이 마침내 함께 조직을 만들기 시작했고, 흑인 여성들이 조건을 내놓았다. 그들은 흑인 어린이들을 위한 좀 더 나은 교육과 함께 보육 시설, 운동장, 놀이 시설 등을 주장했다.

그들은 대중교통 수단에서 인종을 구별하여 자리를 배치하는 관행과 폭력 사건이 자주 일어나는 상황에 대해 도전장을 내밀었다.

이와 반대로 미국의 대도시 백인 지식인들 사이에서는 사회문제에 관여하는 경향이 약해졌다. 여성참정권은 확보되었지만, 제1차 세계대전으로 급진주의자 사이에서 분열이 생겼다. 볼셰비키 혁명 이후 미국에서는 빨갱이 공포정치 시대가 시작되었다. 공산당에 가입한 이들은 고립되었고, 독립적인 좌파들이 조직을 만드는 것은 더욱 어려워졌다. 1920년대 급진적 여성들은 궁지에 몰렸고 탄압을 받았다. 1926~1927년에 키치웨이가 편집한 《네이션》에 실린 급진파와 개혁파들의 자전적 에세이에는 지친 기색이 분명하게 드러났다. 활기찬 소비문화의 분위기 속에서 몇몇 여성은 좀 더 쾌락적인 자아를 소망한다고 했다. 스미스(Garland Smith)는 남부 개신교 문화에 반발하면서 춤에 대한 사랑, 성에 대한 암시, 프로이트와 해블록 엘리스(Havelock Ellis)에 대한 관심 등을 표현했다. "적어도 지금 나는 예로부터 내려온 왜곡과 압박에서 자유롭다."[67] 그들은 외적 변화를 추구하는 운동에 참여하는 것만으로는 자아실현의 만족감을 느끼지 못한다고 생각했다. 그리니치빌리지 이단클럽의 멤버인 언론인 루스 피커링(Ruth Pickering)은 "자유에 대한 확신과 방해받지 않는 자기표현을 위해 …… 신나는 도전을 …… 포기했다."[68]

개인적인 것을 중시하면서 페미니즘을 개념화하는 방식도 바뀌었다. 1927년 브럼리(Dorothy Dunbar Bromley)는 《하퍼스》(Harper's)에 '새로운 형태의 페미니스트'는 경력을 위해 결혼과 자녀를 포기해야 한다고 생각하지 않는 '진정한 현대인'이며, 일과 함께 감성적·가정적 충족감도 결합시켜 가는 '온전한 생활'을 누리는 사람들이라고 썼다.[69]

힝클은 페미니스트의 자유에 대한 추구를 내면화했다. 그녀는 인습에 대한 여성의 투쟁은 본질적으로 "스스로를 개인으로 발전시켜 가는 심리적 과정"이라고 썼다.[70] 모험은 순전히 내면적인 것을 의미하는 것으로 바뀌었다.

이와 달리 단호한 입장의 소수 급진파들은 개인적으로 어떤 '존재'가 될 것인가 하는 것과 사회적 변혁을 다시 연결시키기 위해 안간힘을 썼다. 미국의 교육철학자 존 듀이(John Dewey)에게서 영감을 받은 자아실현에 대한 신념은 1920년대까지 지속되었으며, 이는 새로운 심리학적 지식과 병행되었다. 영국에서는 1920년대의 페미니스트 러셀(Dora Russell)과 브라우니(Stella Browne)가 노동운동에서 출산조절 운동을 전개했는데, 이는 분명하게 경제적·사회적 요구와 문화적·심리적 이익을 결합시킨 것이었다.

미국에서는 이스트먼(Crystal Eastman)이 종속에 대한 내적·외적인 형태에 대해 지속적으로 단호한 글을 썼다. 1920년 이스트먼은 "여성에게 자유의 문제는 여성이 인간이 될 수 있도록, 여성의 무한하고 다양한 재능이 다양한 방식으로 발휘될 수 있도록 세계를 조직하는 문제"라고 했다. 그녀의 친구들 몇몇이 여기에 문제를 제기하자, "아! 경제적인 것부터 시작하지 말자. 여성이 빵으로만 사는 것은 아니다. 여성에게 무엇보다 필요한 것은 자유로운 정신이다"라고 하면서 이스트먼은 조심스럽게 균형을 주장했다. 그녀는 다음과 같이 말했다.

여성은 일정한 감정적 자유, 강하고 건강한 자기중심주의 그리고 어느 정도 사적이지 않은 영역에서도 즐거움을 얻을 수 있는 자원 등을 확보하지 않는 이상 큰 발전을 이룰 수 없다. 이렇게 내적인 면을 고려하지 않고 여성의 경제적 지위를 변화시키는 것만으로는 여성을 자유롭게 만들 수 없다. 어쨌든 우리가 할 수 있는 일은 자유의 외적인 조건을 창출하는 것이다. 여성의 정신이 자유롭게 잉태될 수 있도록 성장할 수 있는 조건을 만드는 것이다.[71]

1926년 또 다른 급진적인 근대 여성 수전 라폴레트(Suzanne La Follette)는《여성에 관하여》(Concerning Women)라는 책에서 '종속'을 낳는 경제적이고 심리적인 측면 모두에 대해 여성이 도전해야 한다면서 이스트먼과 비슷한 주장을 펼쳤다.[72] 골드만 역시 외부 사회와 개인적인 경험 사이의 연계를 포기하지 않았다. 1927년, 쉰여덟의 나이에 그녀는 회고록을 계획하면서 보헤미안인 허친스 햅굿(Hutchins Hapgood)에게 이렇게 말했다. "나는 내 삶의 여러 사건들이 미국의 사회적 배경보다 확연하게 두드러져 보이기를 원했다. 다양한 사건들을 통해 나는 지금의 내가 되었다. 나 자신과의 싸움과 외부 사회와의 싸움은 서로 연결되어 있었다."[73] 그녀는 자신의 삶을 재료로 삼으면서, 사람들에게 자신이 어떻게 심판될지를 잘 알고 있었다. 그녀는 뜨내기 바람둥이 라이트만(Ben Reitman)과의 열정적이고 고통스러운 연애가 담긴 편지들을 후세를 위해 공개적으로 남겨 놓았다. 이런 개인적 약점과 성생활을 내보이는 것이 1920년대 말 미국에서 어떻게 받아들여질지도 잘 알고 있었다. 이처럼 많은 경계선을 허물었던 골드만은 타협해야 하는 지점도 필요하다는 것을 인정하지 않을 수 없었다. 그녀는 전 애인이자 친구인 아나키즘 공산주의자 버크만(Alexander Berkman)에게 이렇게 털어놓았다. "우리 모두는 감추는 것이 있지. 우리 자신을 완전히 보여 주지 못하고 움츠러들게 만드는 것이 비겁함만은 아니야. 사람들이 이해 못 하는 것, 너에게 아주 중요한 어떤 것이 그들에게는 침을 뱉을 만한 것이 되는 것, 그것은 두렵다는 말로도 다 표현할 수 없는 것이지."[74]

　개인적인 사랑과 성적 욕망을 사회적이고 정치적인 공공 영역으로 옮겨 놓는 것은 여성의 자유가 가진 가장 어려운 지점임이 분명했다.

3장

섹스

상대방과 공감하기

사람들에게 잊히기는 했지만, '자유연애론자'들은 여러 안건들을 생각해 냈고 결국 1920년대의 근대성으로 모아졌다. 19세기 말 고상한 일군의 자유연애론자들은 '불가침의 개인'이라고 하는 개인주의 사상을 개인적 관계에 대한 개념으로 확장시켰다. 1897년 하먼(Lillian Harman)은 《루시퍼》에서 스스로에 대한 주인 의식이야말로 여성의 내적인 '자기 존중'을 낳는 데 필수 조건이라고 주장했다.[1] 자유연애론자들은 '자기 조절'을 강조하면서 또한 사랑에 대해 솔직하고 이성적으로 접근한다면 불필요한 고통이 훨씬 줄어들고 사람들이 스스로의 감정을 이해하고 조정할 수 있을 것이라고 믿었다.

보스턴에 살고 있던 본(Helena Born)의 친구인 사라 홈스(Sarah Holmes) 역시 본과 마찬가지로 터커(Benjamin Tucker)가 발행하는 《리버티》의 통신원이었다. '젤름'(Zelm)이라는 필명으로 글을 쓴 홈스는 1899년 이렇게 주장했다. "정직은 사랑에서 최선의 방법이다. 사랑을 얻기 위한 유일한 방법이기도 하다. 사랑이란 우리의 진정한 자아를 이해할 수 있는 사람과 공감하는 것이다."[2] 그러나 자유연애론자들은 20세기 근대인들처럼 무의식적인 동기까지 탐색하지는 않았다. 대신 그들은 러시아의 문호 체르니셉스키를 스승으로 삼았다. 그의 소설 《무엇을 할 것인가》(What Is to Be Done, 1863)는 삶과 사랑에 대한 대안적 방식으로 고도의 이성적인 태도를 강조했다.

정직, 솔직 그리고 지식에 대한 권리를 주장한 자유연애론자들은 강경한 반대자들과 맞섰다. 사회적 순결 운동가인 앤서니 컴스톡(Anthony Comstock)은 온갖 노력 끝에 1873년 '음란한' 문서를 우편으로 배포하는 것을 금지하는 법을 통과시켰다. 이 '컴스톡 법'으로 자유연애를 옹호한 이들은 범죄자가 되기도 했다. 《루시퍼》의 편집자 하먼(Moses Harman)은 여성의 성적 자유와 결혼 생활에서 발생하는 강간에 저항해야 한다고 옹호한 일 때문에 여러 차례 구속되었다. 1905년 말 하먼은 출산조절 운동가 도라 포스터(Dora Forster)가 쓴 글 〈섹스 급진주의〉를 발행한 혐의로 감옥에 갔다. 포스터는 가장 최악의 성매매는 일반적인 결혼에서 발생한다고 하면서, 결혼 생활에서 여성은 경제적·사회적 이득을 위해 자신의 몸을 이용하는 것을 배우게 된다고 주장했다. 그녀는 성적인 즐거움을 경험하는 기혼 여성은 거의 없다고 하면서, 섹스가 한 사람의 파트너에게만 제한되어서는 안 된다고 주장했다. 그녀는 아동기의 성 놀이를 옹호했고 성교육을 주창했다.[3]

여성 자유연애론자들은 개인적 관계를 민주화하고 선택과 조정의 폭을 확대시키기를 원했다. 1898년 릴리언 하먼은 런던으로 가서 합법연맹의 영국 자유연애론자들에게 문제의 영역을 '성적 관계에서의 자유'뿐 아니라 남성과 여성 사이의 좀 더 광범한 사적 관계들로 확대해서 볼 것을 제안했다. 그녀는 여성이 '우정을 표현'한 것이 '연애 한번 해보자'는 식으로 '오해'되면서 남성과 여성 사이의 관계가 어긋나는 경향이 있다고 지적했다. 그녀는 여성이 남성의 제안에 대응만 하는 것이 아니라 관계를 맺을 때 성적인 관계까지 갈 것인지 아닌지를 결정할 수 있기를 원했다. 여성의 자유는 '사회적 관계들 안에 있는 좀 더 큰 자유'의 한 측면이었다.⁴

여성 자유연애론자들이 주장하는 지식에 대한 권리는 단지 정보를 얻는 것만을 말하지 않았다. 이는 다른 사람과 공감을 키울 수 있는 내면적 인식, 스스로에 대한 지식까지 포함하는 것이었다. 홈스는 1888년 《리버티》에 쓴 글에서 '자기 조절'과 '스스로에 대한 이해'를 연결시켰다. 한 아나키스트 청년이 자신의 자유연애에 대한 생각을 듣고 여자 친구가 기겁을 한 것 때문에 걱정을 하자, 홈스는 체르니솁스키의 말을 빌려 "힘든 사랑은 진정한 사랑이 아니다"라고 답변해 주었다. 우리가 '노예의 전통을 배워 왔다'고 해서 '자연 발생적이고 즉각적인 감정'에 꼭 따라야 하는 것은 아니며, 부단한 투쟁과 감시를 통해 '오류와 실수'를 막아야 한다. 그녀는 앞의 청년이 자유연애론자 여성이 아닌 자신의 여자 친구를 사랑한다고 믿는 것은 이론적으로 자신의 자유연애 사상에 대해 모호한 감정을 갖고 있는 것이라고 시사했다. 그녀는 여기서 한 걸음 더 나아가 '자유연애'에 대한 대안적 이상을 제시했다. "사랑은 한 사람이 불균형하게 하는 것이 아니라 …… 온전하게 성장하면서 균형적 발전을 이루어 가는 과정이다. 사랑은 사상에 대한 잠재적인 공감을 필요로 한다." 이런 사랑은 "공감을 얻을 수 있고, 자유로운 표현이 가능한 정도에 따라 고요하고 부드럽고 평온하면서 삶을 바칠 수 있을 만큼 서로에게 강력한 힘이 된다. 반면 서로 공감을 찾을 수 없거나 그 과정을 차단당하게 되면 그만큼 사랑은 힘들고 거칠고 분노하게 되고 삶을 파괴시키는 광기가 된다"고 했다.[5]

자유연애와 다이애나이즘

완벽함, 조화 그리고 자기 조절에 대한 이상주의적이고 완벽주의적인 갈망은 다른 자유연애주의 여성들의 글에서도 나타난다. 슬렌커 (Elmina Drake Slenker)는 톨스토이가 옹호한 삽입하지 않는 성교인 '다이애나이즘'(Dianaism)을 지혜와 균형을 얻기 위한 방식으로 제안했다. 1889년 12월, 그녀는 헤이우드(Ezra Heywood)가 펴내는 《말》 독자들에게, 이것은 섹스의 감정을 부정하기 위해 고안된 '냉정하고 무관심하고 거리가 있고 부자연스러운 사랑'을 말하는 것이 아니라고 설명했다.[6] 이 시대 많은 페미니스트가 그랬던 것처럼 여성이 남성보다 좀 더 영적인 존재라고 생각한 슬렌커는 8년 뒤에도 《루시퍼》에서 여전히 다이애나이즘을 설명했다. "살짝 만지고 건드리고 애무하는 것으로 사랑을 보여 준다. 손을 잡고 눈길을 주고 말을 건네는 이 모두가 진정한 이해와 애정을 말해 준다. 이것이 수백만의 아내를 죽게 만들고 전 세계에 성병을 퍼뜨리는 지나친 섹스를 대신해 우리가 내놓은 대안이다."[7]

'대중'이 다이애나이즘으로 움직이려면 오랜 시간이 걸린다는 것을 알면서도, 그녀는 작은 모임에서부터 앞장서서 사랑을 만드는 대안적인 방식을 적용시켜 모범을 창출해 보자고 제안했다. 19세기 자유연애론자들이 자주 사용한 절약을 비유로 들어 가면서 슬렌커는 《루시퍼》의 독자들에게 "삶의 힘을 비축해야 하며, 한순간의 즐거움을 위해 불필요한 낭비를 해서는 안 된다"고 했다.[8]

자유연애주의 모임에서 활동하는 다른 여성들 역시 성적 관행을 바꾸는 데 관심을 보였다. 하먼(Lillian Harman)의 친구 앨리스 B. 스톡햄(Alice B. Stockham)은 《카레차: 결혼의 윤리학》(Karezza: Ethics of Marriage, 1896)에서 성교가 단지 출산의 수단이 되어선 안 되며, '몸과 정신과 영혼의 융합'이 되어야 한다고 주장했다.[9] 스톡햄은 오르가슴 없이 오래 지속되는 성교는 여성에게든 남성에게든 모두 만족스러운 것이며, 정신적 결합의 한 형태라고 했다.

그러나 여성이 좀 더 영적인 존재라고 하는 가정은 많은 논란을 낳았다. 일부 여성 자유연애론자들은 남성의 '성적 본능'이 더 강하다는 슬렌커의 주장에 동의했지만, 또 다른 이들은 여성도 남성과 마찬가지로 육체적 욕망을 갖고 있다고 강력하게 주장했다. 1897년 포스터는 합법연맹의 급진적 성 개혁론자들이 런던에서 가진 한 모임에서 "욕망의 억압이 병적인 상태를 가져온다"고 하면서, 여성 역시 "남성과 마찬가지로 강제된 독신 생활 때문에 고역을 치르고 있다"고 주장했다.[10] 같은 해 에이미 리네트(Amy Linnett)는 《루시퍼》에 실린 슬렌커의 글을 반박하면서 "휘트먼의 표현처럼 섹스의 달콤함을 당당하게 말할 수 있는 …… 젊은 급진적 여성들을 강력하게 옹호"했다.[11] 《루시퍼》 10월호에서 한 남성 기고가가 "여성은 성관계의 도덕적 단속자가 되어야 한다"고 주장하자, 엘리자베스 존슨(Elizabeth Johnson)은 이에 맞서 "여성은 자기 몸을 자기가 원하는 대로 할 수 있는 권리가 있다"고 주장했다. 그녀는 이렇게 선언했다. "여성을 더 이상 받침대 위에 고정시키려 하지 마라. 그녀 역시 당신과 동등하다는 것을 인정하면 문제의 반이 해결될 것이다."[12]

자유로운 사랑을 주제로 다루고 있어도 '고상한' 토론에서는 여성의 욕망이라든가, 여성이 한 남자만이 아니라 여러 남자들과도 만날 수 있다는 식으로 주장을 펴기가 어려웠다. 그러나 로사 그라울(Rosa Graul)은 1897년 《루시퍼》에 연재한 유토피아 소설 《힐다의 집》(Hilda's Home)에서 "여성은 저마다 다른 아버지를 가진 자녀들을 출산할 수 있다"고 문제를 제기했다.

한 여성이 여러 명의 자녀를 낳기 원한다고 가정해 보자. 이때 다음번 아이에게 다른 아버지를 가질 수 있도록 시도하는 것이 왜 문제가 되는가? 당신은 여성이 두 번째 사랑을 하는 것을 왜 덜 순수한 것으로 여기는가? 이 두 번째 사랑이 첫 번째 사랑과 마찬가지로 진정성 있고 숭고하며 순수하다면, 그래도 문제가 되는가? 어떤 사람을 첫 번째 배우자로 정할 때는 완전히 정당했던 것이, 그다음에 다른 사람을 배우자로 택할 때는 왜 그것을 범죄처럼 보는가?[13]

그녀는 과감하게 이렇게 덧붙였다. "내 주장은 모두 내 개인적인 경험과 관찰에 바탕을 둔 것이다. 나는 여기 기록한 것 이상의 쓰라린 경험을 했다."[14] 하먼은 1898년 영국을 방문했을 때 다양성에 대해 다음과 같이 옹호했다. "나는 성관계를 획일화시키는 것이 다른 모든 분야에서 강제되고 있는 획일화와 마찬가지로 바람직하지 못하며, 현실적이지도 못하다고 생각한다. 내 입장을 말하자면, 나는 모든 사람들이 스스로 시행착오를 겪으며 배울 권리를 누렸으면 한다."[15]

이들의 목표는 행복해질 권리, 독립적으로 선택할 수 있는 권리였다. 1891년 리지 홈스(Lizzie Holmes)의 언니인 아나키스트 릴리 D. 화이트(Lillie D. White)는 이것을 개인의 자율성에 대한 자각이라고 규정했다. "여성이 한 남자를 편안하게 해주는 삶이 아니라 독립적이고 자유로워지는 것으로 인생 최고의 목표를 삼았을 때, 또는 다른 이들을 행복하게 만들기 전에 우선 자신부터 행복해져야 한다는 것을 깨닫게 될 때 우리는 사랑과 조화로 충만한 가족과 행복한 가정을 갖게 될 것이다."[16] 화이트는 자아의 주장이 동등한 유대를 위해 필수적이라고 생각했다.

자유연애론 전통과 체르니솁스키의 급진적 공리주의에 내재한 합리주의에도 불구하고, 여성 아나키스트들은 로맨스도 중시했다. 1888년 《리버티》 지면을 통해 전통적인 가정생활을 신봉한 러시아 아나키스트 야로스(Victor Yarros)와 논쟁을 벌인 사라 홈스는, 미래에는 "남녀의 사랑이 언제나 바이올렛으로만 되지는 않겠지만, 그렇다고 해서 바이올렛 없는 비프스테이크도 결코 아닐 것"이라고 했다. 그녀가 자신의 딸에게 '가장 바라는 것'은 아래와 같았다.

평생 오래된 연인의 눈을 바라보며 "나에게 바이올렛을 가져다주세요"라는 말을 할 필요가 없었으면 한다. 나는 여성과 남성이 사랑을 통해 낳은 신생아처럼 생생하게 사랑을 지켜 갔으면 한다. 먼저 진실하고 정직하고 강하고 자립적인 여성과 남성이 되어라. 그다음에 사랑하라. 운명과 삶을 살면서 부닥치게 되는 기회에 따라 한 명을 사랑하든, 여러 명을 사랑하든, 각각의 사랑 모두가 바이올렛의 숨결처럼 고유의 순수한 향기로 가득하기를 바란다.[17]

슬렌커가 다이애나이즘의 특징인 부드러움을 주창한 반면 그라울은 《힐다의 집》에서 로맨스에 대한 욕망을 표현했다. 그라울의 미래 협동조합 공동체에서 '자유'는 '끝없는 구애로 이루어진 삶'을 의미했다.[18]

19세기 초 유토피아주의자들의 주장을 이어받아 아나키스트 오스틴(Kate Austin)은 자유연애는 누구든 마땅히 해야 하는 약속임을 시사했다. 1897년 《횃불》(Firebrand)에 기고한 글에서 그녀는 이렇게 주장했다.

> 우리는 누구나 어떤 금 열쇠로도 사랑의 금고를 열 수 없음을 알고 있다. 자유연애는 이 땅의 가장 가난한 남성 혹은 여성이 가진 돈으로는 살 수 없는 것이다. 많은 이들이 "자유연애는 지금의 조건에서는 현실성이 없다"고 하는 말에 나 또한 인정해 왔다. 그러나 지금 나는, 자유연애는 사랑이 있는 모든 곳에 있으며, 생명이 시작될 때부터 지금까지 늘 우리와 함께했으며, 앞으로 우리의 행진을 더욱 즐겁게 만들어 줄 것이라는 믿음에 주저하지 않는다. 만약 사랑이 새장에 가두고 어떤 식으로든지 족쇄를 채우는 것이라면 그것은 더 이상 사랑이 아니다. 그것은 지독한 언어도단이며, 생명을 죽이는 것이며, 미래를 저주하는 것이다.[19]

평등한 성관계

그러나 자유연애를 옹호한 여성들은 이성적이고 새로운 성관계의 삶을 사는 것이 그것을 말하는 것보다 어렵다는 사실을 너무도 잘 알고 있었다. 리지 홈스는 자신의 소설 《하가 린던》(Hagar Lyndon, 1893)에서 여주인공을 통해 자유를 추구하고, 열정적으로 사랑하고, 적대적인 세계에서 살아남으려고 할 때 부딪치게 되는 실제적인 어려움들을 자세하게 서술했다. 결국 그녀는 자율성을 확보하기 위해 열정을 포기해야 하는 상황에 부닥쳤다. 워싱턴에 있는 아나키스트들의 생활공동체 '홈 콜로니'(Home Colony)에서 발행한 《불만》(Discontent)에 제라울드(Nellie M. Jerauld)가 자유연애를 다룬 소설을 연재하자, 홈스는 작가에게 편지를 보내 자유연애 커플 역시 기혼 커플처럼 서로에게 지나치게 요구하면서 강한 소유욕을 드러낼 수 있으며, 그들 역시 경제적 이유로, 특히 아이를 갖게 되면 더더욱 어쩔 수 없이 같이 살아야 하는 상황에 놓일 수 있다는 점을 지적했다.[20]

자유로운 생각을 한 여성 아나키스트들은 남성과 여성 사이의 상호 이해 가능성에 대해 대부분이 희망적으로 내다봤지만, 남성들이 젠더의 차이를 무시하는 것에 대해서는 비판적이었다. 1895년 반스(Edith Vance)는 합법연맹과 관계한 확고한 자유사상가였는데, 그녀는 리즈에서 동거를 한 이단자 도슨 커플이 서로 다른 경험을 했음을 지적했다.

나는 도슨 부인과 이야기하기 전까지는 알지 못했다. …… 그녀가 겪은 어려움이 얼마나 컸는지를. 당신들 신사들에게는 합법연맹과의 관계 때문에 비난받는 것이 그리 어려운 일이 아니며, 아마 재미있을 수도 있을 것이다. 당신은 그런 비난을 결연한 자세로 견딜 수도 있고, 대화가 험악해지면 상대 남자를 때려눕힐 수도 있을 것이다. 그러나 도슨 부인은 남자든 여자든 그녀에게 욕을 해대는 사람들을 감당할 수 있는 처지에 있지 않았다. 대부분의 경우 여성들은 아주 최악의 경험을 했다.[21]

자유연애론 모임의 여성들은 추상적인 '자유연애론' 처방이 일상생활에서 요구되는 갖가지 복잡한 관계를 무시할 수 있도록 도와준다거나 결혼을 거부한다고 행복을 보장받을 수 있는 것이 아님을 경험으로 알게 되었다. 여성의 성적 일탈은 남성에 비해 문화적으로 훨씬 엄격했다. 일부에서는 자율과 '경험'의 중요성을 열정적으로 옹호하는 것이 인생에 진지하지 않은 남성들의 책략일지도 모른다고 의심하기도 했다. 1900년대 초 쇼(Nellie Shaw)는 영국 코츠월즈에 있는 톨스토이식 아나키스트 공동체인 '화이트웨이'를 방문해, 그곳 사람들에게 '다양성'을 주창한 한 남성이 어떻게 쫓겨나게 되었는지를 말해 주었다. 그녀가 생각한바, 자율은 일부일처제 안에서 여성이 자신의 개인성을 표현하는 것이었다.[22]

20세기 초에 상황은 바뀌었지만 딜레마와 논쟁은 계속되었다. 미국의 아나키스트 드클레이르(Voltairine de Cleyre)는 섹스를 경험의 한 측면으로 여겼으며, 끝없는 변화와 자율성에 대한 신념을 갖고 있었다. 1908년 《어머니 대지》를 쓰면서 그녀는 영속적인 동거보다 '엑스터시'를 지지했다. "편안한 사이가 지속되면서 일반적으로 나타나게 되는 무례함으로 사랑이 더럽혀지는 것을 절대 용납하지 말라"고 했다.[23] 문제는 자유가 마찰을 일으킬 때 누가 결단을 내리는가였다. 방심하지 않는 것이 자유연애를 설득력 있게 유지하는 데 특히 효과적인 것으로 증명되었다. 여성들은 자유연애가 남자들을 둘러싸고 벌이는 구닥다리 경쟁보다 좀 더 고상하고 내면 지향적인 도덕성으로 나아가야 한다고 주장했지만, 상대 남성들은 꼭 그렇게 생각하지 않았다.

자유연애론자들은 그 전제로 자기 소유권과 더 많은 선택권, 통제권 등을 주장했는데, 이는 19세기 말 '신여성' 작가들 사이에 공유되어 온 생각이기도 했다. 1888년 영국의 소설가 케어드(Mona Caird)는 "여

볼테린느 드클레이르

성 스스로 자신의 몸과 정신을 소유해야 한다는 너무나 마땅한 권리를
온전히 이해하고 인정할 필요가 있다"고 역설했다.[24] 그러나 신여성은
남성과 협력할 수 있는 가능성에 대해 여성 아나키스트보다 좀 더 회
의적인 경향을 보였다. 케어드는 이렇게 선언했다. "남성의 정신 속에
서 적을 대면하고 전투를 벌여야 한다."[25] 아나키즘적인 자유연애론자
들과 마찬가지로 케어드와 같은 신여성들은 여성의 종속적 지위는 기
존 가족 관계뿐 아니라 교회나 국가 같은 기성 제도에도 깊이 뿌리내
리고 있다고 믿었다. 그러나 변화를 위한 전략 면에서는 생각이 갈렸
다. 자유연애론자들은 법에 맞서는 개인의 직접행동을 강조한 반면,
케어드는 자기 소유권을 위해서는 여성참정권, 남성과 동일한 친권,
이혼권 그리고 자유 계약으로서의 결혼과 동등한 교육, 직업 장벽 폐
지 등의 조건이 마련되어야 한다고 주장했다. 그러나 자유연애론자들

과 마찬가지로 케어드는 여성의 자기 소유권은 "그녀의 의지에 따라 …… 자신을 던지기도 하고 또 억제하기도 해야 하는" 권리와 관련되어 있음을 주장했다.[26]

자기 소유권, 좀 더 평등한 성관계, 자유연애 등 개인적 행동과 외부에 대한 정치적 요구 사이의 상호 관계들은 모두 19세기 말 사회주의 운동에서 구체적으로 논의되었다. 1895년 랜체스터(Edith Lanchester)가 가정의 반대를 무릅쓰고 동거를 하면서 섹슈얼리티 문제가 공개적으로 논의되었고, 이는 다시 논란으로 이어졌다. 그러나 정치적 입장 때문에 이미 사회적·문화적으로 지위가 불안해진 저명한 여성 사회주의자들은 조심스럽게 경계하는 태도를 취했다. 독립노동당 활동가 맥밀런(Margaret McMillan)의 표현을 빌리면 "결혼은 나쁘지만, 자유연애론은 더 나빴다."[27]

좀 더 자율적인 삶을 추구한 많은 여성들은 성을 위험성과 연관시키곤 했다. 훗날 소설가가 된 메리델 르쉬외르(Meridel LeSueur)는 중서부의 좌파 가정 출신으로 그녀의 어머니는 페미니스트였다. 제1차 세계대전 이전, 그리니치빌리지의 젊은 여성 르쉬외르는 골드만과 안면이 있었고 또 그녀를 존경했다. 그녀는 골드만이 성적 즐거움을 솔직하게 받아들이는 태도를 어머니 세대와 비교하기도 했다.

어머니 세대의 대부분은 섹스를 수치스러운 욕망으로 여겼으며, 결혼과 육아가 자신을 억누르는 것을 상징한다고 생각했다. 그들에게 섹스는 폭력, 강간, 노예화를 의미했다. 당시 대다수 여성들은 두 가지 선택밖에 할 수 없다고 느꼈다. 직업을 갖고 자신의 삶을 살면서 급진주의자라는 소리를 듣든지, 섹스와 자녀가 있는 결혼을 하든지.[28]

성매매

19세기 말, 미국과 영국의 여성 개혁가들은 여성이 남성의 섹슈얼리티로부터 보호받을 필요가 있다고 확신해서 성매매를 근절시키는 운동에 참여했다. 그러나 의도하지 않은 결과가 나타났다. 과도한 열정을 가진 경찰이 '존중할 만하지 않다'고 간주한 여성들을 괴롭힌 것이다. 1885년 영국의 여권운동가 조세핀 버틀러(Josephine Butler)가 주도한 광범한 연합 세력은 전염병법(Contagious Diseases Act)을 폐지시키는 데 성공했다. 이 법은 경찰이 성매매를 한다고 혐의를 둔 여성들에게 강제로 신체검사를 할 수 있게 한 법이다. 이 법의 폐지 운동 과정에서 전국자경단협회가 조직되었다. 그러나 가난 때문에 성매매를 해야 하는 여성을 우려한 여권운동가와 성매매 업소를 강제로 폐쇄시키려는 활동가들 사이에 의견이 갈렸다. 자경단 활동가인 챈트(Laura Ormiston Chant)는 자유당, 여성의 참정권, 금주운동, 사회정화 등을 지지했다. 이들은 처음에는 국가의 개입을 신뢰하지 않았다. 그러나 챈트를 비롯해 사회정화운동 활동가들은 단순한 캠페인 차원의 운동에서 벗어나 지역과 전국적 차원에서 정부 정책을 변화시키기 위한 운동으로 확대해 나아갔다.

1890년대에 챈트는 영국여성금주운동협회(British Women's Temperance Association)와 연대해 런던 주의회의 혁신주의자 연합에 압력을 가하였고, 주의회가 금지한 공연을 올린 공연장에 허가증을 제한하는 데 성공했다. 1901년 성매매를 반대하는 활동은 혁신주의자, 복음주의자, 페미니스트, 금주 운동가들 사이에서 활발하게 전개되면서 절정에 달했다. 이들 활동의 대상은 남성보다는 주로 여성을 향했

는데, 이런 접근 방식 때문에 사회정화를 주장하는 페미니스트 사이에 분란이 생겼다.[29]

사회정화운동은 미국에서도 강력한 세력을 형성했다. 여성기독인금주운동연합은 대규모로 여성들을 동원할 수 있었다. 반면에 여성 클럽들과 사회복지관 여성 활동가들은 사회정화촉진기독교연맹(Christian League for the Promotion of Social Purity)이나 어머니회의(Mothers' Congress)와 연대했다. 이들은 모두 성매매에 반대하는 운동을 비롯해 극장과 댄스홀, 새로 생긴 영화관들을 규제했다. 영국에서와 마찬가지로 자발적 단체들이 행정적·법적 압력을 행사하기 시작했다. 일부 도덕 개혁가들은 성매매를 한 이들을 재교육하고 지원하는 실용적인 서비스가 필요하다는 사실을 깨닫기도 했다. '플로렌스 크리텐튼 선교복지관'은 어린 소녀들에게 가사일과 간호사 일 같은 직업훈련을 시켰을 뿐 아니라 임시 거주지를 제공하기도 했다.[30]

개혁가들의 열정이 강압적이고 억압적으로 보일 수는 있었지만, 사회정화운동은 몇 가지 전복적인 서브텍스트를 갖고 있었다. 일부 도덕 운동가들은 남성과 여성에게 동등한 도덕 기준이 적용되어야 한다고 주장했다. 가정 안에서 벌어지는 강간과 폭력을 줄여 가려는 이들의 노력은 결국 '가족 관계에 어느 정도까지 개입해 규제할 수 있는가' 하는 문제까지 제기하게 되었다. 게다가 크게 감성을 자극하는 문제들을 열거하면서 성병과 같이 종전에는 언급되지 않았던 의제들을 공론에 올려놓았다. 사회정화를 위해 풍기 문란을 단속하는 운동을 한 이들은, 그들의 반대파라고 할 수 있는 자유연애주의자들과 마찬가지로 섹스를 공공 담론의 장에 불러들였다.

사회정화 여성 운동가들이 단상과 위원회에서 공개적으로 발언하기 시작했다. 그리하여 여성이 공공 사회를 도덕적으로 정화시키는 '여성적' 역할을 부여받았다고 적극적으로 주장하는 것과 여성의 역할에 대해 사회적으로 광범하게 공유되고 있던 통념을 깨고 전진해야 한다는 주장 사이의 경계선이 무너졌다. 실제로 챈트는 사창가를 폐쇄시키려고 노력하는 가운데 여론으로부터 '신여성'이라는 비난을 받았다.[31]

　도시 슬럼으로 들어가 빈민들을 음주와 범죄, 가족 폭력으로부터 멀리 떨어뜨리기 위해 애쓴 도덕 개혁가들은 1880년대부터 다른 사회문제로 관심을 옮겼다. 미국과 영국에서 사회정화운동은 1900년대 초 도시문제를 고민하고 있던 광범한 개혁 집단들의 연합을 만드는 데 기여했다.[32] 명예 회복을 위한 시도는 전제를 흔들기도 했다. 훗날 납중독 문제를 제기한 운동가로 유명해진 해밀턴(Alice Hamilton)은 성매매 여성을 구하고자 과감하게 털리도의 사창가로 진격했으나, 그곳에서 그녀가 발견한 것은 기대했던 피해자 여성이 아니라 '화려해 보이지만 천박한' 집에서 살아가는 '성숙한 여성으로서 당당하고 품위 있는 완전한 여장부'였다. 서로의 처지를 전혀 이해하지 못한 상태에서 만남은 계속 이루어졌다. 젊고 이상주의적인 개혁가는 장사꾼 여성의 계산적인 목소리를 들었다. "나는 유능한 세일즈 여성이라 할 수 있다. …… 남성들에게 그들이 그다지 내키지 않는 일에 돈을 쓰도록 설득하면서 소일하고 있기 때문이다." 한편 성매매 여성은 시카고 슬럼에서 이타적인 복지관 생활을 하는 해밀턴을 보고 놀랐다. '이건 내가 어떻게 해볼 수 있는 일이 전혀 아니야'라는 생각을 하며 역겨운 감정으로 해밀턴을 훑어봤다.[33] 개혁가 역시 흔들렸다. 1910년부터 보스턴 상류층 출신의 하우(Fanny Quincy Howe)는 유대인 성매매 여성이자 모르핀 중독자인 핀저(Maimie Pinzer)와 정기적으로 왕래를 했다. 핀저는 하우에게 "이혼은 아주 바보 같은 짓이며, 결혼은 내가 아는 한 최악의 위선적인 의식"이라고 말했다.[34] 이런 만남은 뜻깊은 배움의 장이 되었다.

도덕 개혁 운동이 지역사회에서 광범하게 전개되면서 관점에 미묘한 변화가 생겨났다. 1915년에 급진파 비어드(Mary Beard)가 《지방자치체와 여성의 일》(Woman's Work in Municipalities)을 썼을 때 개혁가들은 예방적 차원의 활동을 모색했고, 도덕 문제의 사회적·문화적 근원을 파헤치려고 했다. 캔자스와 피츠버그의 여성 활동가들이 범죄, 음주 그리고 '애정 행각'을 시사하는 장면이 있는 모든 영화를 검열하느라 분주했던 것에 반해, 좀 더 사려 깊은 개혁가들은 단순히 금지시키는 것에 중점을 두기보다는 새로운 여가 산업으로서 영화의 내용에 영향을 줄 수 있는 방안을 모색했다. 즐거운 발전을 보장하기 위한 시도였다.[35]

긍정적으로 새롭게 접근해 나가는 방식 가운데 하나는 성교육이었다. 1914년 비어드가 기록한 바에 따르면 '성 위생' 교육을 논의하기 위해 여성 모임들이 개최되었다. 유대인여성평의회(Council of Jewish Women)에서 모턴(Rosalie Morton) 박사는 성이라는 논제를 남성에게만 맡겨 놓아서는 안 되며, 여성이 가정에서 이 문제에 관심을 가져야 한다고 주장했다. 이어서 그녀는, 과거에는 여성이 "너무 감성적이었고, 현실 세계에서도 자신들의 한계에 대해 너무 무지했다. 여성들은 어떻게 교육하는 것이 최선인지, 어떻게 해야 가장 도움이 되는지에 대해 균형 있는 판단을 할 능력이 부족했다"라고 말했다.[36] 보스턴여성자치연맹(Women's Municipal League of Boston)은 성교육을 제공하기 시작했다. "성 문제에 관한 무지가 불러올 수 있는 신체적 불운과 성 기능의 고상한 목적을 오해한 것에서 나타나는 영적 타락, 그리고 상실해 가는 인간의 능력을 인식하게 해주는 것"을 내용으로 했다. 이 연맹은 "침묵이 …… 계속되도록 내버려 두는 것은 너무도 위험하다"고 생각했다.[37]

선정적 용어 검열

섹스는 사회적 논제였다. 단순한 개인적인 문제가 아니었다. 미국과 영국 모두에서 성 위생 학자들은 효율성과 규제 차원에서 이 문제에 접근했다. 선정적 용어를 사용할 경우 풍기 문란의 위험이 있음을 경고하면서 성 위생 학자들은 '몸 정치'에 대한 관심을 강조했다. 이들은 '몸 정치'와 이성애 가족과 부모를 동일시했다. 그러나 이들 역시 근본적인 문화적 변동의 일부였다. 19세기 말과 20세기 초 사적인 연애 관계는 공공의 시야로 들어오게 되었고, 공적 담론의 의제가 되었다.

이런 변화로 성적 관행과 관계의 문제를 어떻게 풀어내야 하는지가 논제가 되었다. 자유연애론자인 헤이우드 부부(Ezra and Angela Heywood)는 그 단어들을 일반적으로 사용해야 한다고 주장했다. 1887년 안젤라 헤이우드는 이렇게 썼다. "듣다, 보다, 냄새 맡다, 맛보다, 섹스하다(fucking), 가슴이 두근거리다, 뽀뽀하다 등과 같은 분명한 용어들은 전화로도 하는 표현이며, 중심축이 되어 움직이지 않는 교류의 등대들이다. 그러나 쉽고, 듣기 좋고, 실생활에서 단단히 자리를 잡았기 때문에 이 용어들은 순수한 쓰임새 밖으로 끌어내기가 힘들다. 공기에서 산소를 따로 구분해 내는 것이 어려운 것처럼."[38] 그것이 일상적 쓰임새든 아니든 간에 헤이우드는 출판물에는 이 용어들을 온전히 다 쓰지 못하고, 'c—, c—, f—' 같은 식으로 알파벳 첫 자만 써서 독자가 의미를 겨우 알

수 있도록 할 수밖에 없었다. 그렇지 않으면 감옥에 가야 했기에.[39]

1897년 합법연맹에 속한 영국의 자유연애론자들은 '섹스 문제와 관련한 두 가지 형태의 언어 또는 말'을 놓고 고심했다. 하나는 '과학적인' 것이었고, 다른 하나는 빈민가와 장터의 '거칠고 적나라한' 것이었다. 〈새 사전 구함〉이라는 제목의 글에서 연맹은 섹스 문제를 '좀 더 고상한 차원의 논의'로 격상시키기 위해 '표현을 공식화할' 필요가 있다고 주장했다.[40] 언어에 대한 이런 고민은 부분적으로는 그들이 직면한 실제적인 위협에서 나온 것이었다. 만약 성 급진주의와 외설 사이에 선을 그어야 한다면 이들은 좀 더 '고상한 차원'에 자리를 잡아야 했다. 하지만 이런 전략이 늘 성공한 것은 아니었다. 1890년대 말 경찰이 연맹에 대한 수사를 착수했다. 경찰은 엘리스(Havelock Ellis)의 《성 심리학 연구: 성도착》(Studies in the Psychology of Sex: Sexual Inversion)이 학문적 어조로 쓰였음에도 불구하고 압수했다. 이 책이 연맹과 관련 있는 출판사에서 발간되었기 때문이다. 다음 세대의 여성성 개혁가인 생어(Margaret Sanger)나 마리 스톱스(Marie Stopes) 같은 출산조절 운동가들은 과장된 산문체를 사용해 '고상한 차원'의 논의로 보이게끔 하는 전략을 구사했다.

'선진' 여성들이 성에 대한 새로운 언어를 모색하는 것은 스스로 문화적 공간을 규정하고 만들어 가기 위한 더 큰 투쟁의 일환이었다. 1885~1889년 런던의 '남녀클럽'의 여성 회원들은 몇몇 급진적인 남성들과 맞서는 상황에 처했다. 이 남성들은 다윈의 진화론을 추상적이고 거리를 두는 방식으로 성 문제의 논의에 적용시켰다. 게다가 토론 용어도 직접 정했다. 여성 회원인 마리아 샤프(Maria Sharpe)는 자신을 비롯한 여러 여성들이 "일반적인 토론에서도 …… 자신의 지성을 드러내기 위해 무엇보다 새로운 용어를 부분적으로나마 배워야 했다"고 당시를 회고했다.[41] 클럽에서 여성들은 위축되기도 했고 자신의 입장을 자제하기도 했지만, 동시에 '객관화'를 통해 개인적 감정을 편하게 감출 수 있다는 점도 알게 되었다. 그러나 샤프는 대영박물관에서 성매매에 관한 책을 대여하고 반납할 때면 여전히 무안한 느낌을 감출 수 없었다.

미국의 자유사상가들과 아나키스트들은 성에 관한 연구와 토론을 위한 공간을 어렵사리 확보해 냈다. 1891년 리지 홈스는 《루시퍼》가 급진적 여성들에게 준 '목소리의 가치'를 인정하면서, 기존의 교육에 맞서는 여성 고유의 경험을 강하게 주장했다.

이 잡지는 모든 가난하고 힘든 여성들, 속는 줄 알면서도 복종하며 사는 여성들의 입이다. 이 세상에서 유일한 그들의 대변자이다. 많은 이들이 자기가 고생하고 있다는 것을 알고 있으며, 문법적으로 딱 맞아떨어지는 문장은 아니더라도 자신들의 불행을 크게 외친다. …… 보통의 여성은 생물학, 심리학 또는 인류의 진화에 대해 아무것도 모를 수 있다. 그러나 동의할 수 없는 관계 또는 고통스러운 관계에 불가항력적으로 매여 있어야 할 때, 그녀는 자각한다. 그녀 스스로 자신의 고통을 표현해야 한다. 과학자들은 그다음에 말하라. 왜 그녀가 고통당해야 하는지, 그리고 치유책은 무엇인지. 만약 말할 수 있다면.[42]

성적 관습과 관행을 이해하고 고쳐 나가고자 한 20세기 초 여성 문필가들은 여성의 요구와 욕망을 명료하게 표현할 수 있는, 여성성이 짙은 대항문화 공간을 창조하는 문제에 계속 관심을 쏟았다.《자유여성》의 편집자 마스던(Dora Marsden)은 여성들 사이에서 나타난 새로운 성에 대한 인식을 '말로 온전히 표현할 수 없음'을 탄식했다.[43] 그녀는 '안락과 보호라는 거대한 마취제'를 거부하면서, 성과 정면으로 맞붙어야 한다고 생각하는 저항적 페미니스트들을 대변했다. 아나키스트들의 영웅적 개인주의에 영향을 받은 마스던은 '자유 여성'은 자신의 힘을 믿고 홀로 설 것이며, 모든 경험을 할 권리가 있다고 선언했다. 그녀에게 이는 '사랑'의 기회를 흘려보내지 않고 붙잡아 이루어 내면서 충족감을 느끼고, 창조적인 작품을 만들기 위해 오랜 시간 노력하고 고통을 감내하면서 성취감을 느끼는 것을 의미했다. 마스던은 여성 개인이 갖고 있는 힘을 주장하는 가운데, "자유는 스스로 고유의 가치를 세우고, 고유의 기준을 만들고, 이를 위해 살아가면서 누릴 수 있음을 배우게 될 것"이라고 믿었다.[44] 루언(Mabel Dodge Luhan)이 '모든 것을 경험할 권리'를 요구한 그리니치빌리지에서도 비슷한 생각들이 공유되고 있었다.[45]

성 심리학 연구

성적 취향이 과감하게 표현되기 시작하면서 일부 여성들은 당황했다. 슈라이너(Olive Schreiner)는 엘리스(Havelock Ellis)에게 《자유여성》이 "음탕한 남성으로 불리게 될 것"이라고 하면서, 이 잡지가 "야비하고 방탕하며 이기적인 남성의 말투를 갖고 있다"고 불만을 토로했다.[46] 이에 올리버(Kathlyn Oliver)라는 한 페미니스트가 《자유여성》의 독자 투고란에 "자유 여성들은 우리 사회에서 저급한 취향의 노예가 되지 않을 것이다"라는 주장을 발표해 논쟁이 커졌다.[47] 한편 '새로 가입한

이디스 엘리스

'독자'가 성 경험에 대한 여성의 권리를 옹호하자, 올리버는 그 독자가 남성일 것이라고 단정했다. 그러나 그 글은 캐나다의 출산조절 운동가인 브라우니(Stella Browne)가 해블록 엘리스가 쓴 〈(자위에 따른) 자기만족〉이란 글에서 인용해 온 것이었다.[48]

엘리스는 성실한 관찰을 통해 다양한 성 행위와 성적 욕구를 조사했다. 여기에는 자신의 아내 이디스 엘리스(Edith Ellis)가 다른 여성들에게 매력을 느끼는 모습까지 포함되어 있었다. 엘리스의 사례 연구는 과학적 관찰자의 입장에서 진행되었으며, 이를 통해 성에 관한 관용구들을 만들어 냈다. 그는 도덕성이나 자유연애의 이상에 부합하기보다 자신이 관찰한 주체들이 주장하는 요구들을 분류한 뒤 생각해 볼 만한 문제들을 정리했다. 성 심리학 연구는 '객관성'의 토대를 마련했는데, 이는 주관성을 극복하는 데 필요한 평가 기준을 제공했고, '적합'하지 않은 감정과 행위를 이해하는 수단이 되었다. 그러나 성적 표현의 새 영역을 창출하면서 엘리스 역시 다른 성 심리학자들과 마찬가지로 여성의 다양한 경험과 욕망을 제한하고 구속했다. 그들이 만들어 놓은 틀을 적용해 분류했고, 19세기 자연과학자들의 나비 표본처럼 육중한 과학 용어들로 개인을 유형에 따라 핀으로 고정시키는 방식을 사용했다. 엘리스는 전문가로서 어느 정도 거리를 두면서, 개인의 진술에 새롭고 세속적이며 학문적인 비중을 부여할 수 있었다. 그는 성에 대한 관찰이 고백이나 엿보기 식의 쇼에서 벗어날 수 있는 통로를 여는 데 기여했다. 성적 감정과 행위에 대한 관찰은 자연스럽게 연구의 영역으로 옮겨 갔다. 중요한 공간이 열리게 된 것이다.

엘리스도 동성애와 레즈비언에 관한 자신의 저작들이 '음란물'로 비난받을 수 있음을 알고 있었다. 동성에 대한 욕망을 공식적으로 선언하는 것은 여전히 불가능한 일이었다. 대신 여성들은 자신들의 감정을 사적인 편지로나마 임시변통으로 표현하곤 했다. '성도착'에 대한 남편의 책들을 훔쳐본 이디스 엘리스는 사회주의자이며 성적으로 급진주의자인 카펜터(Edward Carpenter)에게 은밀히 털어놓았다. 카펜터는 공개적으로 동성애자임을 밝혔기 때문에 그녀는 그를 중성적인 사람으로 여겼다. 1905년 애인 릴리가 사망한 뒤, 엘리스는 왜 자신이 계속 두통에 시달리고 있는가를 생각하면서, '육체에 대한, 내 몸 같은 육체에 대한 욕망이 원인'이라는 결론을 내렸다.[49]

여성들은 공감해 줄 수 있는 남성 친구들과 소통했다. 특히 세심하게 관찰하고 잘 들어 주는 남성들이 주로 여성의 친구가 되었다. 여성들은 자신들의 생각과 가까운 남성 성과학자들의 저술을 따로 추려 내기도 했다. 1915년 브라우니는 새로 만든 영국성심리학연구협회(British

Society for the Study of Sex Psychology)에 '여성 사이의 성적 다양성과 변이성'에 대한 논문을 제출하면서 다음과 같이 조심스레 설명했다.

나는 이 논문에서, 내가 직접 경험했거나 보았거나 잘 아는 사람의 증언을 통해 알게 된 것이 아니면 아무것도 말하지 않으려고 노력했다. 나의 결론은 책이 아니라 삶에 기초한 것이다. 그럼에도 불구하고 내 사적인 의견과 결론은 뛰어난 연구 업적들로 유명한 엘리스(Havelock Ellis)를 비롯해 유수한 심리학자들의 인정을 받아 왔다.[50]

경험과 이론을 연결시켜야 한다고 강조하면서, 브라우니는 여성이 새 담론을 만들어 내야 한다고 역설했다. 여성 성생활의 현실은 그것을 담아 낼 어휘의 부족으로 지나치게 은폐되어 왔다. 남자 형제들이 청년이 되기 전에 거리에서 온갖 욕설을 배우는 반면, 보통의 '참하게 성장한' 중상층 소녀들은 자신의 감각과 경험을 표현할 수 있는 용어들을 배우지 못했다.[51]
저항적인 자유연애주의자들과 마찬가지로 브라우니는 여성이 '성적 욕망'을 갖고 있지 않다고 하는 생각에 도전했다. 그녀는 여성의 욕망은 다양할 뿐 아니라 개인에 따라 다르고, 한 개인 안에서도 때에 따라 달라진다고 주장했다. 그녀는 여성의 다양한 성적 욕구가 가부장적 결혼이나 그 연장선에 있는 성매매 안에서 표현되거나 충족될 수 있다고 생각하지 않았다. 신여성 브라우니는 성에 대한 급진주의 주장들을 일찍이 습득했고, 당대 유럽의 성 이론에서도 그녀의 글은 널리 읽혔으며, 에너지와 교류를 강조하는 새 철학 사조와도 가까이했다. 그리니치빌리지의 동료들과 마찬가지로 브라우니도 심리 분석이 개인의 증언을 창조해 낸다는 새로운 맥락을 잘 이해하고 있었다. 그들은 여성들의 모순적인 감정들을 이끌어 낸 뒤 그것을 좀 더 복잡하게 문화적으로 표현할 수 있는 공간을 찾기 시작했다.

성 심리학과 심리 분석은 당시 '자아-관찰'에 몰두해 있던 사조 가운데 하나였다. 1916년 파슨스는 자아를 탐구하는 지식에 대해 이렇게 회고했다. "때때로 사생활에 대한 진술이 상당히 공적인 중요성을 띠게 되면서, 우스운 것이라거나 나쁜 취향이라는 혐의에서 벗어나기도 했다."[52] 그리니치빌리지의 보헤미안들은 남성이든 여성이든 간에 모두들 자아 검열과 자아 공개의 이중 과정에 매혹되어 있었다. 친밀한 관계들에 대해서는 모두들 알고 있었고, 서신을 통해 알려지기도 했으며, 소설이나 연극으로 발표되기도 했고, 공개적으로도 논의되었다. 크리스틴 스탠셀(Christine Stansell)은 '섹스에 대한 이야기'가 어떻게 "페미니즘과 노동계급, 계급을 넘어서서 느끼는 매혹과 이성 사이의 정직함에 대한 신념 등과 혼합되어 창조되었는가"에 대해 언급했다.[53] 보헤미안 아나키스트인 햅굿(Hutchins Hapgood)은 이민자 생활에 관한 글을 통해 1890년대의 '아웃사이더들'에 대한 인상적인 기록들을 선구적으로 해냈다. 그는 섹스에 대해서도 똑같이 의식적으로 면밀하게 추적하는 글을 쓰고 싶어 했다. 햅굿과 소설가 보이스(Neith Boyce)는 성 파트너가 되었다. 1899년 보이스는 "나는 우리가 스포츠 커플이라고 느끼기 시작했다"고 선언했다.[54] 그러나 이들 사이에 자녀가 생기자 아주 상투적이게도 여전히 유유자적하는 자유를 누린 이는 남성인 햅굿이었다. 1905년에 보이스는 자유연애론자들의 용어를 빌려 이렇게 결론을 내렸다. "다양한 경험을 옹호하는 것은 너무도 거칠고 추하다. 게다가 이것은 죄악의 냄새를 털어 버린다."[55]

그리니치빌리지

골드만의 폭넓은 개방성은 그리니치빌리지의 분위기에 딱 어울렸다. 그녀는 자유연애론자들과 20세기 보헤미안들을 잇는 중요한 다리 역할을 했다. 골드만은 체르니솁스키 같은 러시아 작가들을 비롯해 미국 자유사상과 자유 언론을 지향하는 작은 모임들과도 친밀했다. 또한 입센, 니체, 버나드 쇼, 카펜터, 해블록 엘리스, 프로이트에도 마찬가지로 익숙했다.[56] 그리니치빌리지 사람들은 자유연애론자들의 주장 가운데 일부는 받아들였지만, 예전의 이상들을 변경하고 재배치하여 섹슈얼리티에 대한 정교한 전제들을 새롭게 만들어 냈다. 섹슈얼리티는 1920년대에 주류 문화의 표면으로 올라왔다. 당시 발전하고 있던 미국의 넘치는 에너지의 파장 한가운데에 '존재'하면서 무한한 가능성을 확신한 보헤미안 저항가들은 '슬렌커식'의 에너지 보존보다는 해방과 표현을 강조했다. 자유연애론자들의 '자아—조절'은 생어의 '출산조절'이란 용어로 바뀌었다. 건강에 도움이 되는 치유 방법과 자연 친화에 대한 이들의 관심은 다이어트와 운동을 통한 몸 관리에 대한 관심으로 옮겨 갔다. 이는 20세기 초 미국의 몸과 마음에 대한 '할 수 있다'는 식의 접근 방식과 서로 통하는 것이었다.

그리니치빌리지 사람들은 '금지된 섹스'라는 가려진 세계와 성적으로 급진적인 새 문화 사이의 금기들을 과감하게 깨 나가기 시작했다. 골드만이 새로운 혼합의 화신이 되었다. 골드만이 애인 라이트만(Ben Reitman)에게 보낸 편지에는 고상하고 초월적인 이미지와 성적 흥분을 일으키려고 기획된 언어들이 결합되어 있었다. 두 연인은 편지 검열관들을 혼란스럽게 하기 위해 과장된 형식을 기획해 냈고, 기괴한 병렬을 만들어 냈다. 골드만은 연인의 '삶의 샘'에서 목을 축이길 원한다고 말했다. 그녀는 이렇게 썼다. "당신을 기쁨과 엑스터시로 미치게 만들고 싶다. …… 당신을 그렇게 만들 수 있는 방법을 알고 있다. 내가 이끌면 당신은 곧 보게 될 것이다. 이렇게 당신을 기다리고 있다. 아, 이제 멀지 않았다. 제발, 제발 어서 오라. 당신이 필요하다."[57] 스탠셀은 라이트만이 원시성에 대한 낭만적 판타지를 상징한다고 시사했다. 금기시되어 온 힘의 체현자 라이트만은 골드만 안에 있는 육체적 자아를 해방시켰다.[58] 바람둥이 라이트만과 고통스런 관계를 맺어 가면서 골드만은 젠더 역할을 역전시켰다. 라이트만에게 요부의 역할을 부여하면서 자신은 낭만적 아티스트를 자처했던 것이다. 골드만의 친구 스페리(Almeda Sperry)는 한때 창녀이기도 한 상당히 현실적인 여성이었는데, 그녀는 골드만이 라이트만을 낭만적으로 만든다는 이유로 골드만을 호되게 비판했다. 스페리는 라이트만이 "내 가슴 한쪽을 빨면서 햅굿에게 다른 한쪽 가슴을 빨도록 해, 내가 두 가지 오르가슴을 동시에 느끼도록 했으며, …… 이 도시에서 아직 성관계를 갖지 않은 남자들이 몇 명이나 남았는지를 나에게 물었다"고 폭로했다. 스페리는 골드만에게 이렇게 말했다. "당신은 배운 여자 치고 뜻밖에도 아무것도 모른다. …… 함께 거리를 걸으면서 그가 내 팔을 잡자마자 나는 그를 완전히 파악할 수 있었다. 나는 그에게 그가 썼던 것과 같은 언어를 사용했다." 스페리가 말한 그 언어는 'fuck'이었다.[59] 한때 창녀였던 스페리를 라이트만은 영원히 창녀로 취급했다.

남성들은 여전히 경계석을 세웠다. 그들은 자유의 용어들을 규정했다. 젊은 여성인 르쉬외르가 그리니치빌리지에 처음 왔을 때 골드만은 그녀를 루언의 주간 살롱에 데려갔다. 중서부 출신의 이 젊은 여성은 그곳에서 몇몇 유명한 남성 작가들의 음탕한 유혹을 받았고, 이를 물리치면서 '캔자스의 옥수수 처녀'라는 비웃음을 샀으며 모욕감을 느꼈다. 그녀는 '문화적으로 질책받는' 느낌을 받았다.[60] 계급에 대한 고정관념도 강하게 작용했다. 콜로라도의 노동계급 출신인 아그네스 스메들리(Agnes Smedley)는 사회주의자가 되었으며, 캘리포니아에서 인도계 이민자들과 교류하면서 인도 민족주의를 지지하였다. 그녀는 1917년 봄에 뉴욕으로 이주했지만 그리니치빌리지 지식인들 사이에서 불편함과 찜찜함을 느꼈다. 그리니치빌리지 지식인들은 노동계급을 순수한 경험을 체화하고 있는 존재로 이상화했고, 노동계급 여성은 자연의 관능을 간직하고 있다고 예단했다.[61]

섹스에 대한 금기와 도전

그러나 사실 많은 노동계급 여성들은 섹스를 상당히 금기시했다. 데이비스(Margaret Llewellyn Davies)는 여성협동조합길드 회원들에게 섹스와 가정을 바뀔 수 없는 인생의 요소라고 생각하지 말고 드러내서 말하라고 촉구하면서, 결혼은 노동계급 여성들의 삶 위에 '무겁게 드리워진 커튼'이라고 표현했다.[62] 요크셔의 사회주의자이자 페미니스트인 거소르프(Mary Gawthorpe)는 급진적인 정치 클럽으로 옮겨 가기는 했지만, 성에 대한 태도에서는 클럽 회원들과 거리가 있다는 점을 잘 알고 있었다. 그녀는 자서전 《홀로웨이로 가는 오르막길》(Up Hill to the Holloway, 홀로웨이는 영국 런던 북부에 있는 여성 교도소를 일컫는다 - 옮긴이)에서 자기 아버지가 어머니에게 법적 이혼을 할 수 있는 충분한 근거를 제공했다고 회고했다. 그러나 관습과 돈 때문에 그것은 생각도 못할 일이었다. "어머니는 여전히 요를 깔았으면 그 위에서 자야 한다고 믿었다. 아니 최소한 그렇게 믿고 있다고 생각했다."[63]

그러나 급진적 소수파는 자신의 성 운명을 스스로 선택하자고 결의했다. 페미니즘은 중하층과 노동계급 여성 소집단들에게 자신의 성적 감정과 새로운 성 이론을 결합시키는 시도를 하라고 부추겼다. 슬레이트(Ruth Slate)와 슬로슨(Eva Slawson)의 일기와 편지들은, 고등교육을 받지 못한 런던의 젊은 여성들의 생각을 잘 보여 주었다. 그들은 폭넓은 독서를 했고, 좌파 정치와 윤리학, 미학 관련 모임에 참여하며 '성 문제'에 관심을 가졌다. 슬로슨은 카펜터의 《사랑의 성숙》이 말하는 '문제 제기'를 충분히 이해했고, 1911년에는 《자유여성》 토론 모임에도 다녔다. 두 젊은 여성은 신중했고, 자신들이 솔직해질 수 있는 상대를 선별하는 지적 능력도 갖추고 있었다. 슬레이트는 슬로슨에게 "나와 잠잘 때 …… 너는 내게 '비밀을 말할 때 조심해. 사람들은 네 진의를 그대로 받아들이지 않아'라고 했다"고 상기시켰다.[64] 슬로슨은 '미나'라는 한 노동계급 여성과 교제하게 되었다. 그러면서 그녀는 이런 생각을 했다. "너무나 영적이고 육체적인 사랑은 섹스적 결합을 위해 준비된 것이다. 우리는 영혼과 몸이, 여성과 여성이, 남성과 남성이 교류할 수 있게 해야 한다. 입술과 손으로만이 아니라 온 몸으로 칭송하고 애무하고 껴안으며."[65]

몇몇 노동계급 여성들은 체통과 분명하게 선을 그었다. 아나키스트 위트콥(Rose Witcop)은 이스트런던의 엄격한 유대계 이민 노동자 가정 출신으로 아나키스트 공산주의자 가이 앨드리드(Guy Aldred)와 동거했으며, 출산조절 운동가가 되었다. 추(Ada Nield Chew)는 점차 남편 조지(George Chew)와 사이가 멀어졌는데, 그래도 별거를 결정하기까지는 오랜 시간이 걸렸다. 추의 딸은, 아버지가 사망한 뒤 어머니가 슬프고 당황스러워 하면서도 금세 "너도 알다시피 그 사람이 없으니 난 더 행복하다"고 했다고 회고했다.[66] 로런스(D. H. Lawrence)가 소설《아들과 연인》에서 클라라로 묘사한 닥스(Alice Dax)는 지적인 노동계급 여성이었으며, 이스트우드에 있는 미들랜즈에서 여성참정권운동을 했다. 그녀는 개인의 자유와 소박한 생활 방식에 관심을 가졌다. 로런스의 소설 속 주인공과 달리 그녀는 좀 더 넓은 세상으로 가지 않았다. 그녀를 비롯해서 그녀와 비슷한 수많은 여성들은 자유에 대한 꿈을 억지로 눌러야 했다.

관습과의 불화를 개인적으로 겪으면서 노동계급 여성들은 노동 조직과 급진적 정치사상을 접했다. 1918년 미국인 회사원 메리 아치볼드(Mary Archibald)는 시애틀카드라벨산업여성노동자연맹(Seattle Women's Card and Label League)에서 활동했다. 이 단체는 노동조합이 있는 작업장에서 생산되었다는 표시가 붙은 상품만 구매하기로 결의했다. 아치볼드는《시애틀노동조합레코드》(Seattle Union Record)에 자신을 이렇게 묘사했다. "둥그란 구멍에 들어가 있는 네모난 쐐기. 난 천성적으로 가정적인 체질이 아니다. …… 난 결혼 생활과 맞지 않다. 세상엔 나처럼 둥그란 구멍에 박힌 네모난 쐐기가 너무도 많다."[67]

여성 노동자들은 급진적인 정치를 접하면서 개인의 가능성을 넓혀가기 시작했다. 운동 과정에서 연애 사건도 생겨났다. 미국의 노동조합 지도자 로즈 슈나이더만(Rose Schneiderman)은 아일랜드 태생의 인쇄공 스워츠(Maud Swartz)를 1912년 참정권 집회에서 만났고, 두 사람은 평생을 함께하는 동반자가 되었다. 다른 여성노동조합 조직 운동가 폴린 뉴먼(Pauline Newman)은 상류층 여성 밀러(Frieda Miller)와 사랑에 빠졌는데, 밀러는 브린마워대학의 보조 연구원 직책을 버리고 필라델피아 여성노동조합연맹의 실무자가 되었다. 뉴먼이 1917년 친구 슈나이더만에게 조언을 구하는 편지를 썼는데, 슈나이더만은 '즐기기' 위해선 위험을 감수해야 한다면서 이렇게 말했다. "우리 같은 감성을 가진 여성이 족히 수천 명은 될 거야. 사랑하는 사람으로부터 온기와 부드러움을 느끼는 데 모든 시간을 다 써도 좋아! 지쳐 쓰러질 때까지 매일 함께하는 거야."[68]

전후 세계에서 즐거움을 위해 위험을 감수하는 것은 좀 더 그럴듯해 보였다. 1920년대 신여성들은 게임의 규칙을 바꾸었다. 파슨스는 키치웨이(Freda Kirchwey)가 1924년에 내놓은 글 모음집 《변화하고 있는 우리의 도덕》에 〈성관계의 변화〉라는 글을 쓰면서 '실제 섹스 생활은 어떠한지' 알고 싶다고 했다.[69] 원탁 문예 모임에 들락거리던 뉴욕의 작가들 가운데 파커(Dorothy Parker)는 섹스에 대해 유머러스한 글을 쓰면서 진지함을 조롱했다. 현대의 사랑이 놓여 있는 당혹스러운 형국들을 날카로운 유머로 보여 주었다. 토론 모임에서 여성들은 섹스를 새롭게 비틀어서 바라보았다. 이들은 섹스를 놓고 자유롭게 이야기했을 뿐 아니라 남성 동료들과도 농담을 주고받았다. 프랭크 애덤스(Frank Adams)가 테니스를 마치고 셔츠를 푼 채 곱슬곱슬하고 검은 가슴 털을 보이며 점심 모임에 나타나자, 리치(Peggy Leech)는 애덤스를 쳐다보며 이렇게 빈정거렸다. "좋아, 프랭크. 오늘따라 당신 바지 지퍼가 다른 때보다 훨씬 더 높이 열려서 떠다니는데?"[70]

이렇게 노골적인 태도는 전에 없던 새로운 것으로, 주로 지식인들 사이에 국한되어 나타났다. 대중적이면서도 고백적이고 '진실한' 로맨스 잡지들이 '자아-드러내기'의 즐거움을 주류로 가져왔다. 광고인들은 새로운 '성적 매력'을 발견했고 거기서 전망을 찾았다. 카멜 담배 광고는 젊은 남성이 여성의 담배에 불을 붙여 주는 모습을 보여 주면서, 거기에 '미리 맛보는 쾌락'이라는 문구를 넣었다. 성에 대한 재치 있는 풍자로 유명한 매 웨스트(Mae West)는 1926년에 뮤지컬 〈섹스〉의 각본을 쓰고 공연을 해서 큰 성공을 거두었다.[71] 갑자기 '섹스'가 모든 곳에서 넘쳐나는 것 같았다.

1920년대에 재즈와 블루스는 가난한 흑인 문화에서 가져온 서정적이고 은유적인 성적 이미지를 유행의 첨단에 있는 백인 청중에게 전달했다. 그러나 제대로 이해시키지 못하는 가운데 전달됨으로써 많은 부분이 상실되었다. 개신교적 죄의식을 벗어던진 백인 지식인들은 흑인들을 원시적 '타자'로 여기면서 그들을 천편일률적으로 보는 경향이 있었다. 이 때문에 교육받은 흑인 여성들은 독립적이고 감각적인 표현을 추구하고자 할 때 곤경에 처하곤 했다. 에로틱한 것을 인정하고 표현하는 것이 인종주의적인 고정관념을 확인해 주는 것이 되기도 했다.[72]

성에 무지한 사람들

1920년대의 떠들썩한 분위기에도 불구하고 성 급진주의에 대한 반감은 사회 곳곳에서 여전히 막강했다. 미국에서는 음란물에 대한 검열이 좀처럼 수그러들지 않았다. 여성기독인금주운동연합 같은 조직의 도덕 개혁가들은 로비 활동을 통해 1919년 성매매금지법을 만들어 내는 등 상당한 영향력을 행사했다. 영국에서도 가톨릭은 변함없이 출산조절에 반대했다. 영국국교회갱생원연합(Anglicans' Church Penitentiary Association)은 회개하는 미혼모를 구제하기 위한 전문화된 기관들을 옹호했다. 반면 국교회가 아닌 사람들도 성에 대한 태도가 느슨해질 것을 우려했다. 성 도덕주의자들은 난공불락의 성채를 형성하고 있었다.

1925년 사회주의자이자 페미니스트인 도라 러셀은 런던 구의회가 자신의 책 《히파티아》(Hypatia)에서 제기한 '초등학교와 중등학교에서의 성교육' 안을 부결시킨 것에 대해 비난했다.[73] 4년 뒤 작가 베라 브리튼(Vera Brittain)은 《할시온 또는 일부일처제의 미래》(Halcyon or the Future of Monogamy, 1929)에서 런던 구의회가 여전히 성교육을 거부하고 있다고 불만을 드러냈다.[74] 브리튼은 '모르는 것을 덕으로 여기는 미신적인 생각'에 분개하면서, 미국의 출산조절 운동가 데닛(Mary Ware Dennett)의 다음과 같은 말을 인용했다. "현재 성 지식은 불법적 차원에서 유통되고 있다."[75] 그러나 노동당과 여성협동조합길드의 저항 운동가들이 부부 사이에 일어나는 강간과 폭력을 문제 삼고, 성교육과 미혼모의 권리, 피임 등을 주장한 반면, 노동당 여성 대다수는 동반자적 결혼의 민주적 평등을 외교적으로 밀고 나가자는 입장을 취했다. 급진주의자와 개혁가 모두 이상과 현실 사이의 괴리에 직면해 있었다.

도라 러셀은 1920년대 노동계급 여성들이 성적 즐거움에 대해 별 기대를 갖고 있지 않다는 점이 늘 불만이었다. 노동계급 여성들은 그녀에게 이런 말을 하곤 했다. "그는 나를 귀찮게 하지 않아요." 혹은 "그는 날마다 나를 괴롭혀요." 이에 대해 러셀은 "이 여성들은 될 수 있으면 성관계를 피했다. 아기를 더 낳을까 봐 두려웠던 것이다"라고 해석했다. 남편의 요구를 거부하는 것이 스스로를 보호할 수 있는 유일한 방법이었기 때문이다.[76] 인기 작가이자 언론인인 아일스(Leonora Eyles)는 《작은 집의 여자》(The Woman in the Little House, 1922)에서 어느 여성의 말을 인용했다. "잠자리만 없었다면 결혼 생활이 이렇게 힘들지는 않았을 거야."[77] 아일스는 노동계급 여성이 성생활을 불행의 원인이라고 느끼는 것은 그녀들이 교회와 학교와 언론에서 완전히 잘못된 교육을 받았기 때문이라고 추론했다. 여기에다 열악한 주거 환경과 음식, 여유 없이 바쁘게 몰아치는 생활과 잦은 임신으로 성생활에 대한 감정은 더욱 악화되었다.[78]

이는 또한 노동계급 여성들이 '존중받기'를 간절히 바라는 것과 관련된 것이기도 했다. 당시 영국 사회는 중산층 여성은 세련되고 숙녀답다고 하면서, 이에 비해 노동계급 여성은 마치 짐승 같다고 규정했다. 이에 위축된 노동계급 여성들은 자신들도 중산층의 문화적 규범에 따라 숙녀 대접을 받기 원했으며, 그러기 위해서는 성에 무지한 것을 여성의 덕으로 여기는 중산층의 문화적 규범을 따라야 한다고 생각했다. 같은 전제 아래에 있는 노동계급 남성 역시 이 같은 중산층 위주의 문화적 함의 때문에 위축되었다. 한 광부는 아일스에게 이렇게 고백했다. "키트는 참 좋은 소녀예요. 그녀는 아무것도 모릅니다. 그런 소녀와 교제하는 사람은 정말 힘들지요. 어디로 가는지도 모른 채 상대를 데리고 가는 것이니까요."[79]

임신에 대한 두려움도 여성으로 하여금 섹스를 기피하게 했다. 1920년대에 런던에서 서비스업에 종사하고 있던 웨일스의 젊은 여성 윌리엄스(Annie Williams)는 무지가 어떻게 소망과 욕망이 복잡하게 결합된 감정을 만들었는지를 설명했다. 그녀는 나중에 남편이 된 더글러스와 결혼하기 전에 동침했다. "그는 당시 나를 뜨거운 여자라고 말하곤 했다. 내가 그에게 함께 있자고 간청하곤 했기 때문이다." 그들은 피임을 위해 질외사정을 하곤 했다. "매달 생리를 기다리면서 미쳐 버릴 것 같았어요. 결국 생각해 낸 유일한 해결책은 결혼이었어요. 보다시피 말이에요."[80]

사회주의자 신문 《주간 랜즈버리 노동》은 1920년대 젊은 노동계급 남성과 여성의 성적 불안을 꿰뚫고 있는 흥미로운 글을 실었다. 〈실생활의 문제〉라는 글을 쓴, 필명이 '마사'인 한 여성은 엄격한 입장을 취했다. 1925년 그녀는 '자신의 문제를 쓴 정말 멍청하고 크게 오해하고 있는 젊은 남성'에 대해 반박 글을 썼다. "당신이 원한다면 얼마든 당신은 자신을 통제할 수 있습니다. 당신 혹은 당신과 같은 청년들의 문제는 그것을 원하지 않는다는 것이지요. 당신이 보기에 여성들은 오직 당신의 욕구를 충족시키기 위해서 만들어진 존재처럼 보이겠지요. 그래서 충동이 일 때마다 끔찍한 결과라도 내야 한다고 생각하겠지요." 그러면서 마사는 큰 호미와 삽을 갖고 '자연스럽게 땀으로 해소시킬 수 있을 때까지' 땅을 파라고 했던 러디어드 키플링(Rudyard Kipling)의 조언을 소개했다.[81]

반면에 아일스는 1920년대의 독자들에게 로맨스 문헌의 경구들을 계속 들려주면서, 해블록 엘리스와 카펜터와 같은 앞 세대 성 개혁가의 사상 가운데 일부를 소개했다. 아일스는 노동자 독자에게 섹스는 단지 출산을 위한 것만이 아니며, 성적 욕망을 부인하는 것은 '신경쇠약증'을 유발할 수 있다고 경고했다.[82] 1925년 3월에는 여성들에게 자신의 몸을 소중히 여기라고 했다. "오늘날 자신의 몸을 절반이라도 생각하는 여성은 그리 많지 않다. 그들은 육체적 사랑은 결혼의 여러 가지 측면 가운데 하나일 뿐이며, 남성의 '권리들' 가운데 하나라고 여긴다. 이 얼마나 비참하고 터무니없는 생각인가. 여성들이 자기 몸을 소중하게 여기게 될 때, 남성들도 여성을 귀하게 여기게 될 것이다."[83]

그해 9월에 아일스는 '잘못하고 있는 것'에 대해 다시 한 번 단호한 글을 썼다. "나이 든 내 독자들은 내가 이런 글을 쓰는 것을 좋아하지 않는다. 그리고 조지 랜즈버리(George Lansbury) 또한 나에게 이런 글을 청탁한 적이 없다. 하지만 너무나 많은 젊은이들이 섹스에 대해 쓰고 있기 때문에 이런 글을 쓴다." 그녀는 전쟁 이후 "너무나 많은 사상들이 사라져 버렸다"고 했다. 젊은이들은 말했다. "육체적 사랑은 행복하고 아름다운 것이다. 왜 내가 그것을 부정해야 하는가? 왜 나는 결혼할 때까지 참아야 하는가?" 아일스는 그 주된 이유를 "사생아를 낳게 될 경우 그들이 사회에서 당해야 할 굴욕 때문이라고, 감정에 '굴복한' 이들이라는 비난 때문이라고" 설명했다. 아일스는 독자들과 어울리기 위해 친근하고 사적인 문체를 사용했다. "그리고 우리 모두는 우리의 감정과 항상 악다구니 치는 싸움을 벌인다. 우리들 대부분은 감정을 억누른다. 그래서 우리는 자신을 통제하지 못한 사람에게 증오를 보내는 것이다. 거기에는 약간의 질투도 들어 있을 것이다. 나도 잘 모르겠다." 그녀는 이렇게 공들여서 말을 꺼낸 뒤, 놀랍도록 도발적인 의견을 제시했다. "솔직히 말하면 나는 두 젊은이가 서로 사랑하는 것이 문제가 될 수 있다고 생각해 본 적이 없다. 법적인 또는 종교적인 결혼이 이미 신성한 사랑을 어떻게 더 성스럽게 만들 수 있다는 것인지 도무지 모르겠다." 그러고 나서, "그렇다고 성관계를 권유할 수는 없다. 왜냐하면 젊은이들이 실제 상대를 사랑한다기보다는 육체적 '전율'을 사랑하는 경우도 흔하기 때문이다"라고 덧붙이며 재빨리 발을 뺐다. 이렇게 서술함으로써 육체적 전율은 진도가 너무 앞서 나간 것임을 시사했다. 아일스는 '전율' 뒤에는 사람을 속박하는 것이 이어져 있다고 현실적인 지적을 했다. 이는 아가씨들이 자신들의 몸을 '아름다운 비

밀'로 여겨야 한다는 조언이기도 했다.[84]

성적 다양성

1920년대의 성적인 자유는 이성애가 규범이라는 전제를 암묵적으로 받아들이고 있었다. 20세기 전환기에 개혁 서클의 여러 여성들이 다른 여성들과 관계를 갖기는 했지만 성적인 선택만큼은 신중해야 했다. 역설적이게도 동성인 여성에게 매력을 느낀 여성들에게 성적 담론을 주류 문화로 전파시킨 보헤미안들의 성공은 오히려 더 큰 짐이 되었다. 골드만의 친구이자 모더니스트 아방가르드의 선구자 역할을 해온 언론지 《촌평》(Little Review)의 편집자인 앤더슨(Margaret Anderson)은 애인 히프(Jane Heap)와 함께 살았는데, 전쟁 이후에는 뉴저지에 있는 유토피아 공동체로 들어갔다. 1920년대 동안 몇몇 레즈비언 작가와 미술가들은 바니(Natalie Barney)가 파리에 세운 문예 모임에 참여했다. 그들은 어느 정도는 자기 나라의 상업화와 표준화로부터 도망친 사람들이었다. 이들에게 파리는 다른 매력을 갖고 있었다. 안드레아 웨이스(Andrea Weiss)의 표현에 따르면 "파리는 이방인들을 혼자 있게 해주었다."[85]

샤리 벤스톡(Shari Benstock)은 거트루드 스타인(Gertrude Stein)의 '문법' 파괴에 대한 관심이야말로 레즈비언으로서 젠더의 범위를 바꿔보고자 노력한 시도 가운데 하나였을 것이라고 시사했다. 스타인은 자신의 애인이자 동반자인 토클라스(Alice B. Toklas)와의 만남을 다룬 글 〈넬리와 릴리는 너를 사랑하지 않아〉(Didn't Nelly and Lilly Love You, 1922)에서 '그,' '그녀,' '우리' 그리고 '나'를 혼용했다.[86] 심지어 그녀

만의 고유한 세계에서도 이런 혼란을 볼 수 있었다. 웨이스는 그들을
이렇게 보았다.

　　그것이 초래한 애매함은 바니를 비롯해 몇몇 사람들을 미치게 만들었
다. 그러나 이들은 스타인의 '불분명한 태도'가 다행스럽게도 '신중한
요소'로 작용했음을 알게 되었다. 불투명해 보이는 스타인의 스타일이
그녀의 '적절하지 않고' 과감한 주제를 중요한 것으로 만들었다. 때로는
너무도 정교하게 위장을 해서 그녀가 중요하게 생각하는 레즈비언에 대
한 주제들은 탐구되지도 거론되지도 않았다. 바니는 〈넬리와 릴리는 너
를 사랑하지 않아〉를 면밀히 읽은 뒤 "그들이 했다는 것인지 하지 않았
다는 것인지 알 수 없다"고 말하기도 했다. 그들은 '투 스트라이크 원 아
웃' 같은 불리한 상황은 만들지 않았다.[87]

　　그러나 애매모호함이 아방가르드로 하여금 성적 대안을 모색하도록
했다고 해도 여전히 의문은 남았다. 다른 사람들은 어떠했는가? 1920
년대에 오면 선진 서클의 여성들은 꽤 다양한 성과학적 지식들을 쉽게
접할 수 있었지만, 여전히 대다수 여성들은 레즈비언의 성에 대해 그
다지 많은 정보를 접하지 못했다. 홀(Radclyffe Hall)이 쓴 《고독이라는
행복》 역시 교양 독자층에 호소력을 가지고 있었기 때문에 실제로 이
책이 불러일으킨 열기에는 한계가 따랐다. 재판을 통해 이 책과 저자
는 악명을 샀다. 그러나 그 악명 덕분에 홀은 유명인이 되었고, 홀 스
타일의 레즈비언 하위문화를 출범시켰다.[88]
　　레즈비언의 정체성을 곧이곧대로 투명하게 내보이면서 예측할 수
없고 유동적인 성적 감정을 지닌 여성들 사이의 관계가 한결 안정되었

다. 영국의 작가 브리튼은 남편 고든의 친한 친구 홀트비(Winifred Holtby)와 1920년대 중반부터 함께 살았다. 이런 합의는 브리튼에게 가장 편리한 것이었다. 고든과 홀트비 사이에 이따금 팽팽한 긴장이 흐르기도 했다. 1929년 고든이 혼외 연애를 결심했을 때 위기가 닥친 것으로 보인다. 고든은 혼외 연애는 지극히 모던한 것이라고 선언했다. 브리튼이 고든에게 쓴 편지에는 '정직함'이 수반된 착잡함 말고도 개인적인 것과 정치적인 것이 맞부딪칠 때 발생하는 심리적 고충이 잘 표현되어 있었다. 모던 여성 브리튼은 혼외 연애에 대한 고든의 관점을 받아들였다. 그녀의 관심은 결혼과 직업을 완벽히 병행할 수 있다는 주장을 보여 주려고 한 노력이 위기에 처했다는 점이었다. "소문은 우리의 관계를 망치고 욕되게 할 수 있다. 우리의 성공적인 결혼 생활은 세계와 사회, 정치, 페미니즘에 중요하다. 한 사람의 행복한 현모양처가 열 명의 재능 있고 우아한 독신녀보다 페미니즘에서 더 큰 의미를 갖는다."[89] 수많은 남성이 전쟁에서 사망했기 때문에 결혼은 경쟁을 통해 성취해야 하는 것이 되었다. 이는 근대 여성이 자신의 주된 지지층인 중산층 독자를 계속 확보하면서도 선진적인 관점을 견지할 수 있도록 해주었다.

브리튼의 《할시온 또는 일부일처제의 미래》는 1929년에 출판되었는데, 이는 《고독이라는 행복》이 음란물이라는 판정을 받고 금서가 된 직후였다. 브리튼은 이 소설에 특별한 애정을 가지고 있진 않았지만, 그런 판정이 나온 것에 대해서는 검열관들이 "동성애 경향이 있는 여성들이 자신을 바로보고 이해하는 것에 대해 두려움을 갖고 있기 때문"이라고 언급했다.[90] 브리튼은 자신의 재판을 비롯해 미국의 출산조절 운동가 데닛이 쓴 소책자를 금서로 만들려고 하는 시도 자체가 보수적인 반동 세력들이 협력을 강화해 가고 있음을 보여 주는 것이라고 주장했다.[91] 1920년대에 와서 태도와 행동들이 상당히 변화했음에도 불구하고 급진적인 여성들은 여전히 고립되었고, 여러 면에서 반대자들의 공격에 무방비로 노출되어 있었다. 성적 다양성을 표현하기 위해 확보한 공간들도 취약한 상황에 놓였다.

섹슈얼리티의 변화

1920년대의 '근대' 페미니스트 여성들은 교육과 문화를 바꿔야 한다고 역설했다. 이들은 자신들을 해방된 소수자라고 규정했다. 그러나 그들이 옹호한 성적인 변화들을 다수의 여성들이 받아들이지 않았기 때문에 그들은 취약한 처지에 놓일 수밖에 없었다. 참정권운동의 동력이 쇠퇴하면서, 특별한 집단의 구성원이라는 소속감이 그들과 다른 여성 사이의 골을 깊게 만들었다. '근대인들'은 성적 지식과 경험이 그들을 특별하게 만든다고 생각하는 경향이 있었다. 1927년 도라 러셀은 이렇게 주장했다. "여성들은 현재 성적 불능 상태이다. 가혹한 배제의 과정이 계속 진행되면서 이들은 몹시 위축되어 있으며 자신을 부정하고 있다. 그리고 타인에 대한 억압을 옹호하고 있다. 섹스의 유혹을 경계하는 끝없는 감시 때문에 그들 속에 있는 애정과 공감의 샘이 마르고 있다."[92]

성을 둘러싼 논쟁은 더욱 격렬해졌다. 다른 여성을 성에 굶주렸다는 식으로 말하면, 반페미니스트든 페미니스트든 모두 크게 분노했다. 길먼은 1920년대의 '성을 둘러싼 거친 흥분'에 대해 분개했다. 길먼은 여성이 '남성과 똑같다'고 전제하면서 여성 역시 '남성의 지나치게 발달된 성적 충동'에 적응해야 한다고 생각했다. 그녀는 근대 페미니스트들이 새로 고안된 심리 분석과 같은 방식으로 여성들을 오도하고 있다고 언급했다. 심리 분석은 이전 통치 체제가 '더 이상 설득력이 없다'고 생각한 '머리 좋은 남성들'이 권력을 계속 유지하기 위해 만들어낸 것이라고 주장했다.[93] 이전 세대들이 존재의 내면적 측면과 외적 측면 사이의 균형과 종교적 혹은 광범한 영적 개념의 존재를 놓고 씨름했다면, 신세대는 심리적 용어가 갖고 있는 딜레마를 고민했다. 그들은 면밀한 연구를 통해 가설의 외적 프레임과 '일치하지 않는' 내적 욕망에 대한 거북한 문제들을 계속 제기했다. 이는 개인적 인식과 공적 행동 사이의 관계에 대한 문화적 불확실성을 더욱 깊게 만들었다.

1920년대에는 성적 급진주의에 대한 과감하고 광범한 재규정이 공적인 영역으로까지 확대되었다. 자유연애론을 주장한 인습 파괴자들과 신여성의 갈망을 이어받아 이스트먼(Crystal Eastman)은 1921년 여성당의 연례총회에서 한 프로그램을 선언했다. 이 프로그램은 다음과 같은 내용을 추구했다.

여성이 가족 수를 제한하기 위해 과학적 정보에 접근하는 것을 방해하는 모든 법들을 폐지한다. …… 이혼법, 상속법, 자녀에 대한 친권법, 성도덕과 질병 규제에 관한 법을 평등에 기초해서 다시 써야 한다. …… 사생아는 없다. 모든 어린이는 합법이다.[94]

라폴레트(Suzanne La Follette)는 1926년에 쓴 《여성에 관하여》에서 여성의 성적 자유를 문화 비판과 연관시켰다. 그녀는 "모든 금기와 차별은 미혼모에게 적대적인 방향으로 짜여 있다. 미혼모의 자녀가 법적으

엘시 클루스 파슨스

로 인정받지 못하는 것은 여성의 종속적인 지위 때문이다"라고 역설했다.[95] 이는 미혼모가 남성뿐 아니라 여성들한테서도 비난을 받고 있으며, 결혼이 여성에게 유일한 선택으로 간주되기 때문이라고 했다. 결혼하지 않은 여성은 '덕망 있는' 여성이 가진 가장 중요한 자산의 경제적 가치를 위협했다.[96] 이스트먼과 라폴레트가 추구한 변화들은 종교 기구와 가족 그리고 기존의 노동 방식에 대한 근본적인 도전을 의미했다.

섹슈얼리티의 변화가 어렴풋이 감지되고 있는 가운데 유토피아에 대한 열정도 계속되었다. 의무와 정절이라는 구시대적 도덕에 반기를 들며, 1924년 파슨스는 "열정의 교류와 일관성 있는 감정을 통해 서로의 삶을 고양시키는" 새 문화를 주장했다. 새로운 성은 "모든 사람을 위한, 모든 관계를 위한 것이며 …… 가식 없이 개인을 존중하고 인정하게 될 것"이라고 보았다.[97] 파슨스는 어떻게 새로운 성 의식이 성장할 수 있을 것인가를 이론화하면서 심리학에 대한 이해를 넓혀 나갔다. 그녀는 '이성적 주장'이 변화를 불러올 것이라고 생각하지 않았다. 오히려 주거 밀집, 과잉인구에 대한 두려움, 도시화의 진척과 같은 외부적 압력 때문에 임신을 목적으로 하지 않은 섹스에 부정적인 종교계의 입장이 무너지게 될 것이라고 보았다. 그녀는 새로운 성 문화 형태가 후퇴한 것은 피임 기술이 여전히 실험 중에 있기 때문이며, 피임의 도덕성 자체가 서민의 의식 속에 확고히 자리 잡지 못했기 때문이라고 보았다.[98]

출산조절은 그야말로 치열한 전쟁터였다.

4장

출산

어머니가 되는 것은 선택의 문제

이 많은 인간들이 언제쯤에나 깨닫게 될 것인가. '**억지로 어머니가 된다는 것은**' …… 고통의 불씨를 낳고 추락하는 삶을 살게 되는 가장 주된 원인이라는 사실을. 어쩔 수 없이 어머니가 되는 것은 저주받는 삶을 살게 되는 것이고, 삶의 활력소를 도저히 찾기 힘들게 만드는 것임을 그들은 언제쯤 알게 될 것인가. 그러나 '**바라던**' 아기의 어머니가 되는 것, 행복하고 사랑스러운 환경에서 자라는 아이의 어머니가 되는 것은 그 자체만으로도 충분하다. 다른 축복이나 인정은 필요 없다.[1]

그라울(Rosa Graul)은 1897년에 나온 소설 《힐다의 집》에서 여성은 어쩔 수 없이 어머니가 되어서는 절대 안 된다고 하면서, 여성이 출산을 선택할 수 있어야 한다는 혁명적인 주장을 내놓았다. 여성 개인의 몸에 대한 이런 권리 주장은 20세기 초 '출산조절' 운동을 뒷받침하는 중요한 요소였다.

'어머니가 되는 것은 선택을 통해 이루어져야 한다'라는 생각은 급진적인 개인주의 전통에서 나왔다. 이런 권리 의식은 미국의 여러 다양한 개혁 운동에 큰 영향을 주었다. 자유연애론자, 페미니스트, 사회정화운동 활동가들은 모두 '어머니가 되는 것은 선택을 통해 이루어져야 한다'라는 주장을 놓고 논쟁을 벌였다. 그렇다고 이들 모두가 피임을 덮어놓고 지지한 것은 아니었다. 이들은 피임으로 인해 여성들이 주변 사람들에 대해 통제력을 제대로 발휘하지 못하게 될 것을 우려하기도 했고, 그런 맥락에서 태도와 관행의 변화를 선호하기도 했다. 20세기 전환기에 일종의 대안으로 제기된 방안은 독신주의, 자기 조절, 섹스의 규제자로서의 여성 그리고 삽입 없는 성적 쾌락의 추구였다.

자유연애주의자 웨이스브루커(Lois Waisbrooker)와 슬렌커(Elmina Slenker)는 피임을 신뢰하지 않는 부류였다. 웨이스브루커는 "섹스라는 샘은 권력의 원천이다. 섹스가 남성의 쾌락에 이용되도록 하는 것은 곧 권력이 남성의 필요에 따라 전용되도록 방기하는 것과 같다"라고 생각했다.[2] 슬렌커는 어쩔 수 없이 어머니가 되는 문제를 해결하는 방법은 '여성 독신주의'라고 생각했다. 삽입 없는 성생활을 통해 모든 낙태와 유아 살해의 문제를 예방할 수 있으며, 이를 통해 여성이 "바라던 자녀 말고는 아이를 갖지 않게 해야 한다"고 생각했다.[3] 헤이우드 부부는 오나이다 공동체의 지도자인 존 험프리 노이스(John Humphrey Noyes)의 "어머니는 선택을 통해 되어야 한다"라는 주장에 영향을 받았다. 노이스는 사정하지 않는 또는 삽입 없는 성생활을 주장했다. 그러나 이와 함께 이들은 피임을 할 수 있는 여성의 권리를 지지할 준비

안젤라 헤이우드

도 갖추고 있었다. 안젤라 헤이우드(Angela Heywood)는 1880년대 초부터 질 좌약을 통한 피임법을 옹호했다.[4]

1890년대에는 금욕과 여성 독신주의에 대한 격렬한 반대가 《루시퍼》의 지면을 채웠다. 자유연애론자들은 피임을 둘러싸고 의견이 갈렸다. 리네트(Amy Linnett)는 여성 독신주의자들이 추구해 온 '자유 여성'은 애인을 만족시켜 주기 위해서 피임을 하는 것일 뿐이라는 주장에 반박하면서, 성관계에 대한 욕망은 서로 주고받는 것이지 남성에게만 국한된 것이 아니라고 했다. 한마디로 피임은 여성이 성적으로 '자신을 충족시킬 수 있음'을 의미했다. 그녀는 세대 간 전쟁을 선포하면서, "이 문제에 대한 내 감정은 내가 일흔을 바라보는 나이가 아니라, 서른이 채 되지 않은 젊은 나이라는 점과 관련이 있을 것"이라고 하는 가시 돋친 발언으로 윗세대를 공격했다.[5] 여성에게도 즐길 권리가 있다는 생각은 19세기 초 일부 급진주의 사상가들이 주장하기는 했지만, 1890년대 말에도 여성들은 이 문제를 분명하게 짚고 넘어가고자 했다. 리네트는 여성이 피임을 옹호하는 것은 성을 즐기기 위해서라고 공개적으로 선언함으로써 강력한 금기를 허물어뜨리는 데 한몫했다.

영국과 미국의 페미니스트 운동은 자신들의 평판에 악영향을 미칠 수 있는 주제들에 대해 상당히 조심스럽게 접근했다. 그럼에도 불구하고 "어머니가 되는 것은 선택을 통해서"라는 주장은 여성이 성관계에서 상당한 자율성을 행사하겠다는 의지의 표현으로 제기되었다. 미국의 급진적 페미니스트 스탠턴(Elizabeth Stanton)의 딸 블래치(Harriot Stanton Blatch)는 1891년 〈어머니가 되는 것은 선택을 통해서〉라는 글을 통해, 여성의 출산조절을 좀 더 폭넓은 사회적·경제적 맥락에서 논했다. 그녀는 여성이 피임과 자녀 양육에 대해 권한을 가져야 하며, 이와 함께 좋은 교육을 받고 재정적으로 독립할 수 있는 여건을 마련해주어야 한다고 주장했다. 당시 영국에 거주하면서 힘든 임신 기간 중에 집필한 이 글은 미국의 전국여성위원회(National Council of Women)에서 그녀가 불참한 가운데 낭독되었다.[6]

맬서스주의

"어머니가 되는 것은 선택을 통해 이루어져야 한다"고 주장한 이들은 여성 개인이 자신의 운명을 결정할 수 있는 권리를 가져야 한다는 점을 주로 강조했다. 반면에 19세기 초부터 급진주의자들은 출산조절이 사회에, 특히 빈곤층에게 큰 혜택을 줄 수 있어야 한다고 강조했다. 그들은 자녀 수를 줄여야 빈곤도 극복해 나갈 수 있다고 한 18세기 경제학자 맬서스(Thomas Malthus)의 이론에 바탕을 두고 주장을 펼쳤다. 베전트(Annie Besant)의 인기 있는 소책자 《인구의 법칙》(The Law of Population, 1877)은 '가족 규모를 제한'하는 방안을 하나의 사회문제로 제시하면서, 이를 통해 빈곤을 줄일 수 있다고 강조했다.[7] 클래퍼턴 (Jane Hume Clapperton)은 《과학적 사회개량주의와 행복의 진화》 (Scientific Meliorism and the Evolution of Happiness, 1885)에서 맬서스의 이론을 이용했다.

> 재생산 전망을 인위적으로 검토하고 조절하는 작업은 모든 문제가 바람직하게 해결되는 데 영향을 미칠 것이다. 이는 빈곤과 같은 불행한 사회문제들을 근본적으로 분석하고 해결해 갈 수 있는 유일한 방식이라고 생각한다.[8]

일부 급진주의자들은 출산조절을 빈곤 문제의 대처 방안으로 받아들였지만, 다른 한편에서는 맬서스의 인구론이 부의 소유와 분배 방식을 변화시키려 한 문제의식을 출산율을 조절하는 문제로 호도해 버렸다고 보는 이들도 있었다. 이런 주장은 20세기까지 이어졌다. 1900년대 초 맬서스주의연맹(Malthusian League)은 '노동하는 남성과 여성'을 대상으로 조사한 뒤 다음과 같은 주장을 노골적으로 했다. "대가족에서는 어린이들이 제대로 보살핌을 받을 수 없다. 어머니도 건강하지 못하게 되고, 장기적으로 아버지는 취업 시장에서 더 큰 경쟁에 직면하게 된다." 반자본주의적 시각에 약간 치우쳐 있던 맬서스주의연맹은 대가족을 통해 혜택을 보는 사람은 다음과 같은 사람들이라고 지적했다.

첫째, 값싼 노동력을 유지하고 싶어 하는 사람들. 둘째, 대규모의 노동 상비군이 꼭 필요하다고 생각하는 사람들. 셋째, 세상의 모든 하기 싫은 일들을 기꺼이 해줄 집단이 있어야 하기 때문에 가난한 사람이 항상 존재했으면 하는 사람들. 넷째, 우리가 이곳에서 아무리 불행해도 저승에 가면 행복해질 것이라고 확신하기 때문에 지금 이 세상은 중요하지 않다고 생각하는 사람들.[9]

자유연애론자들의 개인주의적인 접근 방식과는 달리 '맬서스주의자들' 또는 '신맬서스주의자들'은 무엇보다 경제, 국가, 산업 관계에 무게를 두었고, 출산을 사회의 구성 요소 가운데 하나로 보았다. 개인의 권리를 논하는 대신에, 이들은 인구를 통제하기 위해 경제적·사회적 정책들이 필요하다고 강조했다. 19세기 말 출산을 바라보며 두 가지 관점을 결합하려는 노력들이 있기는 했지만, 둘 사이의 갈등은 20세기까지 이어졌다.

우생학

또 다른 영향력 있는 조류는 우생학자들이었다. 이들 역시 재생산이 가지는 사회적 함의에 관심을 두면서, 출산을 재조직하는 것이 국가 발전의 열쇠라고 주장했다. 우생학 사상은 삶의 모든 측면과 사회적 관계들을 완벽하게 조직하고 통제하는 것이 가능한 것처럼 보인 미국의 유토피아적 환경에서 비롯되었다.

노이스는 뉴욕 주 오나이다 공동체(1848~1881년)에서 변화하는 성적 관행에 대해 특유의 접근 방식을 개발했다. 그 결과 성에 대해 문화적으로 엄격하게 규제하는 시스템을 낳았다. 사정하지 않고 성교할 수 있는 방식을 익힌 나이 든 남자만이 젊은 여성과 임신 없는 섹스를 갖는 것이 허용되었다. 젊은 남성의 성관계는 나이 든 여성으로만 제한하였다. 자녀를 갖기 원하는 이들은 노이스와 위원회에 청원을 해야 했고, 노이스와 위원회는 어떤 짝이 공동체를 위해 최선일지를 결정했다. 아이들은 함께 돌보았다. 노이스의 선택 과정은 무작위로 진행되기는 했지만, 그는 '우량종을 통한 종족 개량'이라는 생각을 자유연애론자들에게 전수했다. 이들은 이런 선택 과정을 완벽한 개인과 사회를 위한 노력의 일환이라고 여겼다. 헤이우드 부부는 이에 열렬한 지지를 보냈으며, 하먼(Moses Harman) 역시 마찬가지였다. 하먼은 1901년에 '잘 태어날 권리'를 주장했다.[10] 이 주장은 널리 회자되었고, 1915년에는 정치 개혁가 비어드(Mary Beard)가 이를 반복했다.[11]

선택적 품종개량 연구를 일컫는 용어인 '우생학'은 영국의 과학자이자 지리학자인 프랜시스 골턴(Francis Galton)이 1883년에 만들었다. 다윈의 사촌인 골턴은 자연계의 생존 경쟁에 따르는 사회 이론을 생각해 냈다. 그의 목표는 '더 나은' 사람들을 생산하는 것이었다. 우생학은 사회문제에 대해서도 과학적인 답안을 제시할 수 있을 것이라고 생각했다. 골턴은 우생학적 출산이 증가하고 있는 중산층 전문직 층에서 큰 호응을 받게 된다면 국가적 차원에서 더 나은 미래가 열릴 것이라고 생각했다. 노동계급이 생산조직의 변화를 강하게 주장하던 시기에, 우생학은 기존 체제를 심각하게 뒤집지 않으면서도 발전을 약속할 수 있는 대안으로 제시되었다. 이제 남은 문제는 누가 '적자'와 '부적합자'를 판별할 것인가였다. 그들이 갖추고 있는 육종(育種) 집단들 가운데, 우생학 이론가들은 적자를 백인 앵글로색슨족의 중간계급과 동일시했다. 그리고 대부분의 아기가 '문제가 있는' 사람들 사이에서 태어난다는 점을 우려했다. 우생학의 주장은 긍정적인 측면과 부정적인 측면 두 가지를 다 지니고 있었다. 우생학자들은 '최고'의 혈통을 가진 이들의 출산에 기대를 걸었고, '부적합자'들이 자녀를 갖는 것은 제한하고 싶어 했다.[12]

좌우를 통틀어 모든 정치적 집단이 우생학의 주장에 매료되었다. 미국의 혁신주의자나 영국의 페이비언 사회주의자들은 진화에 따른 발전이 필요하다고 믿었지만, 계급 갈등을 두려워한 사회 개혁가들은 우생학을 받아들였다. 제국적 인종을 강화하는 데 관심을 둔 영국의 제국주의자들도 이 이론에 우호적이었다. 미국에서는 '혈통이 흐려지면서 사회가 침몰할 위기에 처했다'고 하는 우생학적 경고가 대규모의 이민 물결 앞에서 위축되어 있던 앵글로색슨계 미국인들의 관심을 끌었다. 우생학은 모성이 처한 상황을 개선하고자 한 페미니스트와 사회주의 운동에서도 긍정적으로 받아들여졌다. 출산조절 운동가들과 자유연애 옹호자들도 자신들의 주장을 우생학적인 용어로 표현했다. 우생학의 주장들은 여러 상황과 결합하여 다양한 주장을 옹호하게 만들었다.[13] 모성연금을 주장한 이들은 '인종'을 유지하기 위해 국가가 어머니들에게 필요한 자원을 제공해야 한다고 했다. 길먼(Charlotte Perkins Gilman)은 여성이 파트너를 선택할 자유를 갖게 되면 하층 남성들은 씨가 마를 것이라고 했다.[14]

한편 우생학적 계획에 따르면, 출산 거부권을 행사하는 엘리트 신여성들은 사회적 위협이 될 수 있었다. 블래치는 1891년에 쓴 〈어머니가 되는 것은 선택을 통해서〉라는 글에서 그런 위협적인 상황을 소개했다. "점점 더 많은 능력 있는 여성들이 어머니의 일에 등을 돌리고 경쟁적인 노동시장에 참여하거나 사회와 정치에서 자신들의 야심을 자유롭게 펼칠 수 있는 영역을 모색하고 있다.”[15] '출산 파업'이라는 발상이 19세기 말 유토피아 소설가들을 자극했다. 노이스의 아들인 밀러(George Noyes Miller)가 쓴 《한쪽 성별의 파업》(The Strike of a Sex, 1891)과 웨이스브루커가 쓴 《성 혁명》(A Sex Revolution, 1894)에서 여성의 성적 권력을 나타내는 비유로 '출산 파업'이 등장했다.

1900년대 동안 중상위 계층의 출산율이 감소했기 때문에 진짜로 '출산 파업'이 일어날 것을 걱정하는 목소리가 널리 번졌다. 그러나 실제로 국가가 특권층의 출산에 개입하기란 매우 힘든 일이었다. 반면 '부적합자'를 부정적으로 바라본 우생학의 주장은 정책이 되기보다는 사회적 공포를 키우는 경향이 있었다. 그러나 1913년 영국의 정신박약법에는 우생학적인 태도가 반영되어 있었다. 어린이와 청소년은 학교에서 잘못 행동하거나 문제를 일으켰을 경우 정신박약이나 도덕성 결여로 분류되기도 했다. 결혼하지 않은 어린 여성이 임신했을 경우 비행청소년으로 분류되었다. 이들이 낳은 아이들은 흔히 열등한 부류로 간주되었다.[16] 1915년 비어드는 미국에서 '정신박약자'의 격리와 불임수술에 대한 논의를 기록한 바 있는데, 당시 여성 개혁가들은 어떻게 미혼모를 모두 정신박약으로 분류할 수 있느냐고 의문을 제기했다.[17]

출산조절 운동

1890년대부터 우생학적 권위주의를 비판하는 목소리들이 나왔다. 홈스(Lizzie Holmes), 화이트(Lillie D. White) 그리고 드클레이르(Voltairine de Cleyre)가 자유연애론자들과 아나키스트들 사이에 자리하고 있는 우생학적 사상과 싸웠다. 웨이스브루커는 처음에는 우생학을 열렬히 지지했지만, 1900년대 초 혁신주의 사회 개혁들 속에서 우생학의 인기가 높아지자 입장을 바꾸었다. 그녀는 "어머니들이 독립성과 애정을 갖고 있는 한, 우생학은 잊히게 될 것"이라고 믿었다.[18] 혁신주의자들 안에서도 우생학 반대하는 이들이 생겨났다. 해밀턴(Alice Hamilton)은 1897년부터 헐하우스에서 일한 경험을 토대로 출산조절의 필요성을 확신하게 되었다. 그러나 한편 그녀는 이렇게 말하기도 했다.

　상층 계급이 하층 계급 때문에 몰락하고 있다는 탄식에는 공감할 수 없다. 빈민들의 출산 빈도가 높아지지 않도록 제한해야 한다는 주장에도 동의하지 않는다. 우리는 능력과 성격이 계급의 문제가 아니며, 차이는 가난한 아이들이 치르고 있는 불공정한 불리함 탓에 나타난 것임을 알고 있다. 어떤 집단의 출산을 장려하는 방식, 또는 다른 집단의 출산을 저해하는 방식 대신에 모든 아이가 평등한 기회를 누릴 수 있도록 하는 노력을 통해 문제를 해결할 수 있을 것이다. 우리가 가장 좋다고 생각하는 출산조절 방식은 가난한 여성의 복지와 그들 자녀들의 복지에 기초해서 진행되는 출산조절이다.[19]

　해밀턴은 우생학 대신에 오래된 급진적 전통으로 돌아가, 빈민에게는 지식과 권력이 필요하며, 빈곤을 양산한 사회적 환경을 변화시키려는 논의가 함께 이루어져야 한다고 주장했다.
　우생학보다 환경을 강조하는 것은 출산조절을 옹호한 사회주의자들 사이에서 많이 볼 수 있었다. 사회주의자들이 출산조절을 옹호한 것은 그것이 노동계급 여성을 돕고, 가족생활 여건을 향상시킬 수 있기 때문이다. 일부 사회주의자들은 사회주의가 '피임이 문제될 게 없도록'

만들겠다고 주장하기는 했지만, 다른 방식으로 생각하는 사람들도 생겨났다. 영국사회주의 신문 《클래리언》의 칼럼니스트인 도슨(Julia Dawson)은 피임 정보에 대한 요구에 직면하여 코코넛 버터와 키니네를 이용해 질 좌약 만드는 방법을 알려 준 1896년의 출산조절 소논문을 추천하기도 했다.[20] 더비셔의 노동계급 출신으로 사회주의자이자 페미니스트인 해나 미첼(Hannah Mitchell)은 자서전 《힘겨운 오르막길》 (The Hard Way Up)에서 '사회주의자들이 제기한 새로운 사상들' 때문에 1890년대 중반에 결혼을 결심하게 된 과정을 설명했다. 이 새로운 사상 가운데 하나가 '빈곤을 감소시키는 수단으로 인구를 제한하는 것'이었다. 미첼은 사회적·경제적 문제와 개인의 권리를 실용적으로 결합시켰다. "출산조절이 사회문제에 대한 완전한 해결책은 아닐 것이다. 그러나 가난한 사람들의 자조를 위해서는 무엇보다 중요하고 분명한 방법이다. 그리고 지금으로서는 여성이 어느 정도 자유를 누릴 수 있는 가장 확실한 방법이다." 젊은 여성인 미첼은 '예쁜 새댁이 되어 적은 월급으로 먹고살면서 아기에만 매달려야 하는' 행렬에 끼지 않으리라 결심했다. 그녀는 그들이 운명적으로 '성매매 여성이나 조로한 여성'이 될 것을 우려했다.[21] 사회주의와 페미니즘으로 급진적 생각을 갖게 된 사려 깊은 노동계급 여성들도 그런 그녀의 걱정에 공감했다.

20세기 초 신맬서스주의자 비커리(Alice Vickery)는 런던 남부의 노동계급이 주로 거주하는 지역에서 선전 활동을 했는데, 그녀는 청중에게 출산조절을 해야 하는 개인적이고도 사회적인 이유들을 설명해 주었다. 그녀는 또한 1912년 런던 북부의 토트넘에 있는 여성협동조합 길드에서 '결혼한 사람들'의 출산을 통제하는 방법에 대해 연설하면서, 노동 조직에 있는 여성들 사이에서 큰 인기를 얻었다.[22]

미국에서는 출산조절을 선전하는 행위에 대한 처벌이 너무 가혹해서 모세 하먼 같은 가장 비타협적인 성 급진주의자들만이 계속되는 기소를 무릅쓰고 활동하고 있었다. 일부는 탄압 속에서 깨져 나갔다. 1900년 크래덕(Ida Craddock)은 또다시 투옥되어야 하는 상황에 맞닥뜨리면서 자살을 감행했다.[23]

1910년이 되면서부터 유럽의 신맬서스 사상들이 미국 사회주의당에서 논의되기 시작했다. 그 가운데 러시아 태생으로 독일에서 교육을 받은 의사 코니코우(Antoinette Konikow)의 주장이 기폭제가 되었다. 그는 가족 규모가 작아지면 노동자들이 극빈 상태에서 벗어날 수 있게 되고, 따라서 사회 변화를 위해 좀 더 효과적으로 싸울 수 있을 것이라고 주장했다. 1913년 그는 엥겔스의 재생산에 대한 저작들을 이용하여 "인간 생활의 여러 측면들, 특히 성관계와 기본적인 경제적 요소들 사이의 놀라운 상관관계"를 주장했다.[24] 이렇게 재상산과 생산을 연관된 구조로 강조하는 것은 급진주의 안에서 냉정한 개인주의적 요소를 강화시켰다. 그러나 코니코우의 영향력은 제한적이었다. 이는 부분적으로 미국 사회주의당 구성원들이 성에 대해 사회정화운동 차원으로 생각하고 있었기 때문이고, 또 다른 한편으로는 개인의 활동 능력에 대한 강조가 재생산과 생산에 대한 코니코우의 마르크스주의적 설명보다 더 크게 다가왔기 때문이다. 코니코우의 설명은 추상적이고 멀게 느껴졌다. 많은 마르크스주의자들이 출산조절을 계속 반대했던 것은 그것이 계급 전쟁에서 벗어난 것이라고 여겼기 때문이다.

그러나 1900년대 초까지 여러 나라의 페미니스트, 아나키스트, 생디칼리스트, 사회주의자들은 출산조절과 여성이 자신의 몸을 조절하는 것 사이의 관련성을 놓고 토론을 벌였다. 이는 니체의 자유의지에 대한 찬사, 성 심리학, 통제와 직접행동에 대한 생디칼리스트의 사상으로 발전되었다. 출산의 자유에 대한 이론들은 영국의 브라우니(Stella Browne)를 비롯해서 프랑스의 펠티에(Madeleine Pelletier)와 브리옹(Hélène Brion), 러시아의 콜론타이(Alexandra Kollontai)까지 포괄하는 국제적 네트워크를 통해 전파되었다. 독일에서 발족한 '모성보호와 성 개혁을 위한 연맹'(The League for the Protection of Motherhood and Sexual Reform)은 출산에 대해 총체적으로 접근하면서, '선택을 통해 어머니 되기'와 피임, 모성 개혁 등을 옹호했다.

골드만(Emma Goldman)은 출산조절과 여성의 성적·사회적 해방을 연결시키는 주장을 민첩하게 내놓았다. 그녀는 '로어이스트사이드'(Lower East Side, 가난한 사람들이 많이 모여 살던 뉴욕의 도심 지역―옮긴이)의 이민 여성들 속에서 간호사로 일하면서 피임에 대한 정보가 꼭 필요하다는 것을 확신하게 되었다. 1900년, 아나키스트 친구인 데이브(Victor Dave)를 통해 파리에서 비밀리에 열린 신맬서스 모임에 참석한 골드만은 최신 피임법을 배웠다. 골드만은 자유로운 모성과 '출산 조절'을 지지하는 발언을 했지만, 피임 방식을 언급하기 시작한 것은 1915년 이후였다. 그 무렵에는 피임에 대해 말하면 감옥에 가야 했고, 그럴 경우 그녀의 다른 여러 주장들을 펼 기회마저 가로막힐 수 있었기 때문이다.[25]

마거릿 생어

골드만은 젊은 생어(Margaret Sanger)에게 영향을 주었다. 생어 역시 1913년 데이브의 조언을 따라 파리에서 열린 모임에 참여했다. 뉴욕의 아일랜드계 가톨릭 노동계급 출신의 생어는 16세에 어머니를 여의었는데, 그녀의 어머니는 11명의 아이를 낳았다. 어머니처럼 살지 않겠다는 결의도 있었고, 로어이스트사이드에서 산부인과 방문 간호사로 일하면서 가난한 여성들을 만난 생어는 출산조절이 무엇보다 중요한 문제라고 확신하게 되었다. 1912년 그녀는 사회주의자 신문 《콜》(The Call)에 〈모든 어머니가 알아야 할 것〉이라는 제목으로 섹스에 관한 글들을 연재했다. 외설검열법에 따라 생어의 글을 싣는 것이 금지되자 편집자는 그 지면에 〈모든 소녀가 알아야 할 것〉이라는 제목을 달고 '없음'(nothing)이라는 한 단어만 써 놓은 채 공백으로 남겨 놓기도 했다. 정부의 검열에 대한 저항의 표시였다.[26] 생디칼리스트 단체인 '세계산업노동자연맹'(IWW)의 영향을 받은 생어는 1914년 혁명적인 잡지 《여성의 반란》을 발간하기 시작했다. 이 잡지는 사회의 완전한 변혁과 함께 성 해방을 주장했다. 6월호에서 생어는 '출산조절'(birth control)이라는 용어를 도입했는데, 이는 IWW의 슬로건인 '노동자의 통제'(workers' control)에 호응해서 만든 말이었다.[27] 잡지에 실은 글 때문에 외설검열법의 단속을 받은 생어는 이에 대한 저항으로 피임과 출산조절 방법을 설명한 소책자 《가족계획》(Family Limitation)을 발행한 뒤, 재판이 열리기 전인 그해 10월에 유럽으로 도주했다. 데닛(Mary Ware Dennett), 오헤어(Kate Richards O'Hare), 플린(Elizabeth Gurley Flynn), 골드만을 비롯해 페미니스트, 사회주의자, 생디칼리스트, 아나키스트 등이 생어를 지원하기 위해 힘을 합쳤다.

1915년 생어는 《국제사회주의자리뷰》(International Socialist Review)에 〈미국의 외설검열법〉이라는 글을 발표하면서, 계급적 견지에서 출산조절 운동을 주장했다. 그녀는 자신이 발행한 《여성의 반란》이 모든

법정에 있는 마거릿 생어(왼쪽)와
여동생 에델 브린

사회적 문제에 대한 '만병통치약'은 아니며, 다만 "노동자의 경제적 해방을 위해 당장 취해야 하는 가장 중요한 행보라고 생각한다"고 했다. 이와 함께 노동계급 여성의 권리를 젠더적 시각에서 구체화하는 작업을 함께했다.

　여성에게 먹이고 씻기고 돌봐야 할 아이의 수가 줄어들수록, 글을 읽고 사색하고 자신을 계발할 수 있는 여유는 더욱 많아질 것이다. 자유를 누리려면 여유가 있어야 한다. 자유는 여성이 자신의 몸에 대해 권한을 갖게 될 때, 결혼 안에서나 결혼 밖에서나 자신의 몸을 어떻게 할 것인지에 대해 말할 권리를 갖게 될 때, 자신의 희망에 따라 어머니가 될지 되지 않을지를 말할 수 있는 권리를 갖게 될 때 비로소 여성은 자유를 누리게 될 것이다. 이런 권리들은 피임 수단을 가운데 놓고 빙빙 돌고 있다. 모든 여성은 원한다면 피임에 대한 지식을 가질 권리가 있다.[28]

생어는 유럽에 머무는 동안 출산조절 운동의 역사를 공부했다. 그녀는 글에서 영국의 신맬서스주의자 찰스 브래들로(Charles Bradlaugh)와 베전트, 하먼에게 영향을 받았다고 밝혔다. 또한 성 급진주의자들과 출산조절 운동가의 네트워크와 연계하면서, 스톱스(Marie Stopes)를 비롯하여 카펜터(Edward Carpenter), 이스트런던의 아나키스트 위트콥(Rose Witcop) 그리고 자신의 자유연애 동반자인 앨드리드(Guy Aldred)를 만났다. 특히 브라우니와 친밀한 우정을 나누었는데, 사회주의자이자 페미니스트인 브라우니는 1912년 《자유여성》에서 "어머니가 되지 않을 권리는 …… 양도할 수 없는 권리이다. 우리의 의지도 우리의 인격도 우리의 것"이라고 주장했다.[29] 생어가 1915년 영국을 떠나 파리로 갔을 때 브라우니는 이렇게 썼다. "앞으로 당신을 못 볼 거라고는 생각하지 않습니다. 우리는 언젠가 다시 만날 것이고, 그동안 나는 내가 할 수 있는 일을 할 것입니다. 비록 내 성에 찰 정도로 충분하지는 않겠지만 …… 당신을 만난 것은 내 인생에서 가장 크고 귀한 사건이었습니다."[30] 그러나 생어가 더욱 뜻깊게 생각한 것은 성 심리학자 엘리스(Havelock Ellis)를 만난 일이었다. 엘리스는 이 젊고 생기에 찬 미국인과 사랑에 빠졌다. 엘리스의 지적인 풍모는 생어의 생디칼리스트적인 관점을 부드럽게 해주었다. 엘리스는 생어에게 출산조절에만 집중해야 한다고 하면서, 직접행동에 대한 생어의 신념을 비판했다.

생어가 귀국했을 때 그녀의 생각에 변화가 생긴 것은 엘리스 때문만은 아니었다. 제1차 세계대전 기간에 미국의 정치 상황은 크게 바뀌었다. 1917년, 미국이 연합국에 합세한 이후 외설검열법에 따라 검열을 당하는 것은 더 이상 큰 문제가 되지 않았다. 수천 명의 미국 좌파들이 전쟁에 반대했다는 이유로 장기간 옥살이를 했다. 전반적으로 억압된 사회 분위기는 전쟁 이후 '빨갱이 공포' 시기까지 지속되었다. 직접행동 전술은 가혹한 탄압을 받았다.

출산조절 운동가 가운데 몇몇이 투옥되었다. 사회주의자이자 페미니스트이면서 인도 민족주의를 지지한 스메들리(Agnes Smedley)는 간첩 혐의와 피임에 관한 정보가 들어 있는 문헌을 배포한 혐의로 형을 살았다. 영국의 참정권 운동가인 매리언(Kitty Marion)도 동료 수감자에게 피임에 대해 선전했다는 혐의로 형을 살았다. 한동안 감옥 생활을 한 생어는 몸이 쇠약해진 데다가 그녀가 이전에 만든《출산조절리뷰》(Birth Control Review)를 배포한 급진주의자들과도 연락이 끊긴 상황이었기에《가족계획》을 좀 더 온건하게 만들기로 했다. 직접행동의 수단으로 출산조절을 권장하던 목소리도 빼 버렸고 낙태에 대한 언급도 하지 않았다.[31] 그리고 입장도 바꾸어서 출산조절에 대한 정보는 의사와 간호사만 줄 수 있어야 한다고 했다. 1919년 10월 고등법원은 생어의 신념에 손을 들어 주었고, 한 걸음 더 나아가 치료사와 약사도 피임 정보 제공 때문에 처벌받아서는 안 된다고 했다.

1922년 생어는 출산조절에 대한 접근 방식을 노동자의 생산에 대한 통제보다는 근대성과 동일시했다.《새로운 어머니상》(The New Motherhood)에서 그녀는 남성 위주의 성도덕을 비판하면서, 여성이 기존의 태도와 관습에 맞서 출산조절과 모성에 대해 좀 더 큰 맥락에서 스스로 결정하는 삶을 추구해야 한다고 했다. 여전히 노동계급 운동의 필요성은 인정했지만, 《새로운 어머니상》은 인류 차원의 더 큰 운동의 일부로 제시되었다. "허물어져 가는 도덕적·종교적 체제의 잔해를 뚫고 자유를 향해 나아가는 길에 미국의 여성성도 함께 부서지면서 새 길을 열고 있다."[32] 생어는 자기 결정과 자기 달성이라는 사상으로 국제적 명성을 얻었다. 그러나 1924년 그녀가 인도에 가려고 하자, 스메들리는 "기반을 다질 때까지 여성의 자유는 강조하지 않는 것이 좋겠다"고 주의를 주었다.[33] 교육받은 인도인들의 태도를 익히 알고 있던 스메들리는 '이 사람들'에게 이득이 될 수 있는 것과 어린이의 생활 향상에 도움을 줄 수 있는 내용이 인도의 신맬서스주의자들에게 좀 더 잘 받아들여질 것임을 알고 있었다.

피임

생어가 가장 크게 주목을 받기는 했지만, 오직 그녀만 미국에서 정치적 경험을 쌓은 것은 아니었다. 코니코우도 여전히 출산조절에 대한 정보를 공공에 제공하면서 운동을 전개해 나갔다. 그녀는 출산조절을 크게 마르크스주의적 프로그램과 연계시켰다. 매사추세츠에서는 1919년부터 에임스(Blanche Ames)의 '가족복지재단'(Family Welfare Foundation)이 출산조절을 어머니와 아이의 복지 문제로 접근했다. 한편 공예품 애호가 데닛은 그해 '자발적부모연맹'(Voluntary Parenthood League)을 세웠다. 데닛은 부모가 함께 피임을 결정해야 한다고 하면서, 피임에 대한 알 권리를 민권의 하나로 내세웠다. 그녀는 국가가 주도하는 인구 정책에 회의적이었으며, 우생학에 반대했고, 피임 정보는 의료 전문가로부터 들을 수 있어야 한다고 생각했다.[34]

1915년 성 위생학과 관련된 기존 연구에 만족하지 못한 데닛은 두 명의 10대 손자를 위해 글을 한 편 썼다. 1918년 《의료평론》(Medical Review of Reviews)에 발표된 이 글은 이후 《성생활: 젊은이들을 위한 조언》(The Sex Side of Life: An Explanation for Young People)이라는 소책자로 발행되었다. 데닛은 성관계, 생리, 출산조절에 대해 명료하게 설명했으며, 성적 쾌락을 긍정적으로 묘사했다. "성적 결합은 인간의 모든 경험 가운데 가장 큰 육체적 즐거움을 준다. 또한 이 즐거움 덕분에 다른 모든 즐거움도 배가 된다."[35] 사려 깊고 점잖은 데닛은 1929년에 자신의 소책자를 우편으로 배포한 것 때문에 재판을 받았다. 판사는 선발된 배심원들에게(해블록 엘리스의 글을 읽어 본 경험이 있는 사람들은 배심원에서 모두 배제되었다) "이 나라에 기반을 두고 있는, 평범한 사람들이 가꾸어 가는 가정의 예의 바르고 순수하며 정숙한 이들에게 이 소책자가 어떤 영향을 미칠지를 이성적으로 고려"하라고 청했다.[36] 배심원의 유죄 평결은 여론의 거센 항의를 받았다. 여론이 변화하기 시작한 것이다. 외설검열법이 수세에 몰리기는 했지만, 이를 옹호하는 세력도 단호하게 맞섰다. 시대는 성에 대한 정보를 온건하게 요구하는 쪽에 편을 들었다. 그러나 1920년대 영국과 미국에서 개혁가들이 가장 큰 문제라고 본 것은 문제를 일부러 모호하게 희석시키는 경향이었다.

영국의 법적 환경은 미국과 상당히 달랐다. 영국에는 외설검열법과 비슷한 것이 없었고, 출산조절 사상이 '신맬서스주의신세대연맹'(Neo-Malthusian New Generation League)을 통해 중간계급과 노동계급에까지 널리 전파되어 있었다. 그러나 음란물금지법은 발동될 수 있었다. 1922년 아나키스트 위트콤과 앨드리드는 생어의 《가족계획》 발행을 통해 의도적으로 법적 한계를 시험했다. 그해 12월이 돼서야 이 두 사람은 런던 자택에서 연행되었다. 음란 서적 유포 혐의로 고소된 것이다. 노동계급 아나키스트로 동거를 하고 있던 두 사람은 주변부의 약자였다. 러셀 부부와 신맬서스주의자들의 지지를 받기는 했지만,《가족계획》은 음란물로 규정되었다. 도라 러셀은 자서전《에셀나무》(The Tamarisk Tree)에서, 한 변호사가 "이 책이 음란물이 된 것은 질 좌약을 넣는 법을 그린 그림 때문일 것"이라며 당시를 회고했다. 그 그림을 음란하다고 본 것은 좌약을 넣는 손가락이 당사자 여성의 것이 아닐 수 있다는 가능성 때문이라고 했다. 그 이야기를 듣고 황당해진 도라 러셀은 "나도 그렇게 '음란한' 생각은 못해 봤다"고 말했다.[37]

1924년 위트콥은 다시《가족계획》을 발행하며 지배 체제에 맞섰지만, 그녀는 예외적인 인물이었다. 대체로 영국의 좌파 출산조절 운동가들은 미국식의 직접행동 전술은 피하면서, 노동운동 안에서 출산조절 운동에 대한 긍정적 여론을 만들어 나가는 활동을 선호했다. 1922년 말, 신맬서스주의신세대연맹 출신의 간호사 대니얼스(E. S. Daniels)는 런던 북부의 에드먼턴 지역에서 방문 의료인 일을 했는데, 피임에 관해 조언을 했다는 이유로 해고를 당했다. 그러자 그녀를 지지하는 운동이 사회주의 언론과 여성 노동자 모임을 중심으로 크게 일어났다. 1923년 1월 브라우니는 사회주의자 잡지《뉴 리더》(New Leader)에, 피임에 대한 정보는 모성과 아동복지를 다루는 기구들이라면 어디서든 접할 수 있도록 해야 한다고 주장하는 글을 썼다. 도라 러셀은 한 걸음 더 나아가 '앨드리드-위트콥 사건'을 소개하는 글을 쓰면서 이에 동조했다. 한편 카펜터의 친구인 샤프(Evelyn Sharp)는 출산조절에 반대하는 것은 일종의 계급적 편견이라고 썼다.[38]

1920년대 내내 브라우니와 러셀은 출산조절 문제가 전국의 여성 노동자 조직 속에서 논의되도록 하는 데 힘썼다. 노동당 여성들은 복지센터에서 출산조절을 합법적으로 권유할 수 있도록 하는 정책을 여러 '여성회의'에서 수차례 표결을 통해 결정했지만, 노동당 회의는 이를 계속 부결시켰다. 노동당 지도자 램지 맥도널드(Ramsay MacDonald)는 출산조절은 개인적인 문제이지 정치적 사안은 아니라고 주장했다. 젊은 시절 도라 러셀에게 '거대하고 무시무시한' 인상을 준 여성 조직 운동가 필립스(Marion Phillips)는 노동당의 입장을 적극적으로 옹호했다. "섹스를 정치로 끌어들여서는 안 된다. 당신들은 우리 당을 꼭대기에서 바닥까지 분열시켜 버릴 것이다."[39] 러셀 같은 사회주의 페미니스트에게 섹스는 이미 정치의 일부분이었다. 그러나 노동당 지도부는 가톨릭 세력을 의식하지 않을 수 없었고, 출산조절에 예산 지원을 거부했다. 결과는 타협적이었다. 1930년 보건부 장관은 임신을 또 하는 것이 여성의 건강에 해로울 경우, 기혼자에게만 의료적 차원에서 피임 정보를 제공할 수 있다는 정책을 발표했다.[40]

영국에서 출산조절에 대한 여론의 태도가 변화한 데에는 스톱스의 저작들이 크게 영향을 미쳤다. 70권의 작품 가운데 《결혼 후의 사랑》(Married Love, 1916), 《현명한 부모가 되는 길》(Wise Parenthood, 1918), 《찬란한 모성》(Radiant Motherhood, 1920), 《피임: 그 이론과 역사 그리고 실제》(Contraception: It's Theory, History and Practice, 1923) 그리고 논쟁을 불러일으킨 희곡 《타조들》(Our Ostriches, 1923)이 널리 읽혔다. 다재다능한 스톱스는 영화 〈메이지의 결혼〉(Maisie's Marriage)도 제작했다. 이 영화에는 그토록 원하던 통통하고 호기심 많은 눈을 가진 아기가 아직 피지 않은 장미 꽃봉오리에서 등장한다. 검열 때문에 아기와 출산조절의 메시지는 잘렸다. 선전의 차원을 넘어 스톱스는 노동계

앞줄 왼쪽부터 스텔라 브라우니, 도라 러셀, 버트런드 러셀(1923년)

급 여성들 사이에서 피임 정보에 대한 요구가 있는지를 알아보기 시작했다. 1921년 그녀는 영국에서는 처음으로 런던 북부의 홀로웨이에 출산조절 클리닉을 열었고, 이듬해에는 피임이 노동계급의 유권자 수를 줄이려는 음모라고 말한 가톨릭 의사 서덜랜드(Halliday Sutherland)를 명예훼손으로 고발했다. 스톱스는 비록 재판에서는 졌지만, 이를 통해 책이 많이 팔리면서 전국적으로 명성을 얻게 되었다. 유명 인사에 대중적인 스타일까지 갖춘 스톱스는 좀 더 폭넓게 대중에게 다가갈 수 있었다.[41]

스톱스는 성에 대해 두려움을 가지고 있는 노동계급 여성들이 공감할 만한 연설을 했다. "여러분은 여러분에게 큰 즐거움을 주던 것에 두려움을 품기 시작했습니다. 남편이라는 남자들은 '남편의 권리'라고 잘못 알고 있는 것을 바로 알 필요가 있습니다"라고 말하면서, 피임은 '어떤 나쁜 여자가 남편을 가로챌 것'을 걱정하지 않도록 만들어 줄 것이라고 단언했다.[42] 그녀는 여성 독자들에게 가까운 모자 보건 센터에 가서 도움을 요청하라고 촉구했다.

여러분은 그곳에서 어쩌면 거절당할 수도 있습니다. 그러나 개의치 말고 당당하게 행동하십시오. 당신이 피임 정보를 요청함으로써 결국에는 다른 여성이 그 정보를 얻게 될 수도 있습니다. 이 나라 모든 여성이 피임 지식을 요구하고 피임 지식을 가져야 한다고 주장하기 전까지는, 여성들과 원하지 않았던 아기들은 지금까지 그랬던 것처럼 계속 고통 속에서 살아가야 할 것입니다.[43]

스톱스는 한 번에 지나치게 많은 금기에 도전하지 않도록 주의를 기울였다. 좌익 사회주의 운동가들과 달리 그녀는 사회를 변혁하려고 하지 않았다. 그녀의 선전은 기존의 태도를 바로잡는 것이었다. 그녀는 언제나 개인으로 활동하는 것을 선호했으며, 이면의 조직 활동은 다른 이들에게 맡겨 두었다. 1931년 전국출산조절협회(National Birth Control Association)가 조직되자 스톱스는 라이트(Helena Wright) 박사와 허백(Eva Hubback), 라이스(Margery Spring Rice) 등 경험 많은 페미니스트 운동가나 사회 연구가들과 함께 실무 일을 시작했다. 그러나 위원회식 정치에 지친 스톱스는 "나는 이 운동의 시종이 아니라 선장"이라고 선언했다.[44] 여성들은 그녀의 말을 정중하게 경청한 뒤, 크게 개의치 않고 하던 활동을 계속해 나갔다.

적합한 이들, 부적합한 이들

출산조절 운동 안에는 우생학적 사고가 여전히 깃들어 있었다. 《찬란한 모성》에서 스톱스는 '건강하고 여러 조건을 잘 갖춘 시민을 낳을 수 있는' 사람들 사이에서는 출산율이 올라가야 하며, '약하고 질병이 있거나 하층민을 낳을 것 같은' 사람들 사이에서는 출산조절을 권해야 한다고 주장했다. "정신적·육체적으로 조건이 열악하여 자녀들이 질병에 감염될 수 있거나 정신적·육체적으로 결함이 생길 가능성이 많다면, 그들로 하여금 부모가 되지 않게 하는 것이 공동체의 의무"라는 것이다.[45]

1919년 생어 역시 '부적합한 이들을 단종'시키려는 생각에 동의함으로써 우생학 진영의 환호를 받았다.[46] 생어는 가난한 이들의 출산을 제한하고 정신 질환이 있는 이들에게 불임 시술을 하는 것에 동의했지만, '적합한 이들' 사이에서 출산율을 높이는 정책에 대해서는 반대했다. 생어는 이민 규제를 요구하면서도 이민자들을 우생학적으로 '부적합한 이들'로 여기지는 않았다.[47] 해블록 엘리스가 서문을 쓴 《여성과 새로운 인종》(Woman and the New Race, 1920)에서 생어는 사람들이 이민을 가게 되는 환경적 요인을 강조하면서, "외국 출신의 극빈층 어머니들이 원하지 않는 출산을 하지 않도록 하기 위해서"도 자유모성운동은 중요하다고 주장했다. 그녀는 자유모성운동이 "부적합한 이들을 막고, 적합한 이들을 출생시킬 것이며, 충분한 자원이 없는 가정에서는 아이를 가능한 한 낳지 않게 할 것"이라고 주장했다. 생어는 "미국 인종은 모든 인종 가운데 최선의 요소들로만 채워지게 될 것"이라고 전망하면서, "이렇게 된다면 미국은 지금의 우리로서는 상상조차 할

수 없는 희망과 지도력을 전 세계에 제공해 줄 것"이라고 생각했다.[48]

영국에서 브라우니는 출산조절 주장에 특이한 방식으로 우생학적 시각을 도입하여, 출산조절이 "공산주의와 페미니스트의 이상에 맞는 새로운 인종을 만들어 낼 것"이라고 주장했다.[49] 브라우니는 이를 국가가 아닌 개인이 결정해야 한다고 보았다. 자신들의 주장을 우생학적 이론을 통해 강화해 나가면서 출산조절을 주장한 이들은 계획하에 출산하는 것이 더 좋은 사회를 가져올 것이라고 생각했다.

그러나 우생학의 억압적 함의는 출산조절 운동 안에서 문제 제기를 받기도 했다. 1924년에 도라 러셀을 비롯한 사회주의자들에 의해 '노동자출산조절단체'(Workers' Birth Control Group)가 결성되었다. 이 단체는 우생학에 반대하는 입장을 취했다. 1974년 러셀은 이렇게 말했다. "당신들은 언제나 이른바 최악의 부류를 가난한 사람들 가운데서 찾았습니다. 그런 까닭에 우리는 우생학 집단들과는 완전히 연을 끊었습니다."[50] 1926년 영국 공산당 신문 《여성 노동자》(Women Worker)는 출산조절을 지지했다. 이는 노동계급 가정이 빈곤에서 벗어나는 것을 돕고, 여성이 자유롭게 되어 정치 활동에 참여할 수 있도록 하기 위해서였다. 그러나 우생학에 대해서는 냉소적이었다. "어떤 사람들은 우리가 너무나 많은 하층민, 즉 부적합한 이들을 출산하고 있다고 말한다. 바로 그 부적합한 이들이 당신과 나 같은 사람들이다! 그러나 그런 '부적합한 이들'을 양산해 내는 부적합한 조건들에 대해서는 한마디도 없다."[51]

한편 미국에서 아프리카계 혁신주의자들은 딜레마에 처했다. 우생학적 주장이 흑인의 출산율을 제한하는 데 이용되었기 때문이다. 흑인 민족주의자 마커스 가비(Marcus Garvey)는 출산조절 운동에 반대했다. 출산조절 운동이 아프리카계 미국인을 멸종에 이르게 할 것이라고 믿었기 때문이다. 듀보이스는 '우생학적 거세'에 반대했다. 그러나 1921년에 이렇게 주장했다. "미래의 여성은 삶, 일 그리고 독립을 이루어 낼 수 있어야 한다. …… 여성은 배워야 한다. …… 어머니가 되는 권리를 선택을 통해 누릴 수 있어야 한다."[52] 출산조절에 대한 정보가 흑인 언론에 실렸고 모임에서도 논의되었다. 1918년 '할렘여성정치협회'(Women's Political Association of Harlem)는 흑인 여성들에게 "흑인 속에서 정치, 사회, 경제적인 지도력을 발휘하라"고 촉구하면서 출산조절이 의제 가운데 하나임을 선포했다.[53] 출산조절 운동에 공감한 흑인 여성 소설가 라슨(Nella Larsen)과 포셋(Jessie Fauset)도 이 문제를 다루었다. 이들은 여성의 본분이 큰 가족을 이루는 것이라는 통념에 저항했다.

행복해질 권리

영국과 미국에서 출산조절 클리닉과 출산조절 운동가들의 선전 활동은 여성들 사이에 출산을 조절하겠다는 의지가 광범하게 공유되었음을 보여 주었다. 1920년대는 성과 정체성에 대해 모든 것이 불확실한 시대였지만 한 가지는 확실했다. 수많은 여성이 출산조절을 원했다는 점이다. 아일스(Leonora Eyles)가 전시에 만들어진 여성 잡지 가운데 하나인 《여성 자신》(Woman's Own)에 취직했을 때, 그녀의 비서 스티븐(Jessie Stephen)은 출산조절에 대한 기사가 실릴 때마다 얼마나 많은 독자 편지가 쇄도했는지를 회고했다.[54] 스티븐은 제1차 세계대전 이전에 글래스고에서 참정권운동과 사회주의 운동에 참여한 베테랑이었다. 그녀는 제1차 세계대전 직후 팽크허스트(Sylvia Pankhurst)와 출산조절 운동을 함께했다. 그녀는 지역에서 출산조절 운동을 하는 노동계급 여성 활동가 조직의 일원이었으며, 전국에서 생겨난 새 클리닉에서 활동했다. 그들은 계급과 젠더를 연계시켰고, 맬서스주의의 징후가 보이는 것은 무엇이든 반대하면서 출산조절을 노동운동의 한 부분이라고 여겼다.

더럼 지역에 있는 블레이든 주식회사의 로더 부인은 광부들에게 노동당 여성들이 전개하고 있는, 모성 센터에서 출산조절에 대한 정보를 얻을 수 있도록 하는 운동을 지지하라고 촉구했다. 노동자들은 1926년 파업 당시 여성들에게 받은 도움을 생각해서라도 이 운동을 도와야 한다고 했다.[55] 1925년 영국에서 전국여성노동자회의(National Conference of Labour Women)에 참여한 미국 사회주의 페미니스트 이스트먼(Crystal Eastman)은 기뻐하며 다음과 같이 기록했다. "두 명의 건실한 젊은 사회주의자가 …… 출산조절은 경제적 문제이므로 사회혁명 속에서 소멸할 것이라고 설명하자, 진지한 여성 한 분이 결단력 있는 목소리로 이렇게 동조했다. 협동조합 공동체 안에서도 여성이 시간을 현명하게 사용하길 바라며, 몇 명을 낳을 것인가도 스스로 선택할 수 있길 바란다고."[56]

전쟁 중에 출산조절 운동이 새롭게 등장한 것은 위험한 환경에서 이루어진 낙태 때문에 여성들이 남몰래 치러야 하는 고난을 반영해서였다. 1925년 윌리엄스 부인은 《주간 랜즈버리 노동》에 이렇게 썼다. "날마다 조언을 구하기 위해 나를 찾아오는 여성들에게 귀 기울이다 보면 가슴이 찢어질 것만 같다. 그들은 안에 들어온 강한 싹을 없애기 위해, 아이가 태어나는 것을 막기 위해 엄청난 양의 약을 먹었다고 한다."[57]

해밀턴은 제1차 세계대전 이전 미국의 여성 노동자들은 낙태를 범죄로 여기지 않았다고 했다.[58] 비슷하게 1929년 《어머니 영국》(Mother

England)에서 스톱스는 이렇게 썼다. "석 달 동안 나는 무려 2만여 명의 여성으로부터 그 행위가 범죄인 줄도 모르면서 낙태를 부탁하는 경우를 보았다."[59] 스톱스는 이를 출산조절을 주장하는 데 이용했다. 그러나 브라우니는 일찍이 1915년부터 낙태에 찬성했다. 그녀는 낙태를 문서로 합법화하는 문제를 영국성심리학연구협회에 맡겼다. 그녀는 1920년대 내내 낙태가 피임을 보완하는 방법이라고 주장했으며, 1936년 낙태법개혁협회(Abortion Law Reform Association)의 창립 멤버가 되었다.

도라 러셀은 노동당의 위계질서 안에서 '우리의 온건한 출산조절 요청에 대해 반대하는 분위기'를 접하며 느꼈던 '강한 분노와 실망'을 회고했다.[60] 그러나 출산조절 운동은 그녀가 쓴 것처럼 그렇게 '온건한' 것은 아니었다. 1930년대에 이 운동은 '가족계획'으로 폭넓은 지지를 얻기는 했지만, 그 뿌리는 확실히 불경한 자유론의 성 급진주의와 19세기 초 유토피아적 사회주의의 변혁을 목표로 한 기획에 두고 있었다. 브라우니가 1923년 사우스 웨일스의 노동자들을 대상으로 한 강연에서 출산조절이 새로운 성 윤리의 하나라고 말했을 때, 이는 분명 이론적 이단과 연결되는 것이었다. 그녀는 좀 더 나은 주거, 교육, 고용에 새로운 가치를 부여했고, 니체, 해블록 엘리스, 마르크스를 동원하여 주장을 펼쳤다.[61]

브라우니는 행동은 의지에 기초해야 한다는 생디칼리스트의 신념을 인류의 재생산으로까지 확장시키고자 했다. 그녀는 여성의 출산조절을 창조적이고 해방적인 혁명 과정의 일부라고 보았다. 1922년 《공산주의자》(Communist)에 보낸 기고문에서 그녀는 "이제 여성에게 출산조절은 작업장 통제나 남성을 위해 노동조건을 결정하는 것에 결코 뒤떨어지는 문제가 아니다. …… 출산조절은 스스로 결정하는 삶, 자기

가족과 자신의 환경을 스스로 조절하여 내 삶을 추구하겠다는 중요한 노력"이라고 썼다.[62] '노동자 통제'와 '출산조절'이라는 슬로건은 사회를 변혁하는 투쟁의 주체로 개인을 전면에 놓았다. 프랑스와 독일에서는 여성의 자기결정권을 둘러싼 이 새로운 성 정치가 생디칼리스트와 좌파 공산주의 여성들 사이에서 처음 등장했다. 이들은 출산조절을 노동자들의 생산에 대한 통제 요구와 연결시켰다. 이는 소비에트의 여성 해방 옹호자 콜론타이의 인정을 받았고, 영국의 브라우니를 비롯해 미국의 생어, 코니코우, 이스트먼에게 영향을 끼쳤다.

출산조절은 또한 여러 가지를 바꾸는 수단이 되었다. 1924년 파슨스(Elsie Clews Parsons)는 출산의 변화가 마르크스주의자들이 생산의 변화에서 비롯될 것이라고 가정한 가치와 문화 등의 변화에 영향을 미칠 것이라고 시사했다. 그녀는 이렇게 선언했다.

> 출산조절은 단순한 짝짓기와 부모 되기 사이의 분명한 구별을 가능하게 해준다. 이는 성적 태도나 관계에 관한 이론에 근본적인 변화를 가져올 것이다. 이제 많은 사람들이 자녀나 가족의 명예를 위해 개인의 희생을 감수하겠다는 입장을 취하지 않을 것이다. 양성 사이의 명예와 진정성에 대한 개념도 새롭게 규정될 것이다.[63]

파슨스는 성을 자율적인 구조로 보고 있다는 점에서 특이했다. 그러나 다른 운동가들은 섹스를 생물학적 출산에서 분리시켜 강조한 것에 자극을 받았다. 도라 러셀은 《행복해질 권리》(The Right to Be Happy, 1927)에서 피임에 대한 광범한 요구가 성에 대한 인식의 변화를 필요로 하게 될 때, 성관계에 대한 혼란은 크게 줄어들 것이라고 주장했다.

"분란의 대부분은 성적 본능과 사회적·경제적 구조에서 부모가 되는 것을 분리시키는 데 우리가 완고하게 거부하고 있는 것에서 출발한다."[64] 이렇게 분리해서 보는 시각은 20세기 후반 이성애뿐 아니라 동성애 관계도 다시 생각하게 하는 데 상당한 영향을 끼쳤다.

출산조절을 주장한 이들 사이에는 다양한 이론들이 함께 묶여 있었고, 또 그 안에는 근본적인 모순도 있었다. 출산을 결정하는 것이 여성의 권리라는 생각은 불가침의 권리에 대한 개인주의적 신념에서 나온 것이었다. 사회주의 페미니스트인 빌링턴-그레이그(Teresa Billington-Greig)는 1915년에 이렇게 표현했다. "원하지 않는 아기는 어머니 개인의 권리를 크게 침해하는 것이다."[65] 이러한 전통은 기본적으로 의지를 강조하는 개인주의를 통해 강화된 것이며, 민족, 국가, 사회, 인종, 계급 같은 집단성과는 아무 관계가 없었다. 출산이 민족적 자질 향상에 기여해야 한다는 우생학적 주장에 반대하면서 《자유여성》의 편집자인 마스던(Dora Marsden)은 이렇게 말했다. "섹스가 인종을 유지하기 위한 기본적인 것이라고 하는 주장은 확실히 잘못됐다. 원생동물에서부터 전 생태계에 이르기까지 섹스는 무엇보다 스스로의 욕망을 충족시키기 위해 이루어지는 것이다."[66] 사회가 바람직한 방향으로 갈 수 있도록 여성이 출산을 해야 한다는 주장에 대해 윈터(Helen Winter)는 이렇게 말했다. "자유 여성으로서 나는 …… 인종의 유지나 인류의 재생산에는 별 관심이 없다. 내가 욕망하는 것은 나 자신을 계속 유지하는 것이다."[67]

그러나 생각을 달리하는 여성도 있었다. 특히 노동운동 안에서는 출산이 개인적인 문제일 뿐 아니라 사회적인 것이기도 하다는 주장이 강했다. 1920년대에 그들은 국가가 앞장서서 출산조절에 대한 정보를 제공하고, 어머니와 자녀의 복지를 지원해야 한다고 요구하면서 출산에 대해 다른 접근 방식을 택했다. 이런 차이는 양육을 하는 어머니에 대한 지원 정책을 놓고 논쟁을 불러일으켰다. 개인의 필요와 사회의 이익 사이에서 어떻게 균형을 맞춰야 하는가는 피해 갈 수 없는 난제였다. 1920년에 선거에서 이긴 뒤 이스트먼은 "이제 우리는 시작할 수 있다"라며 낙관적인 선언을 했다.[68] 그러나 1920년대가 끝나 갈 때까지 이 문제는 여전히 오리무중이었다.

5장

어머니

모성보호와 아동복지

1920년대에 도라 러셀이 출산 사망률을 조사했을 때 그 수치는 놀라운 것이었다. 출산 사망률은 1천 회당 4, 5건에 달했다. 현업 광부 가운데 산업재해로 사망할 확률은 1천 명당 1.1명에 불과하던 때였다. 그래서 말론(Leah L'Estrange Malone)과 러셀은 슬로건을 만들었다. "임신이 광산 일보다 네 배나 위험하다."[1] 영아와 산모 사망률에 대한 우려는 19세기 말부터 주목을 받기 시작했고, 1900년대 초에는 그 개선을 촉구하는 여론이 국제적으로 확산되었다. 선구적인 단체인 독일의 '모성보호와 성 개혁을 위한 연맹'은 1904년부터 출산과 육아를 모두 포괄하는 정책을 제시하며 출산조절과 낙태를 지지했다. 1917년 러시아 혁명 이후 콜론타이(Alexandra Kollontai)는 어머니의 일은 '사회적 기능'이라고 선언하면서, 출산 전후에 일터를 떠나 쉴 수 있도록 8주의 출산 휴가와 출산 육아 비용을 정부가 제공하는 정책을 도입했다. '국제 노동여성회의'(International Congress of Working Women)는 1918년 워싱턴디시에서 '어머니대회'(Maternity Convention)를 가졌다. 이 대회에서는 출산 전후 6주 동안 무상 의료와 생계비 지급을 제안했다. 출산조절과 함께 모성도 중요한 투쟁 내용이 된 것이다.[2]

이런 대규모의 야심찬 정책들은 작은 관심이 쌓여 만들어진 것이었다. 영국에서는 영아와 산모가 처한 위험을 줄이기 위해 19세기 중반에 자선단체들이 '방문 의료단'을 가정으로 파견했다. 1890년대에는 이런 자선단체의 활동을 지역정부가 계승했다. 의료 관계자들의 조언도 유용하기는 했지만, 사실 산모의 건강에 치명적인 것은 가난과 여성들이 출산 전후로 해야 하는 고된 노동이라는 점이 곧 분명해졌다. 그 결과 모성보호와 아동복지를 위한 센터들이 세워졌다. 이 센터들은 조언만 해주는 것이 아니라 임신부와 어머니, 어린이들에게 식사를 제공하는 등 여러 가지 구체적인 서비스도 제공했다.[3] 이 일을 처음 시작한 사람은 사회주의 페미니스트인 샬럿 데스파드(Charlotte Despard)였다. 과부가 된 뒤 그녀는 사우스런던의 나인엘름스에 정착했고, 그곳에서 이웃 노동계급에게 아기 돌보는 일과 올바른 식이요법을 가르쳤다. 그리고 마침내 자기 집에 어머니와 아기를 위한 클리닉을 세웠고, 아기들의 건강을 진단하기 위해 간호사도 한 명 고용했다.[4] 이 작업을 통해 그녀가 깨닫게 된 것들이 사람들에게 공감을 얻기 시작하면서 다른 곳에도 클리닉이 세워졌다.

1900년대 초까지 모성보호와 아동복지를 위한 센터들은 지역 보건소와 지역위원회, 여성들의 자발적 노력을 통해 세워졌다. 런던의 세인트판크라스 지역 여성들의 압력으로 보건청장은 방문 의료인들을 고용하여 클리닉을 세우고, 어머니를 위한 학교도 열었다. 1908년 페미니스트이자 여성협동조합길드의 활동가이며, 볼턴에서 구빈법 시행위원으로 일한 사라 레디시(Sarah Reddish)는 세인트판크라스의 사례를 모범으로 삼아서 그대로 한번 해보자고 지역 협동조합 운동가들에게 호소했다. 그녀와 길드의 구성원들은 모성보호와 관련해 국제적으로 실험되고 있는 정책들에 대해 잘 알고 있었다. 그들은 벨기에의 헨트로 가서, '선의를 보인 뒤에 호감을 사기 위해' 다과를 나누며 선구적인 '어머니를 위한 자문단'을 시찰했다. '볼턴어머니학교'(Bolton's School for Mothers)가 세워지기 이전의 일이었다.[5] 1년도 채 걸리지 않아 협동조합 운동은 다섯 개의 클리닉을 지원했고, 이들의 끈질긴 노력 끝에 지역 자치위원회가 클리닉을 인수하게 되었다. 다른 랭커셔 의류 산업 지구인 스탤리브리지에서는 자선 활동을 활발히 하던 부유한 주철 제조업자의 부인 섬머스(Anne Summers)가 모성에 대해 교육하는 학교를 세웠는데, 이는 뒷날 '모성보호와아동복지센터'(Maternity and Child Welfare Centre)로 바뀌었다.[6] 북부 공장 지대에서 영아 사망률이 특히 높았는데, 어머니들의 목소리를 대변해서 실질적인 조치가 이루어질 때마다 산모와 영아가 처한 문제들이 구체적으로 드러났다.

자발적인 활동들이 계속 이어졌고, 여기에 지역정부가 힘을 보탰다.[7] 그러나 이 과정이 저절로 진행되지는 않았다. 보이지 않는 곳에서 여성 노동자 활동가들이 정치적 압력을 넣기 위해 온 힘을 다해 노력했다. 1913년, 랭커셔와 넬슨 지역의 여성노동자연맹에서 서기로 일한 빈랜드(Harriette Beanland)는 노동당에 편지를 써서 그해에만 1천 명의 유아 가운데 102명이 사망했고, 빈곤과 불법 낙태로 노동계급 여성의 생명이 위험에 처해 있음을 알렸다. 또한 노동당이 내건 학교 보건소

와 어린이들을 위한 건강 진료뿐 아니라 '영유아 클리닉'도 정책으로 추진되어야 한다고 주장했다.[8]

정부 차원에서 의료 활동을 지원하는 것이 필요하기는 했지만, 몇몇 노동계급 여성들은 자신들이 경험을 통해 터득해 온 출산과 육아 관련 지식들을 의료 전문가들은 분명 무시할 것이라며 의심을 품었다. 결과적으로 여성노동자연맹은 산모와 아기를 위한 클리닉을 런던의 노동계급 거주 지역에 세우면서, 정보가 꼭 선심 쓰듯 제공될 필요는 없다는 것을 보여 주겠다고 마음먹었다. 그들은 출산조절 운동가들과 마찬가지로 19세기 급진적인 노동계급이 주장한 알 권리를 기반으로 클리닉의 필요성을 주장했다.[9]

참정권 운동가이자 사회주의자인 팽크허스트(Sylvia Pankhurst)는 이 일이 자발적으로 진행되어야 한다는 신념을 갖고 있었기 때문에 국가의 개입에 대해 적대적이었다. 1915년 그녀가 주도한 '여성참정권이스트런던연맹'(East London Federation of the Suffragettes)은 부유한 후원자 한테서 기금을 거둬서 '총기 제작자의 무기고'(The Gunmakers' Arms)라는 상점을 인수해, 이곳을 '엄마의 품'(The Mothers' Arms)이라고 이름을 고쳤다. 그들은 이곳에 접수대를 만들고 약과 우유와 시골에서 가져온 신선한 달걀을 비롯해 영양가 있는 음식을 제공했다. 가정학 수업을 열었고, 간호사도 한 명 고용해 아기의 체중을 재고 발육 상태를 점검했다. 팽크허스트의 사업장은 다양한 서비스를 결합하여 제공했다. 먼저 보육실은 톨스토이 정신에 기초해서 운영되었고, 이후 몬테소리 방식의 교육이 같은 건물 안에서 이루어졌다. 그러나 자발성에만 기대어 운영하는 데는 한계가 따랐다. 팽크허스트는 국가의 개입에 의심을 품고 있었기 때문에 주로 부유한 페미니스트들에게 의존해 프로젝트를 운영했는데, 이 역시 지나치게 많은 에너지를 쏟아야 하는 일이었다. 여성참정권이스트런던연맹에는 우유를 소화시키지 못하는 아이 때문에 힘겨워 하거나, 간호사가 센터에서 도둑질을 한 일로 고소되는 일 등 크고 작은 일들이 널려 있었다.[10] 이런 문제들이 발생하면서 개혁가들은 모성보호 복지센터를 위해 국가의 지원을 받을 수 있는 길을 모색했고, 20세기 초까지 정부 지원을 받는 센터들이 빠르게 번져 나갔다. 그러나 '엄마의 품'처럼 자발성에 기초한 실천적 기구야말로 복지 제공의 필요성을 분명히 보여 주는 역할을 했다.

일단 자리를 잡은 모성보호 클리닉은 서비스를 제공하는 네트워크의 기초가 되었다. 여성들은 방문 의료단을 비롯해서 노인과 환자, 산모에게 무료 가사 노동을 제공하는 '가정 도우미' 같은 복지 서비스를 갖춘 사회정책을 기획했다. 조금씩 드러나기 시작한 지역의 반응은 상당히 다양했다.[11] 여성지역정부협회를 통해 조직된 여성 운동가들은 서비스 제공을 지역과 전국 차원에서 모두 제도화해야 한다고 압력을 가하기 시작했다. 1908년 맨체스터의 첫 여성 시의원으로 선출된 애슈턴 (Magaret Ashton)은 시의회를 설득하여 '모성보호와아동복지위원회' (Maternity and Child Welfare Committee)를 꾸린 뒤 위원장을 맡았다.[12]

모성보호 클리닉은 더 큰 개혁으로 이어 가는 기폭제 역할을 했고, 1920년대에는 피임 정보 제공을 둘러싼 폭풍 같은 논쟁의 중심에 있었다. 그러나 모성보호 클리닉만으로는 모성 문제의 만병통치약이 될 수 없었다. 의료 지식의 격차는 좀 더 큰 차원의 경제적·사회적 요소들과 결합하여 산모의 사망률을 높였다. 지역의 시의회들은 공업지대에서 부적합한 위생 때문에 발생하는 문제를 해결하는 데 비용을 쓰는 것보다 클리닉을 세우는 것이 훨씬 문제를 저렴하게 해결할 수 있다는 것을 알게 되었다.[13] 자발적으로 방책을 세우고 그것을 제도화하는 과정에서, 사회가 출산에 대해 책임을 분담해야 한다는 주장이 더욱 널리 퍼졌다. 모성을 보호하고 미래 세대를 유지한다는 두 가지 측면에서 사회적 책임이 강조되었다.

출산연금과 사회복지관

20세기 초에 자유당은 사회 개혁을 통해 남성 노동계급 유권자에게 호소했다. 그리고 여성 노동계급 조직들에게는 여성의 이익을 소홀히 하지 않는다는 점을 확인시키기 위해 노력했다. 자유당이 1910년 국민보험 법안을 내놓자, 여성협동조합길드는 임노동을 하지 않는 기혼 여성의 출산, 질병, 장애에 대한 지원이 포함되어야 한다는 운동을 시작했다. 그러나 작성된 법안에는 여성이 질병에 걸렸을 경우 지원해 주는 내용이 포함되지 않았고, 출산연금은 남편에게 지급되었다. 노동당의 여성노동자연맹은 그 법안을 수용할 준비가 되어 있었던 반면 여성협동조합길드는 이에 반대했다. 지역 시의회와 구빈법 위원회에서 올라온 700여 명의 여성들은 간호사와 산파협회 회원, 의료 방문단, 보건 감독과 함께 출산연금은 산모들에게 지급되어야 한다는 선언문에 서명했다. 결국 여성 문제에 공감하고 있던 보수당의 세실 경(Lord Robert Cecil)이 법안을 수정하여 출산연금을 아내의 허락 아래 남편이 수령할 수 있도록 했다.[14]

제1차 세계대전은 국가가 출산을 지원해야 한다는 주장이 여론의 호응을 받게 되는 전환점이 되었다. 인종적 '퇴화'에 대한 공포 분위기 때문에 노동 조직들이 개혁을 밀어붙일 수 있는 여론이 조성되었다.

임신과 출산을 둘러싼 침묵을 깨고 여성협동조합길드는 《모성: 일하는 여성들의 편지》(Maternity: Letters from Working Women, 1915)라는 책을 발간했다. 지칠 줄 모르는 데이비스(Margaret Llewellyn Davies)가 편집을 맡았다. 모성을 이상화하는 것과는 거리가 먼 이 책에서 필자들은 또 임신을 하게 될까 봐 얼마나 두려워했는가를 생생하게 써 내려갔다. 그들은 유산, 영아 사망, 쉴 시간이 거의 없었던 경험들을 하나하나 기록했다. 가슴을 울리는 그들의 진술을 통해 모성에 대한 관심이 높아졌다.[15]

갑작스런 전쟁 때문에 임신부와 영아의 생존은 '국가'의 문제가 되었다. 1915년 시의회들은 모성위원회를 세울 수 있는 권한을 갖게 되었다. 3년 뒤, 모성보호영아복지법(Maternity and Infant Welfare Act)을 통해 지역정부들은 산모의 병원비, 5세 이하 유아들에 대한 병원비, 가사 도우미, 아버지가 없는 5세 이하의 어린이를 위한 돌봄 서비스 등에 재정 지원을 할 수 있게 되었다. 1919년부터 비슷한 일을 하는 자발적 단체에게도 지원금이 제공되었다. 그 결과 전쟁 이후 영국에서는 국가와 자발적 단체들의 서비스가 혼재되어 있었는데, 모성보호와아동복지위원회가 뒷날 이를 조정했다.

전쟁 시기에 국가의 복지 정책은 위에서 아래로 마련되었다. 그러나 노동운동에서는 강한 민주적 조류가 형성되고 있었고, 이는 젠더화된 계급 감정에 의해 강화되었다. 여성협동조합길드와 여성노동자연맹은 자신들의 이익을 안전하게 지키기 위해서는 남성에게도, 중간계급 여성에게도, 국가에도 의존할 수 없다고 생각했다. 그리고 모성보호와아동복지위원회에 노동계급 여성 대표도 참석해야 한다고 압박을 가했다. 그 결과 국가의 재정 지원에 대한 요구뿐 아니라 제공되는 서비스에 대해 수혜자가 영향력을 행사할 수 있어야 한다는 결의로 이어졌다. 출산과 육아에 대한 지원을 확보하기 위한 길고 치열한 투쟁 속에서 강한 의지와 민주주의 권리 의식을 키워 온 여성 노동자 조직들은 1930년대 경제공황 시기에도 서비스를 받을 수 있는 권리를 지켜 냈다.[16]

1890년대 미국에서 모성 복지는 대규모의 강력한 자선 조직들이 선점하고 있었다. 영국에서와 마찬가지로 미국의 자선조직협회도 개인의 노력을 강조하여, 어머니들에게 정리정돈과 청결, 근검절약을 습관화하라고 교육했다. 다양한 조직의 여성들과 참정권운동, 사회정화운동 활동가들이 함께 전국여성위원회를 구성했고, 여성들로 구성된 시 위원회들이 만들어졌다. 사회정화촉진기독교연맹의 '어머니회의'와 여성기독인금주운동연합은 자선과 종교적 내용을 결합시켰다. 이에 비해 전국어머니회의는 가정에서 여성의 지위를 강화하는 것을 목표로 했고, 동시에 유치원과 같은 실질적인 서비스를 제공하기도 했다. 또한 1910년대부터는 아동 건강을 중요시해서 유아를 위한 센터들을 세웠고, 국가 지원을 받기 위한 길도 모색해 나갔다.[17]

흑인 여성 개혁가들도 아이를 둔 어머니의 처지를 개선하기 위해 노력했다. 전국유색인여성연합은 1895년 설립된 이래 흑인 여성이야말로 흑인 사회를 발전시킬 수 있는 도덕적 수호자라고 하면서 모성에 대한 통념을 새롭게 바꾸어 나갔다. 1900년 시카고아프리카계미국인어머니평의회(Chicago Afro-American Mothers' Council)는 어머니들에게 이렇게 말했다. "딸들이 미래에 잘 살 수 있는 것이라면 무엇이든 가르치세요. 낮이건 밤이건 거리를 방황하도록 내버려 두지 마세요. 항상 딸과 함께 하고, 예의범절을 가르쳐 그 영향이 그들에게 영원히 남을 수 있도록 하십시오. 그러면 그들이 옳은 길에서 벗어나 방황하는 일이 없을 것입니다."[18] 이렇게 어머니의 감독을 지나칠 정도로 강조한 것은, 첫째는 실제로 젊은 흑인 여성에게 성폭행의 위험이 높았기 때문이고, 둘째는 미국 사회에서 인종주의적 편견이 강했기 때문이다.

사회복지관들이 하나둘 세워지면서 여성들은 가난한 여성과 아동에 대한 책임을 연구하고, 그 내용을 널리 공유할 수 있게 되었다. 1909년 해밀턴(Alice Hamilton)은 헐하우스에서 이민자와 토착민 노동계급 1,600가구를 조사하여 연구했는데, 이 연구는 대가족에서 영아 사망률이 더 높았음을 보여 주었다. 영국에서처럼 미국의 혁신주의 사회 개혁가들도 산파를 교육하고, 수유에 대한 교육을 시키고, '우유 보급소'를 세워 가난한 이민자 거주 지역 주민들이 신선한 우유를 제공받을 수 있게 했다. 이들은 어머니와 아동을 위한 개혁 정책들을 정당화하기 위해 윤리에 호소하기도 했고, 이런 지원을 하지 않을 경우 장기적으로 보면 사회적으로 더 큰 비용을 치러야 한다는 경제적 주장을 펴기도 했다.[19]

아프리카계 미국인 중산층 개혁가들은 어머니에게 중요한 도덕적 권위를 부여하기는 했지만, 이들은 여성이 돈을 벌어야 한다는 것을 백인 중간계급보다 훨씬 더 실리적으로 생각하고 받아들이는 경향이 있었다. 이들은 여성 클럽들을 통해 어머니뿐 아니라 아동과 청소년을 위한 갖가지 프로그램을 만들었다. 보육실, 유치원, 고아원, 어린 여성 노동자를 위한 기숙사, 어린이 방과 후 교실에 이르기까지 참으로 다양했다.[20] 아프리카계 미국인 여성들도 사회복지관을 세웠다. 시카고에서는 스콧(Clotee Scott)이 선구적으로 '클로티스콧복지관'을 열었다. 스콧은 복지관을 '부모가 일하는 동안 어린이들이 집으로 여기며 지낼 수 있는 곳'이라고 정의했다.[21] 20세기 초까지 흑인 복지관은 도덕적 개혁보다는 어린이들이 가난한 흑인 지역에서 벗어나 좋은 기회들을 경험할 수 있는 것에 중점을 두었다.

1912년에는 아동국(Children's Bureau)이 만들어졌는데, 그 책임자는 헐하우스 출신의 래스롭(Julia Lathrop)이었다. 아동국이라는 명칭만 봐도 국가적 차원에서 어머니와 영유아를 위한 예산이 어느 정도 책정되었음을 알 수 있다. 래스롭은 영아 복지에 초점을 둠으로써 보수파와 혁신파 그룹이 힘을 합칠 수 있도록 했다. 그리고 현장 활동가들과 연계를 가지면서 아동국의 기금이 지역의 구석구석까지 전달될 수 있도록 했다. 1916년 아동국은 강력한 여성클럽총연맹(General Federation of Women's Clubs)의 후원으로 전국영유아주간(National Baby Week)을 출범시켰다.

영국에서처럼 미국에서도 제1차 세계대전의 발발로 영아와 산모 사망률에 대한 관심이 높아졌고, 건강 클리닉들이 세워졌다. 전쟁 이후 래스롭은 셰퍼드-타우너법(Sheppard-Towner Act) 제정 운동에서 중요한 역할을 했다. 이 법은 태아와 영아의 건강관리를 위해 어머니들을 교육하는 복지 서비스를 연방정부 차원에서 제공하는 내용을 담고 있었다. 법 제정을 위해 여성노동조합연맹을 비롯해서 전국어머니회의, 학부모-교사연맹(Parent-Teacher Leagues), 전국유대인여성평의회(National Council of Jewish Women), 전국유색인여성연합, 여성기독인금주운동연합 등이 모여 강력한 연합을 만들었다. 미국에서 복지 정책은 기본적으로 젠더적 성격이 강했다. 그러나 이후 10년 동안 셰퍼드-타우너법을 지지한 연합 세력과 아동국은 공공 지원이라는 원칙에 문제를 제기한 우파의 강한 반대에 부닥치게 되었다.[22]

직접행동

미국에서는 어머니와 어린이의 복지가 개인뿐 아니라 사회적 책임이기도 하다는 점을 설득시키기가 특히 어려웠다. 물론 영국에서도 쉬운 일이 아니었다. 개혁가들은 반대를 극복하기 위해 전술들을 개발해 다양하게 구사했다. 1899년 데스파드는 나인엘름스 교육위원회 일을 하면서, 한 남성 위원으로부터 결식아동들을 먹일 만한 재원이 없다는 이야기를 들었다. 그러자 그녀는 상류층임에도 불구하고 직접행동으로 대응했다. 그녀는 가스레인지와 스튜 냄비, 식탁과 의자 따위를 가져와서 위원회 사람들에게 학교도 얼마든지 급식 능력을 갖출 수 있음을 눈으로 확인시켜 주었다. 그녀는 의료 진료 문제도 이와 비슷한 직접행동으로 돌파해 나갔다. 자신이 운영하는 영유아 클리닉에서 간호사를 한 명 데려와 학생들의 충치와 구루병을 검진하도록 했다.[23]

영국 여성들도 아동의 복지를 이와 비슷한 방식으로 호소해 나갔다. 아동복지에 대한 문제 제기는 모성 복지에 대한 관심을 환기시키기 위한 것이기도 했다. 그들은 자발적 원조 사업과 공공 지원 사업을 함께 해 나갔고, 활동 영역을 다른 문제로 확장시키면서 지역 차원에서 노동당과 민주당 연합을 만들었으며, 여성참정권을 지지했다.

러스킨과 모리스의 영향을 받은 사회주의자 맥밀런(Margaret McMillan)이 이런 전략적 유연성을 잘 보여 주고 있다. 1894년부터 1901년까지 그녀는 독립노동당 당원으로, 브래드퍼드 교육위원회에서 학교 보건소 설립과 급식 제공을 위해 활동했다. 그러나 1902년 보수당 의원들에 의해 교육법이 제정되면서 교육위원회가 해체되고, 초등학교에 대한 감독을 시나 군 단위의 의회에 넘겼다. 시의회에는 아직 여성 의원이 없던 시절이었다. 현실주의자 맥밀런은 런던의 사회복지관인 토인비홀에서 활동할 때부터 알고 지내 온 진보적인 자유주의 개혁가 모랜트(Robert Morant)와 힘을 합쳐 전국 학교의료검역기구(School Medical Inspection)를 지키려고 노력했다. 1907년 의료 검역은 의무 사항이 되었다. 이는 부분적으로는 보어전쟁에서 자극을 받아 노동계급의 건강에 대한 사회적 우려가 높아진 결과이기도 했다. 그러나 학교에서 질병에 대해 진단을 한다고 해도 치료까지 해주지는 않았다. 맥밀런은 다음 단계로 지역정부가 치료해 주도록 하는 법제정 운동을 시작했다. 결국 1908년 교육지원법(Education Provision Act)에 지역정부가 치료를 보장하지는 않더라도 제공 정도는 할 수 있다는 구절을 넣는 선에서 타협이 이루어졌다. 맥밀런은 비누 산업으로 백만장자가 된 펠스(Joseph Fels)로부터 재정 후원을 받고, 교육부에서 모랜트의 지원을 받아 직접 클리닉을 세웠다. 처음에는 보우에서 시작하여, 1910년부터는 사우스런던의 뎃퍼드에도 클리닉을 열었다. 이때쯤 지역정부들은 학생들에게 치료까지 제공할 수 있게 되었다.[24]

개인의 노력과 정부와 자선 기구의 지원을 결합해 가면서, 맥밀런은 전국적인 네트워크를 형성할 수 있었다. 그러나 보육원의 경우는 국가로부터 지원을 끌어내는 것이 의료 검역이나 학교급식과 같은 교육 서비스의 경우보다 훨씬 오래 걸렸다. 1918년에는 자유주의 역사가 피셔(H. A. L. Fisher)가 작성한 한 법률안 덕분에 보육 시설을 갖춘 학교들이 국가의 교육 기구 안에 세워질 것처럼 보였다. 그러나 이 문제가 교육위원회에서 보건부로 이전되면서 보육 시설은 비용이 많이 드는 프로그램이 되었다. 보육실은 학생당 교사 비율이 높았기 때문이다. 여기에 선뜻 재정 지원을 하겠다고 나서는 지역정부는 없었다. 하지만 맥밀런의 아동보호에 대한 꿈은 그녀가 교육시킨 교사들에게 영향을 주었다. 1928년 브래드퍼드 교육위원회는 메리 치그넬(Mary Chignell)을 뎃퍼드센터에서 주최하는 보육실 프로그램 안에 사회주의적 선전을 포함시켰다는 혐의로 고발했다. 그들은 새 생명의 유토피아주의를 반복해서 이야기한 치그넬의 탁월한 답변에 분명 어리둥절했을 것이다. 그녀는 보육실을 겸비한 학교가 인류 전통의 '사회적 재탄생'은 물론 삶과 사회에 대한 재해석을 가져온다고 선언했다.[25]

폭넓은 '연금' 도입

영국과 미국에서 모성에 대한 사회적 책임을 말한 이들은 교육과 복지센터를 위한 재정 지원뿐 아니라 출산과 육아에 대한 연금까지 주장했다. 국가가 재정 지원을 해야 한다는 주장은 아이를 양육하는 어머니들에게 '연금'을 주어야 한다는 주장으로까지 확대되었다. 이 주장은 사회적 모성 주장에서 가장 큰 논란을 불러일으켰다. 제1차 세계대전 이전에 영국의 여성 노동운동가들은 국가가 어머니에게 복지센터를 보완하는 차원에서 우유나 빵과 같은 현물을 제공하는 것은 물론, 자녀의 수에 비례해서 주급을 주어야 한다는 문제를 놓고 논의하기 시작했다. 어머니에게 연금을 제공해야 한다는 생각은 여성의 독립을 보장해 주고, 저임금으로 일하는 여성들이 '고한' 노동시장에서 벗어날 수 있는 방안을 고민한 페미니스트들과 사회 개혁가들 사이에서 나왔다. 페미니스트 래스본(Eleanor Rathbone)은 이 문제를 평생의 과제로 삼았다. 리버풀보호자위원회(Liverpool Board of Guardian)에서 활동했고, 가사 노동자들을 조직하기 위해 일하면서 그녀는 나쁜 엄마라기보

엘리너 래스본

다는 가난 때문에 노동계급 가정들이 어려운 상황에서 벗어나지 못하고 있음을 확신하게 되었다.[26]

　제1차 세계대전 동안 정부는 군 복무 중인 남성의 피부양자들에게 별거연금을 지급했다.[27] 노동계급 여성들은 이런 정규 연금에 익숙해졌고, 이는 또한 어머니가 국가로부터 연금을 받는 것을 법률로 공식화하는 계기가 되었다. 1918년 《타임스》 앞으로 보낸 편지에서 래스본은 "전쟁 기간 동안 임신과 육아를 도맡아 온 어머니들에게 자녀의 수에 비례해서 직접 별거연금으로 지급해 큰 도움이 된 이 제도를 그대로 확대시키자"고 제안했다.[28]

　전쟁 이후 여성 노동자 조직들은 생계비를 벌어 오는 남성이 없는 여성들에게 연금을 지급하는 정책을 도입하라고 노동당을 압박했다. 1918년 노동당은 이를 정책으로 받아들였다. 그러나 일부 여성들이 주장한 미혼 여성에게도 '연금'을 주어야 한다는 안까지는 받아들이지 않았다. 1924년 노동당은 과부와 고아에게 연금을 지급하는 법안을 작성했지만, 이것이 실현되기 전에 집권에서 물러나게 되었다. 그러나 이듬해에 보수주의자들은 여성 유권자의 눈을 의식해서 과부연금 정책을 도입했다.[29] 도라 러셀은 1925년 자신의 책 《히파티아》에서 연금의 범위를 좀 더 넓힐 것을 주장했다. 여성에게는 '자신들의 일, 그 어느 직종보다 위험한 여성의 일에 대한 인정'이 필요한데, 이는 사회가 지급하는 연금을 통해 이루어질 수 있으리라 생각했다.[30]

전쟁 기간 동안 래스본과 가족수당협회(Family Endowment Society)는 모성연금을 위한 운동을 계속 전개했다. 그들은 고용주가 제공하는 연금도 받아야 한다고 마음먹고 있었다. 그러나 노동조합 운동가들은 그런 연금은 가족이 있는 남성 노동자들을 통제하는 수단으로 이용될 수 있으며, 결국 저임금을 초래할 것이라고 우려하며 반대했다. 이들의 우려가 아주 근거가 없는 것은 아니었다. 1926년 왕립석탄산업위원회(Royal Commission on the Coal Industry)는 자녀가 있는 남성 노동자의 소득을 보충하기 위해 가족수당을 만들면서 독신 남성의 임금 삭감을 제안했다.[31]

페미니스트이자 사회주의자인 여성들 가운데 몇몇은 모성연금이 래스본이 생각한 것처럼 여성의 독립성을 어느 정도 강화시켜 주기보다는 '여성의 자리는 가정'이라는 인식을 강화하는 데 이용될 것을 우려했다. 래스본의 제안은 남성이 자녀 양육을 여성에게만 맡기고 떠나가 버릴 가능성이 높다는 우려도 낳았다. 또한 많은 노동계급 여성들에게는 구빈법을 연상시키는 치욕스러운 국가 보조금보다는 돈 벌어 오는 남편이 더 나은 선택이었다. 그러나 래스본과 가족수당협회는 포기하지 않았다.

1926년 총파업과 공장 폐쇄로 광부들이 직장을 잃게 되면서 가난의 고통이 커졌기 때문에 국가의 지원을 의심스런 눈초리로 바라보는 시선은 사라졌다. 1927년에서 1930년 사이에 노동당과 가족수당협회 공동위원회는 함께 조사에 착수했다. 그들은 최종 보고서에서 '절망적일 만큼 적은 수입으로 가족을 부양하기 위해 노력하는 어머니들의 짐을 덜어 주기 위해' 정부가 어린이의 양육비를 보조해야 한다고 했다. 중요한 것은 어머니인 여성들이 자율성을 누릴 수 있게 하는 것에서 빈곤을 덜어 주기 위한 방향으로 옮아갔다는 것이다. 그러나 이 보고서에는 구빈법의 특징인 심판하고 생색내는 태도는 없었다.

> 우리는 지급되는 수당이 현명하고 경제적으로 소비될 것이라고 확신한다. 어머니들이야말로 가장 유능한 이들이기 때문이다. 그들은 경험이 많고 훈련이 잘 되어 있으며, 개인적 이익을 넘어서서 자녀의 복지를 위해 치밀하게 계산하여 비용을 분배할 수 있다. 어떤 공공 기구도 경험이라는 힘든 학교에서 경제를 배운 어머니들만큼 음식과 의복과 건강한 환경까지 자원을 고루고루 잘 분배할 수는 없다.[32]

위원회는 국가에서 주는 연금이 우체국을 통해 지급되는 것이 바람직하며, 지급 대상에 사생아도 포함되어야 한다고 했다. 1945년 마침내 이런 조건으로 가족연금이 도입되었다. 구차했던 구빈법 연금 사례와 차별을 두기 위해 보편적 혜택의 방식으로 지급되었다.

미국에서도 비슷한 논쟁이 있었다. 제1차 세계대전 이전에 어머니와 어린이들을 위해 국가가 연금을 지급해야 한다는 주장이 헐하우스 같은 복지관에 관여한 혁신주의 개혁가들뿐 아니라 여성클럽총연맹과 전국어머니회의 같은 여성 시민 단체들을 중심으로 제기되었다.[33] 이들이 제안한 정책은 경험에서 직접 나온 것이었다. 사회 개혁가 비어드(Mary Beard)는 어린 자녀들이 있는 과부에게 주는 자선단체들의 지원이 그리 효과적이지 않았으며, 따라서 '어머니들에게 공공의 지원이 필요'하다고 생각했다. 어머니를 지원하지 않으면 어린이들은 몇 안 되는 자선기구의 '고아원'에서 자라게 되거나 일을 하러 나가게 될 것이라고 했다. 그녀는 '삐뚤어진 심리, 성숙하지 못한 정신, 나쁘게 어울려 다니며 저지르는 범죄 행위들' 때문에 사회적으로 치러야 하는 비용과 고아원 운영비를 지적했다.[34] 매사추세츠과부연금위원회(Massachusetts Commission on Widows' Pensions) 회원인 파크(Clara Cahill Park)는 처음에는 '자선 활동 방식에 대해 무조건적인 신념'을 갖고 출발했지만 점차 그 방식을 비판적으로 바라보게 되었다고 했다. 자선 활동은 '상대방이 필요로 하는 것에 부응하기 힘들고 배려심도 부족하기 마련'이며, '상대방의 잘못에 대해 예민해져서 인간적인 공감대가 만들어지지 않기' 때문이다. 그녀는 "국가 보조금은 국가가 어린이들과 그들의 가정을 지키고, 만인의 복지를 위해 어머니를 중요한 존재로 인정함을 보여주는 첫 걸음이 되어야 한다"고 생각했다.[35]

주류 페미니스트 조직들은 모성연금을 받아들이지 않았지만, 영국 페미니스트나 사회주의자들과 교류하고 있던 사회주의자이자 페미니스트인 이스트먼(Crystal Eastman)과 블래치(Harriot Stanton Blatch)는 모성연금을 강력히 주장했다. 래스본의 1918년 가족수당위원회(Family Endowment Committee) 보고서의 미국판 서문을 쓴 캐서린 앤서니(Katharine Anthony) 역시 모성연금을 주장했다. 앤서니는 독일과 스칸

디나비아 나라들이 다룬 논쟁에 대해서도 잘 알고 있었다. 이들 나라에서는 정부에서 제공하는 연금을 모성에 대한 새로운 시각으로 보았다. 앤서니는 미혼 어머니에게서 태어난 어린이의 권리까지 주장한, 미국 개혁가 가운데서도 소수파에 속했다.[36]

실제 연금은 제한적으로 지급되었다. 모성연금은 1909년 백악관에서 열린 부양 자녀 돌보기 문제에 관한 토론에서 정책으로 제안되었지만, 상당히 중요한 단서 조항을 달고 있었다. '정상적인 부양자의 지원을 받을 수 없는 어머니, 합리적이고 유능하며 책잡힐 데 없는 어머니의 자녀들'에게 연금이 돌아가도록 해야 한다는 것이었다.[37] 모성연금은 이런 단서 조항 아래 제1차 세계대전 이전에 여러 주에서 도입되었다. 1919년까지 39개 주에서 모성연금 지급 계획이 수립되었지만, 제1차 세계대전 동안 미국 여성들은 별거연금을 받지 못했다. 모성연금은 자녀 부양이 개별 가족의 문제뿐 아니라 사회적 책임이기도 하다는 것을 인정하는 중요한 전환점이 되었다.

그러나 이런 작은 연금은 모성에 대한 특정한 시각을 강화하는 방편으로 사용되기도 했다. 밍크(Gwendolyn Mink)는 "흡연을 하거나, 교회 출석률이 저조하거나, 비위생적이거나, 남자 동거인이 있거나, 돈을 허투루 쓴 것이 드러나면 모성연금을 못 받을 수도 있었다"고 당시 상황을 전했다.[38] 사회복지사들은 누가 적합한 어머니인지를 결정하는 막강한 권력을 행사했다. 그 결과 앵글로색슨계 여성들에 견주어 이민자 여성이나 아프리카계 미국인 여성들은 그 자격을 충족시키지 못하는 경향이 있었다.[39] 1920년대에 모성연금은 점점 사회복지사의 생활 환경 조사가 중요한 부분으로 자리를 잡았고, 보편적 권리로 인식되어 온 초기의 발상은 온데간데없이 사라져 버렸다. 1930년대 뉴딜 정책

아래에서, 모성연금은 루스벨트 행정부의 사회보장국에서 관할하는 부양자녀지원금(Aid to Dependent Children)으로 대치되기는 했지만, 여기에서도 조건부 혜택의 타당성 문제는 제기되지 않았다.[40]

모성연금 논쟁

정부가 지급하는 연금의 의미를 놓고 영국과 미국의 주창자들은 상당히 다른 해석을 내놓았다. 한쪽에서는 사회적 효율성을 강조했다. 출산을 둘러싼 개혁은 장기적으로 볼 때 국가와 사회에 이득이 된다는 주장이었다. 1918년 래스본은 이렇게 말했다.

> 결국 가족을 부양하는 일은 흡연이나 비둘기 경주 같은 남성의 취미가 아니다. 나라가 계속 유지되려면 국민은 계속 스스로를 재생산해야 한다. 따라서 그 비용도 어느 정도는 국가가 부담해야 한다.[41]

기본적인 사회적 필요, 경제적 독립의 가능성, 어머니가 정부 연금을 받는 것은 당당한 일이며 큰 명예가 될 수 있다고 강조한 이들도 있었다. 독립노동당에서 펴낸 소책자 《사회주의자와 가족: 가족연금을 위한 청원》(Socialists and the Family: A Plea for Family Endowment)에서, 1920년대 출산조절 운동가 도로시 주슨(Dorothy Jewson)은 "국가의 도움과 보호를 요청하면서 관심을 쏟아 달라고 촉구하는 모든 서비스들 가운데 건강한 어린이를 낳고 기르는 것보다 국가 차원에서 더 중요한 것은 없다"고 주장했다.[42] 1925년, 또 다른 노동당 활동가 에번스(Dorothy Evans)는 "국가는 육아를 함께한다는 의미로 어머니들에게

일종의 임금을 제공해 주기 바란다"고 했다.[43]

영국의 여성 노동자들은 국가가 지급하는 연금에 대한 자신들의 요구를 전반적으로 어머니의 사회에 대한 공헌이라는 맥락에서 이해하는 경향이 있었다. 그러나 1920년 미국의 사회주의 페미니스트인 이스트먼은 개인으로서 여성의 권리도 강조했다. 어린이를 돌보는 것이 "분명한 경제적 보상으로 이해되어야지, 단지 어떤 남성에게 의존해서 해 나가야 하는 일로 인식되어서는 안 된다"는 점을 강조했다.[44] 이스트먼은 모성연금을 여성으로 하여금 가정과 직장 사이에 선택할 수 있게 해주는 것으로 여겼다. 연금은 아이 돌보는 수고를 보상해 주는 것이며, 고용과 같은 것이라고 주장했다. 어머니 되기와 고용을 연결시킨 이스트먼의 주장은 여성의 능력을 신장시켜 그들 스스로 어떻게 살아야 하는가를 결정할 수 있도록 길을 열어 주고자 하는 것이었다.

그러나 미국과 영국 모두에서 좌파 자유지상주의자들은 국가가 연금을 지불해야 한다는 정책에 동의하지 않았다. 1912년 추(Ada Nield Chew)는 그런 정책이 국가가 '복종'을 강요하는 데 이용될 수 있다고 주장했다.[45] 미국에서 로크(Benita Locke)는 생어(Margaret Sanger)의 아나키즘 간행물인 《여성의 반란》을 열렬히 지지했다. 1914년 그녀는 〈모성연금: 자본주의 최후의 음모〉(Mothers' Pensions: The Latest Capitalist Plot)라는 글을 통해 그런 연금은 여성의 선택 폭을 좁게 할 것이라고 주장했다. 모성연금을 지지한 사람들의 의도가 선하다는 것은 인정했지만, "사회 개혁의 결과가 …… 주창자들의 의도와는 반대로 되는 경우가 종종 있다"고 경고했다.[46] 가족연금을 지지한 브라우니(Stella Browne)는 결혼을 강조한 래스본의 입장은 물론이고, 연금을 받는 조건으로 어머니의 도덕성을 강조한 점에 반기를 들었다. 그런 조건은 국가가 개인의 행동을 통제하려고 하는 것으로서 도저히 용납할 수 없다고 했다. "부모가 한순간의, 의미가 있을 수도 있는 잠깐의 오판 때문에 연금을 받지 못하게 된다면, 그것 때문에 고생해야 하는 어린이의 상황은 너무나 불합리하지 않은가?"[47]

어머니가 된다는 것

어머니의 일을 사회적 활동이라고 하면서, 사회가 함께 책임을 져야 한다고 강조한 주장은 어머니가 되는 것에 대해 자의식을 갖도록 해주었다. 르파브르(Carrica Le Favre)가 쓴 《엄마의 도움과 어린이의 친구》(Mother's Help and Child's Friend, 1890)에는 아기를 목욕시키고 집 안을 자주 환기시켜야 한다는 조언을 비롯하여 '가정의 행복'을 만들어 가는 과정에서 '도덕의 햇살'이 얼마나 중요한가에 이르기까지 다양한 내용들을 담고 있다. 그녀는 여성의 권리가 책임을 수반한다는 점을 강조했다. 그리고 어머니를 더욱 '존중'함으로써 여성이 모성을 기꺼이 받아들이도록 하는 것을 목표로 삼았다.[48] 개화된 이들이 앞다투어 읽은 이런 식의 어머니 되기 입문서들은 어머니가 되는 것은 배워야 하고 기술을 요하는 활동이라는 것을 일깨워 주었다.

여성이 어머니가 되는 대안적 방식들을 모색해야 한다는 요구는 특히 미국에서 널리 확대되었다. 당시 미국에서는 스스로 하는 건강 운동과 '마음 치료'가 한창 유행하고 있었다. 영성과 자유연애에 관심을 가진 페미니스트 스톡햄(Alice B. Stockham)은 1896년에 대안적 섹스 안내서 《카레차》를 냈고, 뒤이어 1911년에는 임신, 출산, 육아 등을 다룬 《산과학》(Tokology)을 냈다. 그녀는 마인드컨트롤과 상식을 결합시켰다. 임산부에게 '딱 붙는 옷'은 피하고, 따뜻한 물로 목욕을 하고, '과일 다이어트'를 하고, 깊게 숨을 쉬고, 마사지를 해주고, 계단이나 언덕을 오르고, 체조를 하며, 출산 뒤에는 모유 수유를 하라고 권했다.[49] 스톡햄은 그들에게 능동적인 삶, 사회적으로 유용한 삶을 살라고 하면서, 질병이나 아픔이 있을 때 그것에 빠지지 말고 이성적으로 생각하라고 간곡하게 이야기했다. 그녀는 결론적으로 '마음, 진정한 자기 자신'이 삶을 결정하는 주된 요인이라고 주장했다. 장차 어머니가 될 이들을 놓고 스톡햄이 한 조언은 '몸을 극복하는 법을 배우라'는 것이었다. 그녀는 부모 모두 "이기적인 생각을 버리고, 자녀들에게 가장 좋은 조건을 마련해 주기 위해 최선의 노력을 다해야 한다"고 했다. '좋은 양육 조건에서 태어나는 것은 모든 어린이의 권리'이기 때문이다.[50] 하먼(Moses Harman)의 경구가 근대의 대중적 장르인 출산 안내서 속으로 들어간 것이다.

좀 더 좋은 어머니가 되라고 하는 이 모든 제안들 뒤에는 이상적 자녀 양육에 대한 유토피아적 희망이 자리하고 있었다. 길먼(Charlotte Perkins Gilman)의 이상적 미래에서, 어린이들은 신기하게도 한결같이 '열심이고, 행복하고, 정중'했다.[51] 이런 조화에 대한 신념은 심지어 영아에게도 적용되었다. 낙관적인 그라울(Rosa Graul)은 아나키즘 협동조합이 모범이 될 만한 아기들을 키워 낼 것이라고 전망했다. 모두들 얼마나 기다렸던 존재들인지를 조숙하게도 잘 알고 있던, "그들은 정말 선한 아기들이었다."[52]

20세기 초 스웨덴의 페미니스트 엘렌 케이(Ellen Key)는 어머니가 모성적으로 훌륭한 면모를 다양하게 지니는 것을 아주 높이 평가했는데, 이는 국제적으로도 영향력을 미쳤다. 케이가 강조한 '풍부한 모성'이라는 발상은 양육연금과 정부의 모성연금에 대한 사회적 요구와, 여성이 한 인간으로서 잠재되어 있는 능력을 발휘할 권리를 보장해 주어야 한다는 개인주의적 주장을 결합시켰다. 케이는 여성이 남성과 다르다는 것이 모성 개혁의 기초가 되어야 하며, 여성의 종속은 그들이 개개인의 남성에게 경제적으로 의존하는 데서 비롯되었다고 주장했다. 그녀는 어머니에 대한 신화적인 찬양을 《어린이 시대》(The Century of the Child, 1900)와 《사랑과 결혼》(Love and Marriage, 1904)에서 자세히 설명하고 있다. 두 책에서 그녀는 어머니가 된다는 것이 무엇이고, 모성에 어떻게 새로운 가치를 부여해야 하는지를 세세하게 서술해 놓았다.

길먼 역시 모성에 대한 인식이 바뀌어야 하고 모성에 뒤따르는 내용도 바뀌어야 한다고 생각했지만, 그녀의 생각은 케이와는 대조적이었다. 그녀는 개별 가정이 여성을 제한하고 있으며, 여성이 사회로 진출해 나아가야 어머니로서 여성들의 자질을 더욱 잘 활용할 수 있을 것이라고 믿었다. 길먼은 《산을 옮기다》(Moving the Mountain, 1911)라는 책에서 새로운 모성의 필수 조건을 다음과 같이 정리했다.

> 첫째, 자유롭고 건강하며 독립적이고 지적인 어머니들.
> 둘째, 살 만한 여유와 자녀를 양육하기 적합한 조건.
> 셋째, 전문적인 보육.
> 넷째, 종교, 예술, 과학, 시민사회, 훌륭한 효율성 등을 갖춘 새로운 사회의식.[53]

길먼은 경쟁적이고 남성 지배적인 자본주의에 반대되는 사회적 가치들을 찾고 있었다. 그녀는 그런 가치를 기존의 어머니에 대한 이상에서 찾은 것이 아니라 어머니가 갖고 있던 잠재성에서 찾았다. 풍자적인 유토피아 작품《그녀들의 땅》(Herland, 1915)에서 길먼은 여성으로만 이루어진 공동체에서 양육에 기초해 세운 모성적이고 협조적인 이상향을 묘사했다. 이 책에서, 생존 경쟁에 길들여져 있고 모성은 가정의 영역에 한정된 것으로 알고 있던 남성 방문자 세 사람은 깊은 혼란에 빠지게 된다.

> 우리는 '어머니'라고 하면 자신의 아름답던 어린 시절의 분홍빛 꾸러미에만 머물러 있으면서, 다른 사람의 꾸러미에는 거의 관심을 두지 않으며, 모두가 공유하는 꾸러미에 대해서는 당연히 입도 뻥긋 안 하는 존재로 여기는 데 익숙하다. 그러나 '여기' 여성들은 모두 함께 가장 중요한 일들을 해내고 있다. 그들은 사람을 만들고 있었다. 그것도 아주 잘 만들고 있었다.[54]

길먼은 어머니를 위한 새로운 조건들을 주장하면서, 모성은 여성만이 아니라 남성과 관련된 가치들도 수반해야 하며, 결국 보편적인 사회적 대안으로 해석되어야 한다고 시사했다. 케이와 마찬가지로 길먼 역시 개인적 성취를 사회적 재조직화와 공동체적인 전망과 함께 결합시켰다. 그녀의 사상들은 미국뿐 아니라 영국에도 영향을 미쳤다. 1912년《데일리 헤럴드》에서 마벨 하딩(Mabel Harding)은 '여성의 자리는 가정이고, 여성의 유일하고 진정한 소명은 현모양처라고 여기는 초기 빅토리아시대의 상투성'을 무시했다. 그녀는 길먼과 마찬가지로 가정은 "네 개의 벽으로 막힌 곳이 아니며, 더 이상 여성은 좁은 울타리에만 구속되어 있지 않다"고 주장했다. 대신 이제 여성은 '지역사회

와 국가라는 더 큰 가족'에 대한 의무를 지게 되었다.[55]

모성은 그것에 반대하는 측이든 찬성하는 측이든 강한 열정을 불러일으켰다. 일부 급진적인 여성들은 모성의 변화가 사회에서 여성의 삶과 지위를 개선하는 데 중요한 요소라고 믿었다. 반면에 어떤 이들은 생물학적 또는 문화적 차이가 강조되는 것을 우려했다. 그들은 어머니들에 대한 젠더화된 시민권이라는 발상이 인류라는 공통성에 기초한 보편적 권리를 침해할 수 있다고 생각했다. 게다가 사회화를 둘러싼 모든 논의를 보면, 그것이 여성의 삶에서 어머니로 사는 비중을 높이려고 하는지 줄이려고 하는지가 명확하지 않았다. 일부 여성 선구자들에게 어머니로서의 삶은 덫에 걸린 삶일 뿐이었다.

1892년, 미국 인민주의자이며 캔자스 자유사상가협회(Freethinkers' Association)의 간부인 화이트(Lillie D. White)는 여성들에게 '아내와 어머니로 묶인 끈과 짐'을 무시하고, '신과 남자 또는 공동체에 대한 어떤 의무도 생각하지 말자'고 조언했다.[56] 사회주의당의 서부 해안 지역 급진파인 조지아 코치(Georgia Kotsch)는 1911년 《국제사회주의자리뷰》에 쓴 글에서 '어머니의 역할'과 '어머니의 본능'은 남성이 여성을 심리적으로 조종하는 '마지막 요새'라고 했다.[57] 아나키스트 드클레이르(Voltairine de Cleyre)도 비슷하게 어머니의 본능을 부인했고, 자식이 없는 이들을 옹호했다.[58] 1912년 《자유여성》의 한 기고가는 여성이 어머니가 되면 지적으로 허물어지는 경향이 있다고 탄식했다.[59] 아방가르드 정기간행물인 《뉴에이지》에 글을 쓴 '비어트리스 헤이스팅스' 또한 어머니의 양육을 경멸했다. 모유 수유를 주장한 이에게 비판을 받은 뒤 그녀는 화가 나서 "나는 어머니가 아이들을 먹이든 말든 조금도 개의치 않는다"고 외쳤다.[60] 그녀가 원한 것은 보헤미안적이고 독립적인 정체성과 성의 자유였다.

　미국의 사회주의 페미니스트 블래치는 양 극단의 감정적 대립 사이에서 길을 내려고 시도하면서, 중요한 문제는 일과 어머니의 역할 사이에서 균형을 잡는 것이라고 했다.[61] 비슷하게 추도 1912년 《자유여성》에서 가사일과 어머니 역할을 조심스럽게 구분했다. "어떤 이들은 어머니의 역할이 신성한 것과 비슷하게 여겨지는 의무들, 즉 집과 의복에 관한, 솥과 음식에 관한 의무들과 뒤엉켜 있다는 사실에서 혼란을 느낀다. 여성을 개별적인 인류로 여기지 않는 한 우리는 결코 이 문제를 명확하게 이해할 수 없다."[62] 1915년, 그리니치빌리지의 보헤미안 사회주의자이자 페미니스트인 헨리에타 로드먼(Henrietta Rodman)은 어머니의 역할 속에서 얻을 수 있는 창의적인 혜택을 강조했다. "아기는 임노동자와 시민의 책임을 다하고자 하는 여성에게는 큰 문제이다. 우리는 우리 자신의 행복을 위해 아기를 가져야 한다. 그리고 아기에게 최선을 다해야 한다. 아기를 위해서만이 아니라, 사회를 위해서만이 아니라, 우리 자신을 표현하는 한 방식이기 때문이다."[63] 그러나 이처럼 자신을 표현하는 모성에 대한 열의가 자식과 어머니의 지속적인 접촉을 뜻하는 것은 아니었다. "과거의 어머니는 아이들 때문에 너무 바빠서 아이들과 즐길 여유를 갖지 못했다. …… 중요한 것은 어머니가 얼마나 오랫동안 아이들과 함께 있느냐가 아니라, 얼마나 집중적으로 아이들과 함께 하느냐이다."[64]

　문제는 어떻게 바람직한 균형을 이루어 나가는가 하는 것이었다. 실제로 여성들은 아이들을 친척이나 하녀에게 맡기고 떠나기도 했고, 공동체를 이루고 살면서 육아를 함께하기도 했다. 그러나 제1차 세계대전 무렵, 소수의 미국 중산층 페미니스트와 개혁가들은 개인적인 가사

일과 정책적 함의를 수반한 사회적 이슈로서 노동의 성적 분업에 대해 문제를 제기했다. 근대적인 사고방식을 가진 이스트먼은 아버지들이 육아에 함께하기를 원했다. 그러나 사실 그녀는 '두 지붕 아래에서 사는 결혼'이라고 하여, 아이들이 생겼을 때 남성과 여성이 서로 다른 공간에서 사는 것을 제안했다. 이렇게 서로 떨어져 지내는 커플에게 육아를 공동으로 하는 것은 어려운 문제일 수 있었다.[65] 육아가 바뀌기 위해서는 남성의 일과 여성의 일이 모두 바뀌어야 한다고 하는 점은, 1918년 시카고에서 열린 여성입법회의(Women's Legislative Congress)에 모인 300여 명의 사회 개혁 조직 대표들도 인정했다. 이들은 주간 노동시간을 좀 더 줄여서 아버지들이 아이들과 개인적인 시간을 가질 수 있도록 해야 한다고 주장했다.[66]

1920년대에 영국에서 나온 진보적인 육아 이론들도 아버지를 끌어들이기 시작했다. 그러나 어려움에 직면하면 오래된 버릇이 튀어나오곤 했다. 1920년대에 아일스(Leonora Eyles)는 아기가 깨서 울 때의 장면을 생생하게 묘사했다.

아버지는 "뭘 좀 먹여"라고 말한 뒤, 돌아누워 담요를 뒤집어쓴다. 어머니는 시끄럽게 해서 가장의 잠을 망칠까 두려워하며 조심조심 아기에게 젖이나 우유를 먹인다. 한 시간 뒤 아기가 다시 깨고, 아기는 열이 난다. 보통 이 시간쯤 되면 부모 모두 지쳐 축 늘어져 있기에 움직이기가 쉽지 않다. 어머니는 한 눈은 뜬 상태로 아기를 달래며 잔다. 아버지가 방해받지 않도록 하기 위해서다. 다음 날 그녀는 알람 소리에 몸을 일으킨다. 눈은 충혈되었고, 머리는 산발이며, 신경은 곤두서 있어 죽을 것처럼 피곤한 상태에서 새 아침을 맞는다.[67]

육아의 사회적 책임

육아 서비스를 제공해야 한다고 주장한 사람들 가운데 일부는 어머니가 육아에 적합한 이들이 아니라고 생각했다. 어린이는 어머니를 덜 볼수록 더 이로울 것이라고 생각했다. 길먼은 가정에 고립되어 있는 개개인의 어머니들은 너무 시대에 뒤떨어지고 무능해서 아이들의 발전을 가로막고 있다고 믿었으므로, 육아는 가정 밖에서 집단적으로 이루어져야 한다고 주장했다. 그녀는 어린 아이들이 잘 교육받은 보육 교사와 한번 만나게 되면, 인생과 사회를 좀 더 넓게 바라볼 수 있는 대안적인 본보기를 갖게 될 것이라고 했다.[68] 길먼은 《여성과 경제》(Women and Economics, 1898)에서 어린이를 '개인적인 소유물'로 대하는 태도를 비판했다. 어린이의 권리는 길먼이 가정의 변화를 위해 설정한 여러 개의 강령 가운데 하나의 항목이 되었다.[69]

1912년 미국의 사회주의자 코치는 길먼과 비슷한 근거에서 어린이에 대한 집단적 책임을 옹호했다. 사회주의 아래에서 '어린이 양육'은 '개별 어머니의 손에 되는대로 맡기지는' 않을 것이며, '전문가의 활동'을 통해 양육이 이뤄질 것이라고 했다.[70] 길먼의 주장을 반복하면서 코치는 어머니가 어린이의 권리를 인정해야 하며, 최고의 양육을 받을 수 있도록 해야 한다고 했다. 이는 어머니들만이 최고의 보육 교사는 아님을 인정하는 것이었다. 어머니들에게는 이제까지 자신의 아기들에게 쏟았던 시간을 '다른 방식으로 사용'할 의무가 있었다. 코치는 어머니들에게, "당신이 '내 아기'라고 불렀던 아기들은 완전히 당신의 것이 아니다"라고 했다.[71]

같은 해인 1912년, 추는 보육원 문제를 좀 더 가벼운 방식으로 다루

마거릿 맥밀런

었다. 그녀는 '부모 집에서 아주 가까운 곳에 아름다운 아기 보육원을 세워서' 아기들이 두 세계에서 최고의 것을 누릴 수 있게 하자고 제안했다. "아기는 햇살 같은 어머니 옆에서 사랑하고 성장한다. 그리고 함께 있는 다른 아기들 역시 아기에게는 마찬가지로 소중하다. 이들은 함께 어울리며 자란다."[72] 추는 보육원이 어머니를 도울 뿐 아니라 작은 아이들끼리 서로 어울릴 수 있는 곳이라고 생각했다. 1919년 노동당 여성 지도자 필립스(Marion Phillips)와 퍼니스(Averil Sanderson Furniss)는 보육원에 찬성의 뜻을 내비쳤는데, 이는 보육원이 '노동계급 어머니보다 어린이의 정신과 육체를 더 잘 발전시킬 수 있을 것'이라고 판단했기 때문이다. "작은 어린이가 항상 엄마를 보고 들을 수 있는 곳에 있어야 하는 것은 어머니와 어린이 모두에게 좋지 않다."[73]

어린이가 어떻게 보살핌과 교육을 받아야 하는가를 놓고 여성 선각자들 사이에 의견이 갈렸다. 한편에서는 완벽한 후손을 길러 내는 체계적인 방식을 적용하여 엄격한 훈련을 시켜야 할 필요가 있음을 강조했고, 다른 한편에서는 아나키스트들의 경향과 지본주의적인 교육 이론에서 가져온 자유지상주의적 접근 방식을 선호했다. 파리코뮌의 생존자인 아나키스트 미셸(Louise Michel)은 감옥에서 풀려난 뒤 런던에 자유학교를 하나 세웠다. 그곳 교사인 헨리(Agnes Henry)는 유치원 교육 이론과 아나키즘을 똑같이 생각했다.[74] 여러 나라의 진보적인 교육가들은 훈련과 규율과 기계적 암기를 통해 배우는 것에 대한 대안으로 관찰과 '행동'을 통해 감각을 개발시키면서 배우는 것을 시도했다. 이런 사상은 미국과 영국 모두에 영향을 미쳤다. 《산을 옮기다》에서 길먼은 아기 보육원과 어린이가 중심이 되는 유토피아 사회를 상상했다. 그녀가 상상한 공동체에는 안경 쓴 어린이가 없었다. "교육이 대부분 말을 통해 이루어진다면, 교육의 정말 많은 부분은 게임과 연습을 통해 전달된다. 책은 겨우겨우 찾을 수 있었는데, 사전처럼 참고하기 위해 뒤져 보거나 아니면 고도의 즐거움을 누리는 수단으로 이용될 뿐이었다."[75]

맥밀런이 사우스런던에 세운 어린이센터는 자연스러운 성장을 믿는 미셸의 아나키즘 사상과 교육 전문가 세갱(Edouard Séguin)의 학교에 대한 열정, 당시 유행하던 사회적 위생 관리가 혼합된 교육 기구였다.[76] 맥밀런의 방식은 영국 정부와 보육원들에게 영향을 미쳤고, 진보적인 학교 운동의 모범이 되었다. 1926년, 러셀 부부는 자녀들을 맥밀런의 '야외 보육원'에 데려갔고, 자신들이 시작한 학교에 그녀의 방식을 도입했다. 프로이트와 아들러(Alfred Adler)의 심리학 저서들뿐 아니라 페스탈로치, 프뢰벨, 몬테소리, 피아제의 이론들을 공부한 러셀 부부

마거릿 맥밀런의 보육 캠프

는 어린이들이 너무 어려서부터 책에만 파묻혀 지내게 해서는 안 된다고 생각했다. 도라 러셀에 따르면, "세계를 관찰해 보고 느껴 보고 뭔가를 해보는 시기가 분명 있다"고 했다. 그들은 몬테소리 공구들이 너무 고정되어 있다고 생각했고, '맥밀런 스타일로 아이들에게 모든 종류의 재료를 주고 나름대로 이용 방법을 찾아가도록' 하는 교육을 선택했다.[77]

20세기 초 어린이 발달과 관련해서 나온 이론들은 미국의 존 듀이의 지휘 아래 이루어진 교육 방식에 대한 광범위한 도전 가운데 하나였다. 헐하우스의 영향을 받은 듀이는 교육과 광범한 사회의식을 연결시켰고, '행동'을 통해 배우는 것을 강조했다. 길먼은 이런 접근 방식에 젠더적인 색채를 보탰다. 그녀는 《가정》(The Home, 1903)에서 어린이는 공식 교육을 통해 배울 뿐 아니라 선례를 따라 배우기도 한다는 점을 지적했다. "소녀들이 고립에서 벗어나고, 제한된 어머니의 전망을 뛰어넘으면서, 틀에 박힌 삶을 반복하지 않기 위해서는 다른 양육 방식을 경험할 필요가 있다."[78] 《산을 옮기다》에서 길먼은 교육이 젠더 구분을 최소화시킬 수 있을 것이라고 전망했다. "영아기부터 사춘기까지 행복한 성장기를 보내는 시기에 소녀와 소년을 구별하는 것은 별 의미가 없다! 보통은 잘 구별되지도 않는다!"[79]

아나키스트들은 특히 기존 교육의 권위주의를 비판했다. 1892년 리지 홈스는 학교를 '무조건적인 복종'을 길러 내는 곳이라고 했다. 그녀는 "인간의 능력을 개발하고, 개인적으로 원만한 성품을 기르며 …… 신나게 최선을 다하는 활동을 할 수 있도록 해주는" 대안적 교육을 원했다.[80] 아나키스트들은 교육이 타고난 능력을 끄집어내는 과정이며, 놀이의 가치와 자연과의 친밀성을 알아 가는 것이라고 여겼다. 드클레이르는 농촌에 기숙학교를 세워, 농장 하나와 제휴를 해서 어린이들이 '자연과 자유롭게 맞닿으며 배울' 수 있기를 상상했다.[81] 1909년 골드만은 홈스의 주장을 받아서 이렇게 주장했다. "만약 교육이 의미가 있다면, 그것은 자유로운 성장을 지원해 주고, 어린이의 타고난 능력과 지성을 개발해 주기 때문일 것이다."[82]

아나키스트와 사회주의자들은 모두 새로운 문화를 창조해야 한다고 주장했다. 데이비슨(Annie Davison)은 특정 종파에 속하기를 거부한 자신의 아버지가 자신을 글래스고에 있는 패트릭 사회주의자 일요학교와 아나키스트들이 운영한 일요학교에 보냈는데, 그곳에서 그녀는 동료 의식과 국제주의, 노동자의 권리와 사랑, 진리, 정의를 배웠다고 회고했다.[83] 미국의 노동계급도 이와 비슷한 대항문화의 창조를 추구했고, 새로운 동료 관계를 시도했다. 급진적인 이민자들이 몰려올 때마다 이들은 자신들의 관습도 함께 가져왔다. 핀란드 사회주의자 모임에서 어린이들은 공식적인 가르침뿐 아니라 대안적 가족을 경험하기도 했다. 어린이들은 모임의 모든 어른들을 '이모' 또는 '삼촌'이라고 불렀다.[84] 사회주의자들과 협동조합 운동의 이런 대안 문화가 암시하는 것은 어린이의 양육이 사회적 책임이기도 하다는 생각이었다. 젠더의 역할 변화를 명시한 것은 아니었지만, 이런 급진주의적 문화는 어머니와 아버지의 역할이 바뀔 수 있음을 보여 주었다.

새로운 어머니상, 새로운 아버지상

1920년대의 '모던' 페미니스트들은 새로운 어머니상을 위해서는 남성이 육아에 실제로 참여하는 것뿐 아니라 새로운 아버지의 역할이 필요하다고 주장했다. 도라 러셀은 《행복해질 권리》에서 일을 분담하는 민주적인 부모를 예로 들었다. "우리가 어쨌든 부모의 권리를 인정한다면, 그리고 두 사람이 그 권리를 원한다면, 그 권리는 아버지와 어머니 모두를 위한 것이 되어야 한다."[85] 1920년대의 다른 근대 여성들과 마찬가지로, 그녀도 '자녀 양육은 주로 여성이 전담하는 것'이라고 생각하는 젠더에 대한 고정관념을 바꿀 수 있는 문화적 방식을 모색했다. "서로의 행복을 위해 필요한 것은 아버지의 역할을 줄이거나 그저 모성적 감성을 강화하는 것이 아니라 아버지와 어머니의 '감성'을 '혼합'하는 것이라고 생각한다."[86]

그녀는 버트런드 러셀과 살면서, 별거를 하게 되면 민주적인 양육에 문제가 된다는 것을 알게 되었다. 사회에서 남녀 간의 역관계는 평등하지 않았다. 그녀는 기존의 어머니의 역할에 구속되고 싶지 않았지만, 어머니의 역할이 인정받기를 원했다. 그녀는 새로운 '모성'을 본능적인 힘보다는 자의식을 가진 것으로 규정해서 긴장을 극복해 가려고 했다. "여성은 과학적 지식에 비추어 본능에 기초한 삶을 새롭게 발견하고 있다. 그러나 다시 돌아와 섰을 때, 여성은 전통적으로 배워 온 것과는 상당히 다른 마음가짐으로 삶을 바라본다."[87]

도라 러셀과 라폴레트, 이스트먼은 '새로운 어머니상'을 위해서는 경제적 독립과 노동시간의 변화와 함께 정부의 재정 지원과 법 개정이 필요하다고 생각했다. 또한 성의 자유와 젠더의 평등이라는 새로운 문화도 함께 만들어 가야 한다고 주장했다. 그들은 어머니상과 아버지상에 대한 새로운 정의에 대해 논의를 열어 놓은 채, 실제 개혁을 위한 운동을 해 나갔다. 그러나 사회적 관계의 변화 가능성이 경제적·정치적으로 크게 위협당하면서 그들의 전망은 수시로 흔들렸다. 어머니로서 누구나 가져야 하는 여성의 가장 기본적인 욕구의 충족이 1930년대의 공황으로 위기에 처했다.

집안일

6장

가정경제학

1903년 길먼(Charlotte Perkins Gilman)은 그녀가 '가정 과학'과 '가정 산업'이라고 부른 분야에서 거둔 지난 20년 동안의 발전, 즉 가정과 가정에서 여성의 역할이 이론적·실천적으로 꾸준히 재평가되어 온 것을 기쁘게 자축했다. 사실 이런 재평가는 사회로까지 확장되었다. "우리는 가정학의 자리를 마련하고 있습니다. 우리는 가정경제학에 대한 책들을 쓰고 있습니다. 우리는 가사일의 수준을 높이기 위해 온 힘을 다해 노력하고 있습니다."[1]

이러한 '가정학'의 선구자는 리처즈(Ellen Swallow Richards)였다. 농부의 딸이자 전직 교사인 리처즈는 매사추세츠공과대학(MIT) 첫 여성 졸업생이었고, 훗날 이 학교에서 학생들을 가르쳤다. 그녀는 첫 번째 책 《요리와 청소의 화학》(The Chemistry of Cooking and Cleaning,

1882)에서 가사일을 과학적 연구 영역으로 제시했다. 리처즈는 '가정 경제학'이라는 새로운 학문 분야의 다른 선구자들과 마찬가지로, 가정에서 여성의 활동이 환경 보전을 위해 사회가 갖는 커다란 책임의 기초라고 여겼다. 이러한 새로운 사상은 가정과 가정 밖 생활 사이의 경계를 허물었다. 리처즈는 세계는 '모든 이의 집'이며, 따라서 가정 살림을 잘하기 위해서는 환경 과학이 필요하다고 선언했다. 그녀는 '오이콜로지'(oekology)라는 신조어를 만들어 냈는데, 이것이 나중에 '생태학'(ecology)의 어원이 되었다.[2]

가정학은 광범한 사회문제를 직접 접하면서 문제의식을 느끼는 가운데 시작되었다. 그 선구자 가운데 한 명이 길먼의 스승인 캠벨(Helen Campbell)이었다. 그녀는 리처즈와 함께 전국가정경제학협회를 세웠는데, 이는 1893년 컬럼비아세계엑스포(World's Columbian Exposition)의 여성회의에서 시작되었다. 기구의 틀은 직접 발로 뛰는 경험을 통해 만들어졌다. 1880년대부터 인민주의 운동을 해온 캠벨은 규정된 식사를 만드는 부엌을 세우고, 다음에는 학교를 세웠다. 이와 함께 워싱턴디시에서 노동계급의 생활 조건을 조사했다. 길먼과 함께 일하기 시작한 1890년대 초에 캠벨은 벨러미(Edward Bellamy)의 《과거를 돌아보다》에 나온 유토피아에서 영향을 받은 국가주의 운동의 페미니스트 진영에 있었다. 캠벨이 쓴 빈곤과 살림에 대한 글에는 존 러스킨의 사회경제학 사상과 혁신주의자들의 낭비를 없애고 철저하게 효율성을 추구해야 한다는 정신이 한데 어우러져 있었다.[3]

가정경제학이라는 새 분야는 처음부터 지식의 실용을 크게 강조했다. 최초로 구성된 사회복지사와 사회조사원들은 1880년대 대도시의 슬럼에서 일했다. 이들은 영양과 위생을 과학적으로 관리함으로써 일

1901년 보스턴의 자메이카 호수에서 수질 검사를 하는 엘런 스왈로 리처즈

자리와 풍요의 꿈을 찾아 대서양을 건너온 이민자들의 가난을 덜어 줄 수 있을 것이라고 믿었다. 동시에 가정경제학은 여성이 젠더화된 기술 영역을 주장하고, 그 범위를 확장할 수 있도록 했다. 1905년 보스턴의 록스베리 고등학교가 개설한 가정학 강좌에는 기획, 집짓기, 가구 비치, 장식, 조명, 난방, 배관, 상수도, 쓰레기 처리, 위생 등이 포함되어 있었다.⁴ 20세기 초까지 가정경제학의 실용적 응용은 복음처럼 번져 나갔다. 교육과정이나 전문가들이 모인 학술회의를 통해서뿐 아니라, 대중적인 지침서와《좋은 살림》같은 여성 잡지를 통해서도 널리 전파되었다. 그러나 역설적이게도 이러한 새로운 살림 기술은 애초에 대상으로 삼았던 가난한 이들에게게보다 가정생활을 꾸려 가는 데 열심이었던 새로 등장한 중산층에게 더 큰 영향을 미쳤다.

가정경제학이 근대 주부의 가사와 융합되어 가기는 했지만, 가정경제학은 경쟁적인 시장경제에 대한 비판적 시각을 담고 있었다. 리처즈와 캠벨 모두 가정경제학은 기존 경제에 대해 대안적으로 접근해야 한다는 입장을 기본으로 갖고 있었다. 이는 전반적으로 러스킨의 저작들에서 영향을 받았다. 가정을 유기체로 보고 부를 생활 수단이라고 하는 그의 주장은 자유 시장 자본주의 특유의 경쟁 구도 모델에 도전하는 것이었다. 그는 인간의 필요를 우선시했으며, 생산의 동력을 이윤보다 복지에서 찾았다. 따라서 타인에 대한 책임은 단순히 개인의 도덕적 문제가 아니라 사회적으로 관심을 가져야 할 문제가 되었다. 경제학을 사회적 실재로부터 추상화시키는 대신에, 러스킨은 가정에 중요성을 부여했다. 가정은 삶의 다른 영역들을 서로 연결해 줄 수 있기 때문이다. 《가정경제학》(Household Economics, 1896)에서 캠벨은 가정경제가 '개인의 물질 경제와 국가의 사회경제의 연결 고리'를 포괄하는 것이라고 이론화했다. 캠벨에게 있어 가정은 '국가의 어버이'였다. 따라서 가정경제학과 그 분과들에 대한 연구는 '삶의 비즈니스' 전반을 탐구하는 것이었다.[5]

1894년에서 1895년 사이, 캠벨과 길먼이 함께 《임프레스》라는 잡지를 편집하던 시절 '가정경제'라는 제목에서 시작해서 '생활의 예술'로 확대된 칼럼이 하나 있었는데, 여기에 러스킨의 글을 자주 인용하곤 했다.[6] 러스킨의 사회경제에 대한 생각은 길먼의 저작들로 이어졌고, 학계에도 큰 영향을 주었다. 특히 매사추세츠공과대학, 보스턴의 웰슬리여자대학, 여성 사회 개혁가들에게 동조한 경제학자 리처드 일리(Richard Ely)가 있던 위스콘신대학, 사회학과 공민학을 전공한 탤벗(Marion Talbot)과 브레킨리지(Sophonisba Breckinridge)가 당시 여성들 사이에서

유명 인사로 재직 중이던 시카고대학에서 영향력을 발휘했다.[7]

가정이 사회경제의 비유로 해석되면서 여성들은 가정 밖의 개혁 운동에서도 특별히 젠더화된 소명을 주장했다. 1894년 뉴욕숙녀건강보호협회(New York Ladies' Health Protective Association)는 다음과 같이 자신 있게 선언했다.

여성이 쓰레기를 분리하고 처리하는 일, 거리 청소, 가축을 위생적으로 도살하여 고기를 신선하게 유통시키는 일, 공립학교의 보건 위생, 상습적으로 공공에게 불편을 주는 행위를 자제시키는 일, 대중교통 수단이나 건물에서 침을 뱉는 수치스런 행실의 근절, 우유와 (뉴욕 시 상수원의 하나인) 크로톤(Croton) 강물의 관리, 식품에 대한 공식적 감시 등 시 정부 살림을 구성하는 사실상 모든 일에 여성이 직접 관심을 갖는 것은 지극히 당연하다.[8]

도시 살림꾼들

'시 정부 살림'의 결과는 실로 굉장했다. 1915년까지 비어드(Mary Beard)는 미국 여성이 교육, 보건, 주택, 자원봉사, 지역 발전 등에 대해 지역자치정부 차원의 열정과 관심을 갖고 있음을 보여 주는 인상적인 자료들을 수집할 수 있었다. 비어드는 여성들의 조사 활동, 자원봉사 활동 프로젝트, 복지관 사업 참여, 공공 보조금을 위한 운동, 음식과 위생에 대한 관리, 흡연과 소음을 막기 위한 로비 활동 등을 기술했다. 그녀는 이러한 활동이 단순히 더러운 하수구와 흙먼지를 개선하려는 것뿐 아니라, '도시를 아름답게' 하려는 심미적 지향에서 비롯된 것

이기도 하다는 점을 강조했다.[9]

이 모든 개혁적 열정에는 다양하고 폭넓은 정치적 함의를 담고 있었다. 살림에 대한 폭넓은 인식을 통해 여성들은 지역정부에 참여하기 시작했고, 정부의 행동을 요구하였으며, 참정권을 향한 결의를 다져나갔다. 이들의 활동은 눈앞의 이익을 추구하다 보면 으레 생기게 되는 자원 낭비에 대해 문제 제기를 하게 했고, 사회적 자본주의라고 하는 경제 사상을 발전시켰다. 또 자원을 보존하고 보호하자는 장기적 시야를 갖게 해주었으며, 건강한 시민을 키우는 데 기여했다.

한편 이들의 개혁에 대한 개량적이고 점진적인 접근 방식은 좀 더 날카롭고 급진적인 면모를 띠어 가기도 했다. 중산층 '도시 살림꾼들'은 쾌적한 주거의 권리를 내세우면서 건물에 대한 규제와 시 정부의 계획이 필요하다고 요구했다. 그러면서 이들은 토지의 소유와 이용을 놓고 막강한 기득권 세력과 갈등을 빚게 되었다. 시카고에서는 학계에 있던 브레킨리지가 주거에서 인종적 편견이 작동하는 것에 맞서 싸웠다. 그리니치하우스복지관 출신의 켈리(Florence Kelley)와 심코비치(Mary Kingsbury Simkhovitch)는 《주간 세입자》(Tenant's Weekly)라는 소식지 제작을 도왔다. 이 소식지는 집세를 낮추고, 주택에 부과하는 세금을 줄이는 것을 목표로 했다. 슬로건은 '민중을 위한 도시'였다.[10]

주거 복지에 대한 사회적 전망은 새로운 인간관계와 더 좋은 사회를 보여 줄 수 있는 이슈가 되었다. '가정'에 대한 생각을 외부로 확대해 가면서, 일부 개혁가들은 여성의 영역에 대한 기존의 통념을 깨뜨려 놓았다. "가정은 개인의 집을 둘러싸고 있는 네 개의 벽 안에만 담겨 있는 것이 아니다. 가정은 공동체이다"라고 1910년에 사회 개혁가 도르(Rheta Childe Dorr)가 선언했다.[11] 동시에 발전에 대한 이들의 생각도 자주 인용되었다. 몇몇 사회적 살림꾼들은 자신들이 돕고자 하는 이들을 상당히 너른 시각에서 바라보았다. 학교의 가사 교육을 지원하기 위해 뉴욕 시에 모범 살림 센터를 도입한 키트리지(Mabel Kittredge)는 "우리 이민자들은 좀 더 나은 집에서 살아야 한다"고 생각했고, "아파트마다 상하수도관을 제대로 설치하고, 위생적인 싱크대를 제공하고, 좀 더 공간적인 여유를 누릴 수 있도록" 하는 투쟁을 지원하기 위해 준비를 갖추었다. 한편 그녀는 "우리가 이탈리아계, 러시아계, 폴란드계 이민자들을 위해 더 나은 주거 환경을 만들어 가도록 돕는 동안, 정작 이들은 개선된 환경을 사용하는 방법을 몰라 당황할 수도 있다는 점을 우리는 미처 생각하지 못했다"고 언급했다.[12] 후원은 무의식적인 친절한 습관 속에서 매너리즘에 빠질 수 있었다.

가사 교육 지지자인 혁신주의자 부루어 부부(Martha Bensley Bruère and Robert Bruère)는 한 시카고 학교에서 부유한 집안 출신과 가난한 유대계, 폴란드계, 러시아계 출신의 여학생들이 함께 완전한 미국식 오찬을 준비하면서 어떤 일이 일어났는지를 기록했다. '활달한 어린 미국 소녀'들은 자신 있게 준비한 음식들을 테이블 위에 올려놓았다. 달걀 샐러드를 얹은 토스트, 옥수수 빵 케이크, 우유, 전분 푸딩과 고급스런 쿠키들이 나왔다. 그러나 '작은 러시아계 유대인 소녀' 소피는 이런 일에 서툴렀고, 이렇게 복잡한 연회에서 무엇이 '필요한지'를 몰랐다. 교사는 조사원들에게 "사실 '소피네' 사람들은 제대로 식탁에 앉아서 밥을 먹지 않는답니다. 이들은 정말 가난해서 먹을 수 있을 때면 언제든지, 아무 데서나 먹지요"라고 말했다.[13] 미국의 민주주의가 소피를 불러들였을 것이다. 그러나 '미국화' 과정에서 소피는 자신의 자리가 한쪽 구석이라고 하는 것을 눈치껏 알게 되었을 것이다.

영국에서 자선가, 개혁가 그리고 급진주의자들로부터 조언을 받아야 하는 노동계급 여성들은 개선을 추진하는 이들의 노력에 대해 화를 내곤 했다. 이들 중산층 '전문가'들이 노동계급의 실제 생활환경을 전혀 모르고 있었기 때문이다. 가정 살림과 관련해 전문가들의 지식은 순전히 이론에만 머물러 있었다. 중산층 가사일은 하녀 노동으로 운영되었다. 미혼의 개혁가들은 중산층 가정을 도맡아 직접 살림해 본 적이 없는 사람들이었다.[14] 좀 더 급진적인 일부 여성들은 이 문제를 알아차렸다. 제1차 세계대전 동안 블랙(Clementina Black)은 중산층이 협동조합에 의해 꾸려 나가는 살림의 미덕을 칭송하면서, 한편 노동계급 여성들도 자신들의 요구를 분명히 내세울 수 있는 능력을 갖추고 있다고 조심스럽게 강조했다.[15]

19세기 말과 20세기 초 노동운동 안에서 여성들은 일상의 문제를 스스로 깨닫고 주장하라는 요구를 받았다. 《애크링턴 노동저널》(Accrington Labour Journal)의 '우리 여성 코너'란에 글을 쓴 '스코셔'라는 한 여성은 이렇게 말했다. "불편하고 괴로운 세탁 일에 대해, 또는 노동계급 가정생활을 현재의 조건 아래서 평가하는 것에 대해 당신도 유창하게 발언할 수 있다."[16] 여성협동조합길드는 구성원들에게 가정경제학의 체제와 효율성을 생활에 적용하고, 자신들이 기존에 갖고 있던 기술들을 활용하라고 권했다. 이런 종류의 가사 교육은 여성에게 시간 절약은 물론 돈 모으는 법도 알려 주었기 때문에 인기를 끌었다. 이들은 고상한 중산층 강사의 교육을 받기보다는, 여성들끼리 자기가 알고 있는 지식을 서로 교환했다. 랭커셔의 여성협동조합길드 구성원인 베리 부인의 일상을 보면 이러한 활동이 어떻게 진행되었는지 알 수 있다. 가장 중요한 장을 보고 요리를 하는 일 말고도 그 밖에 어떤 가사 노동이 있는지를 세세히 알려 주었다. 그녀는 요일마다 특별한 작업을 배치했다. "월요일에는 집을 정리하고 솔질을 한다. 화요일에는 빨래를 할 수 있도록 옷을 미리 물에 담가 둔다. 수요일에는 풀을 먹이고, 다림질을 하고, 바느질을 하면서 옷을 수선한다. 목요일에는 빵을 굽고, 침실 청소를 한다. 금요일에는 거실, 계단, 로비, 현관 등을 청소한다. 토요일은 창문이나 외벽 등 바깥 청소를 하고, 침대보를 깨끗한 것으로 교체한다."[17]

협동조합이나 노동조합 운동과 연관 있는 지역위원회 또는 여성 조직들이 발간한 사회주의 언론들을 통해 노동계급 여성들이 스스로 의견을 내놓기 시작했다. 이들은 날마다 반복되는 집안일뿐 아니라 생활 조건에서도 물질적 변화가 있어야 한다고 주장했다. 1914년《애크링턴 노동저널》에서 '스코셔'는 "잘못 지어진 집, 배수가 잘 안 되는 집에서 어떻게 여자가 아늑한 가정을 꾸릴 수 있겠는가?" 하고 물었다.[18] 가정을 개선하려고 노력한 노동계급 여성들은 그들이 기존에 해온 역할을 당연히 받아들이는 경향이 있었다. 여성노동자연맹의 관점에 대해 데인(Pat Thane)은 이렇게 언급했다. "그들은 '가정'을 어딘가로 도망가지 못하도록 묶어 두어야 하는 어찌할 도리가 없는 원천이라고 여기기보다는, 잠정적으로는 여성에게 힘을 주는 원천으로 …… 보는 경향이 있다."[19]

가정의 '부적격자들'

그러나 일부 정치의식이 있는 노동계급 여성들은 기존의 여성 역할에 대해 저항했다. 이들은 가정을 꾸리는 것 이상의 포부를 갖고 있었

해나 미첼

다. 1895년에 결혼한 사회주의 페미니스트 미첼(Hannah Mitchell)은 검소하지만 시간을 많이 잡아먹는 '임시변통'의 도구들 때문에 분통을 터뜨렸다. 이는 점잖은 노동계급 살림에서 흔히 볼 수 있는 것이었다. 예컨대 이들은 밀대 대신에 유리병을 써서 밀가루 반죽을 하고, 옷 만들고 남은 헝겊의 가장자리를 시쳐서 행주를 만들고, '날염 면 조각들'을 누벼서 침대보로 썼다. 하지만 집에서 만드는 일을 즐기는 것과 거리가 먼 미첼은 이렇게 항의했다. "나는 그런 모든 것이 싫다. 밖에 나가서 예쁜 새것을 사고 싶다. '그런 일에 쓰는 시간과 노력을 책과 공부에 쓸 수 있다면' 하는 생각에 속이 부글부글 끓는다."[20]

추(Ada Nield Chew) 역시 보수주의자들과 사회주의자들 사이에서 만연한 가정주부에 대한 이상화에 반대했다. 1913년 《애크링턴 옵서버》(Accrington Observer)에 쓴 그녀의 글에는 여성에게 주부가 되라는 심리적 압박에 대한 생각이 잘 정리되어 있다. 추는 다음과 같은 도발적인 글을 썼다. "페미니스트의 영향? …… 여성이 가정을 가지려면 마룻바닥에 윤을 내고, 냄비를 반짝이게 닦아야 하는가? …… 여성을 집에 매어 둔다고 가정이 만들어지는 것은 아니다."[21] 여성노동조합연맹에서 추와 함께 일한 노동조합 조직 운동가 메리 맥아더(Mary Macarthur) 역시 1908년, 여성의 진정한 자리는 '가정'이라고 주장하는 사람들을 비판했다. "여성이 공공 세계에서 '독립적인 역할을 할 권리를 그들은 부인'하고 있기 때문에, 그들이 말하는 가정은 정말 '새장'을 의미하는 것이다"라고 했다.[22] 추와 마찬가지로 맥아더 역시 노동계급 여성으로서 가정 밖에서 일과 정치를 하며 독립적인 생활을 해냈다. 1919년 마거릿 본드필드(Margaret Bondfield)는, 노동계급 주부들은 "자신의 마음을 가꾸고, 좀 더 크고 굵은 선으로 인생을 계획할 시간이 필요하다"고 주장했다.[23]

여성들이 갖는 가정에 대한 모순된 감정은 미국의 급진주의 운동에서도 나타났다. 19세기 말 인민주의 진영의 여성들은 시골의 가정생활을 '신성한 안식처'로 이상화했다. 그러나 인민주의 여성들 역시 금주개혁과 같은 운동을 주도한 활동가들이었고, '여성은 태생적으로 가사일에 적합하다'고 하는 통념을 비판했다. "여성이 식사를 준비하고, 양말을 꿰매는 일에 헌신적으로 임하지 않으면 이를 정말 웃기고 이상한 일이라고 생각하는 이들이 어디에나 있다. 그러나 배관이나 하수 설비 같은 일 말고 다른 직업을 선택한 남성들을 보며 이들을 괴물이라고 여기는 이들은 없다."[24] 모든 노동계급 여성들이 주부의 생활에 자신을 맞출 수 있는 것은 아니다. 시애틀카드라벨산업여성노동자연맹에서 온 아치볼드(Mary Archibald)는 1918년, 스스로를 '부적격자'라고 하면서 이렇게 말했다. "나는 내 가정을 사랑했다. 그러나 하루에 세 번 설탕 그릇을 식탁에 갖다 놓고 다시 치워야 하는 지루한 가사일, 뭔가 유용하고 아름다운 것을 주변에 놓고 싶지만 결코 이루어질 수 없는 망상이 계속되는 일상은 정말 싫었다."[25]

미국 여성 가운데 가정에 대한 이상주의적 생각에 가장 크게 반발하고 나선 이들은 1890년대 자유사상 서클의 여성들이었다. 1893년 화이트(Lillie D. White)는 '살림'에 대한 숭배적 경향에 대해《루시퍼》에 몇 차례 글을 발표하면서 이렇게 선언했다. "내 인생에서 내가 정말 감사하는 한 가지는 내가 결코 좋은 주부가 되는 죄를 범하지 않았다는 점이다."[26] 그녀는 여성에게 가정을 만들어 가는 사람이 되라고 하는 압력들을 통렬하게 비웃었다.

> 냄비와 프라이팬의 음악 소리 안으로 발을 내딛을 때, 맛있는 빵, 버터, 피클을 만들어 내는 선수가 되었을 때, 사랑과 가정에 대한 의무에 헌신할 때 여성들은 가장 행복을 느끼게 된다고 끊임없이 배워 왔다. 내가 정말 화가 나는 것은 여성들이 이런 교훈을 너무 잘 배웠다는 점이다.[27]

화이트는 설거지를 하고, 마루를 닦고, 침실 정리를 하는 일에 여성이 특히 잘 맞는다고 하는 통념이 문제라고 주장했다. 그녀는 "남성의 특별한 활동 영역과는 완전히 분리되어 있는 곳에 여성의 자리와 영역, 여성의 일이 있다는 생각은 너무나 오랫동안 숭상되어 온 미신이며, 물리쳐야 할 생각"이라고 주장했다.[28] 화이트의 글들은《루시퍼》의 아나키스트 독자들을 열광시켰다. 그녀의 여동생 홈스(Lizzie Holmes)는《새로운 인류》에 쓴〈여성답지 않은 여성〉이라는 글을 갖고 3년 만에 격론의 장으로 돌아왔다. 그녀는 고립된 가정이건 협동조합 공동체이건 모든 여성이 주부가 되어야 한다는 가정은 잘못된 것이라고 주장했다. 인간이 성취감을 느끼기 위한 열쇠를 자결권에서 찾았던 홈스는 개인주의적인 아나키즘 사상에 젠더적 시각을 부여해 이렇게 선언했다. "만약 …… 여성이 자신의 생각이 아닌 생각에 순응해 살려고 한다면, 그녀의 삶은 자유롭지 않고, 또 성공적이라고도 할 수 없다."[29] 미국 농촌 가정에서 가사일이 얼마나 힘든지 잘 알고 있던 아나키스트 오스틴(Kate Austin)은 화덕의 천사라고 하는 남성 중심적 이상주의의 허상을 비웃었다. "나는 그런 식으로 말하는 남자들이 그 천사가 추운 아침에 나무를 하고, 우유를 짜고, 불을 피우는 것을 보며 마음 아파하는 것을 한 번도 본 적이 없다. 남성이 두려워하는 것은 여성의 그런 독립적인 모습이 아니라, 자신의 권위에 문제를 제기하는 모습이다."[30]

1900년까지 일군의 사회주의자들은 자본주의가 가정을 파괴하고 있으며, 사회주의가 이를 회복시켜 낼 것이라고 주장하기는 했지만, 가정생활을 바꾸려는 노력을 중요시한 길먼의 사상은 미국과 영국에서 지지를 넓혀 가고 있었다. 길먼은 이론화 작업만 한 것이 아니라 상상력을 동원해 대안을 제시했다. 미국에서는 1909~1910년 《개척자》(Forerunner)에, 영국에서는 1912년 《데일리 헤럴드》에 발표한 〈다이안다가 한 일〉이라는 글에서, 여자 주인공 '다이안다'는 레스토랑과 음식 배달 서비스 사업을 한다. 가솔린 엔진 밴을 이용해서 컨테이너에 음식을 실어 부엌 없는 집과 호텔에 거주하는 사람들에게 배달한다. 이들은 수영장과 당구장, 카드놀이방, 테니스 경기장, 무도회장, 아름다운 정원이 있는 '즐거운 천국' 같은 곳에서 사는 이들이다.[31] 가정적인 것과 거리가 먼 여성들은 길먼의 생각에 환호했다. 1911년《국제사회주의자리뷰》에서 미국 서부 해안 출신의 사회주의자 코치(Georgia Kotsch)는 "길먼 씨의 의견에 동의하며 …… '가족의 단합'이 식탁을 통해서만 가능하다는 생각은 문제가 있는 가치관"이라고 주장했다.[32]

길먼의 생각은 새로운 삶을 모색한 급진적인 서클 회원들의 생각과도 잘 맞았다.《여성과 경제》에서 길먼은 독자들에게 조심스럽게 말했다. "엄격한 처방이 필요한 것은 아니다. 어디에 살아야 하는지, 잔디가 있고 교육과 각종 서비스와 편의를 제공받기 쉽고 일터와 놀이터가 가까이 있는 작은 단독주택에 살아야 하는지, 화단이 있고 은둔처가 갖추어진 구중궁궐에 살아야 하는지에 대해 단정할 수는 없는 일이다."[33] 그녀가 이론화했던 일종의 유토피아는 어떤 공식이 있는 것도 아니고, 분리된 공동체에서만 만들 수 있는 것도 아니었다. 그것은 지금 여기에서 할 수 있는 방식을 모색하는 것이었다. 러스킨, 모리스, 카펜터 등의 영향을 받은 급진주의자들은 일상을 재구성할 수 있는 대안적인 미학을 궁리했다. 슘(Emma Heller Schumm)은 휘트먼식 아나키스트인 본(Helena Born)이 매사추세츠의 서머빌에 있는 자신의 집을 '아름다운' 일용품들로 꾸며 놓은 것에 대해 이렇게 설명했다.

예술은 생활과 동떨어져 있는, 이따금씩 즐길 수 있는 것이 아니었다. 예술은 어디에나 살아 있는 현실이었다. 본은 자신의 타고난 미적 감각을 마음껏 발휘하여 자신의 집을 예술적으로 표현해 한 편의 시로 만들어 놓았다.[34]

미술공예와 도시계획

1890년대 초부터 일상에서 소박한 아름다움을 추구한 '미술공예' 사상은 미국에서 큰 영향력을 발휘했다. 미술공예 사상은 보스턴을 중심으로 해서 전국으로 퍼져 나갔다. 출산조절 운동가가 되기 이전에 데닛(Mary Ware Dennett)은 미술공예가 좀 더 나은 생활 방식을 만드는 수단이 될 수 있다고 생각한 개혁가들 가운데 한 명이었다. 강연을 통해 새로운 미학을 선전하러 다닌 그녀는 건축가 윌리엄 하틀리 데닛(William Hartley Dennett)과 1900년에 결혼을 했고, 함께 자신들이 살 집을 디자인했다. 그들의 전망은 개인적인 차원에만 머물지 않았다. 데닛 부부는 생활 예술이 사회적 변화와 연계되어 있다고 믿었다.[35]

'소박함'과 '생활 예술'이라고 하는 사상은 새로운 건축과 도시계획에 영향을 주었다. 건축가와 기획가들이 남성이기는 했지만, 여성 개혁가들도 중요한 역할을 했다. 사회복지관 조직가인 심코비치는 1909년 뉴욕에서 열린 제1회 전국도시계획회의(National Conference on City Planning)의 의장 자리를 맡았다. 이 회의는 미국에서 도시계획을 위해 만들어진 최초의 상설 조직이 되었다.[36] 런던의 햄스테드전원주택단지 지역을 계획한 것은 사회주의자 도시기획가인 레이먼드 언윈(Raymond Unwin)이기는 했지만, 처음 이 일이 기획된 것은 토인비홀에서 활동한 경험이 있는 바닛(Henrietta Barnett)과 주거 환경 개혁가 힐(Octavia Hill) 덕분이었다. 1907년에 시작된 이 지역 계획은 술집 대신 잔디밭, 테니스 경기장, 공놀이를 할 수 있을 정도로 넓은 잔디밭이 많은 동네, 여러 계급들이 함께 모여 사는 곳, 도시와 농촌 생활의 좋은 것만 결합시킨 마을을 만드는 것이었다. 전원도시의 중심 목표는 상업적인 위용보다는 일상에 맞추어져 있었기 때문에 교외 지역에서 모델로 삼기에 적합했다. 한편 언윈이 나중에 디자인한 초기 공영주택 단지에도 넓은 잔디밭이 있었다. 이런 특유의 배치는 자연에 대한 유토피아적인 신념이 표현된 것이었다.[37]

미술공예 전원도시 사상과 미국의 아름다운 도시 운동에 자극을 받은 사라 리스(Sarah Lees)와 그녀의 친구 메리 힉스(Mary Higgs)는 1903년 '아름다운 올덤 협회'를 세웠다. 리스는 참정권 운동가였고, 자유주의 박애주의자였으며, 나중에 여성으로는 처음으로 올덤에서 시장이 되었다. 케임브리지대학 시절, 여성 최초의 자연과학 우등 졸업자였던 힉스는 회중파 목사와 결혼한 뒤 걸인들을 위한 무료 급식 운동을 펼쳤다. '아름다운 올덤 협회'는 마당을 가꾸고, 나무를 심고, 꽃 가꾸기를 권하는 활동과 함께 북부 공업지역에서 매연을 줄이는 운동을 전개했다. 퍼트리샤 홀리스(Patricia Hollis)는 '이 협회가 어떻게 그렇게 주민들의 환대를 받았는지'를 꼼꼼히 관찰했다. '검은 연기와 더러운 때'가 없고, 슬럼이 없고, '위생 설비'가 잘 되어 있고, '건강하게 휴식을 즐길 수 있는' 장소와 기회가 있고, '과음을 유혹하는 장소가 거의 없는' 도시를 만들겠다는 리스의 이러한 생각은 1912년 잡지《디자이너》의 한 기자를 감동시켜, 홀리스로 하여금 〈어머니의 마음으로 하는 도시 행정〉이라는 기사를 쓰게 했다.[38]

여성이 주도적으로 나서서 도시를 아름답게 만드는 것은 미국에서 큰 이슈가 되었다. 1915년, 비어드는 이렇게 낙관적인 선언을 했다. "여성이 도시를 아름답게 만드는 데 있어 타고난 지도자라고 하는 것은 이제 의심할 나위가 없게 되었다. 그들은 비싼 돌을 깎고, 거대한 대리석 담과 기둥을 세워서 도시를 아름답게 만드는 것이 아니다. 자연스럽게 공원을 조성하고, 거리에 좋은 나무를 세우고, 집 앞마당을 녹색으로 가꾸어 아름다운 도시를 만드는 것이다."³⁹

생활환경을 급진적으로 재건하는 것은 교육받은 중산층 여성들의 욕망에 부합하는 것이기도 했다. 그들은 미혼이건 기혼이건 상관없이 자신들에게 맞는 가정생활을 새로운 형태로 창조하고 싶어 했다. 클래퍼턴(Jane Hume Clapperton)이 《미래에 대한 전망》(A Vision of the Future, 1904)에서 제시한 집단 주택은 그녀와 같은 여성 작가의 필요에 맞춘 것이었다.

> 침실은 글쓰기, 독서, 조용한 공부와 낮에도 휴식을 취할 수 있기에 적합한 시설을 갖추고, 콘티넨털 플랜(객실 요금에 아침 식사만 포함시킨 운영 제도—옮긴이)으로 운영한다. 조명, 난방, 환기 등은 모두 최신 제품을 사용한다. …… 두 칸의 식사 공간을 부엌 옆에 배치한다. 조리와 서비스를 사용하기 쉽게 하기 위해 발명된 모든 기구들을 활용해서 요리사와 안내원이 식탁에 음식을 준비하고, 때로는 친구들과 함께 앉아서 식사를 즐길 수 있도록 한다. 집의 한쪽은 보육실과 보육교사 교육을 위한 공간으로 내준다. 실내 유치원과 같은 교육 공간도 마련한다. 다른 사람이 괴롭지 않도록 방음 시설을 갖춘 음악실을 만들어 뮤지컬도 하고 악기 연습도 할 수 있도록 한다. 젊은이들을 위한 놀이 공간과 조용히 체스 등을 둘 수 있는 공간을 따로 만든다. 필요하다면 흡연실도 만든다.⁴⁰

개인의 사생활은 이 주택의 규율에 따라 보장되었다. 이 집에서는 방 주인의 허락 없이 남의 방에 들어가지 못하도록 했다. '도서관이나 침묵의 방'에서는 독서에 방해되는 활동을 허용하지 않았다. 그러나 클래퍼턴은 성인들이 이런 규율에 적응하기 쉽지 않다는 것을 알게 되었다. 규율이 지켜지도록 하기 위해 그녀는 오나이다에 있는 유토피아 공동체에서 독재적인 노이스(John Humphrey Noyes)가 했던 '비판 시간'을 암담한 기분으로 제안했다.[41] 그러나 낙천적인 클래퍼턴은 남성과 여성의 '자연스러운 충동들은 본래 사교 생활로 향하기 마련'이라면서, 일상을 재조직화한다면 가족 간에 생길 수 있는 문제들은 사라질 것이라고 믿었다.[42]

클래퍼턴은 여전히 19세기의 협회 활동의 틀에서 생각하고 있었지만, 협동조합은 모던한 이들의 관심을 끌었다. '영국 협동조합과 가사 서비스 발전을 위한 협회'의 구성원인 멜빈(Alice Melvin)은 《자유여성》에서 협동조합식 살림이 다양한 형태로 활용될 수 있다고 했다. 한 집단이 모여 나란히 세워진 집 몇 채를 빌려서, 공공 부엌과 거실, 도서관을 만들어 살 수도 있고, 햄스테드전원주택단지처럼 공공 기금으로 전원도시를 세울 수도 있었다. 그녀는 어떤 방식이 됐든지 그런 주거 생활은 특히 어머니들과 결혼하지 않은 전문직 여성 모두에게 좋을 것이라고 생각했다.[43]

뉴욕 시의 교사이면서 그리니치빌리지 회원인 로드먼(Henrietta Rodman)은 길먼의 영향을 받아 20층짜리 페미니스트 아파트 주택을 기획했다. 식사는 지하의 기계 시설이 갖추어진 곳에서 직원들이 만들어 리프트를 통해 주민들에게 공급했다. 아이들은 몬테소리 보육실에서 돌보아 주기 때문에 전문직 여성들도 엄마가 되고 엄마들도 임노동을 할 수 있었다.[44] 영국에서 블랙이 전쟁 기간에 추진한 프로젝트 가운데 연합가정 협동조합을 시작했을 때, 이는 싱글의 중산층 여성 노동자를 염두에 둔 것이었다. 그 배치는 아주 모던한 것이었다. 부엌을 첨단 기술로 채웠고, 식품은 전화로 주문했으며, 제품들은 자동차로 배달되었고, 구식의 하인 대신 전문 직원이 일을 했다.[45] 1914년에 영국 사회주의 페미니스트인 팽크허스트(Sylvia Pankhurst)가 고안한 협동조합식 살림 기획은 중산층 여성만이 아니라 노동계급 여성도 염두에 둔 것이었다. 그녀는 어린이 놀이터를 중심으로 정원이 있는 주택들이 빙 둘러선 단지를 기획했는데, 이는 다른 공영주택 디자인과 다르지 않았다. 어느 '사회주의자이자 여성참정권 지지자'가 토지를 구입할 수 있는 초기 자금을 기부했지만, 아쉽게도 이 프로젝트는 실현되지 못했다.[46]

이런 페미니스트들의 제안들은 치명적인 약점을 갖고 있었다. 자본이 부족해서 몽상으로 남게 된다는 점이었다. 그러나 일부 여성들은 실제로 유토피아를 건설했다. 레치워스가든 시의 거주민인 핌(Ruth I. Pym)과 데웨(S. E. Dewe)는 1914년, 공동의 거실과 부엌을 가진 일곱 채의 아담한 집을 짓고, 1916년에 두 채를 더 추가했다.[47] 뉴욕에서는 1900년대 초, 하녀 일을 하던 핀란드계 이민자 여성들이 자본을 모아 작은 것부터 준비하기 시작했다. 그들은 임금을 모아서 쉬는 날 쓸 수 있는 아파트 하나를 빌렸다. 이는 핀란드계여성협동조합의집(Finnish Women's Co-operative Home)으로, 침실, 휴게실, 모임 방, 도서관, 식당과 고용 안내소를 갖춘 4층 건물로 발전했다.[48]

그러나 협동조합식 살림에 반드시 자본 지출이 필요한 것은 아니었다. 이스트먼(Crystal Eastman)은 1890년대의 어린 시절에 즐겁게 휴가를 보낸 기억을 소중하게 여겼다. 규모가 있는 집단의 사람들은 즐겁게 휴가를 보내기 위해 처음에는 어머니들이, 그 뒤에는 장성한 아이들이 서로 돌아가며 청소와 쇼핑, 마당 청소와 재정 관리를 했다. 협동조합식 살림을 지지한 하우스(Ethel Puffer Howes)는 상호부조와 같은 비공식적인 제도들을 체계화하려고 시도했다. 제1차 세계대전 이후 그녀는 협동조합 가정 서비스 클럽들이 여성으로 하여금 어머니 역할과 직장 일을 병행할 수 있게 해줄 것이라고 주장했다.[49]

하인 없는 집

공동생활, 협동조합식 살림 그리고 가사 노동의 사회화에 대한 중산층의 요구 뒤에는 이른바 '하인 문제'라고 알려진 것이 하나의 동력으로 작용했다. 하인 문제는 특히 고임금 사회인 미국에서 첨예하게 나타났다. 1900년에서 1920년 사이에 미국에서 가내 하인의 수는 절반으로 감소했다. 가전제품의 발달로 청결 수준이 높아졌고, 이에 따라 가사일의 강도도 세졌다. 그래서 영국의 작가 체스터턴(G. K. Chesterton)이 1927년에 가정을 가장 편안한 오아시스라고 묘사했을 때, 이스트먼은 '가정주부'에게는 그렇지 않다고 매섭게 반응했던 것이다.[50]

제1차 세계대전 이후 잠깐 동안 영국은 가내 하인의 부족으로 큰 어려움에 처했다. 블랙은 《가사 문제》(Domestic Service Problem, 1919)에서 재건부의 여성 자문단 보고서에 붙인 비망록 "가사일을 가장 경제적으로 하는 방법은 일군의 주택 소유자들이 음식 구매와 준비 그리고 분배를 할 수 있는 공동의 센터를 만들고, 난방과 온수를 중앙공급 방식으로 운영하는 것"이라고 했다.[51] 그러나 필립스(R. Randal Phillips)가 《하인 없는 집》(The Servantless House, 1920)에서 제안한, 첨단 기술이 집약된 집에 대한 제안은 당시로는 시대를 앞선 것이었다. 좀 더 돈벌이가 좋은 군수 사업으로 일자리를 찾아서 하녀 일을 떠났던 영국 노동계급 여성들은 1920년대에 실업률이 높아지면서 다시 하녀 일로 돌아와야 했다.

노동계급 여성들은 도시에서든 시골에서든 자기 시간을 갖기 힘들었다. 그들에게 '집안일'은 해가 뜨기도 전에 일어나 불을 때고, 아침을 준비하며, 씻을 물을 데우고, 화덕에 불을 지펴 빵을 굽고, 끝없이 쓸고 닦고, 밤늦게까지 옷을 깁고 수리하는 일이었다. 1890년대 동안 노동자들이 노동시간 문제를 놓고 고용주와 갈등하면서, 양국의 노동운동에서 여가를 가질 권리에 대한 주장이 높아졌다. 이는 여성뿐 아니라 남성도 유급 노동시간과 가정에서의 무급 노동시간을 연계시켜 생각해 보도록 만들었다.

1885년 영국의 노동조합과 협동조합의 조합원인 존스(Ben Jones)는 '연합가정'을 옹호하면서, 그래야 노동계급 여성들의 삶이 좀 더 편해질 수 있을 것이라고 했다. 재봉틀과 타자기의 출현을 언급하면서 그는 이렇게 말했다. "가정생활에서 일어난 많은 변화를 보면 이런 의문이 든다. 왜 다른 것은 없는가?"[52] 마찬가지로 사회주의자이면서 8시간 노동을 주장한 '신통일당원'(New Unionist) 만(Tom Mann)은 1896년 대중잡지 《하프페니 숏컷》(Halfpenny Short Cuts)에 "노동자 부인들에게 여가가 필요하다"고 주장했다. 만은 '연합가정'으로 가기 위한 단계로 공동 세탁실과 '최고의 기구를 갖춘' 공공 부엌은 물론이고 구매도 함께하는 협동조합 조직을 만들자고 제안했다.[53]

미첼은 이런 제안들에 회의적이었다. 그녀는 《힘겨운 오르막길》에서 사회주의자 남성들은 반동적인 남성들과 마찬가지로 여전히 집에서 만든 고기 요리를 바라고 있다고 못마땅해 하면서, 그들은 '식사 준비는 테이블보가 하는 것이 아니라는 것'을 아직도 모른다고 호되게 비판했다.[54] 미첼은 가사일에 대한 환상은 없었지만, 여성들이 스스로 발전시켜 낸 협동조합 방식이 뜻하고 있는 바를 잘 이해하고 있었고, 뉴홀의 미들랜드 광산 마을에서 그녀에게 '포도주를 직접 담그면서 …… 책에서는 배울 수 없는 지식을 전수해 주었던' 여성들이 보여 준 애정을 기억하고 있었다.[55] 그러나 미첼은 함께 가사일을 하는 협동조합을 만드는 것으로 여성의 가사 문제가 해결되는 것은 아니라고 보았다. 다른 노동계급 사회주의자 여성들과 마찬가지로 그녀 역시 지역자치정부의 서비스가 확대되는 것이 더욱 중요하다고 보았다. 그녀는 1920년대에 맨체스터 시의회의 공중목욕탕 위원회에서 활동하면서 생각을 몸소 실천했다.

가사 노동의 성별 분업

영국과 미국 모두에서 사회주의 여성들은 독일 마르크스주의자 베벨(August Bebel)과 체트킨(Clara Zetkin)의 영향을 받아, 미래 사회주의 사회에서는 가사일이 사회화될 것이며, 가사 노동은 기술을 통해 줄어들게 될 것이라고 전망했다. 1900년대 초까지 유제품과 비누, 양초 만들기, 천짜기, 물레질과 뜨개질은 모두 제조업을 통해 공공 영역으로 들어갔고, 바느질과 세탁, 다림질, 병자 돌보기, 통조림과 저장 음식 만들기, 제빵 등도 임노동이나 산업 활동이 되었다. 사회주의 운동 진영 가운데 일부는 이런 현상을 자본주의가 가정으로까지 침투해 온 것으로 보았다. 그러나 가정을 현대화해야 한다고 생각했던 이들은 가사 노동에 기술이 도입되면서 가사 노동이 마지막 비명을 지르고 있다고 여겼다. 그들은 자본주의의 힘이 가사일을 해체해 줄 것이라고 믿었다.

저항적인 세계산업노동자연맹(IWW)의 조직가 플린(Elizabeth Gurley Flynn)은 살림과는 거리가 먼 방랑 생활을 해왔기 때문인지 기술에 대해 어떤 믿음을 갖고 있었는데, 1916년 그녀는 이를 이렇게 표현했다.

> 미래의 가정에서는 잡무가 없어질 것이다. 오늘날 가정의 자질구레한 일들은 여러 작업장으로 흩어져 줄어들고 있다. 전기의 발달로 여성이 손쓰는 일은 줄어들고 있다. 기계화 시대에 그런 일들은 구식이 되었다. 다섯 명의 비숙련 노동자들이 기계를 사용해 하루에 4만 2천 개의 완벽한 파이를 만들어 내는 시대이다. 이제 어머니가 만든 것 같은 파이에 대한 기대는 거의 사라졌다. 요리 스토브, 식기세척기, 손다리미가 물레, 양초, 버터 제조기를 박물관에 보낼 것이다. 이들과의 이별에 눈물이 흐르지는 않을 것이다.[56]

1927년에 실비아 팽크허스트도 기술과 전기에 대해 비슷하게 큰 기대를 했다. 그녀는 화덕 솥과 접시 닦는 행주가 사라질 것이며, 식사는 공공 부엌에서 준비될 것이라고 했다. 또한 먹고 난 뒤 치우는 일은 식기세척기와 종이 접시 덕분에 쉬워질 것이라고 했다.[57] 부지불식간에 좌파 자유지상주의자 플린과 팽크허스트는 20세기 자본주의의 발전에 다시 불을 붙인 소비 혁명의 전령이 되었다.

한편 미국의 사회주의자 콩거-카네코(Josephine Conger-Kaneko)는 상당히 다른 접근 방식을 취했다. 1913년 그녀는 가사는 일이며 부를 창출하는 일이라고 주장했다.

> 당신은 먹고 자는 대가로 **하루 종일 일한다.** 즉 당신은 당신이 요리한

음식의 일부를 먹고, 당신이 정리한 집에서 살고, 이따금 당신이 만든 옷을 입기도 한다. 당신의 끝없는 노동 덕분에 남편은 고용주에게 유익한 노동자가 되었을 것이다. ……

인정사정없이 착취당하는 기혼 여성의 무급 가사 노동 덕분에 고용주는 사업에서 어마어마한 이윤을 쌓을 수 있다. 그 덕분에 고용주가 몹시 만족스럽다는 것은 두말할 필요가 없다.

그러나 그 노동에 대가를 지불하는 이는, 아! 여성, 바로 당신이다.[58]

가정주부가 남성을 부양함으로써, 자본주의를 위해 일하는 새 노동자를 재생산함으로써 생산에 경제적으로 기여하고 있다는 그녀의 이론은 1930년대에 미국 공산당에 의해 다시 등장했다. 그들은 가사 노동에 대해 임금을 요구했다.

가사 노동에서 성별 분업이 변화하고 있다는 점이 이따금씩 논제가 되었다. 참정권운동은 가정의 일상생활에 젠더의 불평등이 어떻게 녹아들어 있는지를 의식하게 해주었다.《거래로서의 결혼》(Marriage as a Trade, 1912)에서 영국 페미니스트 작가 시슬리 해밀턴(Cicely Hamilton)은 "현관을 치우고, 마루를 닦고, 가족 식사를 준비하는 것이 왜 남편이 아니라 아내의 의무인지 모르겠다"고 했다. "남자도 여자처럼 이 모든 의무들을 수행할 능력이 있다." 해밀턴은 소극적인 저항을 제안했다. "여성이 자신의 가치를 좀 더 인정받기 위해, 그리고 남자들에게 고맙다는 말 한마디도, 급료도 받지 못하는 일들을 해야 하는 이 상황에서 벗어나기 위해 우리가 할 수 있는 유일한 방법은, 그런 상황에서 남성들이 언제나 그랬던 것처럼 의무를 회피하면서 빈둥거리는 것"이라고 했다.[59] 이스트먼은 8년 동안 이렇게 주장했다. "우리는 이렇게

크리스털 이스트먼

상 받을 만한 빈둥거림을 통해 우리 자신을 자극하고 개발해 나가야 한다."[60]

1920년 좌파 언론 《해방자》(Liberator)에서 이스트먼은 이렇게 물었다. "남성이 노동과 책임을 영광으로 여기고 기꺼이 분담하여 가정을 꾸리는 일이 짐이 아니라 즐거운 노래가 될 수 있게 하기 위해, 우리는 남성의 본성을 어떻게 바꿔야 하는가?"[61] 그녀는 아들을 가사일에 익숙하도록 키우라고 제안했다. 그러나 이 방식은 불확실하고 오랜 시간을 필요로 했다. 문화적 기대의 무게는 여전히 막중했다.

그러나 1920년대까지 선진적인 시각을 가지고 있던 소수 미국인 여성들은 여성이 가정 밖에서 일할 때에는 남성이 가사를 분담해야 한다고 제한했다. 홉킨스(Mary Alden Hopkins)는 1923년 〈동등한 아내〉(Fifty-Fifty Wives)라는 글에서, 문제는 남성과 여성이 가정에 대해 서로 다른 태도와 자세를 갖고 있다면서 여성은 희생하려는 마음가짐을 버려야 한다고 했다.[62] 1926년 라폴레트(Suzanne La Follette)는 가정일이 여성에게는 산업 현장에서 노동시간을 줄여 달라고 요구하는 이유가 될 수 있지만, 여성이 어쩔 수 없이 남편의 노동을 분담해야 하는 경우에도 여성들은 자신들이 전통적으로 해왔던 가사를 '설마 남자들이 분담해 줄까' 하고 기대조차 하지 않는 것이 보통이라고 분개했다. 아마도 수많은 남편들이 가사일을 분담하기는 했을 것이다. 그러나 여성들은 남자들에게 그다지 큰 기대는 없었을 것이다. 그들의 아내가 집안일을 소홀히 했다면 가족에 대한 의무를 저버렸다고 여기겠지만, 남자가 가사 분담을 하지 않는다고 해서 그런 시각으로 바라보지는 않았다.[63]

테일러식 가정 경영

일과 결혼을 모두 원했던 교육받은 중산층 미국 여성들은 이러한 이중의 부담에 시달리기 시작한 첫 세대였다. 오늘날까지 현대 여성들은 일터와 가정 사이에서 고통스런 선택을 강요당하고 있다. 중산층에서는 처음으로 시간과의 경주를 벌이기도 했다. 1890년대 말부터 미국 여성을 짓눌러 오던 급박한 분위기 속에서 숨 막히는 느낌에 대한 글들이 여성 잡지에 등장하기 시작했다. '가정을 아름답게' 해야 하고, 동시에 클럽이나 자선단체에도 불려 다녀야 했기 때문에 중산층 미국 여성들은 언제나 급하게 서둘러야 하는 것으로 묘사되었다.

중산층 주부들은 궁지에 몰려 있었다. 집을 넘어서 더 큰 사회적 문제에 직접 관심을 갖지 않는다면, 그것 역시 비난을 받았기 때문이다. 《높아지는 가정 효율성》(Increasing Home Efficiency, 1913)에서 부루어 부부는 여성들이 "네 개의 벽으로 둘러싸인 공간 안에서 그것이 자신들에게 적합한 활동 공간이라고 착각하고 퍼덕거리고 있다"고 비난했다.[64] 그들의 쓴소리는 좀 더 큰 세계에서 사회적 의무를 다하기 위해 가사를 합리화하라는 것이었다. 밖에서 창조적인 일을 하기 위해서는 가사일 하는 시간을 줄이든, 가사를 창의적으로 할 수 있는 방식을 찾든 방식은 얼마든지 다양했다. 《유색미국인잡지》(Colored American Magazine)에서 프리먼(Eunice Freeman)은 가정을 '체육관'으로 변모시키고, 가사 노동을 좋은 몸을 만들기 위한 것으로 생각하라고 제안했다. 빗자루, 침대 틀, 먼지떨이, 접시 등을 "도구로 이용해서 여성들은 자신을 강하고 꼿꼿하고 활기차며 우아하게 바꿀 수 있다"고 했다.[65]

릴리언 길브레스(Lillian Gilbreth)는 1904년 그녀의 책 《가정 경영》

(Management in the Home)에서 가벼운 유산소 운동 방식을 설명했다. 그녀는 가사 노동에서 지루한 일에 쏟는 시간을 줄이고 창조적인 일과 자녀 돌보는 일에 더 많은 시간을 할애하라고 했다. 가사 활동에 대한 이런 태도는 제1차 세계대전 이후 널리 퍼졌다. 1927년 길브레스는 《가정 창조자와 그녀의 일》(The Home-Maker and Her Job)에서 가정이 "우리 자신을 표현할 수 있는 장소여야 한다"고 주장했다.[66] 가정을 다시 만드는 것은 생산을 재조직하는 것과 관련이 있었고, 이는 영국보다는 미국에서 발달했다. 20세기의 첫 30년 동안 미국은 더 큰 생산성을 향한 추동력이 크게 증대해 있었다. 길브레스와 그녀의 남편 프랭크는 테일러의 과학적 경영 사상을 옹호했다. 산업심리학을 공부한 길브레스는 행동을 시간과 동작 연구를 통해 분절했고, 인체 공학 디자인을 통해 효율성을 높인다는 테일러의 생각을 응용했다. 인간이 중심이 된 가정을 만들기 위해 그녀는 인체 공학을 활용해 팔만 뻗으면 부엌 도구들이 닿을 수 있게 부엌살림을 재배치했다.[67]

크리스틴 프레더릭(Christine Frederick)은 작업장의 생산성을 가정으로 도입하려는 새로운 생각에 열정을 보였다. 《숙녀가정저널》(Ladies' Home Journal)에서 언론가로 훈련된 프레더릭은 자신의 책 《새로운 가정 운영》(The New Housekeeping, 1916)을 재미난 이야기로 시작했다. "일 년 전 어느 저녁, 나는 바느질을 하며 탁자에 앉아 있었고, 남편과 그의 사업 동료는 환담을 나누고 있었다. …… 나는 그들의 이야기에 끼어들어 물었다. 도대체 당신 남자들은 무슨 이야기를 하는 거예요? 난 전혀 흥미를 느끼지 못하겠네요. 효율성이 무엇인지 설명 좀 해주시겠어요, 왓슨 씨? 벽돌쌓기에 대해 뭐라고 하셨던 거예요?"[68] 그러자 친절한 왓슨 씨는 바느질하는 안주인에게 과학적 경영이 어떻게 가

크리스틴 프레더릭

사일에 적용되어서, 오래된 방식으로 진행되어 온 일들의 속도를 높일
수 있었는지를 설명해 주었다. 프레더릭은 효율성을 추구하는 과학적
경영을 가사일에 적용하면 시간과 기운을 절약할 수 있을 뿐 아니라
석탄과 같은 자원도 절약할 수 있다고 했다.

　19세기에 효율성 전문가들은 주부를 기술 공학자로 바꾸어 놓았고,
주부들이 현대적 기구들을 사용할 수 있도록 훈련시켰다. 미술공예 열
광자들이 주부들을 창조적인 예술가의 지위로 승격시켰다면, 프레더
릭과 길브레스는 스스로를 경영자라고 일컬었다. 프레더릭의《새로운
가정 운영》의 부제는 '가정 경영의 효율성에 관한 연구'였다. 주부는
'연료 절약,' '시간 절약,' '노력 절약,' '동선 절약'을 하면서, 그리고

'새로운 가정 운영 요리법 모음집' 같은 것들을 사업을 하듯 가정에 구비해 놓아야 한다고 했다.[69]

길브레스에 따르면 주부의 역할은 기술적 지식과 과학적 구매를 비롯해서 가정 운영에 필요한 모든 내역들을 포괄하고 있었다. 기술자처럼 가스와 전기와 같은 자원이 어떻게 사용되는지를 알아야 하고, 심리학자처럼 사람들을 판단할 수 있는 능력도 갖추어야 했다. 길브레스는 주부가 이 모든 것을 혼자 하려고 하지 말고, 일을 나누고 배당하는 경영자가 되어야 한다고 생각했다. "주부는 가족 구성원 모두를 생산자이자 소비자로 여겨야 한다. 아버지는 돈을 벌어 오고, 아들은 잔디를 깎고, 딸은 식탁 시중을 든다. 빌은 가족 합창 때 연주를 한다. 아기는 가족들이 자기를 시중들고 경배할 기회를 준다."[70] 열두 명의 자녀를 둔 길브레스의 가정은 아주 효율적인 실험실이었다. 그러나 그들은 여러 명의 하인을 고용하고 있었기 때문에 각자의 일에 전념할 수 있었다. 자녀들 가운데 두 명은 이러한 별난 가정교육을 《한 다스로 사면 더 싸다》(Cheaper by the Dozen)라는 회고록으로 남기기도 했다. 이 책은 영화로도 제작되었다.

하인을 가진 영국의 중산층은 다소 늦게 시작했다. 그러나 다양한 시간 경영법은 1925년 《좋은 살림》에서 선보였다. 당시 헌킨스(Hazel Hunkins)는 여성들에게 '예산을 지키라'고 독려했다. "없애야 할 가장 중요한 버릇은 '먹고사는 데 급급하게' 운영하는 것"이라고 하면서, 자신의 시간, 에너지, 돈에 대한 통제력을 가져야 우리가 진정으로 가치 있게 여기는 것을 삶에서 얻을 수 있다고 했다.[71]

가사 운영과 주부의 통제 담론은 더 나은 삶에 대한 기대를 개별 가정으로 옮겨 놓았다. 테일러식의 효율성 전문가들은 자신들의 시스템은 노력을 그다지 필요로 하지 않는다고 믿었다. 길브레스는 '중력이 당신을 위해 작동하도록 만들라'고 하면서, 더러운 빨래를 아래층으로 굴리면 그것을 들고 다니는 에너지를 줄일 수 있다고 설명했다. 그걸 다시 집어야 한다는 점은 무시한 설명이었다.[72] 이 모든 가정 경영 이론의 분명한 결함은 노동에서 절약된 시간이 계획을 짜고 운영하는 데 드는 시간으로 모두 쓰여 버린다는 점이었다. 가사 노동시간이 짧아질 것이라고 하는 기대는 병균에 대한 두려움, 구매에 대한 과학적 지식의 학습, 균형 있는 식단 만들기, 새로 나온 전자 제품의 작동 방법 학습 등으로 좌절되었다.

가사 노동시간을 줄이려는 테일러식의 노력이 이데올로기적으로 서투를 수밖에 없었던 것은 가사가 고귀한 일이라고 하는 좀 더 전통적인 생각이 밑바탕에 깔려 있었기 때문이다. 이에 대한 한 가지 해결책은 미술공예 운동에 내재해 있는 '노동의 신성함'을 새로운 가정 운영에 접붙이는 것이었다. 프레더릭은 부엌 용품에 대해 논의하던 중 모리스가 자주 인용하는 주장인, 아름답되 실용적인 것이 아닌 물건은 가정에 들여놓지 말라는 말을 상기시켰다.[73] 모리스가 가사 효율성 전문가들의 생각을 알리는 데 자신의 주장이 일조했다는 것을 알았다면 당황스러웠을 것이다. 효율성 전문가들은 물건을 사회적으로 구성된 것이라고 여겼으며, 미학적 또는 실용적 필요에 따라 개조할 수 있다고 생각했다.

디자인과 실용적 기능 사이의 관계는 미술공예 운동에서 제시되었다. 미술공예 운동가 데닛 부부의 집 부엌 역시 효율성을 높이기 위해 세심하게 기획되었다. 대중잡지 《하우스 뷰티풀》은 '실내장식과 가구에서 소박함, 경제성, 적절성을 추구하는 미국에서 유일한 잡지'라고 소개했다.[74] 소박함은 주부들의 향상된 노동조건에 아름다움을 불어넣는 것이었다. 여성협동조합길드와 여성노동자연맹과 같은 영국 여성 노동 조직들은 제1차 세계대전 무렵 주택 디자인에 여성 노동자의 관점을 반영시키고자 노력했다. 여성노동자연맹은 좀 더 나은 주택을 위해 그들의 제안을 듣는 자세한 질문지를 보냈고, 그 결과들이 조직 모임들에서 논의되었다. 그들의 목표는 계단을 오르내리고, 물을 데우고, 석탄을 나르는 불필요한 수고들을 없애는 것이었다. 길브레스와 프레더릭의 노동계급 버전인 셈이었다.[75]

가정용품 시장의 성황

20세기 초, 비주류 급진주의자들이 시작한 미술공예 운동은 중산층 문화로 전달되었다. 소박함을 사회적 차원에서 추구했던 정신은 도덕성을 겸비한 개인이 세련된 취향을 표현하는 것으로 바뀌었다. 미국의 디자인 평론가 프리스트먼(Mabel Tuke Priestman)에 따르면 '불필요한 장식과 두툼한 휘장을 없앤' 예술적 주택은 '간소한 생활, 깊은 생각'의 정신과 맞닿아 있었다.[76] 가구 비치와 디자인은 내면의 인성을 나타내는 것이라는 미술공예의 신념이 '생활 스타일'로서 사회적 계층을 구분하는 새로운 여러 방식들로 퍼져 내려갔다. 소박함에 대한 도덕적 아름다움에 흠뻑 젖은 중산층 개혁가들은 망사 커튼과 요란한 옷을 좋아한 이민 노동자들을 경멸했다. 베블런(Thorstein Veblen)의 유명한 책 《유한계급론》(Theory of the Leisure Class, 1899)에서 표현된 바 있는 여성과 소비를 경멸적으로 연결시키는 관형구들이 다시 등장했다. 1902년 로저스(Henry Wade Rodgers) 부인은 《하우스 뷰티풀》에서 이야기하는 소박함의 미학이 진실한 것인지 아니면 '겉치레이고, 우리의 복잡한 생활의 또 다른 표현'은 아닌지 우려했다. 그러면서 중산층 여성들 스스로 '자질구레한 의무와 잡념들' 속으로 다시 빠져드는 잘못을 범하지 말아야 한다고 했다.[77]

제1차 세계대전 이후 미술공예가 첨단 기술에 기초한 디자인에 대한 열광으로 대치된 이후에도, 여성이 가정용품 소비에 잘못을 범할 수 있다고 하는 복음주의적 우려는 여전히 지속되었다. 소박한 생활에 대한 오래된 동경이 남긴 소비에 대한 경계와 우려는 결국 소비에 대한 교육이 좀 더 필요하다는 것으로 해석되었다. 프레더릭과 같은 작가들이 쓴 책들과 여성 잡지들 그리고 좋은살림연구소(Good Housekeeping Institute) 등은 저마다 가정의 과학적 경영을 주장하면서도 새로운 제품을 열심히 선전했다.

가정에서 일의 속도를 높이는 것과 새로운 조립 라인을 통해 생산된 가정용품 구매는 딱 맞아떨어졌다.《새로운 가정 운영》의 독자들은 '터빈 원리를 적용해 설계된 고속 달걀 거품기' 또는 조용한 가사 도우미인 '레이지 수잔'(식탁 중앙에 양념이나 조미료 등을 올려놓고 회전시킬 수 있도록 만든 쟁반. 18세기 미국에서 사용됨 — 옮긴이) 등과 같은 편리한 도구들의 정보를 접했다.[78] 미국 기업들은 소비자 수요의 변화를 재빨리 받아들였다. 곧 살림 전문가들과 비즈니스 세계 사이에 쌍방향 관계가 이루어졌다. 크래프트식품(Kraft Foods), 시어스(Sears), 로벅(Roebuck) 같은 가정용품 생산 회사들과 피글리-위글리(Piggly-Wiggly) 같은 식품 상점들은 가정경제학자들을 새로 고용하여 자사 제품 판매에 열을 올렸다.[79]

플로리다 주 탬파 지역의 흑인 엘리트 개혁가 암우드(Blanche Armwood)는 1914년 탬파가스회사를 설득하여 탬파가정기술학교

(Tampa School of Household Arts)를 세우는 데 일조했다. 이 학교에서 흑인 여성들은 새 기구들의 사용법을 익혔다. 휴이트(Nancy Hewitt)는 자신이 백인 사업가들에게 흑인 하녀들도 교육받을 필요가 있다는 것을 어떻게 설득했는지를 이야기하면서, 여성들도 교육과정을 이수할 필요가 있다고 설득했다. 전국유색인여성클럽연합(National Association of Colored Women's Clubs)의 구호인 '우리가 오른 만큼 올라간다'를 응용하여, 1916년 탬파가정기술학교 입학생들은 자신들의 구호를 이렇게 만들었다. "단조롭고 지겨운 노동을 하고 싶은 멋진 노동으로 올려 보자."[80]

1920년대까지 미국에서 가정용품 시장은 크게 성장했다. 이에 비해 영국에서 새로운 내구소비재를 구매하려는 경향은 훨씬 줄어들었는데, 여기에는 경제적인 이유도 있었고, 다른 한편으로는 하녀가 여전히 많았기 때문이기도 했다. 1920년대 초부터 미국의 광고와 마케팅 회사들은 가정용품의 소비를 부추기는 데에 수백만 달러를 쓰면서, 소비자에게 대량생산된 제품들을 사도록 권유했다.[81] 좀 더 나은 생활을 약속하는 광고를 통해 가해진 이런 심리적 압력은 1920년대 내내 그 강도를 더해 갔다. 개성의 표현과 자조를 지향하며, 여기에 개인주의적 윤리를 선호한 보헤미안적인 경향을 결합시켜 가정을 미국 경제의 중요한 측면으로 새롭게 탄생시켰다. 진공청소기는 통제를 상징했고, 청소 도구들은 힘을 나타냈으며, 패스트푸드는 신속한 편리함을 집약적으로 보여 주었다.

길먼은 겉으로 보기에는 고립되어 있는 가정과 큰 규모의 사회가 사실은 서로 연관되어 있음을 이론화한 선구자 가운데 한 명이었다. "우리 가정들은 한 줄에 꿰어진 구슬들과 같다."[82] 길먼은 이것이 가정생활의 모습을 변화시키는 데 기여할 것이라고 생각했다. 사회적 자원에 대한 권리를 주장하면서, 다른 여성 개척자들과 선지자들은 사회적 공급이 확산되는 것을 기대했다. 두 가지 소망 모두 부분적으로 성취되기는 했지만, 가정은 또다시 개별 상품들에 의해 재구성되기도 했다. 개척자들이 꿈꾼 유토피아를 넘어, 결국 또 다른 새로운 생활양식이 시작되고 있었다. 먼시에 위치하고 있는 인디애나 상공회의소는 1920년대 중반 이렇게 선언했다. "미국인이 국가에 대해 가져야 할 첫 번째 책임은 더 이상 시민으로서의 책임이 아니다. 소비자로서의 책임이다. 소비는 필수이다."[83]

7장

소비자의 힘

'새로운 음식' 문화

지금 되돌아보면 인디애나 상공회의소의 말은 당연한 예견처럼 보이지만, 당시에는 그렇지 않았다. 19세기 말부터 살림 개혁가, 페미니스트, 협동조합 운동가, 사회주의자, 아나키스트 등이 고안한, 요리하고 먹고 빨래하며 사는 방식에 대한 대안적 모색을 통해 사적인 소비와 사회적 소비가 다시 구성되고 규정되었다. 이들은 새로운 형태의 재정 구조가 필요하다는 문제 제기도 했다. 소비를 둘러싼 논쟁은 기발한 저항 전략들과 다양한 형태의 조직을 낳았고, 국가가 현금 지불을 비롯해 다양한 상호부조를 제공해 줄 것을 요구했다.

소비를 변화시키려는 기획에서 음식은 중요한 위치를 차지했다. 돌로레스 헤이든(Dolores Hayden)은 가정경제학의 창시자인 리처즈(Ellen swallow Richards)가 1893년 시카고에서 열린 엑스포에서 모범

부엌을 어떻게 선보였는지를 설명했다. 리처즈가 선보인 '하얀 클랩보드(Clapboard)로 만든 작은 집'에는 식품에서 최대의 영양분을, 연료에서 최대의 열을 뽑아낼 수 있도록 디자인된 놀랍도록 모던한 '과학 실험실'이 있었다.[1] 흥분한 주부들과 여성 개혁가들, 가정경제라는 새로운 과목을 가르치는 학자들은 갈색 빵 위에 콩을 박은 건강식 '보스턴빵'을 시식하면서 부엌을 둘러본 뒤에 리처즈의 공공 부엌을 열렬히 지지하게 되었다.

노동계급을 위해 양질의 저렴한 음식을 제공하려는 목적으로 유럽의 비슷한 자선 부엌을 모델로 삼아 지은 부엌들은 미국의 가난한 이민자들에게 그다지 인기가 없었다. 그러나 영국에서는 이를 통해 비슷한 프로젝트들이 생겨났다. 1900년대 초 런던에서 중간계급이 후원한 '나누는 부엌'은 1920년대까지 계속 성행했다. 당시 페미니스트 언론인 샤프(Evelyn Sharp)는 알루미늄 용기에 담긴 음식이 어떻게 블룸스버리 지하실에서 삼륜 수레를 통해 배달되는지를 보도했다. 이 서비스는 초등학교 교사들 사이에서 특히 지지도가 높았다.[2]

노동계급에게 특히 인기가 있었던 '나누는 부엌'의 한 형태는 요리된 음식을 파는 것이었는데, 이는 저렴한 포장 음식의 원조가 되었다. 1902년 데이비스(Margaret Llewellyn Davies)는 선덜랜드 협동조합 조합원들에게 여성협동조합길드에서 운영하는 '커피와 고기 요리 상점'을 후원하라고 독려했다. 노동계급 여성들은 수프와 완두콩 푸딩, 삶은 돼지고기를 비롯한 고기 요리를 사기 위해 대리점 밖으로 길게 줄을 서면서 이들 상점을 후원했다. 그러나 남성 조합원들은 여성의 가사 노동을 줄여 주기 위해 협동조합 상점들을 확장하는 것에 그다지 열의를 보이지 않았다. 공동 식사는 고난을 겪거나 불행한 일이 있는 경우에나 하는 것이라고 생각했고, '커피와 고기 요리 상점'이 일종의 변형된 자선 식당은 아닌가 하는 의심도 가졌다.[3] 그러나 협동조합에서 운영하는 빵집에 대해서는 반감이 크지 않았기 때문에 여러 곳에 빵집이 세워졌다.

몇몇 앞서 가는 고용주들은 이동식 간이식당을 도입하기 시작했다. 이런 새로운 상업적 시도가 사회적 서비스 정책에 대한 아이디어를 낳게 했다. 1900년 전국여성노동자연합(National Union of Women Workers) 총회에서 한 연사는 가사를 합리화해야 한다고 강조하면서, 콜먼에 있는 공장들의 작업장 간이식당처럼 지역자치정부가 공공 부엌을 세우는 일에 책임감을 갖고 임해야 한다고 주장했다.[4]

테일러주의 방식으로 음식이 대량으로 공급되면서, 소수의 사람들은 이른바 '새로운 음식'이라고 하는 것에 점점 더 관심을 쏟기 시작했다. 그 결과 대안적인 사업들이 나타났다. 1900년대 초 웨스트민스터의 빅토리아 거리에 있는 '새로운 식품회사'는 틈새시장을 겨냥하여, 채식주의자들을 위한 특별 포장 음식을 개발했다.[5] 20세기 초 급진파와 진보주의자들 사이에서는 채식주의가 인기가 높았다. 동물의 권리에 대한 생각 때문이기도 했고, 건강식에 대한 추구 때문이기도 했다. 여성에게 쾌적한 모임 장소를 제공하는 채식주의자 카페들은 페미니스트 사이에서 인기가 높았다. 1909년 클래퍼턴(Jane Hume Clapperton)은 에든버러에서 샬럿 데스퍼드의 여성자유연맹의 모임을 '카페 베지테리아'에서 주관했다.[6] 신지론자이자 전투적인 여성사회정치연합의 회원인 코언(Leonora Cohen) 역시 채식주의자였다. 1914년 그녀는 해러게이트에 있는 자신의 집을 게스트하우스로 운영했다. 크로포드(Elizabeth Crawford)에 따르면 코언은 잡지 《여성참정권운동》에 자신의 게스트

하우스를 '포모나'(Pomona, 과일의 여신)라고 소개하면서, '새로운 음식 완비, 새로운 식단 전문가가 제공하는 훌륭한 음식, 늦게까지 저녁 식사를 제공하는 쾌적한 식당'이라고 선전했다.[7]

협동조합식 살림

협동조합은 여성의 가사 활동을 보완해 줄 수 있는 사회화된 서비스를 제공하면서 변화를 선도했다. 허리가 끊어질 듯 힘들고, 시간도 많이 드는 가족 세탁을 대신해 주는 것이 분명한 출발점이 되었다. 1890년대 말 글래스고에 협동조합식 '스팀 세탁소'를 세웠고, 여성협동조합길드는 다른 이들도 이런 사업을 할 수 있도록 도움을 주었다.[8] 미국에는 여성협동조합길드 같은 전국 차원의 조직이 없었지만, 협동조합을 통해 가사 서비스를 제공하는 이런 비슷한 사례들이 생겨났다. 스트래서(Susan Strasser)는 여성 가사 노동의 역사를 다룬 책 《전례가 없는》(Never Done)에서 1900년대 초 여성들이 가사를 어떻게 '남편의 힘'과 관련시켰는지를 기술했다.

일부 중서부 낙농 협동조합들은 낙농을 위해 이미 작동되고 있는 수도와 스팀 기계들을 이용하여 조합원 가족들의 빨래를 했다. 위스콘신에 있는 밀타운협동조합낙농회사(Milltown Cooperative Creamery Company)는 50가구의 빨래를 45분 동안 세탁하고, 건조기를 이용해 건조와 다림질까지 할 수 있었다.[9]

새로운 아이디어들이 대서양을 넘나들었다. 미국에서 협동조합 세탁, 부엌, 빵집, 카페 운영과 자조 형태의 협동조합식 살림을 설파한 하우스(Ethel Puffer Howes)는 영국의 페이비언 사회주의자들과 협동조합원들의 영향을 받았다. 한편 페이비언 사회주의자들과 협동조합원들은 19세기 중반 미국에서 협동조합식 살림을 주장한 이들에게 영감을 받았다. 일하는 엄마였던 하우스는 《여성의 벗》에 협동조합 가정 서비스에 대한 글을 쓰면서 광범한 독자층을 갖게 되었다.[10] 협동조합 방식을 통해 가사 활동에 도움을 받는 것은 그 필요를 절실히 느끼고 있던 여성 노동운동가들 사이에서도 시작되었다. 시애틀 여성 협동조합원들은 실용적 차원에서 사업을 확장했다. 이들은 1915년 상호부조 세탁소를 세워서 세탁 일뿐 아니라 전투적인 노조원들의 고용을 보장하기도 했다. 노동운동 활동가 런(Lola Lunn)은 영국 모델에 기초해서 1919년 시애틀에 여성협동조합길드를 하나 세웠다. 그리고 이듬해에는 협동조합 여성들이 회원들이 기증한 물건들을 판매하는 '여성 물품 교환소'를 세웠다.[11]

자선과 상호부조를 한데 합친 교환 활동은 19세기 동안 미국 여성들 사이에서 직접 물자의 재분배와 재활용을 해온 보편적인 방식이었다. 1890년대 초까지 일부에서 선보인 '가져와 파는' 단계를 넘어서서 협동조합 소매 아울렛으로 발전하기도 했다. 1891년에 라인(Alice Rhine)은 뉴욕아트칼리지 출신이 백화점에서 저임금으로 일하는 대신 이런 교환소를 통해 자신이 만든 제품들을 가져와 합리적인 가격에 판매했던 이야기를 썼다. 샌더(Kathleen Waters Sander)는 이런 교환의 특징을 '산업 현장에 인문적인 대항 운동'을 마련한 것이라고 했다.[12]

그러나 이런 대안적 협동조합 활동에는 결점이 있었다. 운영하는 데 시간과 노력이 많이 들고, 주부의 노동을 항시적으로 줄여 주지 못한다는 점이었다. 길먼(Charlotte Perkins Gilman)은 어린 시절 공동생활을 할 때부터 협동조합식 살림에 질색을 했었다. 그녀는 개인 기업과 상업 서비스를 선호했다. 그러나 노동자들은 그렇게 해서는 비용을 감당할 수 없었기 때문에 여성 노동운동가들은 개인적인 가사 활동을 지역자치체가 재정을 지원하는 서비스를 통해 사회적 소비로 바꾸어 나가는 방식을 선호했다. 1900년대 초《클래리언》의 언론인 도슨(Julia Dawson)은 자신이 펴낸 소책자《패스 온》(Pass On)에서, 사회주의 아래에서는 "현재 지역정부가 하수구를 관리하는 것처럼 정기적으로, 아니 그보다 더 자주 전문가가 집으로 와서 청소를 해줄 것"이라고 서술했다.[13]

가사 노동에 대한 비슷한 유토피아적 전망은 노동당 국회의원 모리슨(Herbert Morrison)이 1923년에 쓴 소책자《주부에게 더 좋은 시대: 가정 만들기를 위한 노동당 정책》(Better Times for the Housewife: Labour's Policy for the Homemaker)에서 다시 등장했다. 이 책은 미래 사회주의 사회에서는 지역정부가 고용한 남성 또는 여성이 진공청소기, 세탁기 등 청소 도구를 가득 실은 오토바이를 타고 와서 저렴한 값을 받고 가사 노동을 도와줄 것이라고 썼다. 모리슨은 노동계급과 중하층 주부들이 밤에 지역 자치위원회에 음식을 주문하는 카드를 써서 보내면, 다음 날 아침 요리된 신선한 음식이 배달되어 오는 것을 상상하기도 했다.[14]

사회적 주택

개인적인 가사를 사회적 소비로 변환시키는 데에 많은 어려움이 뒤따랐지만, 주택과 관련해서는 좀 더 큰 진전이 있었다. 사회적 주택 계획이 자선가, 협동조합, 정부에 의해 초안이 만들어졌다. 이는 많은 자본이 필요한 일이었기에 새로운 형태의 행정적이고 재정적인 구조가 필요했다. 영국에서는 러스킨주의자 힐(Octavia Hill)이 부유한 사람들을 설득시켜 자선 주택 공급 벤처 사업에 투자하도록 하면서 공식적으로 주택 공급 경영 시스템을 세웠다. 이는 나중에 공영주택에도 적용되었다.

미국에서도 자선 주택 공급협회가 힐과 비슷한 노선에 따라 세워졌다. 부유한 여성들은 모델 공동체를 만들기도 했다. 비어드(Mary Beard)는 뉴욕에서 밴더빌트(W. K. Vanderbilt) 여사의 도움으로 얼마나 발전된 임대주택이 세워졌는가를 보도했다. 로스앤젤레스에서는 단체 활동을 하는 여성들이 주축이 되어 멕시코계 이민 노동자들이 판자촌이 아닌 마당이 딸린 작은 주택에서 살 수 있도록 기금을 마련했다.[15] 영국에서는 주택 공급을 위해 여러 종류의 협동조합 기금 마련 계획을 세웠다. 모델 마을, 전원도시, 교외 등에서 공동으로 기획을 했기 때문에 회원들은 주식을 사거나 할부로 내는 방식으로 공동 소유주가 될 수 있었다.[16]

한편 협동조합이 자체적으로 재정 원금을 털어서 주택을 짓기도 했다. 1908년 올덤 시위원회가 열두 채의 공영주택을 소심하게 제안했으나 이를 실행하지는 못했는데, 이때 자유당 당원이자 여성참정권 운동가 리스(Sarah Lees)가 강한 의지력을 발휘하여 수입이 괜찮은 축에 속하는 공장 노동자들을 중심으로 협동조합 건축 협회를 결성했다. 협회는 6년 만에 침실 세 칸과 욕실을 갖춘 주택 150채를 교외에 지어 임대료를 낼 수 있는 노동계급 가족들에게 임대했다.[17] 협동조합이 가진 자본과 노동력은 자본주의 체제 안에서 협동조합이 대안이 될 수 있게

사라 리스

해주는 수단이 되었다.

　시의원으로 선출된 자유당과 노동당 여성들은 극빈층을 비롯해 여성들의 기본적인 주거지 부족 문제를 지적했다. 페미니스트 애슈턴 (Margaret Ashton)은 맨체스터에서 노숙 여성들을 수용할 수 있는 숙박시설을 세우는 운동을 했다. 리스의 친구인 힉스(Mary Higgs)도 주거지 부족 문제를 알리는 운동에 함께했다. 힉스는 1910년《그녀를 어디서 살게 할 것인가?》(Where Shall She Live?)라는 책을 써서 '숙박 시설'이 좀 더 많은 여성에게 편의를 제공할 수 있도록 하는 데 노력했다.[18]

　정부의 주택 공급 노력에 진짜 동력이 된 것은 사실상 제1차 세계대

올덤 가든 주택지구

전이었다. 전쟁 이전에도 시의회는 건축을 할 수 있는 재량권이 있었지만, 전쟁 발발 이후 전쟁 관련 종사자들을 재배치할 필요가 생기면서 주택 문제에 정부가 개입해야 하는 이유가 더욱 분명해졌다. 군수물자부에서는 언윈(Raymond Unwin)을 고용했다. 그는 군수품 관련 업계 노동자들을 위한 마을로 구상하고 있던 전원도시를 그레트나에 세움으로써 군수물자부 프로젝트를 구체화시켰다.[19] 따라서 '공영주택'은 애초에 전쟁이라는 급박한 상황에서 나온 것이며, 적대적인 분위기 속에서 유토피아로 개발된 것이고, 정부가 산업 현장과 공동체에 기반해서 저항과 소요 사태가 일어날 것을 우려해 시작한 사업이었다.

상호부조 프로젝트

미국에서는 아프리카계 미국인들이 어느 정도 혁신적인 반제도적 재정 기구를 발전시켰다. 인종적 적대감과 편견이 고조되던 시기에, 미국 흑인들은 백인 개혁가와 노동 조직가들의 테두리 밖에서 자본 축적을 위해 상호부조를 통한 여러 자조(自助) 프로젝트를 고안해 냈다. 그들은 기금을 모아 사회적 빈곤을 완화하고 고용을 창출하는 데 사용했다. 소액 대부를 할 수 있는 신용은 가난한 여성들에게는 너무나 절박했기 때문에 아프리카계 미국인 여성들은 작지만 많은 저축 모임들을 만들어 어려운 시기에 서로 도움을 주고받았다. 또한 흑인 사회 안에서 성장한 좀 더 큰 규모의 상호부조 은행에 투자를 하기도 했다. 애틀랜타에서는 1903년에 노동여성협회(Working Women's Society)가 회원들에게 무이자 대출을 해주면서 금융업자들을 꼼짝 못하게 했다. 협회는 무이자 대출의 비용을 매주 들어오는 회비로 충당했다.[20]

버지니아, 리치몬드에서 세탁부로 일한 매기 레나 워커(Maggie Lena Walker)는 특히 창의적이었다. 그녀의 목표는 백인 소유의 사업체에서 흑인이 돈을 쓰지 않도록 하는 것이었다. 일종의 저항이었다. 그녀는 이를 '사자를 죽이기 위해 먹이를 주지 않는 것'이라고 표현했다.[21] 워커가 1899년 세인트루크독립결사단(Independent Order of Saint Luke)이라는 공제조합의 서기가 되었을 때 조합은 내리막길에 있었다. 그녀는 먼저 믿을 만한 여성들을 모아서 1903년 페니저축은행(Penny Savings Bank)을 결성했다. 예금자는 대부분 가난한 여성들이었다. 그러나 이들의 푼돈이 모여 결국 흑인 소유의 큰 은행인 통합신용은행(Consolidated Bank and Trust Company)이 되었다.

워커는 이 같은 생생한 경험을 바탕으로 사람들에게 대안적인 경제 생활을 선택하도록 설득하는 일을 신념을 갖고 했다. 그녀의 좌우명은 '처음에는 실천을 통해, 권유는 그다음에'였다.[22] 그녀는 필요와 아이

매기 레나 워커

디어 그리고 돈 버는 프로젝트를 연결시키는 사회 혁신가였다. 1898
년에 그녀는 여성보험회사를 세웠고, 1905년에는 백화점을 세워 여성
고용을 창출하고, 질 좋은 상품을 제공했다. 세인트루크독립결사단은
젊은이들도 고려하여 청년을 위한 교육 대출 기금을 제공했고, 주간신
문도 하나 운영했다. 워커는 교육과 참정권 모두를 지지하는 운동도
지원했다. 게다가 그녀의 결사단은 인종차별과 흑인에 대한 폭력에 단
호하게 반대하는 입장을 지지했다. 1950년대와 60년대의 민권운동 훨
씬 이전에 인종차별을 하는 전차를 보이콧하는 운동을 시작하기도 했
다. 미국에서는 흑인 구매력이 흑인의 저항 운동과 긴밀히 연계되어
있었다. 흑인은 생산, 상점 그리고 금융 등에서 대안을 마련할 수 있었
고, 백인 기업을 보이콧할 수도 있었다.

보이콧 전술은 독립 혁명전쟁에서부터 반노예제 운동에 이르기까지
미국 역사에서 뿌리가 깊었다. 이는 19세기 말과 20세기 초 여러 운동
들에서 사용되기도 했다. 예를 들면, 여성기독인금주운동연합이 이를
1870년대와 80년대 금주운동에서 사용했는데, 보이콧이라는 외부적
압력과 간곡한 호소를 통해 음주자의 마음을 변화시켜 그들의 생활 방
식을 바꾸고자 했다.

소비자 보이콧운동

일부 중간계급 사회 개혁가들은 내면의 도덕적 책임감을 통해 소비
양상을 조정해야 한다고 믿었다. 캠벨(Helen Campbell)은 1880년대에
가난한 여성들 속에서 일하면서, 자신의 생활 방식을 좀 더 간소하게
바꾸어야겠다고 느꼈다. "어떻게 하면 더 소박하고, 덜 인습적이며, 좀

더 진실하고 올바른 생활을 가정까지 그리고 모든 삶의 관계로까지 가져갈 수 있을까?"[23] 1880년대 중반에 이런 도덕적 고민은 외부 활동으로 구체화되었다. 뉴욕 노동여성협회에서 일군의 중간계급과 노동계급 여성 개혁가들은 저임금으로 여성들을 고용하고 있는 의류 공장에서는 노조를 제대로 만들 수 없다는 비관적인 판단을 내리고, 노동조건 개선을 위한 소비자 보이콧운동을 제안했다. 또한 이들은 여성 공장 감독관들과도 개인적인 만남을 가지면서 그들에게 신뢰를 샀다. 협회는 여성 소비자들이, 자기들이 입는 옷을 만드는 이들을 만나게 되면 기꺼이 공정한 가격을 지불할 것이라고 믿었다. 경제를 상호 연관된 유기체로 본 러스킨의 관점을 공유한 이들은 이렇게 선언했다.

> 이 슬픈 상태를 지속시키고 있는 것은 저렴한 것에 대한 '민주적인 요구'이다. 생산의 큰 부분을 규제하고 있는 것은 우리의 요구와 욕망이다. 우리는 우리의 작은 돈이 멀리 갈 수 있기를 바라면서도, 우리를 위해 뭔가를 만드는 이들의 주장에는 무심하지 않았는가? 우리는 지금 우리가 마주하고 있는 상대를 후원하고 있는가? 말끔하게 만들어진 옷을 '싼값'에 구매했을 때 우리는 잠시 멈춰서, 그렇다면 이 낮은 가격이 누구의 희생 때문인가를 생각해 보았는가?[24]

노동여성협회는 1891년 세워진 뉴욕소비자연맹의 기반이 되었다. 소비자들은 보이콧을 권유받았을 뿐 아니라 도덕적 소비까지 요구받았다. 1891년 뉴욕소비자연맹은 임금, 노동시간, 노동조건, 노사 관계와 아동노동 여부 등의 측면에서 좋은 점수를 받은 백화점들의 명단을 '화이트 리스트'로 만들어 발표했다. 상품이 생산되고 유통되는 환경

에 대한 중간계급의 관심은 자기 이익의 추구와 이타주의가 결합된 것
이었다. 위생과 청결에 대한 인식이 높아지고, 질병의 전염에 대한 두
려움이 커지면서 노동 집약적인 저임금의 '고한 노동 업종'을 개혁해
야 한다는 주장을 지지하는 사람들이 많아졌다. 뉴욕소비자연맹의 초
대 회장인 로얼(Josephine Shaw Lowell) 또한 전국 차원의 미국 위생위
원회에서 활동했다.

　1890년대 동안 소비자연맹은 미국의 여러 도시로 번져 나갔는데,
지역에 따라 정치적으로 중점을 두는 부분과 연합 세력의 양상이 저마
다 다양하게 나타났다. 약자에 대한 도덕적 책임감으로 움직인 이들도
있었고, 공공 위생에 대한 관심 때문에 참여한 이들도 있었다. 좀 더
급진적인 생각을 가진 이들은 소비자와 생산자 사이의 연대를 주장하
기도 했다. 켈리(Florence Kelley)는 연맹이 고한 노동에 반대한다는 점
을 분명히 하기 위해 '노동조합 표시'를 상품에 붙이도록 해서, 노동조
합이 있는 업체의 제품임을 소비자가 알아볼 수 있게 해야 한다고 주
장했다. 그녀는 노동자의 권리까지 함께 고려했던 것이다. 1899년 전
국소비자연맹의 서기가 된 켈리의 지휘 아래 소비자연맹은 생산과 소
비를 정부가 규제하게 만드는 중요한 압력단체가 되었다.[25]

　윤리적 소비를 주장한 조직은 범계급적 연대가 가능할 수 있는 상황
을 만들어 냈다. 1910년 뉴욕소비자연맹은 28번가에 직접 상점(Label
Shop)을 차려서 윤리적으로 생산된 제품만을 판매했다. 국제여성의복
노동자가 펴낸 기관지 《여성의류노동자》(Ladies' Garment Worker)는
노동자들에게 이 상점을 지원하라고 선전했다. "이곳에는 노동조합 표
시가 붙은 다양한 종류의 블라우스와 원피스가 있다. 이 옷들이 생각
보다 새롭고 세련된 감각으로 만들어졌음을 입어 보면 느낄 수 있을

것이다."²⁶ 그러나 1913년 이 기관지는 소비자 파워가 미처 예상하지 못한 문화적 장벽에 부딪혔다고 지적했다. 노동조합주의자들의 아내들은 노동조합원들이 생산한 상품이라고 해서 무조건 구매하지는 않았다. 반면에 중간계급들은 노동조합 표시가 붙은 상품을 고가품에 조금 못 미치는 제품이라고 여기는 경향이 있었다.²⁷

일부 노동계급 공동체들은 소비자 압력을 노동조합 활동의 조력자로 여겼다. 시애틀카드라벨산업여성노동자연맹 회원들은 노동조합 표시가 있는 상점에서만 물건을 구매하기로 결의했다. 또 1920년 시애틀 중앙노동위원회(Central Labor Council)는 봉마르셰백화점이 노조원이 아닌 인력을 고용하자 보이콧을 선언하면서, 미국노동총연맹(American Federation of Labor)을 지지한다고 결의했다. 시애틀카드라벨산업여성노동자연맹도 지역 여성노동조합연맹, 소비자연맹 그리고 다른 여성 단체들과 함께 보이콧을 결의했다.²⁸ 이 보이콧운동은 비록 성공하지는 못했지만 시애틀 노동조합과 협동조합은 복잡한 소비의 정치경제학을 공부한 셈이 되었다. 구매력과 보이콧은 미국 저항 문화의 중요한 일부가 되었다. 흑인 사회와 도덕적 사회 개혁가들 그리고 노동조합들은 구매력과 보이콧운동을 통해 제품이 생산되고 유통되는 방식에 영향력을 행사했다.

영국에서는 생산과 소비를 연결시키려는 노력이 간헐적으로 있기는 했지만, 전국소비자연맹에 견줄 만한 조직은 아직 없었다. 1886년 블랙(Clementina Black)이 여성노동조합연맹의 전신인 여성보호예방연맹(Women's Protective and Provident League)의 서기가 되었을 때 그녀는 여성 노동자들의 열악한 노동조건과 저임금에 충격을 받고, 생산자인 여성 노동자들의 활동에 도움을 주기 위해 소비자연맹을 세웠다. 블랙은 곧 지역정부에 지원을 요청했다. 1890년 그녀는 여성노동조합연맹의 대표로서 런던 주 지방의회의 진보 당원들에게 지방의회가 이미 실시하고 있는 공정임금시행령에 여성 의류 노동자들을 포함시켜 달라고 호소했다. 블랙은 이 일을 그냥 내버려 두지 않고 직접 지방의회로 가서 '공정' 임금이 어떻게 결정되어야 하는지를 설명했다.[29] 그녀는 공정 임금이 '여성 종업원이 건강하게 정당한 편의를 누릴 수 있는 선'에서 결정되어야 한다고 했다. 중요한 선례가 만들어졌다. 지역정부는 양측을 만나 동의를 받아 내면서, 노동자의 임금이 어느 정도가 되어야 하는지를 결정하는 역할을 맡았다. 감시 체제나 힘 있는 노동조합도 없이 값싼 노동력으로부터 이익을 얻어 내려는 기업의 무제한의 권리에 도전하는 것은 실제로 꿈도 못 꿀 일이었다. 그러나 블랙은 도덕적 소비주의와 공공의 구매력을 잘 혼합하여 '생활임금'은 당연한 권리라고 주장하면서 제도적 정당성을 부여했다.

1900년대에 블랙은 가내공업과 저임금 업종을 조정하고자 노력한 고한노동반대운동(Anti-Sweating Campaign)에서뿐 아니라, 여성 노동자를 대표해서 연구하고 압력을 가하는 일을 한 범계급적 조직인 여성산업평의회에서도 활동했다. 두 조직 모두 입법을 보조하는 수단으로 윤리적 소비를 주창했다. 윤리적 선택은 노동조합 표시 붙이기 운동을 해온 노동조합 운동과, 협동조합 운동이 운영한 상점들을 통해서 활성화되었다. 1913년 《생디칼리스트》에는 이런 광고가 실렸다. "우리 협동조합 상점과 거래하시는 당신은 고한 노동을 강요하는 악덕 업체의 관행을 향해 한 방을 날리시는 겁니다."[30] 사회주의자이자 페미니스트인 빌링턴-그레이그(Teresa Billington-Greig)는 《소비자의 반란》(The Consumer in Revolt, 1912년 무렵 발간)이라는 책에서 노동자와 소비자 사이의 연결이 강화될 필요가 있다고 강조했다. 그녀는 미국 모델에 기초해 소비자연맹을 만들려고 했던 시도가 '덧없이' 된 것을 아쉬워하면서, 미국의 소비자연맹 조직들을 높이 평가했다.[31]

1912년 물가 상승으로 소비는 절박한 논쟁거리가 되었다. 생활비가 많이 들면서 조직화된 노동조합 운동 밖에 있는 노동자들 사이에서 파업이 일어났다. 노동운동의 일부는 의회에 집착하고 있었고, 의회 밖의 좌파는 정부를 통한 점진적 개혁을 완전히 거부했다. 반체제 반정부주의자들 사이에서 '직접행동'에 대한 이야기가 나오고, 노동 현장에서 전투성이 높아지자 결국 지역사회에서 직접행동을 해야 한다는 제안이 나왔다. 마가레타 힉스(Margaretta Hicks)는 마르크스주의영국사회당 안에서 물가를 둘러싼 직접행동을 촉구하기 시작했다. 미국 소비자 조직의 노동자 분과와 동일한 접근 방식을 취한 힉스는 소비를 생산과정의 일부라고 보았다. 그리고 소비자의 압력을 젠더화된 노동계급 저항 운동의 한 형태라고 생각했다. "여성들은 소비자로서 힘을 갖고 있다. 그들은 뛰어난 구매자들이다. 그러나 베이컨, 치즈, 우유, 석탄, 집세 등이 계속 오르는 한 더 좋은 조건을 위한 파업은 아무런 소용이 없다." 힉스는 신노동계급이 사는 런던 교외 지역인 에드먼턴에서 여성들이 "우윳값 인상에 항의하는 보이콧을 하면서, 우윳값이 내릴 때까지 농축 연유를 사용한" 사례를 소개했다.[32]

힉스는 실천이 보여 준 즉각적인 잠재력에 크게 고무되었다. 그녀는 물가에 대한 저항이 불량식품을 사라지게 하는 조직으로도 발전할 수 있다고 말했다. 또한 여성이 노동자와 연대하여 자본주의에 맞설 수 있도록 하기 위해 '협동조합 클럽' 또는 '주부 노동조합'을 제안했다. 1914년 그녀는 소비를 둘러싼 여성 노동자의 조직화는 '노동조합 운동의 반쪽 동반자'라고 하면서 "생활의 필요를 충족시키기 위해 반쪽은 다른 반쪽을 지원해야 한다"고 덧붙였다.[33]

이와 대조적으로 빌링턴-그레이그는 소비가 여성 특유의 영역이라고 하는 생각에 반대했다. 남성을 노동자로, 여성을 소비자로 규정하는 이분법도 거부했다. 남성은 노동자일 뿐 아니라 제품 구매자이기도 하며, 여성은 고용될 때뿐 아니라 가정에서도 관리, 청소, 음식 준비와 요리에 이르기까지 노동을 하는 존재라고 보았다. 그녀는 '여성의 지위'를 '아내의 지위'와 동일시하는 것은 성 편견이라고 주장하면서, 스스로 벌어서 먹고사는 '독신 여성'이 고려 대상에서 제외된 것을 지적했다.[34] 소비는 남녀 모두에게 중요한 쟁점이라는 것이 빌링턴-그레이그의 주장이었다.

양쪽의 시각은 다양한 소비자 활동을 통해 보강될 수 있었고, 실제로 그렇게 되었다. 20세기 초 소비는 젠더화된 계급의 저항에서 중요한 영역이 되었으며, 다른 한편 여성만이 아니라 노동계급 남성도 움직이게 해주는 이슈가 되었다. 부분적으로는 인플레이션에 대응해서, 또는 대규모 파업과 경제적·사회적 정의와 관련해서 북미와 영국 모두에서 식량 가격과 집세 인상에 대한 저항 운동이 일어났다. 뉴욕에서는 소비자로서 여성의 역할이 물가와 집세 인상에 반대하는 집단 투쟁을 통해 더욱더 두드러져 나타났다. 이런 봉기에는 자연 발생적인 직접행동과 조직 활동이 복잡하게 혼합되어 있었다. 1902년 뉴욕의 유대계 이민 여성들은 유대교식으로 정결하게 처리된 고기의 가격이 인상되자 정육점으로 몰려가 시위를 벌이면서 경찰과 대치했다. 이들은 보이콧을 조직하기도 했고, 쇠고기독점반대여성연합(Ladies' Anti-Beef Trust Association)과 함께 협동조합 상점을 열기도 했다. 1910년 사우스프로비던스에 사는 유대계 여성들은 가격이 하락할 때까지 고기를 구매하지 말자고 주민들을 설득하면서 정육점 앞에서 피켓 시위를 했다. 1914년 이탈리아계 이민 여성들도 물가 인상에 대항해 봉기를 일으켰다.

구매자로서 여성의 역할은 가정경제에서 중요한 요소였다. 여성이 무엇을 구매할 수 있는가에 따라 가족의 생활수준이 결정되었다. 소비는 여성의 정당한 활동 영역이었고, 그 결과 여성은 가족을 대표해서 활동하고 있다고 여기게 되었다. 한편 뉴욕 식량 봉기는 의류 산업에서의 전투적인 활동과 일치하는 것이기도 했다. 노동 현장의 이런 생각들이 가정으로 흘러 들어갔다. 외투 제작자의 아내인 '레비' 여사는 이렇게 선언했다. "이제, 우리 여성이 파업을 한다면, 그야말로 파업다운 파업이 될 것이다."[35] 소비를 둘러싼 집단행동은 일종의 '여성 파업'이라고 할 수 있었다. 이는 여성이 해야 하는 일이라고 여겨지는 것과 여성이 할 만한 일이라고 하는 새로운 생각이 결합된 것이었다.

전쟁과 물가, 소비자 네트워크

전쟁 전에 널리 퍼져 있던 일상의 정치화는 제1차 세계대전 내내 지속되었다. 높은 인플레이션으로 식량 가격과 집세에 저항하는 운동은 더욱 힘을 받았다. 1917년 유대교식으로 정결하게 처리된 고기의 가격 인상 때문에 로어이스트사이드에서 발생한 봉기는 뉴욕에서 시작해 보스턴, 필라델피아, 볼티모어, 시카고, 세인트루이스, 클리블랜드로까지 번졌다.

아나키스트 마리 간즈(Marie Ganz)는 1917년 식품 봉기를 도표로 만들어 설명한 기록을 남겼다. 여성이 중심이 된 자발적인 직접행동은 계급적 착취에 대한 인식으로 수렴되었다. "충돌이 한창 진행되던 가운데, '심버그' 부인은 한 행상의 머리를 그녀의 장바구니로 쳤고, 그때 우연히 나와 눈이 마주쳤다. 그러자 그녀는 이렇게 소리쳤다. '여성들, 여길 좀 봐. 마리 간즈가 있어. 이제 그녀가 흡혈귀들을 어떻게 바로잡을 것인지 알려 줄 거야'라고."[36] 사회주의자들이 포워드 빌딩에서 몰려나와 여성들에게 설교를 하려고 했지만, 여성들은 사회주의자들을 무시했다. 대신 간즈는 위원회를 선출해서 시청으로 가자고 제안했다. 시청으로 가서 "시정부가 식품 가격을 우리가 구매할 수 있는 수준에서 조정하도록 만들자"고 했다.[37] 그러나 시청에서 여성들은 경찰 기병대와 대치했고, 아나키스트로 알려진 간즈는 구속되었다. 물가 때문에 절박한 행동을 하지 않을 수 없었던 이민 여성 노동자들은 생계를 꾸려 갈 권리가 있다는 의식을 분명히 표현했다. 이전에는 약속의 땅 미국에서 허용되지 않았던 행동들을 함으로써 이들은 자신들의 힘을 행사했다.

영국에서도 전쟁 기간 동안 소비자들이 물가를 놓고 시위를 했다. 미국과는 다른 모습이었지만, 즉흥성과 조직, 정치적 개입은 비슷하게 나타났다. 1914년 팽크허스트(Sylvia Pankhurst)가 이끈 여성참정권이스트런던연맹에서 작성한 속기록은 물가 상승으로 야기된 극심한 고통에서 나온 다양한 제안들을 자세히 기록해 놓았다. 패터슨이라는 한 여성은 "거부당할 때까지 보통의 가격만 내고 식품을 가져가자. 그러면 머지않아 다른 이들도 우리 뜻을 이해하고 보통 가격만 내고 식품을 가져갈 것이다"라고 제안을 했다.[38]

갑작스레 오른 집세도 봉기의 한 원인이 되었다. 같은 해 여성참정권

이스트런던연맹 기관지인 《여성의 드레드노트》(Woman's Dreadnought)
는 리즈에서 전개된 여성 파업을 보도했다. 여성들이 "부지깽이, 밀대,
긴 삼지창 등을 휘두르며 거리 시위를 했는데, 이는 가정을 보호하겠
다는 여성의 의지를 보여 주는 것"이라고 적었다.[39] 1915년 글래스고
에서 일어난 집세 파업은 좀 더 폭넓은 차원의 운동으로 이어졌다. 그
과정에서 여성 정치 활동가들이 중요한 역할을 했다. 글래스고의 집주
인들이 집세를 올리자, 노동계급 주부들은 글래스고여성주거연합
(Glasgow Women's Housing Association)을 통해 분노를 표출했다. 이
조직에는 중간계급 사회주의 페미니스트인 크로퍼드(Helen Crawfurd)
와 공장 노동자로 일하다가 전화교환원이 된 돌런(Agnes Dollan)이 활
동하고 있었다. 두 사람 모두 전쟁 이전부터 운동에 참여했고, 독립노
동당 소속이었다. 돌런은 여성협동조합길드, 여성노동자연맹, 클래리
언스카우트의 회원이기도 했다. 집세 파업에서 중요한 역할을 한 바버
(Mary Barbour)는 글래스고여성주거연합과 키닝파크여성협동조합길
드의 회원이었으며, 나중에는 독립노동당과 평화운동에서 활동했다.[40]

이 시기 글래스고는 정치의식이 높은 노동자 도시였다. 급진적인 일
요학교, 신문, 클래리언 합창단, 클래리언 극장 사이에 네트워크가 형
성되어 있었고, 다양한 노선의 사회주의자들과 페미니스트들, 생디칼
리스트와 아나키스트들이 가족과 직장을 통해 친밀한 관계를 맺고 있
었다. 상황이 어려워지면 이들은 정치적 관심이 그다지 많지 않은 이
웃이나 직장 동료들을 동원하기도 했다. 글래스고 집세 파업에서는 주
로 여성들이 주도적인 역할을 했지만, 남성들도 파업에 참여했다. 이
는 남성 역시 소비자라고 하는 빌링턴-그레이그의 주장에서 나온 것이
기도 했다. 식품 가격과 마찬가지로 집세 역시 여성만의 문제는 아니었

으며, 가족 전체의 생활수준에 영향을 미치는 것이었다. 세입자를 가장 분노하게 했던 것은 집주인이 가족들이 보는 앞에서 남자들에게 쫓아 내겠다고 협박을 한 것이었다. 《글래스고 헤럴드》에 실린 플래카드 사진을 보면 그들이 애국심을 강조했음을 알 수 있다. "파틱 세입자 파업. 우리의 남편, 아들, 형제들은 독일 프로이센에 맞서 싸우고 있다. 우리는 파틱이라는 프로이센과 싸운다. 우리에겐 오직 대안적인 시영주택과 영토 수호가 있을 뿐이다. 정부는 우리의 가정을 독일인과 집주인들로부터 지켜 줘야 한다. 그렇지 않으면 민중이 나서게 될 것이다."[41] 6개월 뒤 정부는 시민 봉기의 두려움을 느끼고 집세 제한 정책을 도입했다. 전쟁으로 인해 국가의 역할에 대한 기대 수준이 변화했고, 소비 영역도 사회가 직접 통제해야 한다는 생각이 커졌다.

글래스고에서 전시 식량의 배분을 둘러싸고 군중이 움직이기 시작하면서 비슷한 사태가 전개되었다. 여기서도 이런 봉기들이 남성과 여성을 연결시켜 주었다. 파크헤드의 노조 간부들은 여성이 주도한 지역 차원의 시위들을 지지했다. 그들은 글래스고 시의회에 "식료품 공급에 대한 통제를 철폐한다면 노동자의 아내들은 시위대에서 물러날 것이다. 노동자들은 거리에 나가 시위할 준비가 되어 있다"고 했다.[42] 현장에 기초한 전투적인 노동조합 운동은 전쟁 기간 동안 크게 성장했는데, 그들은 소비와 생산 사이의 관계가 가지는 중요성을 깨달아 갔다.

1917년과 1918년에 맨체스터의 배로와 버밍엄의 클라이드, 코번트리, 셰필드에서는 노동조합 간부들이 식료품 가격에 대해 문제를 제기했다. 주요 노동조합 간부들이 여성참정권운동과 긴밀하게 연대하고 있던 코번트리와 셰필드에서는 남성들이 구매 시위를 하는 부인들을 돕기 위해 군수품 공장을 비우기도 했다. 이는 단순히 힘든 상황에 대한 대응만은 아니었다. 정치의식이 높았던 노동조합 운동 지도자 머피(J. T. Murphy)는 노동 현장의 투쟁을 이웃의 세입자나 여성들과도 함께할 수 있도록 하기 위해 의식적인 노력을 기울였다고 했다.[43]

전쟁 기간 동안 물가와 집세를 둘러싼 노동계급의 직접행동은 이제까지와는 다른 측면에 기초해서 소비를 재조직하려는 압력과 함께 병행되었다. 전국식료품경제연맹(National Food Economy League)과 전국여성참정권협회연합(National Union of Women's Suffrage Societies) 모두 정부가 개입하기 전부터 소비를 중심으로 조직 활동을 했다. 한편 1915년 식료품이 위기를 맞이하자 여성회(Women's Institute) 운동이 시작되었다. 여성회의 원래 목적은 농촌 기혼 여성을 동원하여 채소를 기르고, 과일 병조림을 만들고, 닭, 돼지, 토끼를 기르는 일을 하던 여성농경부대(Women's Land Army)가 남성을 대신해서 일을 보조해 주는 것이었다. 여성회는 빠르게 성장하여 1918년에는 회원 수가 5만 명에 달했다. 전쟁 이후에도 여성회는 가정에서 키워 만든 식품의 생산과 저장 활동을 꾸준히 지원했다.[44]

전쟁 기간 동안 자원 단체들은 일상을 규제하느라 분주해진 수많은 정부의 위원회와 함께 활동하기도 했다. 노동당 여성 지도자 필립스(Marion Phillips)는 소비자위원회 위원이 되었고, 세탁부이면서 여성참정권이스트런던연맹에서 활동한 넬리 크레살(Nellie Cressall)은 식품관리위원회에서 일했다. 여성협동조합길드도 전쟁비상노동자전국위원회(War Emergency Workers' National Committee)에서 활동했는데, 이들은 물가, 식량 배분, 집세와 관련해 정부에게 압력을 가했다.[45] 마가레타 힉스는 전쟁 기간 동안 분명하게 드러난, 엄청나게 다양한 소비자

네트워크의 가입 단체들을 나열했다. 페이비언여성그룹, 런던부엌텃밭모임, 인쇄노조여성부문, 창고재단업종노조, 전국구호단, 전국식량기금, 어린이보호위원회, 철도여성길드, 걸스클럽디너스, 식품개혁협회, 여성참정권이스트런던연맹 등.[44] 이들은 우유 저장소, 원가로 운영하는 식당, 학교급식 등을 위한 활동을 했고, 고물가와 식량 부족을 중요한 논제로 제기했다.

전쟁 기간 동안 국가의 개입을 요구하는 목소리가 커지면서 여성을 정책 결정 과정에 참여시키려는 노력도 일어났다. 여성참정권이스트런던연맹은 원가로 운영하는 식당과 '엄마의 품'을 통한 진료소 운영 등을 통해 지역 서비스를 계속 이어 갔다. 또한 이런 자조 프로젝트와 함께 정부에 식량 공급과 그에 대한 공평한 분배를 요구했다. 이렇게 혼합된 전술 뒤에는 야심찬 통찰력이 자리하고 있었다. 이스트런던연맹 또한 가격이 좀 더 민주적으로 통제되어야 한다고 생각했다. 1917년 러시아혁명 이후, 실비아 팽크허스트는 노동자위원회, 군사위원회, 주부위원회의 구성을 제안했다. 러시아의 소비에트 또는 노동자위원회를 지역사회에 도입해야 한다는 생각을 한 것이다.[47]

공공사업 확충

전쟁이라는 예외적 상황에 러시아혁명까지 영향을 끼치면서 상상력의 지평이 넓어졌다. 미국 노동자 언론인 보스(Mary Heaton Vorse)는 1919년 영국 노동운동계에서 잠시나마 널리 번졌던, 일상을 유토피아적으로 재구성하는 상상에 매료되었다.

즐거운 이야기가 영국에 넘실대고 있었다. 직장위원회와 노동자위원회를 거쳐 일하는 사람들의 가정으로, 길드사회주의자에서부터 노동조합, 여성협동조합길드 그리고 웨일스 지역 광부들의 야학 교실에 이르기까지 이야기로 넘실대고 있었다. 이 모든 곳에 열정이 있고, 새 세상에 대한 요구가 있었다. …… 영국은 하나의 커다란 실습장이었다. 새로운 사회 개혁들이 나타나고 자라났다. 새로운 종류의 서비스가 생겨났고 제공되었다. 새로운 사고방식, 심지어 새로운 요리법과 식료품의 분배 방식도 나타났다.[48]

이런 변혁에 대한 기대는 실현되지 않았다. 그러나 제1차 세계대전이후 노동운동 활동가들은 개인의 소비를 사회적으로 제공되는 대안적 형태로 계속 바꾸어 나갔다. 전쟁 기간 동안 임노동자로 동원되었던 여성들은 평화기에 대해 다른 기대들을 했다. 그 가운데 노동조합원 본드필드(Margaret Bondfield)는 1919년 이렇게 열변을 토했다. "체계화된 공공 부엌을 체험하는 행운을 누린 바쁜 여성들은 벌써부터 이것 없이 어떻게 그렇게 오랫동안 살았는지 모르겠다고 감탄을 아끼지 않았다. 공공 부엌은 여성이 음식을 준비하고 요리하는 것에서만 해방된 것이 아니었다. 장을 보고 계산대 앞에서 오래 기다리는 온갖 번거로운 일들을 해결해 주었다."[49] 본드필드는 요리의 사회화가 시간을 절약해 줄 뿐 아니라 훨씬 이롭고 효율적이라고 믿었다. 또한 낭비를 줄이고 식단을 좀 더 다양하게 할 수 있을 것이라고 생각했다. 그러나 노동조합의 지원에도 불구하고 전쟁 기간 동안 전국적으로 만들어진 부엌과 식당들은 1920년대 동안 쇠퇴해 갔다.

노동계급 여성들은 세탁 시설과 관련해서 지역정부의 지원을 받을 수 있어야 한다고 끊임없이 주장했다. 1920년대 맨체스터 공중목욕위원회의 위원이던 미첼(Hannah Mitchell)은 '작지만 최신식의 세탁실'을 마을에 세워 운영한 것을 자랑스럽게 여겼다.

주부들은 집에서 가져온 빨래를 그곳에 있는 깊은 들통에 담그며 일을 시작했다. 이 들통에는 뒤에 보일러가 달려 있어 더운 물을 맘껏 쓸 수 있었다. 빨래를 말리는 기계는 개별 가정의 탈수기보다 훨씬 좋았다. 덥고 건조한 바람을 통해 빨래를 바짝 말릴 수 있었고, 다림질을 할 수 있는 공간도 있었다. 가족 모두의 빨래를 두어 시간 만에 해치울 수 있었다. 집 안에 빨래를 걸어 놓을 필요도 없고, 다림질 열기로 집을 후텁지근하게 할 필요도 없었다.[50]

지역정부의 세탁실은, 특히 기계가 설치된 세탁실은 세탁소 주인들에게 거센 비난을 샀다. 1920년대부터 그들은 지역정부의 세탁실에 맞서 긴 싸움을 시작했다. 한편 공공 세탁실이 하나둘 사라져 간 것은 노동계급 여성들이 집에서 세탁하는 것을 선택했기 때문이기도 했다. 아이를 돌보고 요리를 해야 했기 때문에 세탁물을 갖고 밖으로 나가는 일이 아무래도 불편했던 것이다.[51]

제1차 세계대전 이후 영국에서 주거는 여전히 중요한 문제였다. 여성 노동자들은 전쟁 기간에 시작된 공영주택 계획을 계속 추진하라고 정부를 강하게 압박했으며, 이와 함께 여성이 정책 결정에 참여할 권리를 주장했다.[52] 1917년에는 건설부 안에 여성주거소위원회(Women's Housing Sub-Committee)를 만들어 새 공영주택 프로젝트의 디자인을 검토하도록 했다. 이는 부분적으로는 여성노동자연맹이 압력을 행사한 결과였다. 여성주거소위원회의 조사에 따르면 여성은 무엇보다 독립된 사랑방과 실내 욕실이 갖추어진 집을 원했다. 튜더월터스위원회(Tudor Walters Committee)에서 증인들은 이렇게 설명했다.

사랑방은 가족 중 연장자가 아이들의 방해를 받지 않고 친구들과 함께 사교 생활을 즐길 수 있기 때문에 필요하다. 집에 환자가 있는 경우에도 사랑방은 필요하다. …… 가족 중 청소년들도 친구들과 만나는 장소로 사랑방을 사용할 수 있다. 학교 다니는 아이들이 공부하는 공간으로, 가족 중 누구든지 공부를 하거나, 진지하게 독서를 하거나, 글을 쓸 수 있는 공간으로도 사랑방은 필요하다. 이따금 찾아오는 손님과 대화를 나누기에도 거실보다는 사랑방이 편하다.[53]

여성 노동자들은 또한 청소하기 좋게 설계된 집을 제안했다. 새로운 공영주택 건설의 책임을 지고 있던 지역정부는 여성주거소위원회의 요구 내용 가운데 많은 부분을 교묘하게 무시했다. 그러나 여성 노동자 조직들은 주거와 관련된 자신들의 제안을 관철하기 위해, 시정에 민주적으로 참여하기 위해 계속 투쟁했다. 1919년 웨일스의 광산촌 여성들은 실내 욕실이 광부들을 위해서만이 아니라 주택위원회에도 들어갈 수 있도록 하기 위해 로비 활동을 했다.[54] 맨체스터 시의회는 노동당의 여성부를 비롯한 여성 조직의 대표들로 주택위원회를 꾸려서 주택 계획에 대한 면밀한 조사에 들어갔다.[55] 1923년 여성협동조합 길드 총회는 "모든 주택위원회에 여성 노동자를 임명해야 하며, 모든 주택이 최소한 침실 3개, 냉온수가 나오는 욕실, 거실, 식기를 정리해 두는 부엌방 외에 사랑방을 갖추어야 한다"고 촉구했다. 또한 그들은 국가가 재정을 지원해야 한다고 주장하면서, "정부는 지역 자치체가 낮은 이자로 자금을 확보해서 이윤을 생각하지 않고 주택 사업을 추진할 수 있도록 지원하는 제도적 장치를 마련해야 한다"고 요구했다.[56]

노조 간부들의 네트워크와 함께 소비에트라는 선진적 아이디어와 직접행동은 제1차 세계대전 이후 정치경제적 상황이 급격하게 변화하면서 쇠퇴하기 시작했다. 대다수의 여성 노동자 활동가들은 지역자치 정부를 통해 민주적인 권리와 분배의 사회정의를 추구하는 등 좀 더 실용적인 운동을 펼쳤다. 글래스고에서 집세 파업을 주도한 돌런은 1919년 최초의 여성 독립노동당 주의회 의원이 되었다. 그녀는 주택, 교통, 공중 보건을 지역정부가 통제하고 관리해야 한다는 운동을 계속해 나갔다. 1921년 좌파 랜즈버리(George Lansbury)가 주도한 포플러 위원회는 런던 주의회가 부과한 교통 요금 인상을 거부하는 시위를 했다. 좀 더 부유한 지역이 좀 더 가난한 지역의 복지를 위해 좀 더 비용을 감당해야 한다는 이유에서였다. 이 시위에 참여한 이들은 투옥되었다. 여기에는 여성참정권이스트런던연맹 출신의 노동운동가 크레살도 있었는데, 당시 그녀는 여섯째 아이를 임신 중이었다.[57]

정치적 권리를 위한 투쟁을 거치면서 경제적·사회적 권리에 대한 의식이 성장했다. 1920년대 동안 높은 실업률 때문에 사회적 약자들 사이에서 사회적 소비를 촉구하는 활동이 이어졌다. 그러나 대부분이 까다롭고 수치스러운 감정을 유발하는 빈민 구제 제도들 때문에 쌓여 있던 불만이 이따금씩 터져 나오는 경우였다. 이런 빈민 구제책은 1926년의 대파업을 비롯한 1920년대 노사 분쟁의 한 주제이기도 했다.

1920년대가 미국에서는 문화적·정치적 반동의 시기이기는 했지만, 경제적 상황은 그리 나쁘지 않았다. 여성들은 지역 차원에서 개혁을 성취할 수 있었다. 지역정부가 지역사회를 책임져야 한다는 생각이 여전히 남아 있던 시기였다. 랜디스(Bertha K. Landes)는 "우리의 공익사업이 산업의 미래를 보장하고 우리 아이들을 키운다. 공익사업은 우리 도시의 명예이다"라는 구호 아래 시장에 출마했다. 그녀는 제1차 세계대전 이전 혁신주의 사회 개혁가들의 정치를 재현했다.[58] 여성 조직들과 시애틀자치시연맹(Seattle Municipal League)에서 활동한 랜디스는 "시정부는 시민의 복지를 위해 일하고 또 일해야만 한다. 시정부는 위생, 보건, 깨끗하고 안전한 거리, 가정의 보호, 교육 그리고 가난하고 아픈 사람들을 돌보는 일에 관심을 가져야 한다"고 주장했다. 그리고 "이런 일들은 전 세계의 어머니들이 가정에서 해온 일이며, 이런 일들이 도시 차원에서 제기되었다면 이는 노동계급의 문제이기도 하다"고 덧붙였다.[59] 더욱이 랜디스는 자신의 의제를 모성에 기초한 개혁에만 국한시키지 않았다. 그녀는 댄스홀, 청소년 범죄, 금주운동, 우유 공급과 같은 문제를 비롯해 전차 시스템, 도시의 수자원 문제와 같은 이슈도 중요하게 다루었다. 그녀의 프로그램에서 여성 특유의 관심 분야가 두드러지게 나타나기는 했지만, '시민권'은 젠더와 무관한 것으로 제시되었다. 랜디스는 대개 여성들이 관심을 두고 있는 이슈들을 추가하는 일에만 급급하지 않고, 좋은 통치란 무엇인가에 대한 생각을 바꾸어 나가는 데 힘썼다.

노동계급 사이에서 소비를 둘러싼 조직들이 만들어지면서 사회적이고 민주적인 권리에 대한 생각도 밖으로 드러냈다. 엘리자베스 유인(Elizabeth Ewen)이 언급한 것처럼 뉴욕에서 집세 파업은 '지속적으로 전개된 소비자 운동의 한 전형'이 되었다.[60] 의류 산업의 전투적인 노동조합원 클라라 샤벨슨(Clara Shavelson)은 이런 저항적인 분위기 속에서 상설 조직을 건설해 냈다. 그녀는 세입자연합(Tenants' Union)의 창설 과정을 도왔는데, 이 조직은 한편으로는 유대인 여성 이민자들이 동유럽에서 가져온 자선 조직의 전통에 기초를 두고 있으며, 다른 한편으로는 전쟁 기간 동안 미국 전쟁부 관리들로 구성된 국방을 위한 지역위원회에 토대해서 세운 것이다. 1919년까지 세입자연합은 회원 수가 4천 명에 달했으며, 이들 조직은 전투적인 활동을 전개해 나갔다. 화가 난 한 판사는 이를 '세입자들의 소비에트'라고 부르기도 했다.[61]

소비의 새 흐름, 여성

1920년대 동안 미국의 임금은 영국보다 상대적으로 높았다. 그러나 1920년대 말 인플레이션이 높아지자 미국 임노동자들은 더 이상 그런 상대적인 풍요를 누리기가 힘들어졌다. 이러한 실질 임금 삭감이 노동자를 어떻게 소비자 행동으로 촉발해 냈는지 올렉(Annelise Orleck)은 이렇게 설명했다. "남성 노조원의 아내이자 여동생이자 어머니이기도 한 여성들은 판매원으로 일을 하다가, 소비자로서 문제에 직면하게 되자 파업이나 보이콧과 같은 노동조합의 전략들을 사용하기 시작했다."[62]

1920년대 말부터 공산주의자 여성들은 주부위원회를 통해 소비를 조직하는 새 흐름에서 중요한 역할을 했다. 그 가운데 샤벨슨은 물가 인상의 배후에 있는 경제적이고 정치적인 문제들을 직시해야 한다고 강하게 주장했다. 이렇게 상당히 높은 정치의식과 전투성을 지닌 주부 운동은 육류 업계 트러스트의 권력을 집중 공격하기도 했고, 정부에 대해 압력과 직접행동을 혼합한 전략을 구사하기도 했다.[63]

제1차 세계대전 이후 소비자 활동가들은 대중 소비에서 급격한 변화를 실감했다. 영국에서 협동조합 운동은 식료품에서 의류, 가구, 피아노, 생활용품에 이르기까지 모든 물건을 취급하면서 여전히 막강한 힘을 행사했다. 이들 광고에 따르면, 이들의 종업원들은 만족하고 있고, 이들의 상품은 친환경적이며 믿을 수 있고, 이들의 고객은 흡족해했다. 또한 이들은 모던함을 자랑스럽게 여겼다. 1920년대 한 협동조합도매협회(Co-operative Wholesale Society)의 '오케이 탈수기' 포스터에는 "모던한 날들을 위한 모던한 방법, 탈수기를 바꾸면서 변화를 시작하세요. '오케이' 탈수기는 생활을 정말 즐겁게 해줍니다"라고 적어놓았다. 게다가 협동조합은 국제적이었으며, 협동조합 무역을 전 세계적인 차원에서 진행하고자 했다. 그러나 보수주의자들 역시 여성 노동자에 대한 친화적인 정책이 새로운 여성 유권자들을 끌어들일 수 있음을 잘 알고 있었기 때문에, 자기들만의 소비의 정치를 개발해 나갔다. 1924년 선거에서 패배한 뒤 그들은 제국의 식민지에서 들여온 값싼 식료품으로 노동계급 여성들을 공략하기 시작했다. 언론은 가족의 복지와 제국주의 사이의 관계를 긍정적으로 소개했고, 1926년부터는 보수당 정부의 제국마케팅위원회(Conservative Government's Empire Marketing Board)에서 그 문제를 논의하였다.[64]

한편 미국에서는 공장을 통한 대량생산과 대중 소비 시장이 형성되었고, 건축 협회와 금융자산을 계속 축적하고 있던 보험회사들은 주택 소유를 부추겼다. 광고사들은 조리 식품 상점의 후손들인 편의점과 패스트푸드점의 매출 신장을 위해 새로운 심리적 기법까지 동원했다. 1920년대부터는 여론을 조장하는 사업이 경제의 한 부분이 되었다. 판촉 분야의 발전에 대해 언급하면서 스튜어트 유인(Stuart Ewin)은 당시

"BUNTY PULLS THE STRINGS."
"The Woman with the Basket" pulls the strings of the World's Trade.

"번티가 줄을 당긴다." '장바구니를 든 여성'이 세계무역의 줄을 당기고 있다.

상황을 다음과 같이 서술했다. "근대적인 매스컴 통신망이 깔려 있는 사회에서, 공공 영역 자체는 기업 문지기들의 소유가 되어 버렸다."[65]

커뮤니케이션에 대한 통제는 중요한 것으로 인식되었다. 민주적인 통치를 위해서는 물론이고 사람들에게 일상의 욕망을 확실히 다질 수 있도록 설득하는 수단이 되었기 때문이다. 광고인들은 물건뿐 아니라 꿈이나 동경 같은 손에 잡히지 않는 것도 상품화하는 방법을 배워야 했다. 1928년에 프레더릭(Christine Frederick)이 《잘 팔리는 소비자 여사》(Selling Mrs Consumer)에서 날카롭게 지적한 것처럼 광고와 영화는 젊음, 아름다움, 여가에 대한 동경을 광범한 계층의 여성들 속에서 자라나게 만들었다. 시간을 절약해 주는 통조림 개발에 환호하면서,

프레더릭은 관심을 미용 산업으로 돌렸다. 그녀는 '육체적 매력'에 대한 갈망이 어떻게 거대한 소비 산업을 이끌고 있는가를 보도했다. "립스틱은 뉴욕에서 네바다 주의 리노에 이르기까지, 해마다 여성 한 명당 두 개씩 충분한 양이 판매되고 있다."[66] '화장실 용품'을 광고하면서 '건강과 자연스러움을 판다'고 하는 문구를 보며, 그녀는 새로운 유행에 대해 언급하면서 '우리는 건강과 미용에 대한 아이디어들을 더 많이 듣게 될 것'이라고 예견했다.[67] 대중문화의 변화들을 날카롭게 잡아내는 눈을 가진 프레더릭은 많은 미국 여성들이 '그들의 할머니가 그랬던 것처럼 청춘을 35세 무렵에 포기하지는 않을 것'이라고 했다. 그녀는 '64세의 왈가닥 아가씨'를 추적하여, '화장과 의상이 마술을 부릴 수 있다'고 하는 것을 발견했다.[68] 유토피아에도 가격표가 붙여졌다.

부엌에서 또는 거울 앞에서 여성 소비자는 새 경제 시나리오의 좋은(또는 나쁜) 정령이었다. 여성 소비자는 행복하게 소비하면서 비즈니스 세계를 행복하게 만들 수 있었다. 또 소비자 보이콧에서 보여 준 것처럼 구매를 거부함으로써, 프레더릭의 표현에 따르면 '험악하고 무자비한 힘'을 행사할 수도 있었다.[69] 영국과 미국 모두 개인적인 주택 소유뿐 아니라 사적인 가정 서비스와 가정용품의 상품화가 강력한 경제적·이데올로기적 로비를 통해 강요받게 되었다. 이는 단순히 돈을 모으는 문제가 아니었다. 소비는 이데올로기들이 경합을 벌이는 자리였다. 1931년 하우스가 이끈 협동조합식 살림 기구가 해체된 것은 상징적인 사건이었다. 그러나 하우스는 후버 대통령의 주택 건설과 주택 소유를 위한 전국회의에 초대받았다. 헤이든(Dolores Hayden)에 따르면, 이 회의는 미국에서 경제 부양을 위한 전략으로 한부모 가정용 주

택 건설 캠페인을 위한 것이었으며, 산업 분쟁이 덜 일어나게 하려는 계획이었다.[70]

제1차 세계대전 이후 급진주의자들과 개혁가들은 여러 가지가 혼합된 사회정책들을 가지고 노동계급의 구매력을 높이기 위해 노력하면서 변화하는 상황에 자신들의 요구를 적응시켰다. 1923년 미국의 경제학자이자 노동 교육가인 헤이절 커크(Hazel Kyrk)는 자신의 연구서 《소비의 이론》(A Theory of Consumption)에서 '사회화된 소비'의 확산을 주장했다. 거리 청소와 쓰레기 수거에서부터 도서관, 공원, 수영장에 이르기까지 이미 공공 영역의 서비스로 자리 잡은 것 외에도 좀 더 다양한 공익사업들을 제안했다. '도시 살림' 같은 접근 방식이 아닌 사회적 소비를 강조했던 커크는 자신의 시민사회에 대한 전망을 재분배정책과 연계시켰고, 가격 통제보다는 최저임금 정책을 선호했다.[71]

경제학자 홉슨(J. A. Hobson)의 과소소비 이론에 영향을 받은 영국 사회주의자들은 노동자의 구매력을 높이기 위해 최저임금과 '생활임금,' 국가 보조금, 어머니연금 그리고 좀 더 급진적으로는 기초 수입 보장제 등 다양한 제안을 내놓았다. 1920년대 초 독립노동당은 생활임금이 여성과 어린이에게 특히 필요하다고 지적했다. 또 이들은 1920년대 말 '실업자'에게 관심을 쏟으며 총체적인 차원에서 대책을 찾았다.[72] 1918년에는 사회주의노동당이라고 하는 작은 혁명 조직에서 모든 성인에게 생계비를 제공하고, 자녀가 있는 부모에게는 좀 더 많은 금액을 주는 '시민연금' 정책을 제안했다. 어머니연금과 마찬가지로 시민연금에 대한 요구도 전시 동안 전쟁터에 나가 있는 남성의 아내가 국가로부터 생계비를 지원받은 것에서 나온 발상이었다. 군인 아내에 대한 생계비 지급은 정부의 정책과 생활수준이 무관하지 않다는 생각을 하게 해주었다.[73] 여성 개혁가들은 어머니연금에 대해 여러 측면에서 낙관적인 전망을 했다. 래스본(Eleanor Rathbone)은 어머니연금을 통해 여성이 독립적인 소득을 갖게 될 것이라고 보았다. 한편 다른 이들은 이 방식이 부를 재분배하는 데 기여하고, 구매력을 높여 줄 것이라고 생각했다.

정부의 지원금으로 노동계급이 소득을 높여 나가는 가운데 협동조합 주부들은 다른 이들에게 어떻게 살아야 하는가를 말하면서 저마다 자신이 직면한 곤란한 문제들을 피해 갈 수 있게 되었다. 그러나 이는 가사 활동과 일상을 사회적으로 조직하면서 변화시켜 나갈 수 있는 가능성의 폭을 감소시키는 일이기도 했다. 하우스는 소비재가 가사 노동을 모든 면에서 경감시켜 주지는 않을 것이라고 경고했지만, 이런 말은 별로 주목을 끌지 못했다. "수백만 명의 여성이 가전제품을 사용하지 못하고 있기는 하지만, 그 문제는 나중에 생각한다고 하더라도 다음과 같은 문제가 또 있다. 세탁기는 빨래를 모으고 분류하고 널지 못한다. 주름을 펴는 압착 롤러는 세세한 부분의 주름까지 잡아 주지 못한다. 식기세척기는 알아서 그릇을 모으고 음식물 쓰레기를 버리고 씻은 접시를 다시 찬장에 올려놓지 못한다. 진공청소기는 어질러진 마루를 정리해 주지 못한다."[74]

미국에서 '폭로 기사를 주로 쓰는' 언론인 에벨레(Louise Eberle)는 1910년《광부》에 '달걀 커스터드'를 만들 때 달걀 대신 쓰는 '에골린'이라는 노란색 가루에 대한 기사를 썼지만 별 반응을 얻지 못했다. 에벨레가 보기에 현대 음식은 '먹기 위해 만드는 것이 아니라 팔기 위해 만드는 것'이었다. 그녀는 상황이 더욱 악화될 수 있다고 진지하게 경고했다. "음식이 아닌 음식은 지나가는 유행이 아니다. 이것은 말 없는 차, 새가 없는 날개, 무선 전보 등에서 나타나고 있는 현대적 추세의 불길한 단면이다. 지금 인류의 시스템이 그것을 다음 세대의 몸의 문제라고 치부하고 있다면, 더 이상 뭐라 할 말이 없다."[75] 돌아보면 이런 비관주의는 예언자적인 울림을 갖고 있었다.

일하는 여성

울타리 밖으로

"당신을 사랑합니다. 하지만 나는 일을 더 사랑합니다." 결단력 있는 비어트리스 웨브(Beatrice Webb)는 시드니 웨브(Sidney Webb)와 교제하며 이렇게 말했다.[1] 1887년에 이미 그녀는 개인적인 관계보다는 일을 삶의 중심에 두고 있었다. 그녀의 목표는 '일을 위해 이상적인 삶을 구축'하는 것이었다.[2] 비어트리스 웨브는 욕망과 결혼이라는 위험한 늪을 지나 독립적인 삶을 살고자 했다. 그녀는 주변의 다른 지식인 여성들처럼 남편 일을 보조하며 세상에서 잊힌 이름으로 살지 않겠다고 결심했다. 일을 통해 해방을 추구했던 1880년대의 다른 선구적인 여성들과 마찬가지로 그녀는 전인미답의 미래를 앞장서 걸었다.

그러나 웨브와 같은 중간계급 저항 운동가들은 모순적인 태도에 직면하게 되었다. 교육과 지적 혹은 전문적인 일을 통해 대외적으로 인정받기를 갈망하면서, 그들은 일에 높은 가치를 부여한 빅토리아시대의 가치관을 반복해서 주장했다. 그들은 일에 가치를 부여하면서도 여전히 여성은 결혼을 통해 격려된 여성 고유의 운명을 사는 것이라고 말하는 문화 속에서 성장했다. 일은 젠더를 뛰어넘어 인간으로서 자부심을 갖게 해주는 것이었다. 일은 개인으로서 새로운 정체성을 보장받을 수 있는 대표적인 수단이었다. 그러나 여성의 정체성은 여전히 가정일과 친족에 대한 봉사에 묶여 있었다. 여성이 일을 욕망하는 새로운 상황이 전개되면서, 젠더의 경계에 대해 일정한 정의가 필요하게 되었다.

노동계급 저항 운동가들 가운데 많은 이들이 교육과 사회봉사를 중시하는 가정에서 성장했다. 그들은 높은 이상을 갖고 얼마 안 되는 제한된 기회들을 맞았다. 그러나 그들이 일하고 살아가는 현실은 훨씬 구차했다. 더 나은 교육과 고용을 위해 열심히 싸운 중간계급 여성 대부분은 1891년 시드니 웨브가 '정규적인 정신노동'이라고 부른 일을 한 사람들이었다.[3] 대학 공개강좌를 다니면서 조금 더 배우기 위해 노력한 스콧(C. Helen Scott)은 1893년 노동자를 대상으로 한 강연에서 "중간계급 중에도 힘들게 일하는 이들이 있다"고 했다. "이들은 지친 몸과 그보다 더 지친 머리로 연구실과 책상, 학교와 병실, 사회적 피로로 꽉 찬 응접실을 빠져나온다. 더 비천한 형제들과 마찬가지로 이들의 가슴과 마음도 허기져 있고 갈망으로 가득하다."[4]

자기 힘으로 살아가는 자립적인 신여성들이라고 해서 이들 모두가 여러 조건을 두루 갖춘 잘사는 집안 출신은 아니었다. 언론에 글을 쓰고 번역을 하면서 생계를 꾸려 나간 에이블링(Eleanor Marx Aveling) 역시 적은 소득으로 불안한 삶을 살았다. 그녀의 어린 시절 친구인 콜릿(Clara Collet)은 비어트리스 웨브와 마찬가지로 찰스 부스(Charles

Booth)가 진행하던 사회연구서인 《민중의 생활과 노동》(Life and Labour of the People, 1889)에서 연구원으로 일했다. 그녀는 언론 일과 음악 교사 일을 하며 근근이 사는, 원칙적이고 급진적인 유니테리언파 교인의 딸이었다. 이런 가정환경 때문에 지식인으로 살면서도 제한된 선택을 할 수밖에 없음을 일찍부터 너무나 잘 알고 있었다. 1900년 무렵 그녀는 일기장에 이렇게 썼다. "토인비홀에서 다섯 개의 강의를 해서 집세를 벌었다. 지금으로서는 내년에 어떻게 먹고살지 전혀 모르겠다."[5] 1902년 콜릿은 자신의 경험을 토대로 《교육받은 일하는 여성》(Educated Working Women)이라는 책을 썼다. 그 책에서 콜릿은 중간계급 여성이 취업할 수 있는 일자리 수는 지원자에 비해 너무 적고, 임금도 너무 낮다고 지적했다. 그녀는 다음 세대에게 디자이너나 화학자, 해외 특파원, 공장 매니저 등이 되라고 권했다.

교육받은 일하는 여성들 앞에 많은 어려움이 있었다고는 해도 교육받지 못한 여성들의 처지에는 견줄 바가 아니었다. 여성들에게 어떤 집단적 보호막도 없다는 점을 우려해서, 그리고 미국의 숙련된 여성 노동자 조직들에게 영감을 받아서 제본소 직공 패터슨(Emma Paterson)은 1874년 여성보호예방연맹을 출범시켰다. 이 조직은 후에 여성노동조합연맹이 되었다. 연맹은 노동자 공제조합이 해온 복지 서비스들을 사회적 조합주의의 형태로 통합해 갔는데, 이는 중간계급의 지지를 받았다. 이 조합주의를 통해 하프페니저축은행, 여성노동거래소(Women's Labour Exchange), 노동자 식당, 수영 클럽 등이 만들어졌다.[6]

다른 많은 '신여성'과 마찬가지로 리즈 지역의 사회주의자이자 페미니스트인 포드(Isabella Ford)는 노동을 자기표현의 중요한 방식이라고 보았다. 한편 북부의 브래드퍼드와 리즈의 직물 및 의류 공장에서 일하는 여성들이 그런 이상과는 거리가 먼 삶을 살고 있다는 것도 그녀는 잘 알고 있었다. 그들의 노동조건을 보면서 포드는 노동조합과 여성 공장 감독관 제도가 꼭 필요하다고 확신했다.[7] 1880년대 말과 1890년대 초, 에이블링을 비롯해 몇몇 중간계급 '신여성'들과 함께 포드는 여성 노동자들에게 전투적인 신조합주의에 참여하라고 권했다. 숙련 노동자조합과는 다르게, 이 민주적인 노동조합주의는 비숙련 노동자와 여성 노동자에게 개방되어 있었다.

'고한' 작업장

여성 노동자를 조직하는 일이 어려웠기 때문에 중간계급 지지자 가운데 일부는 노동조합 조직을 보완할 수 있는 활동을 시도했다. 1889년 사회주의자 베전트(Annie Besant)는 타워햄리츠교육위원회(Tower Hamlets School Board)를 설득해서 노동자를 착취하지 않는 회사와만 거래하도록 만들었다. 베전트는 바로 전해에는 이스트런던의 성냥 공장 여성 노동자의 파업을 공론화하는 데 도움을 주기도 했다. 베전트와 여성노동조합연맹의 지도자 에밀리아 딜크(Emilia Dilke)는 저렴한 성경책을 만드는 회사인 아이어앤드스포티스우드(Eyre and Spottiswoode)가 여성 노동자에게 지나치게 낮은 임금을 줘서 여성 노동자가 성매매를 해야 생계를 유지할 수 있는 역설적인 상황을 만들어 내고 있다고 비난하며 시정을 촉구했다. 이듬해에 여성노동조합연맹의 서기인 블랙(Clementina Black)은 이런 선례를 더 확장시켜서 런던 주의회가 의류 노동자에게 공정한 임금을 지급하는 회사만을 공급 업체로 결정하도록 만들었다. 고용주가 아닌 소비자를 설득하는 이런 혁신적인 전술을

통해 블랙은 여성 노동자도 생활임금을 받을 권리가 있음을 강조했다.[8]

블랙이 옹호한 여성들은 노조로 조직되지도 못했을뿐더러, '고한 노동'이라는 열악한 노동조건에서 일하는 이들이었다. 대도시는 집세가 비싸서 큰 공장이 발전하기에는 좋지 않았다. 그래서 일감은 하청이라는 유연한 네트워크를 통해 작은 '고한 작업장'이나 가정에서 일하는 여성들에게 전달되었다. 런던에서 가장 많은 아일랜드계와 유대계 이민 여성 노동자가 이런 저임금의 불안정한 일거리에 매달려 살았다. 가정에서 제품을 만드는 일은, 아이를 돌봐야 하는 어머니나 몸이 안 좋아 밖에 나갈 수 없는 사람들에게는 무척 요긴했다. 이 경우 아이들의 도움을 받아 일을 할 수도 있었다. 노동시장의 가장 밑바닥에 머물러 있던 이들을 조직하려는 시도가 있기는 했지만, 이들은 여기저기 흩어져 있어서 조직하기가 쉽지 않았다. 브리스틀의 본(Helena Born)과 대니얼(Miriam Daniell), 리버풀의 래스본(Eleanor Rathbone), 리즈의 포드와 같은 패기만만한 신여성들도 이들의 곤궁한 처지 앞에서는 좌절했다. 1890년대부터 여성노동조합연맹이 국가의 개입을 촉구하는 로비 활동을 하면서, 이들을 조직하려는 과감한 전술을 구사하기 시작했다.

노동 집약적인 '고한' 노동은 영국뿐 아니라 미국의 도시에도 널리 퍼져 있었다. 이들의 존재를 드러내고 자세한 상황에 대해 조사하던 급진주의자들과 개혁가들은 어른은 물론이고 어린이들까지 가정과 비좁은 작업장에서 일하는 모습을 보고 당황했다. 한 언론인이 의류 공장에서 일하는 '도시 노예 소녀'의 고된 일과를 취재한 기사가 계기가 되어 1888년에 일리노이여성동맹(Illinois Woman's Alliance)이 만들어졌다. 여기에는 개혁가를 비롯해 사회주의자들도 참여했다. 이들은 여성의 '고한' 노동과 관련된 저임금, 장시간 노동, 건강에 유해한 환경

등의 문제와 함께 아동노동의 문제도 제기했다. 1891년 연맹의 구성원인 모건(Elizabeth Morgan)과 브라운(Corinne Brown)은 시카고의 어둡고 좁은 골목길로 걸어 들어갔다. 성냥을 켜서 겨우 길을 찾은 끝에 그들은 한 지하 작업실을 찾았다. 그곳에는 남성 열 명과 소녀 네 명 그리고 열 살도 안 된 아이 넷이서 바지와 외투를 만들고 있었다. 모건은 "바람도 통하지 않는 그곳은 압착기에서 풍기는 냄새, 오염된 것에서 나는 악취로 숨 쉬기조차 힘들었다. 그러나 그곳이 가장 끔찍한 일터라고 할 수는 없다"라고 보고했다.' 그곳은 전형적인 소규모 의류 작업장이었다.

8시간 노동제

애덤스(Jane Addams)와 켈리(Florence Kelley)는 헐하우스에서 고한노동을 조사한 뒤에 조직뿐 아니라 이들을 보호할 수 있는 입법 활동이 필요하다는 것을 절실히 느꼈다. 1893년 켈리는 일리노이 주의 최고 공장 감독관으로 임명되었다. 그녀는 의류 생산업에서 가정에 하청을 주는 것을 금지하고, 여성과 아동의 노동시간을 제한하는 법안을 만들었다. 이를 제출하면서 켈리는 여성이 신체적으로 남성과 다르기 때문에 특별히 보호를 받아야 한다고 주장했다. 원래 법안은 여성만이 아니라 남성의 노동시간도 줄이는 것이었지만, 켈리는 고용주에게 남성 위주의 작업에서는 여성을 제외시켜 달라고 양해를 구하는 입장을 취했다. 켈리의 전기를 쓴 작가 스클러(Kathryn Kish Sklar)는, 켈리는 법을 사회적 관계가 구현되는 것이라고 생각하여 아주 섬세하게 접근하는 방법을 취했다고 회고했다. 켈리는 법을 바꾸면 사람들의 생각도 바뀔 수 있을 것이라고 믿었다.[10] 그러나 그녀가 간과했던 문제는 법이 기존의 태도를 더욱더 완고하게 할 수도 있다는 점이었다.

영국에서 공장법은 정부가 노동 현장에 어느 정도 개입할 수 있는 선례를 만들어 주었다. 그러나 정부의 역할에 대해서는 논란이 많았다. 에밀리아 딜크의 남편인 자유당 의원 찰스 딜크(Charles Dilke)는 최저임금법을 제정하려고 여러 차례 노력했지만 성공하지 못했다.[11] 정부의 개입을 주장한 딜크 부부는 전통적 자유당 당원들과 사이가 점점 나빠졌다. 이 부부는 노동시간을 줄이고 여성과 아동을 보호하는 법안을 지지한 사회주의자들과 연대했다. 1892년 에이블링은 세탁 노동자들에게까지 법률적 보호를 확대하려고 노력한 여성노동조합연맹과 함께했다. 에이블링은 정부의 개입에 반대한 자유주의 페미니스트 포셋(Millicent Fawcett)과 아나키스트 럽턴(Edith Lupton)을 비판했다.[12] 세탁부 여성들을 위한 협동조합 연합을 주장한 럽턴은 사회주의자연맹에서 세력을 키워 가던 아나키스트들한테도 비난을 받았다. 그들은 럽턴에게 단호하게 말했다. "사회혁명 말고는 그 어떤 것도 오늘날 대다수 여성 노동자들이 처해 있는 이 비참한 상황을 바꿀 수 없다."[13] 문제는 "그럼 혁명 전까지는 어떻게 할 것인가?"였다.

노동계급 여성들도 자발적으로 임금 인상, 노동조건 개선과 함께 여가를 주장하기 시작했다. 1886년 헤이마켓의 비극이 있기 전, 노동절 대중 집회를 위해 거리로 나선 시카고 재봉 공장 여성들은 《시카고 트리뷴》과의 대화에서 이렇게 말했다. "우리는 10시간에 해당하는 임금을 받으며 8시간 노동하기를 원한다. 이렇게 되어야 제대로 된 발전이라고 할 수 있다."[14] 영국에서도 비슷하게 8시간 노동을 주장했다. 1894년 추(Ada Nield Chew)는 '저임금으로 장시간 노동'을 해야 하는

'공장 소녀'를 사회가 못 본 체하고 있다고 문제를 제기했다. 추와 그녀의 동료들은 '자립적인 생활을 유지하기 위해' 장시간 노동을 해야만 했다. "우리 노동계급의 자존심 있는 소녀들 역시 독립을 원한다."[15] 추는 계속해서 이렇게 말했다.

> 괜찮은 주급이라고 할 만한 것을 받기 위해서는 강도 높은 일을 끊이지 않고 해야 한다. 우리는 '사는' 게 아니라 그저 존재할 뿐이다. 우리는 먹고 자고 일한다. 월요일 아침부터 토요일 밤까지 쉬지도 못하고 끝없이 끊임없이 일한다. 마음을 수양한다고? 그것이 어떻게 가능한가! 독서? 우리 가운데 사람답게 살려고 결심한 이들은, 몸을 위한 양식만이 아니라 마음의 양식도 취하기로 결심한 이들은, 그런 욕망을 실현하려는 이들은 잠자는 시간을 줄이는 수밖에 없다. 휴양이나 자연의 아름다움을 즐기는 것에 대해 말하자면, 계절은 오고 가지만 우리는 지금이 봄인지 여름인지 눈여겨 볼 겨를도 없다. …… '생활임금!' 우리 임금으로는 거의 생활을 할 수가 없다. 앉아서 바느질하며 뭐가 잘못되었는지를 생각하다 보면 점점 열이 치밀어 오르곤 한다.[16]

추는 개인적인 경험을 말했지만, 동시에 집단적인 문화도 보여 주었다. 1890년대까지 랭커셔 공장 지대 여성 노동자들은 혼합된 노동조합 활동을 통해 조직화되는 경향이 많았다. 여성 노동자 조직들은 페미니스트와 사회주의 운동으로 발전하기 시작했다. 계급의식과 함께 여성 노동자로서 젠더화된 권리 의식도 키워 나갔다. 1896년 《맨체스터 가디언》은 여성협동조합길드의 베리 지역 회원인 리그비 여사가 길드·총회에서 한 연설을 보도했다. "직물 공장 지대에 사는 사람들은 노동시간이 단축되면 그것이 노동자에게 얼마나 좋은 일인가를 잘 알고 있다. 많은 남성들이 노동시간을 더 줄여야 한다고 생각하고 있다. 노동시간 단축이 '공돌이'에게 좋은 것이라면, 분명 '공순이'에게도 좋을 것이다."[17] 그녀의 이런 말에 청중은 "맞아요, 맞아"를 외치며 웃음을 터뜨렸다.

너무나 많은 여성이 노동조합의 울타리 밖에 있었기 때문에 1890년대에 조직화되어 있지 않은 이들을 모으려는 시도들이 있었다. 딜크와 블랙의 지도 아래 여성노동조합연맹은 세탁 노동자, 실밥 떼는 노동자, 의류업계 노동자까지 포괄해 내려고 했다.[18] 맨체스터에서 페미니스트 개혁가 애슈턴(Margaret Ashton)은 여성노동조합 맨체스터와 샐퍼드 지구위원회에 관여했는데, 이 단체는 1895년부터 의류와 직물뿐 아니라 인쇄, 라이노타이프, 고무, 박스, 우산 등과 관련된 일을 하거나, 타이피스트, 산파, 카페 노동자까지 노조를 조직할 수 있도록 지원했다. 1937년 《여성 시민》(Woman Citizen)이 애슈턴 기념호를 발행했을 때, 퀘일(Mary Quaile)은 애슈턴이 활동하던 무렵 기성 노조가 비숙련 또는 반숙련 여성 노동자를 조직하는 일을 우선순위에 두지 않았기 때문에 이들을 따로 조직할 수밖에 없었다고 설명했다.[19] 미국에서 초기의 노동기사단과 이후 숙련 노동자 중심의 미국노동총연맹과 일한 여성들도 비슷한 문제에 직면했다. 미국여성노동조합연맹은 1903년에 결성되어 남성 중심의 기구들이 간과해 온 여성의 노동조합 조직화를 지원했다.[20]

백인 개혁가나 노동조합주의자들은 주로 가정이나 농업 분야에서 일하는 미국 흑인 여성의 처지는 헤아리지 않는 경향이 있었다. 쿠퍼(Anna Julia Cooper)가 《어느 남부인의 생각》(A View From the South, 1892)에서 밝힌 것처럼, 그들의 노고는 '노동'이라고 보기 힘들 정도였다.

　북부에서는 '우리의 노동하는 소녀들'에 대해 관심을 쏟아 달라고 하는 간곡한 연설을 종종 들을 수가 있다(물론 여기서 노동하는 소녀는 백인 소녀이다). …… 그러나 쪼들리고 짓밟히는 유색인 여성에게는 몇 명이나 관심을 갖고 있는가! 이들은 빨래통과 다리미판 앞에서 허리를 펼 새도 없이 일한다. 아이들을 먹이고, 집세를 내고, 땔감을 사고, 비누와 전분을 구비하기 위해 이들은 매주 집으로 빨랫감을 한가득 가져온다. 그래서 겨우 운동화 한 켤레 살 수 있을 만큼 번다.[21]

아프리카계 미국인에게 취업 선택의 폭은 정말 좁았다. 19세기 말 남부에서는 '짐 크로'(Jim Crow) 인종 구별법으로 인종적 편견이 더욱 심화되었다. 이는 백인들이 노예제 이래 구축되어 온 백인에게 유리한 체제를 계속 유지하기 위해 좋은 직장에서 아프리카계 미국인을 쫓아내면서 더욱 강화되었다. 1885년부터 철도, 전차, 호텔, 식당, 공원, 운동장, 극장, 모임 장소를 비롯해서 학교까지 인종 분리가 제도화되었다. 인종 분리와 함께 아프리카계 미국인들이 많이 일하고 있는 담배 산업과 같은 분야가 경제적으로 쇠퇴했다. "흑인 여성의 직업군이 몇 개 정도 되나요?"라고 워커(Maggie Lena Walker)가 물었다. "한번 세어 봅시다. 흑인 여성 직업은 가사 도우미, 교사, 교회 건축 현장 일꾼 이렇게 세 가지입니다."[22]

워커와 같은 아프리카계 미국인 여성 개혁가들은 여성도 일할 필요가 있다는 것을 당연하게 받아들였다. 이들은 좀 더 좋은 일자리를 제공하기 위해 협동조합과 직업소개소를 세웠다. 그들은 북부에 새로 생겨난 가난한 흑인 거주지와 남부에 흑인 공동체를 구성하도록 도움을 줄 수 있는 자조 서비스들을 만들고 제공하는 데 앞장섰다.[23] 경제적 독립과 자조를 강조하면서도 미국 흑인 문화는 협동과 희생에 높은 가치를 부여했다. 할리(Sharon Harley)는 어머니들이 선뜻 임노동에 나섰던 것은 부모가 '자식과 친족의 발전을 위해 자신의 필요와 소망은 보류'해야 한다는 강한 믿음이 있었기 때문이라고 설명했다.[24]

일하는 엄마의 실상

랭커셔의 직물 공장 지대에서 일하는 여성들은 노동조합의 전통을 갖고 있었다. 이 지역은 여성이 결혼을 하고 아이가 있어도 일하러 나가는 것을 실용적으로 받아들이는 분위기였다. 추의 남편인 조지 추(George Chew)의 태도가 남달랐던 까닭은 첫째, 그가 여성이 일 나가는 것이 관례화되어 있던 랭커셔의 직조공 가정 출신이었기 때문이고, 둘째, 그가 조직가로 활동한 독립노동당에서 여성의 독립을 새로운 사상으로 받아들이고 많이 논의했기 때문이다. 그는 아내도 일을 하면서 가족 소득에 기여해야 한다는 것을 받아들였으며, 딸 도리스의 의식주에 대한 책임 역시 아내 추에게 있다고 생각했다. 이는 추가 도리스를 양육하는 데 최종 결정권이 있음을 뜻하는 것이기도 했다. 그러나 이런 책임과 함께 추는 가사 노동에서도 조지보다 훨씬 많은 일을 했다.

추에게 가장 어려운 문제는 자신의 일과 딸에 대한 애틋한 감정을 어떻게 조화시킬 것인가 하는 점이었다. 도리스가 두 살 때, 추는 여성노동조합연맹에서 조직 활동을 하기 위해 남편에게 딸을 맡기고 집을 비운 적이 있다. 당시를 떠올리며 도리스는 "엄마가 출장에서 돌아왔을 때 나는 역으로 마중 나가 큰 소리로 '엄마'를 불렀다. 그때 내 모습과 표정을 본 엄마는 충격을 받으셨고, 다시는 나를 두고 어디 가지 않겠다는 결심을 하셨다"고 회고했다.[25] 그래서 도리스가 학교를 다니던 1900~1905년에 그녀는 엄마와 함께 자주 여행을 다녔다. 모성은 이데올로기적·정치적일 뿐 아니라 사적으로도 여성을 얽어매는 오랏줄이었다.

사회적·정치적 활동에 관련되어 있는 여성들 가운데 자녀가 있는 이들은 관계가 단절될 수도 있는 고통스런 선택을 하기도 했다. 1888년 스물두 살의 드클레이르(Voltairine de Cleyre)는 나이가 좀 많은 자유사상가이자 목수인 엘리엇(James B. Elliott)과 동거를 했다. 이듬해에 그녀는 임신을 했지만, 그때는 이미 그 남자와 더 이상 같이 살 수 없다는 결론이 난 뒤였다. 엘리엇은 여느 집처럼 가정적인 여성을 원했지만, 드클레이르는 좀 더 넓은 세상을 원했다. 드클레이르는 엘리엇에게 아들 해리를 맡기고 떠났다. 나중에 교육비를 대기는 했다. 페인트공이 된 해리는 그러나 엄마를 사랑했고, 엄마의 삶과 일을 자랑스럽게 여겼다.[26] 폴란드계 이민 노동자 예지에르스카(Anzia Yezierska)는 결혼과 가정생활에서 벗어나 '온전한 하나의 인격으로 존재했으면' 하는 욕망을 내면에서 강하게 받았다. 그녀 역시 남편과 어린 아이들 곁을 떠났다. 그리고 영어를 독학하여 자신의 경험을 글로 썼다.[27]

자녀가 있는 중간계급 여성들도 힘든 결단을 내려야 했다. 길먼(Charlotte Perkins Gilman)의 딸 캐서린은 길먼의 첫 번째 남편과 그의 두 번째 아내인 그레이스 채닝(Grace Channing)이 키웠다.[28] 길먼은 딸 캐서린을 그리워했고, 결혼이 깨어진 뒤 자신의 삶도 실패했다고 여겼다. 한편 캐서린은 엄마가 자기를 버렸다고 생각했다. 길먼은 1933년 딸에게 보낸 편지에 "나는 내가 결코 알지 못할 여러 가지 방식으로 네가 상처 입었을 것이라고 생각한다"라고 썼다. 한편 켈리는 결혼 생활이 깨어지고 난 뒤 헐하우스를 집 삼아 지내면서, 그곳에서 고용과 주거에 관련된 활동을 했다. 그러나 그녀는 시카고 슬럼 지대가 그녀의 자녀들이 지내기에는 너무나 위험한 곳이라고 생각했다. 그녀의 자녀들은 친구들이 돌보았다. 켈리는 1892년에 어머니에게 쓴 편지에서 "아이들이 보고 싶어서 사시사철 두통에 시달린다"라고 썼다.[29] 여성의 고용을 둘러싼 논쟁은 이런 수많은 고통스러운 개인적 딜레마들로 그늘져 있었다.

중간계급 개척자들은 일할 권리를 위해 많은 것을 희생할 각오가 되어 있었다. 몇몇은 여성이 직장과 어머니의 역할을 병행할 수 있어야 한다고 주장했다. 그러나 노동계급 여성의 처지를 알게 되면서 노동계급 기혼 여성들을 임노동에 나서게 해서는 안 된다고 생각을 고쳐먹었다. 유해하고 위험한 노동조건에 대한 염려 때문에 이들은 노동시간을 제한하고, 여성이 일하는 노동을 유형별로 법으로 규정해 놓아야 한다고 주장했다. 미국에서 이렇게 정부의 규제를 촉구하는 주장은 거센 반대에 부딪쳤다. 고용주만이 아니라 사법부도 단호히 반대했다. 임금 계약에 어떤 개입도 있어서는 안 된다는 주장이었다.[30]

1908년 전국소비자연맹의 회원인 루이스 브랜다이스(Louis Brandeis)와 그의 처제 조지핀 골드마크(Josephine Goldmark)는 켈리의 주장처럼 여성은 신체적으로 연약하며, '활기차고 건강한 민족'을 계속 재생산해 내는 중요한 역할을 한다는 점을 근거로 내세워 오리건 주에서 10시간 노동법의 선례를 만들고자 노력했다.[31] 브랜다이스의 '소송사건 적요서'는 대법원에서 여성 노동자를 특별한 경우로 다루는 판결로 이어졌다. 이는 암묵적으로 모든 여성은 어머니이며, 여성은 기본적으로 희생자라고 간주하는 것이었다. 따라서 보호는 절대적인 젠더 차이를 인정하는 틀 안에서 이루어졌다. 케슬러-해리스(Alice Kessler-Harris)는 미국노동총연맹이 남성의 입장에 서서 여성을 보호하려는 노력을 못마땅해 하면서, 이를 방해하고 반대하는 내용들을 기록했다.[32] 1909년부터 1917년까지 여성의 노동시간을 제한하는 법안이 19개 주에서 도입되었다. 이는 임금에 대한 법적 보호가 서서히 진행된 것과 대조되었다. 1927년까지 최저임금법 운동이 성공을 거둔 곳은 9개 주에 지나지 않았다.

조직화로 맞서다

1890년대 동안 영국여성노동조합연맹은 최저임금법 제정을 위해 조직적으로 압력단체 활동을 펼쳤다. 블랙과 같은 일부 운동가는 좀 더 넉넉한 '생활임금'을 주장했다. 그러나 저임금의 문제를 걸고 넘어갈 수 있는 가장 최선의 방법이 무엇인지는 여전히 어려운 문제였다. 20세기 초에는 여성을 조직화할 수 있는 환경이 좀 더 나아졌다. 1906년 여성노동조합연맹은 전국여성노동자연합으로 대치되었다. 새로운 세대의 지도자들이 등장했다. 스코틀랜드 직물상의 딸 맥아더(Mary Macarthur)가 서기가 되었고, 에밀리아 딜크의 조카 터크웰(Gertrude Tuckwell)이 회장이 되었다. 여성은 노동운동에서 더욱 두각을 나타냈다. 사회주의자인 맥아더와 터크웰은 자신들의 이름으로 로비를 할 수 있었다. 그러나 문제는 심각했다. 맥아더는 1907년 하원 가내공업특별위원회에 출석하여 이렇게 말했다. "여성들은 임금이 너무 낮아서 조직화되어 있지 못하다. 여성들은 조직화되어 있지 못하기 때문에 임금이 너무 낮다."[33]

이런 '고르디우스의 매듭'(너무 복잡하게 얽혀 풀리지 않는 매듭을 알렉산더대왕이 잘라서 해결했다는 일화에서 유래한 말로, 과감하게 대응해야만 풀 수 있는 문제를 일컫는다 – 옮긴이) 때문에 맥아더와 터크웰은 정부가 나서서 고한 노동을 규제해야 한다고 주장했고, 이를 계기로 광범한 연맹이 형성되었다. 이는 1900년대 영국에서 커다란 연합 세력이 되었다. 19세기 일부 남성과 여성 외주 노동자들은 노동조합 운동의 일원이기도 했다. 그러나 20세기 들어 도심에 살면서 일감을 집으로 가져가는 노동자들은 점점 조직화되지 못한 하층민으로 여겨졌다. 1906년 터크웰은 일감을 집으로 가져가는 노동이 '서비스로 …… 위장되고 있다'고, 즉 '노약자와 장애인, 정신박약자' 등 부적격 노동력의 일로 전락되고 있다고 했다. 또한 이런 가정 노동은 어린이들을 '이른 아침부터 밤늦게까지' 노동에 시달리게 해서 결국 건강을 해치고, 제대로 교육받지 못한 임시 고용 노동자의 삶을 벗어나지 못하게 만들고 있다고 했다. 터크웰은 이렇게 물었다. "이런 환경에서 자라는 시민에게 어떻게 우리의 마음과 에너지를 전달할 수 있겠는가?"[34]

고한노동반대연맹은 생계비 정도라도 벌 수 있게 해 달라고 하는 노동자들의 요구는 받아들이지 않았다. 다만 일감을 가정으로 보내는 식의 생산양식은 사라져야 한다고 생각했다. 터크웰은 결혼한 여성이 일을 해야 한다고는 전혀 생각하지 않았다. 이 운동이 주목을 받은 것은 사회적 단합이 깨질 수 있다는 우려 때문이었고, 이민을 통제하려는 요란한 로비 활동에 맞서야 하는 정치적 필요와 신체적 퇴보에 대한 우생학적 우려 때문이었다. 여기에 질병이 생산자에서 소비자로 전염될 수 있다는 두려움과 값싼 노동력에 의존하게 되면 경제 발전이 어려워진다는 신념도 한몫 거들었다.

　그러나 고한노동반대연맹은 보고서, 소책자, 집회와 같은 통상적인 소통 수단과 함께 좀 더 극적인 수단까지 동원하여 가정 노동의 실태를 드러내 보여 주었다. 1906년 이 연맹은 자유당의 《데일리 뉴스》와 부유한 퀘이커 제조업자 캐드버리(George Cadbury)의 협조 아래 런던에서 '고한 산업 전시회'를 열었다. 여성 노동자들이 담배, 보석함, 성냥갑, 스타킹, 테니스공, 빗, 가구 등 이루 다 나열할 수 없는 제품의 제조 과정을 직접 선보였다. 멋쟁이 런던 사교계 인사들은 자신들이 저렴하게 구입하는 제품을 만드는 여성들이 하루에 12~16시간씩 일하면서, 주급으로 5~7실링을 번다는 것을 알게 되었다.[35]

　고한노동반대연맹 운동가들은 임금을 둘러싼 문제에 정부가 개입하는 것을 합법화하는 데 힘썼다. 최저임금제나 미국에서 가정 노동을 관례로 인정하는 것과는 다르게, 1909년에 도입된 저임금 산업들의 통상위원회는 호주의 모델을 예로 들었다. 위원회는 세탁업과 의류업 같은 산업의 임금을 규제했는데, 이 분야는 여성 노동자가 특히 많았다. 이들은 정부가 임금에 어느 정도 관여하도록 하는 제도를 마련했지만, 고용주들은 재빨리 빠져나갈 수 있는 제도의 허점을 찾았다. 위원회가 효율적으로 목표를 이루기 위해서는 노동자들이 조직을 통해 규제를 강제하도록 해야 했다. 1910년 크래들리 히스 지역의 여성 체인 제조공들은 일부 고용주들과 중개인들이 통상위원회가 정한 임금 인상률을 무시하려고 하자 이에 항의하여 임금 인상을 성공적으로 이루어 냈다. 이들을 대변한 맥아더의 활동 덕분에 언론에서도 여성 노동자에게 우호적인 기사를 썼고, 당시 신생 영화사 파테(Pathé)도 영화 뉴스에서 여성 노동자의 투쟁을 내보냈다.[36] 그러나 1912년 팽크허스

제임스 키어 하디와 메리 맥아더

트(Sylvia pankhurst)가 지적한 것처럼 고용주들은 같은 시간에 더 많은 일을 하도록 노동 강도를 높여서 사실상 임금 인상 폭은 미미한 선에 머물게 만들었다.[37]

여성의 빈곤에 맞서는 또 다른 방법이 20세기 초에 논의되었다. 1900년대 동안 페이비언여성그룹은 동일 임금, 기혼 여성의 노동권, 어머니 연금 등을 주장했다. 그러나 동일 임금 주장은 논쟁을 낳기도 했다. 비어트리스 웨브는 여성에 대한 동일 임금 원칙이 적용될 경우 여성 취업이 어렵게 될 것을 우려하여, 통상위원회를 통한 최저임금 규제가 합리적인 방안이라고 주장했다. 래스본 역시 동일 임금 법안에 반대했다. 그것은 분명히 여성과 남성의 직종 구분을 더욱 악화시킬 것이라고 생각했기 때문이다.[38]

미국에서도 노동자 보호법안을 위한 조직과 압력단체가 있었다. 소비자연맹과 함께 여성노동조합연맹도 여성 노동자를 위한 로비 활동을 하면서 노동 현장에서 노동자를 보호할 수 있는 법 제정을 주장했다. 20세기 초 여성노동조합연맹은 복지관 활동가, 사회주의자, 페미니스트들로부터 지지를 받았고, 의류 산업에 종사하는 여성 노동자들을 기반으로 두고 있었다.

1900년대에 미국의 산업 체제는 급속도로 현대화되고 있었지만, 의류 산업 분야는 여전히 저임금 여성 노동자에 의존하고 있었다. 1909년부터 저항적인 이민 여성들은 저임금과 위험한 작업환경에 맞서 일련의 파업을 진행하면서 급진적인 성향을 갖기 시작했다. 1911년 뉴욕의 트라이앵글 셔츠웨이스트 공장 화재 사건으로 146명의 젊은 여성이 사망했고, 더 많은 이들이 부상을 입었다. 뉴욕 시민들은 겁에 질린 여성 노동자들이 떨어져 죽어 가는 모습을 몇 시간 동안 지켜보았다. 조사 과정에서 잠긴 자물쇠가 나왔다. 그러나 배심원은 고용주들에게 문이 잠겨 있는 것을 알았냐고 물었고, 결국 고용주들은 '무죄' 판결을 받았다. 트라이앵글 공장에서 초기 파업에 참여한 경험이 있는 새프란(Rose Safran)은 화재 뒤에 이렇게 회고했다. "만약 조합이 이겼다면 우리는 모두 무사했을 것이다. 우리의 요구 중에는 화재시 안전한 대피로를 마련하는 것과 공장 밖으로 나가는 문을 잠가 놓지 말라는 것도 포함되어 있었다. 그러나 우리는 패했고, 두 가지 모두 확보하지 못했다."[39] 노동자와 중간계급 지지자들은 트라이앵글 공장이 특별한 것이 아니라 다른 공장들과 다를 바 없는 전형적인 공장이라는 점을 알고 있었다. 이 비극은 미국 경제 성장 뒤에 있던 끔찍한 희생을 생생하게 보여 주었다.

배우고 실천한 권리

노동을 착취하는 환경에도 불구하고 공장 주변 지대에 다닥다닥 이웃하며 살고 있는 세입자들은 활기차고 급진적인 문화를 생산해 냈다. 젊고 전투적인 여성 노동자들은 지역사회 부근에서 많이 거론되던 사상들과 논쟁들을 통해 교육받으며 정치의식을 키웠다. 샤벨슨(Clara Shavelson)은 12시간 동안 셔츠 바느질을 한 뒤에, 뉴욕 공공도서관으로 가서 러시아 작가들의 작품을 읽었다. 뉴먼(Pauline Newman)은 사회주의문학협회에 가입하여 엘리엇, 하디, 셰익스피어를 읽었고, 잭 런던과 길먼의 강연을 들었다. 슈나이더만(Rose Schneiderman)은 다른 노동자들로부터 책을 빌려 읽었고, 에밀 졸라의 《나는 고발한다》를 이디시어(Yiddish)로 된 석간신문 《아벤트블라트》(Abendblatt)에서 읽었다. 훗날 그녀는 당시를 회고하며 "내 손에 들어오는 것은 닥치는 대로 읽어 치웠다"고 했다.[40]

위의 세 여성은 이후 전 생애에 걸쳐 정치적으로 활발한 활동을 했지만, 자신들의 경험과 관찰을 통해 대부분의 여성 노동자들이 일에 대해 양면적인 태도를 갖고 있음을 잘 알고 있었다. 1912년 샤벨슨은 뉴욕의 젊은 이민 노동력을 이렇게 묘사했다. "처음에 그들은 희망과 패기로 가득 차 있었다. 대부분은 훗날 공장을 벗어나게 될 것이라고 생각하면서 즐겁게 일했다. 그러나 열악한 환경에서 장시간 노동이 계속되면서 그들은 희망을 잃었다. 그들이 공장을 떠날 수 있는 유일한 길은 결혼이었다."[41] 노동계급 여성의 직업 특성상 중간계급 안에 널리 퍼져 있던 일과 개인의 성취를 결합시키겠다는 이상은 이루어지기 어려웠다. 그들은 암울하고 위험한 작업환경에서 저임금으로 일했기 때

로즈 슈나이더만

문에, 자아실현은 일하러 가서가 아니라 일에서 벗어났을 때 가능하다고 생각했다. 게다가 그들은 여성의 정체성에 대한 젠더적 기대를 공장으로 가져왔다. 이는 도리어 노동자라는 그들의 처지 때문에 더욱 강화되었다. 젊은 여성 노동자들은 자신들의 봉급으로는 도시의 즐거움을 거의 누릴 수 없었기 때문에 데이트를 할 때는 남성들이 해주는 '대접'에 의존할 수밖에 없었다. 샤벨슨이나 슈나이더만과 같은 여성 노동조합 조직가들은 이렇게 로맨스와 결혼으로 도피하려고 하는 욕망이 노동조합 운동을 더욱 힘들게 만든다는 것을 알고 있었지만, 그렇다고 해서 젊은 여성 노동자들을 비난하지 않았으며 비난할 수도 없었다.

그러나 젊은 여성 노동자들에게 나타나는 이런 양면성은, 독립이라는 페미니스트 사상에 고무되어 여성 노동조합 조직화를 지원한 이상주의적인 대학생들이 보기에는 전혀 납득할 수 없는 부분이었다. 디트로이트의 한 노동조합 조직가의 눈에는 그들이 마치 보호자를 자처하는 사람들처럼 보였다. 1908년 라이리(Kate Ryrie)는 부유한 집안 출신의 학생들이 남편을 찾으려고 하는 젊은 여성 노동자들의 욕망을 단순히 '저속하고 어리석은' 것으로 비하하고 있다고 비판했다. 라이리는 이렇게 주장했다.

> 그들에게 그냥 며칠 빈민가를 경험하게 하는 것이 아니라, 진짜로 자리를 바꿔 앉아 보게 하자. 확신하는데, 일주일만 지나면 그들은 분명히 결혼을 해서라도 공장을 벗어나고 싶어 안달하게 될 것이다. 자신들의 호화스러운 집으로 돌아가면서 부르르 떨며 몸에 들러붙은 먼지를 털어 내게 될 것이다. 그제야 보통의 어린 여성 노동자에게 애인이 얼마나 중요한 문제인지를 이해하게 될 것이다.[42]

여성노동조합연맹은 조합원들에게 여성이자 노동자로서 다가가기 위해 조합 문화를 개발하는 노력으로 이 문제에 대응했다. 연맹의 사회적 조합주의는 교육을 중시했다. 조합이 중심이 되어 연 영어 교실에는 정말 많은 지원자가 왔다. 연맹은 낮은 수업료로 '성 위생'에 대한 조언뿐 아니라 건강관리 서비스도 제공했다. 강연과 수업에서는 산업에 관련된 내용과 결혼, 연애, 가사 노동, 심지어 워드(Lester Frank Ward)가 주장한 원시사회에서 여성의 역할에 대한 이론을 놓고 찬반 토론까지 벌어졌다. 이런 성인 교육 프로젝트를 통해 움츠려 있던 재능들이 잠재력을 발휘하기 시작했다. 연맹에서 지적인 잠재력을 인정받은 여성들은 시카고대학에 가서 공부를 계속했다. 1916년 전화 교환원이자 노동 조직 운동가인 오코너(Julia O'Connor)는 '조합주의와 노동문제'라는 수업을 대학생들보다 훨씬 높은 점수로 이수했다. 바사 (Vassar), 웨슬리(Wellesley), 바너드(Barnard), 브린마워(Bryn Mawr) 같은 여자대학들도 여성노동조합연맹과 긴밀한 유대 관계를 발전시켜 갔다. 보스턴 전화 교환원들은 웨슬리대학을 자주 방문하여 스커더 (Vida Dutton Scudder) 같은 노동자들에 대해 우호적인 뜻을 보이는 학자들의 수업을 청강했다. 커크(Hazel Kyrk)는 브린마워대학에서 노동조합 강좌를 담당한 여성 경제학자 가운데 한 사람이었다.[43]

이런 좋은 프로그램과 혁신에도 불구하고 미국여성노동조합연맹이 영국과 마찬가지로 여성 노동자를 조직화하는 데 큰 어려움을 겪게 되자 점차 입법 활동 쪽으로 무게중심을 두기 시작했다. 그러나 이는 연맹 안에서 분란을 낳았다. 입법 활동과 국가에 대한 투쟁뿐 아니라 노동조합의 역할과 구조에 대해서도 의견이 나뉘었다. 조직가인 헬렌 마로(Helen Marot)는 결국 연맹을 떠났는데, 부분적으로는 보호법안에 기대는 전략에 반대했기 때문이고, 다른 한편으로는 민족 문제에 대한 연맹의 접근 방식에 동의하지 않았기 때문이다. 마로는 유대계가 많이 사는 로어이스트사이드의 이민자 여성보다는, 스스로를 조직화할 준비가 좀 더 잘 되어 있는 미국 태생의 주택가 여성을 중심으로 활동을 조직해야 한다고 생각했다. 게토 활동에 깊이 개입해 있던 이민자 가정 출신의 슈나이더만과 뉴먼은 마로의 태도에 분개하면서, 이를 편견과 엘리트주의라고 비판했다.[44]

한편 여성노동조합연맹은 미국노동총연맹으로 여성들을 조직화하는 것을 목표로 하고 있었다. 미국노동총연맹은 '자율적인 조합주의'라는

엘리자베스 걸리 플린

강한 전통을 갖고 있었는데, 이는 마로의《미국의 노동조합》(American Labor Unions, 1914)에서도 반복되어 강조되었다. 이 책은 노동조합이 노동자들 스스로의 힘을 자각하게 해주지만, 정부에 너무 의존하게 되면 자의식이 약해진다고 주장했다. 여성이 남성만큼 조직화되어 있지 않다는 점을 인정하면서, 그녀는 그 원인이 여성 노동자들이 비숙련 업종에 집중되어 있고, 여성이 가정에 대해 지고 있는 책임이 크기 때문이라고 주장했다. 의식을 크게 강조한 마로는 여성에 대한 문화적 전제와 여성이면 누구나 으레 갖고 있는 태도 때문에 여성이 노동자로서 정체해 있는 것이라고 했다.[45]

생디칼리스트 노동 조직인 세계산업노동자연맹(IWW)도 노동자의 힘을 키우는 것을 강조했으며, 개혁적인 노동조합주의자들이 정부에 의존하는 것을 비판했다. IWW 지도자 플린(Elizabeth Gurley Flynn)은 노동조합이 '실천을 통해 배우는 모습'을 보여 줘야 한다고 생각했다. 또한 그녀는 국제적인 시야를 갖고 있었다. 1909년 그녀는 IWW의 기관지 《산업 노동자》(Industrial Worker)에 자본이 '원료에서부터 완제품의 분배에 이르기까지 상품에 따라' 생산과정을 조직화하고 있다고 주장했다. '하나의 큰 조합'을 만들어 자본주의에 맞선 IWW는 저항의 좋은 본보기를 제공했다. "당신은 거침없이 뻗어 나간 자본주의 산업이 노동조합에 의해 조각조각 잘려 나가 여기저기서 파편으로 나뒹구는 것을 보게 될 것이다." 노동자의 세력이 확장되기 위해서는 미국 안에서 편견을 극복하는 것도 필요했지만, 무엇보다 '국제적인 조합'을 만드는 것이 더 시급했다. 자본은 '값싼 노동력'을 찾아 어디든 갈 수 있기 때문에 다른 노동자들에 대해 경계를 하며 장벽을 세우는 것은 아무 소용이 없다고 플린은 지적했다.[46] 마로와 대조적으로 플린은 미국에서 노동계급이 형성되기 위해서는 숙련 정도, 젠더, 민족, 인종과 국적 등을 뛰어넘는 유대감이 필요하다고 주장했다.

노동운동의 선봉에서

1912년 매사추세츠 주의 로렌스에서 직물업에 종사하는 이민 노동자들이 시위를 일으켰을 때, 플린과 IWW는 40여 개의 국적을 가진 노동자 4만여 명을 조직하며 싸웠다. 플린은 비숙련 이민 노동자들의 파업 운동을 보며 힘을 얻었다. 노동조합주의란 '폴란드계, 유대계, 터키계 출신들이 자신들의 종교적·민족적 차이는 잊고, 한 사람의 고통을 모두의 고통처럼 느끼면서' 경계의 벽을 허무는 것이라고 생각했다.

그녀는 로렌스의 피켓 시위 현장에서 있었던 사건 하나를 자세히 전했다. 한 젊은 여성이 16세 정도의 이탈리아계 소년 옆을 지날 때 이런 소리를 들었다. "지금 일하러 가세요? 안 돼요. 착한 아가씨는 일하러 가면 안 돼요. 착한 아가씨는 집에 가서 잠을 자야 해요."[47]

플린은 가정에 있는 여성도 운동에 참여할 수 있어야 한다고 생각했다. 로렌스 파업에서 지역사회의 지지는 무척이나 중요했다. IWW는 이미 형성되어 있던 여성들의 네트워크를 활용해 지역사회의 불만을 조직화했다. 파업 노동자들은 생산자와 소비자 사이의 구체적인 관계를 중시했다.[48] 지역 참가자들도 파업의 효과를 증폭시켜 주는 역할을 했다. 사회주의자인 보스(Mary Heaton Vorse)를 비롯해 중간계급 지지자들은 파업 노동자들이 폭력 전술을 단호하게 거부하면서 여러 민족 집단들과 함께 단결하는 모습에 놀랐을뿐더러, 여성과 어린이까지 포용하면서 열심히 지역사회 활동을 하는 모습을 보고 감동을 받았다.[49] 생어(Margaret Sanger)가 철도 당국에 의해 선의의 자원자들이 임시로 보호하고 있던 한 무리의 어린이들과 함께 강제로 역에서 쫓겨나자, 로렌스 파업 노동자들은 인도주의적인 요구 사항을 내걸고 그들과 맞섰다.[50] 로렌스는 20세기 초 미국 사회를 어떻게 규정해야 하는가를 놓고 벌어진, 첨예한 대립을 보여 주는 상징적인 장소가 되었다.

지역사회와 연계하고 여론에 호소하는 방법은 고용주들의 고루한 태도와 경찰의 폭력성과 대비되면서 폭넓은 지지를 받았다. 미국의 노동계급 운동은 노동 현장과 지역을 연결시키는 측면에서 특히 창의성을 보여 주었다. 이런 연결에서 여성이 중요한 역할을 했는데, 노동 현장과 지역사회가 밀접하게 닿아 있는 탄광 지대에서 특히 두드러지게 나타났다. 콜로라도에서 1913~1914년에 발생한 광부들의 파업은 노련한 조직가 '마더 존스'(Mother Jones, 본명은 메리 해리스 존스)가 기획한 것이었다. 이후 그녀가 여든을 넘어선 시기에는 노동자만이 아니라 가족들도 석탄 회사에 맞서 싸웠다. 거듭되는 파업과 직장 폐쇄로 인해 여성들은 여성 특유의 경험을 바탕으로 하여 계급의식을 가진 존재로 거듭났다.[51]

제1차 세계대전의 발발로 전체적인 맥락에서 조직화에 변화가 생겼다. 운동가들 사이에서 오래 지속되어 온 믿음과 우정에 긴장감이 돌기 시작했다. 전쟁을 놓고 개혁가, 사회주의자, 아나키스트, 페미니스트들 내부에서 의견이 갈렸다. 전쟁은 가장 중요한 정치적 이슈가 되었다. 전쟁에 반대한 이들에 대한 억압은 미국에서 특히 가혹했다. 수천 명의 IWW 조직원들이 장기 징역형을 선고받았고, 골드만(Emma Goldman)은 추방되었다. 그러나 역설적이게도 전쟁을 거치면서 겪게 된 일상의 변화를 통해, 이전에는 유토피아적인 것으로 간주된 평등사상이 신뢰할 만한 것으로 여겨지게 되었다. 영국과 미국 두 나라에서 여성이 남성의 영역으로 여겨지던 분야의 일을 하게 되었다. 그러자 젠더 불평등에 대해, 그리고 노조가 '남성' 직종에 여성이 들어오는 것을 금했던 관행에 대해 본격적으로 문제가 제기되었다. 동일 노동, 동일 임금은 이제 더 이상 지나친 요구가 아니었으며, 여성들이 단호하게 내세우는 요구 사항 가운데 하나가 되었다. 이는 미국여성노동조합연맹 조합원들의 지지를 받았고, 이스트런던에서 실비아 팽크허스트가 했던 운동 가운데 한 내용이 되었다. 1918년 영국에서 운송업계 여성 노동자들이 파업을 하면서 동일 노동, 동일 임금을 내세웠다. 이들은 승객들에게 자신들은 남성들과 동일한 노동을 할 때 동일한 임금을 받기를 원한다고 알렸다.[52] 전쟁 기간 동안 여성 노동에 대한 수요 덕분에 새롭게 자신감을 키울 수 있었던 여성들은 동일 노동, 동일 임금 주장을 들고 거리로 나섰다.

이에 대한 남성 노동조합의 반대는 전쟁이라는 긴급한 상황 때문에 묻혔지만, 전쟁이 끝나고 군인들이 돌아오면서 갈등은 다시 시작되었다. 전쟁 직후 여성노동조합연맹은 여성참정권 운동가들과 함께 여성 운송업 노동자가 검침원이 되는 것을 막는 관행에 맞서는 투쟁에 참여했다. 1919년 여성 지지자들은 평등권의 맥락에서, 그리고 정부와의 관계에서 사회적 상호작용이라는 개념을 갖고 자신들의 논리를 세웠다. "전쟁 기간 동안 시민들에게 보편적인 서비스를 요구한 정부는 평화 시기에는 시민들이 생활임금을 보장받을 수 있도록 보편적인 고용을 제공해야 한다."[53] 전쟁은 젠더의 평등만이 아니라 개인과 국가 사이의 잠정적인 사회계약 역시 이윤 추구의 권리 이상으로 추구되어야 한다고 일깨워 주었다.

전쟁 기간 동안 정부가 일상의 여러 측면에 영향을 미치면서, 여성 개혁가들과 조사 활동가들은 각종 위원회에서 경험을 쌓았다. 이들은 여성의 노동조건을 조사하고, 여성 노동자를 위한 복지 지원금 제도를 도입했다. 이런 위에서 아래로의 하향식 개입은 직장 안팎에서 여성의 지위와 일상을 연결시켜 주기는 했지만 권위주의적인 방식이었다. 이에 대응하여 영국 여성 노동자들은 민주주의적 규제를 실현하기 위한 협력 기구를 만들었다. 전국여성노동자연합은 여성협동조합길드, 여성노동자연맹, 철도여성길드 등과 함께 산업여성조직상설연합위원회(Standing Joint Committee of Industrial Women's Organizations)를 구성했다. 1917년 이 위원회는 산업 현장의 복지 조사가 미치는 영향을 검토하기 위해 회의를 소집했다. 회의에 참석한 여성들은 여성 감독관의 증가를 지지하면서도, 고용주가 베푸는 복지가 '노동자의 사생활에 대한 통제를 확대'하는 방향으로 전개되는 것에 반대했다. "복지는 그것이 사회적인 것이든 물리적인 것이든 노동자들 스스로 챙길 때 가장 효과적일 수 있다"고 주장했다.[54] 이 위원회는 노동조합위원회들이 임금과 노동조건만을 놓고 협상할 것이 아니라 노동자의 광범한 요구 사항들, 예를 들어 지역정부가 자금을 댄 쉼터를 지역정부와 노동조합이 함께 운영하도록 하는 등 광범위한 요구들도 다루어야 한다고 했다. 전쟁 기간 동안 함께 생활해 온 경험들을 바탕으로 민주적인 조직이 노동 현장을 넘어 어떻게 확장될 것인가에 대해 많은 의견들이 나왔다. 이는 개인이 국가 자원에 접근할 수 있다는 전제를 근본적으로 비판하게 만들었다. 다시 이는 역으로 국가와 사회 사이의 불균형한 권력 관계를 재조정할 필요가 있음을 시사했다.

회의에 참석한 이들은 군수 산업에서 두둑한 봉급을 받고 일하는 여성들이 새롭게 자신감을 갖게 된 것을 보고 충격을 받았다. 전쟁 기간 동안 조직화되어 있지 않던 노동자들도 이제는 얼마든지 협상을 요구할 수 있음을 알게 되었다. 버밍엄의 한 하녀 조합은 24세의 하녀에게 최저임금을 보장해 주도록 했고, 유급 휴일과 쾌적한 노동조건을 보장받을 수 있도록 했다.[55] 영국과 미국에서 노동조합에 가입한 여성 노동자의 수가 크게 증가했다. 낙관적인 드레이크(Barbara Drake)는 선구적인 여성들을 다룬 《노동조합의 여성들》(Women in Trade Unions, 1920)에서, 전쟁 기간 동안 많은 여성 노동자들이 노동조합 운동에 참여하게 되면서 정치의식이 높아졌다고 주장했다.

전쟁 이후의 변화

전쟁이 끝나자 여성들은 잘 조직화된 남성들의 직종에서 물러나 다시 조직화되어 있지 않은 직종으로 돌아가게 되었다. 게다가 전쟁 기간 동안 증가했던 노동조합원의 수가 줄어들더니 주변 집단들의 저항력도 곧 사그라졌다.[56] 영국에서 실업률이 증가하고, 노동자 투쟁이 여러 곳에서 실패하면서 고용주들은 저임금 직종에서 최저임금을 낮추었다. 다시 여성들은 하녀로 돌아가는 경우가 많았다. 실업에 직면해서 할 수 있는 유일한 선택이었다. 1922년 점원 노동운동을 이끈 본드필드 (Margaret Bondfield)가 노동조합회의(Trade Union Congress)에서 실업 여성을 대상으로 회의를 주재했을 때, 여성들은 자신들이 하녀 일로 몰릴 수밖에 없는 상황에 대해 저마다 불만의 목소리를 냈다.

그러나 전쟁 기간 동안 형성되어 온 과감한 상호 연결의 전망은 지속되었다. 회의에 참석한 여성들은 가사 도우미, 청소부, 하녀를 비롯해 모든 노동자들이 실업보험법의 적용을 받기를 원했다.[57] 여성 고유의 권리에 대한 자각과 젠더의 불평등에 대한 인식도 되살아났다. 랭커셔에서 직물업에 종사한 집안 출신의 릴리 웨브(Lily Webb)는 1920년대 초에 새로 형성된 공산당과 전국실업노동자조합에서 활동하면서, 여성 활동가들에게 실업에 대해 교육을 했다. 공산당은 여성이 노동자로서 착취당하는 현실을 강조했지만, 민초의 눈에서 봤을 때 여성에게 당장 필요한 것은 급식소, 진료소, 산모 보건소 같은 사회복지 센터임을 웨브는 잘 알고 있었다. 웨브는 신문《실직》(Out of Work)에 맨체스터의 사회현상을 보여 주는 기사를 쓰면서, 남성들이 그런 사회복지 문제들을 무시하고 있다고 비판했다.[58]

일자리를 찾고 있는 여성들

전쟁 기간에 나타난 노동시장 변화 가운데 한 가지는 그대로 유지되었다. 영국과 미국 모두에서 여성은 '화이트칼라 직종'의 비서나 판매직으로 많이 진출했다. 좀 더 교육받은 여성들은 교사를 비롯해 공무원이나 교수 같은 전문직으로 들어갔다. 대졸 여성의 숫자가 미국에서 급속하게 증가하면서 1920년 대학 입학생 가운데 여성의 비율이 7.6%에 달했다. 남성의 보루라고 할 수 있는 금융업으로도 소수의 여성들이 진출했다. 미국인 브래턴(Augusta Bratton)은 은행업에서 성공한 경우였는데, 그녀는 "비즈니스 세계에는 남성적인 두뇌와 여성적인 두뇌가 모두 필요하다"고 주장했다. 그러나 그녀는 다른 여성들도 자기처럼 남성의 세계로 기꺼이 뛰어들려고 할지는 잘 모르겠다고 했다. "여성들은 여전히 자신들의 성(性)을 이용해서 남성들은 결코 꿈꾸지 못하는 특권을 누리려는 생각을 갖고 있다." 강한 의지의 브래턴은 여성들이 '자질구레한 병마'에 쉽게 굴복하는 버릇이 있다며, 이를 버려야 한다고 했다.[59] 그녀는 여성들에게 동일 임금을 원한다면 그럴 자격이 있음을 스스로 보여 줘야 한다고 경고했다. 여성과 경쟁적 시장을 어떻게 연계시킬 것인가 하는 것은 여전히 멀리할 수 없는 문제로 남았다.

전쟁 이후 미국 여성 노동자들은 자신감을 갖고 자신들의 투쟁을 직접 펼쳐 보였다. 경제적으로 호황이었고 실업률도 상대적으로 낮았기 때문에 일부 여성 노동자들은 남성과의 관계 속에서 자신을 규정하기보다는 스스로 권리를 주장했다. 프랭크(Dana Frank)는 남성이 '가족임금'을 받도록 하는 것이 목표가 되어야 하는가를 놓고 벌어진 1919년 시애틀 논쟁에서 "페미니스트 조합주의자들은 여성이 독립적인 개인으로서도, 가족 부양자로서도 일할 권리가 있다"고 주장했다.[60] 반면 아프리카계 미국인 여성 노동자들은 괜찮은 봉급을 주는 일자리에서 거의 배제되어 있었다. 사회학자 맥더갈드(Elise Johnson McDougald)는 조직화되어 있지는 못해도 임노동에 종사하는 아프리카계 여성 노동자들의 비공식적인 주장을 기록했다. 그녀는 논문 〈이중 노동: 성과 인종 해방을 위한 흑인 여성들의 투쟁〉(1925)에서 이렇게 썼다. "흑인 여성은 입주 하녀 계약에 반기를 들었다. 이는 가정생활을 유지하기 위해 더 이상 물러설 수 없는 요구였다. 그래서 낮 시간이나 일정한 시간에만 집안일을 해주는 가사 도우미들이 증가했다. …… 덕분에 오후 내내 여기저기 흩어져 놀던 자녀들이 저녁에는 다 함께 모여 앉을 수 있게 되었다."[61]

미국의 평등주의 페미니스트 앨리스 폴(Alice Paul)은 여성의 독립을 크게 강조했다. 강력한 국민여성당도 1920년대 초에 여성의 평등한 경제적 권리를 확보하기 위해 평등권을 헌법으로 보장해야 한다고 주

장하면서 여성의 독립을 강조했다. 이들 평등주의자들의 눈에는 소비
자연맹의 켈리나 여성노동조합연맹의 드라이어(Mary Dreier)가 주장한
여성 노동자의 최장 시간 노동과 최저임금 규정, 야간 근무 등을 금지
하는 특별법을 추진하는 일들이 시대착오적인 것으로 보였다. 게다가
노동 현장을 규제하려고 했던 이들에게는 오래된 문제가 하나 있었다.
계약의 자유에 대한 침범을 감수하면서도 연방정부를 개입하도록 만
들기 위해서는, 여성이 작업장에서 자구 능력이 떨어지는 것은 사회
적·경제적 이유가 아닌 태생적인 원인 때문이라는 사례를 보여 주어
야 했다. 그러나 이는 자유주의 평등주의자들에게는 얼토당토않은 말
이었다. 이들은 여성에게 자신의 직업에 충실할 자유, 전문적인 일을
추구할 자유를 제한 없이 누릴 수 있어야 한다고 주장했다.

　일부 미국 여성들은 평등과 보호를 결합시켜야 한다고 주장했다. 사
회주의 페미니스트 블래치(Harriot Stanton Blatch)는 자녀가 있는 여성
을 따로 분류하는 방식에 반대했다. 그런 특별한 보호 때문에 여성이
계속 기술직에서 배제될 수 있다고 했다. 대신 블래치는 남성과 여성
모두를 보호하는 정책이 필요하다고 주장했다.[62] 그러나 이런 접근 방
식은 고용주의 이익과도 부합되지 않았고, 시장의 자유에 대해 일반적
으로 공유되고 있는 신념과도 맞지 않았다. 여성노동조합 활동가들은
여성들을 노동조합으로 조직화하는 일이 너무나도 어려웠으므로 처음
에는 보호법안에 동의했다. 그러나 이들은 평등주의자들이 여성 노동
자가 처한 실제 상황을 전혀 고려하지 않는 것을 보고 점점 분개했다.
여성노동조합연맹 회원인 뉴먼은 노동시간에 대해 그 어떤 제한도 만
들어 놓지 않는다면, 노동계급 여성들이 누릴 수 있는 자유와 평등은
오직 장시간 저임금에 일할 수 있는 자유와 '일자리를 버리고 굶어 죽

을' 자유뿐이라고 했다.[63] 십 년이라는 시간이 흐르면서 노선이 극명하게 나뉘었다.[64]

경제적·정치적 맥락은 상당히 달랐지만, 비슷한 논쟁이 영국에서도 나타났다. 높은 실업률 때문에 노동당은 산업에 대해 규제해야 한다는 주장을 받아들였다. 여성의 임금 수준이 하락하는 것을 막기 위해, 산업여성조직상설연합위원회는 여성의 조합 조직화와 국가 차원의 보호를 강하게 주장했다. 1924년 노동당이 집권했을 때, 그들은 여성과 미성년자의 노동을 일주일에 48시간으로 제한하는 '신공장법'을 제정했다.[65] 그러나 전국평등시민협회연합의 페미니스트들이 이 법에 반대하고 나섰다. 다행히 이런 갈등은 미국에서처럼 적대적인 관계로 나아가지 않았다. 결국 전국평등시민협회연합은 보호에 대한 직접적인 반대는 하지 않기로 했다. 대신 몇몇 특별한 산업에서 여성의 요구를 조사하는 정책을 지속적으로 해 나갔다. 1927년 보호법안을 놓고 벌어진 논쟁에서 몇몇 평등주의 페미니스트들이 전국평등시민협회연합을 떠나기는 했지만, 페미니스트와 여성 노동자들 사이에는 다양한 관점과 요구 사항들이 있었다. 두 집단의 여성들은 모두 평등과 보호 정책을 지지했다. 예를 들어 도라 러셀은 모든 노동자를 위한 보호 입법을 주장했고, 임신과 출산, 육아와 관련해서 여성에게 특별한 조치가 필요하다고 주장했다.[66]

노동자로서의 여성을 놓고 벌어진 논쟁의 바탕에는 여성이 어떠해야 하고, 어떻게 살아야 하는가에 대한 생각들이 저마다 차이가 있었다. 여성 개인의 노동권은 평등을 강조하는 페미니스트들에게는 해방의 시금석이었다. 그들에게 노동은 경제적인 독립을 가져다줄 뿐 아니라 개인의 능력을 표현하는 중요한 수단이었다. 따라서 페미니스트들이 보기에 보호를 간청하는 것은 여성을 남성과 근본적으로 다른, 열등한 존재로 여기는 오래된 책략에 스스로 빠져 들어가는 것이었다. 그러나 보호법안을 추진한 개혁가와 사회주의자들에게 이런 생각은 엘리트주의적이고 추상적일 뿐이었다. 그들은 지금 같은 조건에서는 대부분의 노동이 개개인을 성취감으로 이끌지 못할 것이라고 강조하면서, 여성의 기본적인 복지를 중심으로 생각했다. 여성 노동자를 하나의 자율적 단위로 여기기보다는, 가족 및 친족 네트워크와 함께 고려했다. 그들 가운데 사회주의자들은 법을 통해 자본의 힘에 재갈을 물려야 한다고 주장했다. 여성과 아동의 노동시간과 노동조건에 대한 규제는 당연한 출발점이라고 여겼다.

여성의 노동문제는 분명하고 구체적이었다. 일자리에서 선택의 여지가 별로 없었고, 저임금은 물론 노동 현장과 노동조합에서 불평등한 조건에 놓여 있었다. 그러나 이를 해결하는 과정은 어려웠고, 분란을 일으켰으며, 전술적으로도 우왕좌왕했다. 자유노동시장론, 국가 개입에 대한 촉구, 계약 준수에 대한 요구, 소비자의 압력, 상호부조 프로젝트, 사회적이고 공동체적인 노동조합주의, 지역과 노동 현장의 투쟁을 결합시키기 등 제시된 방책들은 무척 다양했는데, 이들은 상호 모순적이기도 했다. 의견 차이는 전술에만 국한되지 않았다. 그들은 젠더, 개인과 사회, 특히 노동과의 관계를 놓고 서로 생각이 달랐다. 비록 하나의 정책으로 합의를 보지는 못했지만, 여성의 노동에 대해 어떤 조치를 취해야 하는가를 놓고 벌어진 논쟁을 통해 일부 선구자들은 노동이 무엇이고, 노동이 무엇이 되어야 하는지, 대량생산으로 어떤 변화가 있는지, 경제는 어떻게 구성되어야 하는지에 대해 다시 한 번 큰 차원에서 생각해 볼 수 있었다.

노동과 정치

남성의 성역을 허물다

1880년대와 1890년대의 용감한 중간계급 여성들은 개인의 희생은 간과한 채 여성의 취업권을 주장했다. 20세기 초의 '모던'한 젊은 여성들은 임노동이 자기를 실현하고 표현하는 데 중요한 요소가 될 것이라고 확신했다. 그러나 골드만(Emma Goldman)은 현 제도 아래에서는 소수 전문직 여성들조차도 성취감이나 해방감을 느끼기 힘들 것이라고 생각했다. 노동시장 안으로 들어가려는 열정은 중간계급 페미니스트들의 입장에서 바라본 환상이라고 했다. 1914년 그녀는 미국에서 여성 교육이 자유와 자기 결정 능력을 키우기보다는 우아한 프롤레타리아를 대량으로 만들어 내고 있다고 지적했다.

해마다 우리의 학교와 대학들은 지식 시장에 수천 명의 경쟁자들을 배출해 내고 있다. 어느 곳에서든 공급이 수요를 압도하고 있다. 생존을 위해 그들은 설설 기고 굽실거리면서 지위를 구걸해야 한다. 전문직 여성들은 사무실에 넘쳐 난다. 이들은 몇 시간씩 앉아서 일자리를 찾는 일에 넌더리가 나고 현기증이 일 지경이다. 이들은 여성 노동자보다는 우월하다는 환상, 경제적으로 독립적이라고 하는 환상으로 자신을 속인다.[1]

같은 해 영국의 아나키스트 릴리 가이르 윌킨슨(Lily Gair Wilkinson)은 전문직에 들어가기 위해, '남성들이 자신들만 독점하려고 끊어 버린 인생의 모든 비틀린 길'로 들어가기 위해 안간힘을 쓰는 '특권층 여성들'을 골드만과 비슷하게 비난했다. '변호사, 의사, 목사, 주식 중매인'이 되려고, 또는 공장 노동자라도 되려고 하는 대신 여성들은 무엇보다 '함께하는 생활에서 자유'를 추구해야 한다고 믿었다.[2]

슈라이너(Olive Schreiner)가 쓴 영향력 있는 책《여성과 노동》(Woman and Labour)은 상당히 다른 관점을 제시했다. 이 남아프리카 작가는 "우리는 모두 우리 지역을 위해 일을 한다"고 했다. 그녀는 남성이 규정한 고용 시장에 진입해야 한다고 주장하는 페미니스트들을 다음과 같이 선언하면서 지지했다. "판사의 자리에서부터 국회의원의 의자에 이르기까지, 정치인의 옷장에서부터 상인의 사무실까지, 화학자의 실험실에서 천문학자의 천문대까지, 그곳에 남성만 있어야 한다는 푯말이 있는 것은 아니다. 그렇다고 그런 자리에 우리 자신을 맞추겠다는 것이 우리의 의도는 아니다."[3] 그녀는 서문에서 이 책이 그녀 인생에서 큰 부분을 차지하고 있다고 설명했다.《여성과 노동》은 개인의 정체성을 구축하기 위해 필사적으로 노력한 결과이며, 좀 더 큰 사회운동 경

슈라이너 부부(1894)

험의 총화라고 했다. 슈라이너는 이 책을 통해 1880년대 슈라이너식
반란 이후 그녀가 직면해 왔던 젠더와 노동을 둘러싼 복잡하게 얽혀
있는 생각의 가닥들을 풀어 낼 수 있었다.

《여성과 노동》은 개인의 자율성을 주장해 온 신여성과 노동자로 살
면서 여성이 당하는 착취, 여성이 어머니로서 사회에 기여하는 바를
강조한 사회주의자들의 '여성 문제' 이론들 사이의 거리를 좁혀 주었
다. 슈라이너는 '현대의 사회적 조건들'이 가족 규모를 줄여 주고, 여
성의 임신 횟수도 줄여 주고 있기 때문에, '여성의 삶 전체 주기'에서
어머니의 역할이 차지하는 비율이 갈수록 줄어들고 있다고 했다. 그
결과 "사춘기에서부터 성년에 이르기까지 모든 여성의 주된, 그리고

꾸준히 계속되는 직업은 아이를 낳고 젖 먹이는 일"이라는 주장과 "이 직업은 사회적 노동과 활동에 대한 여성의 요구를 충분히 만족시켜 줄 수 있어야 한다"는 생각이 근거를 잃게 되었다. 이런 관점은 '구식의 완전히 잘못된 진술'이 되었으며, 이제는 여성도 어머니이자 노동자가 될 수 있도록 삶의 양식을 새롭게 생각해 내야 한다고 슈라이너는 주장했다.[4]

슈라이너는 자본주의의 발전으로 여성이 경제적으로 기여할 수 있는 범위가 좁아졌으며, 여성을 '기생적' 존재로 왜소화시키고 있다고 주장했다. 이는 결과적으로 그녀가 특별히 '여성노동운동'이라고 부른, 즉 '좀 더 교육받고 부유한 출신의 여성들은 전문적이고 정치적인 능력을 발휘할 수 있으며, 고도의 숙련된 노동을 할 수 있으므로 이들에게 일할 권리를 제공해야 한다고 요구한 운동'의 추진력이 되었다.[5] 여성이 일을 해야 하는가라는 문제를 놓고 벌어진 논쟁을 슈라이너는 이미 여성들은 예전부터 일을 해왔다는 주장으로 정리했다. 그녀는 '응접실 벽난로 앞에서 얼룩 하나 없는 셔츠에 꼭 맞는 맞춤옷을 차려입고' 서서, '양육자로서 여성이 평생 동안 해야 하는 일이 얼마나 광범한지'에 대해 열변을 토하는 '고상한 이론가'들을 비웃었다.[6] 슈라이너는 노동을 규정하고 평가하는 젠더와 계급에 대한 편견을 빗대서 '그 남자'라고 표현했다. "'그 남자'는 고한 노동을 하는 여성과 그가 우아하게 철학을 할 수 있도록 허드렛일을 도맡아 해주는 하녀는 까맣게 잊은 채, 여성 의사와 여성 의원, 여성 교수라는 생각만 떠올려도 화를 낸다. '그 남자'의 이상에 해당되는 영원한 여성다움과 어긋나는 일은 노동으로 여기지도 않는다. 이는 측정할 수 있는 노동이 아니고, 따라서 가격을 매길 만하지도 않다고 생각한다."[7]

'가난한 여성의 노동은 보이지도 않는다'는 지적은 슈라이너 한 사람만 제기한 것은 아니었다. 쿠퍼(Anna Julia Cooper)는 1892년에 펴낸 《어느 남부인의 생각》에서 흑인 여성의 노동에 대해 이와 비슷한 언급을 했다.[8] 1890년대 말 미국의 아나키스트 오스틴(Kate Austin)은 여성의 농장 노동 실태에 대해 아주 자세히 알고 있었는데, 다른 노동자에 대해 어떻게 이중 잣대가 적용되는지를 기록했다.

> 여성은 가장 힘든 육체노동을 할 수 있으며 …… 여기에 대해서는 아무런 불만도 없었다. 이는 기묘한 일이 아니다. 여성이 머리를 싸매고 의학을 공부하고, 법을 익히며, 여성의 권리에 대해 강연을 하고 글을 쓴다면 …… 남성의 세계는 뒤집어질 것이다. 현명한 노인들이 …… 이 주제를 놓고 장황한 논문을 썼다. 가정이 위험하다고. 여성들이 여성성을 상실한 채 거칠게 남성화되고 있다고.[9]

임금을 위한 생산 활동과 출산 활동을 모두 포괄하여 노동으로 본 슈라이너의 폭넓은 시각이나, 임노동과 임금을 받지 못하는 노동이 연결되어 있음을 보여 준 오스틴의 생각은 전혀 새로운 것이 아니었다.[10] 영국의 페미니스트 헤더-빅(Ada Heather-Bigg)은 1894년 《경제학 저널》(Economic Journal)에 쓴 논문에서 가사 노동을 노동으로 규정했다. 그녀는 여성의 고용은 임금 소득으로 드러날 뿐이라고 주장했다. "남성이 여성의 노동에 반대할 때, 그들이 반대하는 것은 임금 소득에 반대하는 것이지, 아내의 노동에 반대하는 것은 아니다."[11] 노동계급 여성들의 가사 노동에 대해서는 슈라이너의 친구 카펜터(Edward Carpenter)가 《사랑의 성숙》에서 먼저 언급한 바 있다.[12]

《여성과 노동》에 쓰인 내용들은 이미 나와 있는 생각들이기는 했지만, 저자인 슈라이너가 이를 다시 종합해서 정리했다. 그녀는 여성의 활동이 임금을 받는 영역에서든 받지 않는 영역에서든 과소평가되는 관행에 도전장을 던졌다. 이 책은 노동을 육아와 가사 노동 그리고 소비와 연관하여 다시 생각해 보려고 한 사회주의자와 페미니스트 여성들에게 깊은 공감을 샀다. 그 가운데 경제사학자 클라크(Alice Clark)는 1919년에 펴낸 《17세기 여성의 일하는 삶》(Working Life of Women in the Seventeenth Century)의 서문에서 《여성과 노동》을 '획기적인' 책이라고 언급했다. 클라크가 가장 높게 평가한 부분은, '흔히들 여성의 생산 능력에 대해 일반화시켜 받아들이고 있는 생각과 구체적인 현실 사이의 차이'를 슈라이너가 간파해 냈다는 점이었다.[13]

역사 · 문화 · 사회적 관계

클라크는 페이비언여성그룹의 한 사람으로, 여성의 삶이 역사에서 어떻게 배제되어 왔는지를 탐구했다. 이 신세대 페이비언 여성들은 웨브 부부가 세운 런던정경대학에 근거지를 두고 역사를 연구하면서 현대 여성이 일, 결혼, 가족 사이에서 균형을 이루기 힘들다는 점에 문제의식을 갖고 있는 사회 이론들을 결합시켰다. 이들 가운데 비어트리스 웨브의 제자인 허친스(Bessie Leigh Hutchins)는 앳킨슨(Mabel Atkinson)과 함께 슈라이너의 《여성과 노동》을 페이비언여성그룹에 소개했다. 허친스는 연구 단체인 여성산업평의회의 일원으로, 주류 학회의 학술지와 페미니스트 저널인 《영국여성》에 여성 노동에 관한 글을 썼으며, 1915년에 선구적 연구서인 《근대 공업과 여성》(Women in Modern Industry)을 썼다.[14] 클라크와 허친스는 드레이크(Barbara Drake)와 함께 웨브 부부가 개척한 사회경제사를 발전시켰으며, 역시 웨브 부부와 마찬가지로 현재에 대한 문제의식을 갖고 과거를 탐구했다. 그 결과 이 작은 페이비언여성그룹에서 노동과 모성에 대한 주장이 나오게 되었다.

클라크는 역사 연구를 통해 여성의 생산 활동이 가사 산업의 변화와 함께 어떻게 위축되었는지를 기록했다. 그녀의 관점은 여성의 권리를 정치적 또는 법적으로 규정하는 것에만 머물러 있지 않았다. 그녀는 여성이 꾸준히 해방의 길로 진보해 왔다고 하는, 19세기 자유주의자들의 주장은 근거가 희박하다고 지적했다. 아울러 역사학자와 사회학자들은 정치만 보아서는 안 되며, 경제적·사회적 전개 상황을 총체적으로 들여다봐야 한다고 주장했다. '눈에 띄지 않는 다수의 여성들이 인간으로서 자기 의무를 다하면서 살아온 삶의 조건들'을 두루두루 봐야 한다고 했다.[15] 이런 통합적 관점에 따라 노동은 임노동만이 아니라 생계를 위한 활동 모두를 포괄하는 것으로 규정되었다. 클라크는 젠더 관계와 경제생활을 바라보는 기존의 시각을 조금씩 뒤집어 나갔다.

슈라이너와 클라크 같은 여성들이 여성 노동을 사회적 존재와 관련시켜 이론화했다면, 다른 이들은 노동이 어떠해야 하는가를 생각했다. 러스킨과 모리스의 영향을 받아 노동이 어떻게 이루어져야 하고, 어떤 것을 만들어 내야 하는가에 대한 문제 제기가 이루어졌다. 이는 여성의 노동을 실용적으로 개선시키고자 한 노력과는 완전히 상반된 방향이었다. 모리스는 노동하는 과정에서 저마다 충족감을 얻어야 한다고 주장했다. 그래야 실용적이고 아름다운 상품을 생산할 수 있으며, 결국 가치 있는 일을 할 수 있다고 했다. 이런 생각은 미술공예가 유행하는 데 큰 영향을 미쳤다. 처음 이 운동을 시작한 것은 남성들이었지만,

점차 자수, 금속공예, 스테인드글라스와 같은 분야에서 여성들이 두각을 나타냈다. 몇몇은 디자이너가 되었고, 또 몇몇은 미술공예의 생각들을 발전시키고 전파하는 기획자가 되었다. 1902년에 수공예클래리언길드(Clarion Guild of Handicraft)를 세운 도슨(Julia Dawson)은 모리스의 영향을 받아 기술을 인간 중심적으로 발전시켜야 한다고 주장했다. 그녀는 기계가 노동자의 기술을 무력화시키는 방향이 아니라 인간의 존엄성을 높이는 방향으로 개발되어야 한다고 강조했다.[16]

1894년 미국 필라델피아의 드렉셀예술대학은 디자인장식과를 새로 만들어 데닛(Mary Ware Dennett)을 학과장으로 임명했다. 그녀는 미술공예를 통한 개인의 성취를 강조하면서 학생들에게 이렇게 말했다. "아름다움 그리고 아름다움의 표현인 예술은 모든 이들에게 생활의 일부가 되어야 한다." 그녀는 '예술을 위한 예술이 아니라 모든 사람을 위한 예술'을 원했다. "세계의 모든 위대한 예술은 민중의 예술이었다. 오늘날의 문제는 우리가 갖고 있는 예술이 극소수 사람들의 것으로만 한정되어 있다는 점이다." 기계로 만든 제품들의 획일성을 비판하기는 했지만, 그녀는 기계를 무시하지는 않았다. 대신 모리스와 마찬가지로 "기계는 사람을 위해 종사해야 한다. 사람이 기계의 노예나 비서가 되어서는 안 된다"고 주장했다.[17] 사회에 문제의식을 가지면서 윤리적 미학을 추구한 데닛은 1900년대에 개혁 운동 서클에 가입했다. 보스턴의 소비자연맹에서 그녀는 여성운동을 했고, 나중에는 출산조절 운동가로 '악명'을 샀다.

제인 애덤스를 도와 헐하우스를 건립하는 데 일조한 스타(Ellen Gates Starr)는 책 제본 공예가였다. 애덤스와 스타는 미술공예를 복지관의 일과 결합시키기 위해 열심이었다. 두 여성 모두 영국과 친밀한

헐하우스 제본소의 엘런 게이츠 스타와 피터 버버그

관계를 갖고 있었다. 러스킨과 모리스는 헐하우스에 중요한 영향을 미쳤다. 애덤스는 훗날 영국의 미술공예 디자이너인 찰스 애시비(Charles Ashbee)와도 친밀한 관계를 맺었는데, 애시비의 수공예길드학교(Guild and School of Handicraft)는 노동에 새로운 사회적 의미를 부여하려고 노력했다. 애덤스는 시카고 빈민의 필요에 맞게 미술공예를 적용시키려는 창의성을 보여 주었다. 그녀는 낯선 외국 도시에서 쓸쓸하게 살아온 노년의 이민자들이 수공예를 통해 자존감을 회복할 수 있을 것이라고 보았다.[18] 또한 미국 문화에 길들여진 자녀들이 부모의 솜씨를 인정하게 되면서 이민자 가정 안의 갈등을 극복하는 데 도움을 줄 수 있고, 남성뿐 아니라 여성도 존중받을 수 있는 기회가 될 것이라고 기대했다. 1900년에 헐하우스 노동전시관을 개관하고, 시카고 이민 노동자의 다양한 수공예 작품을 전시하면서 애덤스는 자랑스럽게 말했다.

"다양한 국적의 여성들이 일을 하며 인정받는 것을 즐기고 있다. 그들은 옛날 명예롭던 숙련공 여성의 자부심을 갖게 되었다."[19]

애덤스는 만드는 과정을 통해 옛 기억이 되살아났다고 했다. "바퀴를 돌리며 옛날 시골의 추억이 떠올랐고, 그것을 이야기하면서 바쁜 도시 생활 가운데 전원의 여유를 만끽했다."[20] 그녀는 가난한 이민자들이 기술을 인정받고 존중받으면서 저마다 미국 사회로 한 발짝 내딛을 수 있는 자신감을 갖게 되었음을 확실히 느낄 수 있었다고 했다. 현실적인 애덤스는 이들이 과거를 소중하게 간직하면서, 더불어 새로운 세계와도 관계를 맺을 수 있도록 도움을 주었다. 한편 애덤스는 어떤 측면에서는 이들이 미국에 기여할 만한 가능성이 충분할지도 모른다고 생각했다. 보리스(Eileen Boris)의 표현에 따르면, "노동전시관은 미래 협동조합의 전망을 강조하면서 과거와 현재를 결합시켰다."[21] 애덤스는 수공예 생산을 계속 이어 가면서 그것이 기계 생산 방식을 인간화시키는 데 기여할 수 있기를 희망했다.

그러나 스타는 기계가 주도하는 생산을 강하게 비판했다. 《헐하우스 도해와 평론》(Hull House Maps and Papers, 1895)에서 스타는 러스킨과 모리스의 주장을 되풀이했다.

기계 생산품은 유용한 측면도 있고, 정보를 전달하는 데 어느 정도 기여도 하지만, 결코 예술적이지는 못하다. 마음과 생산품 사이에 기계가 끼어들게 되면 넘을 수 없는 견고한 벽, 즉 생각과 감정을 전할 수 없는 벽이 말하는 마음과 듣는 마음 사이에 세워지게 된다. 어떤 사람이 기계로 만들어졌다면, 그의 일부가 누군가의 디자인을 기계적으로 정확하게 재생산한 것에 불과하다면 그 결과도 마찬가지일 것이다.[22]

비다 더튼 스커더

　하지만 낭만적인 태도로 기계를 거부해 온 스타도 미술공예의 가장 중요한 모순에 직면하게 되었다. 값비싼 비용 때문에 가난한 이들은 생산자나 소비자가 될 수 없었다. 그녀가 헐하우스에서 제본 기술을 가르치려고 했을 때 지역에 있는 노동계급 여성들은 비싼 재료를 구입할 수가 없었다. 스타는 기계 노동에 대한 증오를 1912∼1917년 전투적인 파업이 파도처럼 이어진 시기에 노동계급의 운동을 지지하는 쪽으로 전환시켰다.

노동의 창조성

　미국의 사회 개혁가 스커더(Vida Dutton Scudder)는 옥스퍼드에서 유학하면서 러스킨을 알게 되었다. 미국으로 돌아온 뒤 그녀는 1889년대학복지관연합(College Settlements' Association)을 세우는 데 일조했고, 보스턴의 데니슨하우스복지관(Denison House Settlement)에서 미국 대학 공개강좌 운동을 위해 강의를 했다. 다른 중간계급 복지관 활동가와 개혁 운동가와 마찬가지로 그녀 역시 가까운 인간적 유대 관계를 통해 계급의 차이를 극복하려고 노력했다. 이를 위해 사회적인 변화뿐 아니라 개인적인 변화도 필요하다고 보고, 스커더는 러스킨의 유산을 "도덕적 의식을 모든 생산과 소비 관계를 통해 확산시키는 것, 검소한 생활을 하면서 현재와 같은 위기 시대에는 사치품을 기꺼이 포기하는 것, 일정한 형태의 사회적 서비스에 적극적으로 헌신하는 것"이라고 정리했다.[23]

도덕적 헌신을 마음에 아로새기며 스커더는 서로 다른 계급들 사이에 뒤틀린 관계를 불러온 기존의 계급 구조에 대해 문제를 제기했다. 민주주의적 공동체를 통해 개인의 성취가 이루어지기를 희망한 휘트먼(Walt Whitman)의 주장에 따라, 그녀는 "유대 관계를 계속 넓혀 가면서 실제 생활에서 관계들을 풍성하게 만드는 가운데 …… 인격을 온전히 표현하고 수용하는 것에 대한 '열망'과 좀 더 다양한 '만남'에 대한 '갈망'을 어떻게 실현시킬 것인가가 중요한 문제"라고 주장했다.[24] 구체적인 실천을 통해 그녀는 점점 좌파가 되어 갔다. 데니슨하우스복지관에서 노동운동을 접하면서 1903년부터 여성노동조합연맹에서 조직가로 활동했다. 1912년 그녀는 사회주의당에 가입했고, 로렌스 노동자들의 유대와 연대에 힘입어 노동조합 교육가가 되었다.

생산수단의 급속한 변화와 그것이 20세기 초 노동과정에 미친 영향으로 몇몇 급진적인 선각자들은 기존의 노동 구조와 노동 목적을 총체적으로 비판하기 시작했다. 1910년 아나키스트 드클레이르(Voltairine de Cleyre)는 《어머니 대지》에 이렇게 썼다.

> 우리 시대에서 추앙받는 사상은 물건을 아주 많이 만드는 것이다. 삶의 에너지를 창조적인 일을 하면서 즐거움을 누리는 것에 쓰는 것이 아니다. 염치도 없고 연민도 없이 추동력을 발휘하고 또 발휘하여, 마지막 힘까지 꽉꽉 짜내며 하는 일이라고는 물건을 산더미처럼 만들어 내는 것뿐이다. 추하고 해롭고 별 소용도 없으며, 그다지 필요하지도 않은 물건들이 대부분이다.[25]

드클레이르에게 생산과 소비와 삶의 방식은 아주 밀접하게 연결되어 있었다. 골드만의 관점도 이와 비슷했다. 골드만은 자본주의 체제 아래서 제작된 상품 양상에 대해서만 비판적인 것이 아니라, 착취와 경쟁이 인간의 복지와 문화에 미친 영향에 대해서도 비판을 퍼부었다. "진정한 부는 유용성과 아름다움을 갖춘 것들로 이루어져 있다. 이런 것들은 강하고 아름다운 몸으로 살 수 있는 환경을 만드는 데 도움을 준다. 기존의 노동은 회색의 몹쓸 것들만 만들어 내고 있다. 이는 지루하고 흉한 현실을 반영하는 것이다."[26] 그 가운데 최악은 근대 생산양식이 노동자를 '두뇌가 없는 자동기계들'로 격하시키는 점이었다.[27]

드클레이르와 골드만은 미국에 뿌리를 내린 대량생산 방식을 혐오했는데, 이런 주장은 영국에서도 반복되었다. 영국의 아나키스트 윌킨슨은 공장뿐 아니라 사무실에서도 정확하게 시간에 맞추어 일하도록 만든 제도가 불러일으킨 억압적 상황에 대해 문제를 제기했다. 생어의 《여성의 반란》에 쓴 글에서 윌킨슨은 시간의 통제가 낳은 부작용을 생생하게 묘사했다.

저주스러운 시계 소리를 듣고 이대로 도망쳐 버릴 것인가, 아니면 다시 사무실로 들어갈 것인가를 고민할 때, 당신은 불현듯 알게 될 것이다. 다른 사람의 생계 수단을 장악하고 있는 남성들과 여성들이 있다는 것, 대지 위의 부와 그 부유함을 일구어 낼 수단을 장악한 사람들이 있다는 것 그리고 그 상황이 지속되는 한 아무것도 가지지 못한 사람들은 자유를 누릴 수 없다는 것을 깨닫게 된다. 소수의 소유자가 수백만의 가지지 못한 이들의 삶을 지배하고, 평생 속박한다는 것을 깨닫게 된다.[28]

소책자 《여성의 자유》(Woman's Freedom, 1914)에서 윌킨슨은 카펜터처럼 '소박한 생활'로 돌아갈 것을 주장했다. 그녀는 그것이 훨씬 '건강한' 생활이라고 믿었다.[29] 윌킨슨은 가정에서 농사를 지으며 수공예로 물건을 만드는 생활을 선호했다. 그녀는 여성만이 아니라 남성도 집에서 함께 일하며 함께 생활하는 것을 꿈꾸었다.

그리니치빌리지의 보헤미안들은 노동에서 창조성을 강조하는 미술공예 운동과, 노동과 여가를 명확하게 구분하는 것을 거부한 아나키스트들로부터 영감을 얻었다. 예술, 노동, 정치, 창조성, 섹스는 보헤미안의 혼란스러운 분위기에서 하나가 되었다. 루언(Mabel Dodge Luhan)의 지칠 줄 모르는 실천을 통해 보헤미안들은 어떤 경계도 거부하겠다는 의지를 명확하게 보여 주었다. 작가 글래스펠(Susan Glaspell)은 그리니치빌리지에서 "삶은 일관되게 이어진 것이며, 노동은 놀이와 떼어 놓을 수 없다"고 주장했다.[30] 보헤미안들이 경제적·정치적으로 개혁을 추구하기는 했지만, 가장 강조한 부분은 대세를 거스르더라도 개인적인 삶을 사는 것, 원자화된 세계에서 융합을 추구하는 것이었다.

다양한 관점에도 불구하고 러스킨과 모리스, 미술공예 운동의 영향을 받은 개척자들은 노동과 삶을 연결시키고, 인간이 중심이 된 기술을 고안해 내며, 유용성과 즐거움을 만족시켜 줄 수 있는 일상의 미학을 추구하고, 매일 만나는 관계에서 새로운 민주주의를 만들어 내려고 노력했다. 노동에 대해 문제 제기를 하면서 그들은 몸과 인간관계, 환경과 문화 등에 대한 기존의 생각들을 검토했다. 좀 더 급진적인 이들은 더 높은 생산성을 추구하는 당대의 가치관을 거부했다. 그러나 이 지점에서 그들은 머뭇거릴 수밖에 없었다. 거부의 입장만 갖고서는 빠르게 압도해 오고 있는 시대의 변화에 대응할 방법을 찾을 수 없었기 때문이다.

테일러주의 생산양식

이와 대조적으로 일부 미국 여성들은 테일러주의 생산양식이 공장과 고한 노동 현장의 노사 관계에서 전형적으로 나타나는 일방적인 강압과 비교하면 발전적이며 수용할 만하다고 생각했다. 길브레스(Lillian Gilbreth)는 '과학적 경영'이 훨씬 더 선택할 만한 형태의 산업 조직을 제공해 줄 수 있을 것이라고 생각했다. 과학적 경영은 노동자의 생산성을 높일 수 있으며, 이에 따라 보수도 넉넉하게 줄 수 있을 것이라고 믿었기 때문이다. 또한 투입에 대한 규제가 피로를 막는 수단이 될 거라고 보았다. 남편 프랭크와 함께 산업 자문관으로 일한 길브레스는 산업공학에 대한 연구와 훗날 비서, 소매업, 세탁업에 대한 연구를 통해 과학적 경영에서 인간관계의 측면을 선구적으로 개척했다.[31]

그녀는 1914년《경영의 심리학》(The Psychology of Management)에서 심리학에 대한 관심과 가정 만들기에 대한 그녀 특유의 이론들을 결합시켰다. 길브레스는 육체적 에너지 소비에 대한 면밀한 관찰에는 노동자의 마음과 몸 사이의 상호작용을 살피려는 경영진의 노력이 보완되어야 한다고 주장했다. 이렇게 노동자 개인의 요구에 초점을 맞추었기 때문에 그녀는 휴식을 강조했다. 또한 인체 공학 분야를 개척하여 조명과 의자 디자인을 어떻게 개선할 것인가도 연구했고, 피로와 허리 통증을 줄이기 위해 좋은 작업 자세도 고안해 냈다. 길브레스는 인체 공학이 생산성을 높여 줄 뿐 아니라 전 인류에게 이로운 것이라고 하면서 노동자와 고용주 모두를 설득했다.[32]

고용주들은 테일러주의를 어떤 측면에서는 쉽게 받아들였다. 노동자의 복지 수준을 높여 주려는 정책들을 취하기에 앞서, 생산성을 높이고 노동자를 통제하는 데 들이는 힘은 최소화시킬 수 있기 때문이다. 그러나 20세기 초 강력한 '폭로' 언론인들이 이러한 기업의 이기적인 태도를 비난하자, 일부 대기업 고용주들은 구태의연하고 뻔뻔스러우며 '사나운' 자본주의의 외형을 새롭게 바꿀 필요가 있겠다고 생각하기에 이르렀다. 그들은 비판적인 제안들 가운데 그것이 회사에 도움을 주는 한에서는 기꺼이 받아들일 준비가 되어 있었다. 1902년 아이다 타벨(Ida Tarbell)이 스탠더드석유회사를 조사하기 시작하자, 카리스마 넘치고 매력적인 데다 '인디언처럼 키가 크고, 남성다우며, 유연한' 사장 로저스(Henry Rogers)가 타벨을 비밀리에 만났다. 로저스는 회사 정책에 대해 타벨의 지지를 얻기 위해 열심히 노력했다. 타벨이 어린 시절을 보낸 곳이기도 하고, 석유회사가 기반을 잡기 시작한 곳인 아이오와 주의 언덕에 대해 그들은 이야기를 나누었다.[33] 타벨은 자서전 《하루의 노동 속에 있는 모든 것》(All in a Day's Work)에서 "로저스 씨는 스탠더드석유회사 최초의 공공 관계 자문 변호사라 할 수 있다"고 썼다. 그녀는 '기업의 새로운 정책이 적용한 첫 번째 대상'이었다.[34] 로저스는 기업 엘리트에 대한 타벨의 비판을 누그러뜨렸다.

타벨은 좀 더 도덕적인 자본주의를 추구했지만, 그런 노력에도 불구하고 그녀는 점점 고립되었다. 억울하게도 그녀는 시어도어 루스벨트(Theodore Roosevelt) 대통령으로부터 '추문 폭로자'라는 치명적인 비난을 받았다. 루스벨트는 그녀가 자본주의의 결점을 폭로하여 민중을 사회주의에 미혹되게 만든다고 했다. 한편 그녀의 개혁파 친구들은 자본에 대해 좀 더 분명하게 비판하기를 원했으며, 타벨의 비판은 충분하지 않다고 생각했다.[35] 타벨은 길브레스 부부와 우정을 나누면서 테일러주의를 산업 개혁의 방법으로 여겼다. 《사업계의 새로운 이상》(New Ideals in Business, 1917)에서 타벨은 과학적 경영이 부패한 독점식 경영의 대안이 될 수 있다고 제안했다. 1917년 타벨은 국가안보위원회의 여성 분과에서 복무했다. 여성의 정치적 참정권에 반대해 온 타벨은 이 경험을 통해 정책이 경제적·사회적 계획에 기반하는 것이 무엇보다 중요하다고 확신하게 되었다. 전쟁 시기에 나온 복지 정책들을 접하면서 타벨과 길브레스는 과학적 경영을 더욱 희망적으로 보았다.[36]

두 여성은 기계 생산이 해방의 잠재력을 갖고 있다고 확신했다. 길브레스는 노동자와 기계를 조화롭게 결합시키는 것은 분명히 이로운 일이라고 믿었다. 생산이 확장됨으로써 임금도 높아지고, 대량생산된 상품은 좀 더 유용하게 쓰일 수 있기 때문이다. 길브레스에게 가정과 공장에서 '기계 시대'의 도래는 모두에게 더 나은 생활을 가져다주는 것이었다. 타벨도 기계에 대한 이런 즐거운 생각을 공유했다. 그녀는 자서전에서 이렇게 회고했다.

기계는 나에게 악마가 아니었다. 그러나 나의 개혁가 친구들 몇몇에게, 특히 왕년의 멋진 전사 켈리(Florence Kelley)가 '법률을 통해 도덕성을 높이는' 투쟁을 한창 벌이고 있을 때 기계는 그들에게 악마였다. 그러나 나에게 기계는 힘든 노동에서 해방시켜 주고, 삶을 풍요롭게 만들어 주는 존재였다. …… 나는 기계를 적대시하는 이들이 거의 인정하지 않으려 하는 사실을 알고 있다. 바로 착실한 노동자의 존엄성을 체화하고 있는 남성과 여성은 자신들의 기계를 존중할 뿐 아니라 기계에 대해 자부심도 갖고 있다는 점이다.[37]

켈리와 소비자연맹에서부터 함께 활동했으며, 보호 입법을 위해 브랜다이스 발표문 작성을 돕기도 한 골드마크(Josephine Goldmark)는 그녀의 감동적인 연구서 《피로와 효율성》(Fatigue and Efficiency, 1912)에서 현대 산업과 기술에 대해 어느 정도 회의적인 입장을 밝혔다. 심리학과 노동관계에 대한 당대의 연구들을 비롯해 러스킨과 모리스까지 참고하여 골드마크는 통조림 공장에서 직물 공장에 이르기까지 여러 산업의 조건들을 조사한 뒤, 노동자들이 경험하는 스트레스, 단조로움, 피로 등을 언급하면서 이런 상황을 비판했다. 그녀는 노동관계와 생산성이 불가결하게 연결되어 있다고 보았다. '전화 교환원 소녀들'이 과중한 업무, 교대 근무, 초과 근무로 인해 스트레스에 시달리는 상황을 전하면서, 골드마크는 교환원에게 이상이 생긴다면 이는 곧 능률성에 문제가 생기는 것이라고 했다.[38] 길브레스와 대조적으로 골드마크는 기계 리듬의 '고정적이고 규칙적인' 성격이 '개인의 자연스러운 몸의 움직임이나 박자 감각'과 어떻게 맞지 않는지에 대해서도 언급했다.[39] 근대적인 생산도구들을 관찰한 끝에 골드마크는 이렇게 결론을 내렸다. "고속으로 움직이는 기계는 사고를 일으킨다. …… 기계의 빠른 리듬이 그것을 작동시키는 인간을 지배한다. 그 사람이 고유하게 갖고 있는 속도와 박자 감각을 기계는 고려해 주지 못한다. 기계가 박자를 정한다. 노동자는 그 박자에 맞춰야 한다."[40]

골드마크는 지난 수십 년 동안 미국 자본주의가 '모든 노동자들을 신체적 한계까지 몰아붙이면서도 효율성이 떨어지는 낌새가 보이면 이들을 내치면서 압박한 것'이 가져온 결과들에 대해 사회가 어떻게 무시했는지를 기록했다.[41] 끊임없이 유입된 젊은 이민 노동자들이 새로운 노동력을 제공했다. 그녀는 이런 냉혹한 착취가 결국은 부정적인 결과들을 불러올 것이며, 후세대 양산에도 영향을 미칠 것이라고 했다. 골드마크는 지속적으로 잘 운영될 수 있도록 고안된, 좀 더 사회적인 형태의 자본주의를 생각하면서 그 사례를 만들어 보려고 했다. 좀 더 직접적으로 말하면, 노동시간을 줄이는 것이 더 높은 생산성을 가져온다는 그녀의 연구 결과는 노동에 소비하는 시간을 줄이자는 주장을 강화시켜 주었다.

테일러주의는 시간 측정을 중시했는데, 이는 의도하지는 않았으나 '휴식 시간'에 대한 권리 의식을 더욱 강하게 만들어 주는 결과를 낳았다. 이는 정치적 요구로서만이 아니라 20세기 초 미국의 젊은 공장 노동자, 점원, 서기와 '타이피스트' 등이 공유해 온 문화적 전제의 일부가 되었다. 페이스(Kathy Peiss)가 보여 준 것처럼, 그들은 여가를 '놓치지 말고 보장받아야 하는 삶의 또 다른 영역'이라고 여기기 시작했다.[42] 비슷한 태도를 일부 대학 졸업자들 가운데서도 볼 수 있다. 엘리자베스 하우스(Elizabeth Hawes)는 대학 시절에 러스킨을 배웠고, 페이비언들과 사회적 살림에 대해 배웠다. 그러나 제1차 세계대전 이후 파리로 탈주한 보헤미안들과 함께하면서, 그녀는 파리에서 패션디자이너로 일하며 동료 미국인들과 함께 시간을 거슬러 올라갔다. "우리는 일하는 시간을 줄여서 낮 시간 가운데 반 이상은 일하지 않기로 했고, 때로는 그만큼도 일을 안 했다. …… 그렇다고 프랑스 사람들처럼 인생은 즐겨야 하는 것이고 일은 천천히 해도 된다고 생각한 것은 아니었다. 우리는 일을 최대한 빠르게 해서 3일 분량을 하루에 끝냈다."[43] 이 새로운 세대는 사람들이 일하기 위해 살아야 한다고 생각하지 않았다. 그들은 노동의 숭고함을 숭배하기보다는, 일을 적게 하고 더 많이 소비할 수 있기를 원했다. 검소함과 욕망의 억제를 미덕이라고 배운 연장자들에게 그들은 어리석어 보였다. 그러나 재편되리라는 희망이 거의 보이지 않는 생산 체제에도 협상의 여지는 있었다. 그들은 그 체제의 촉수를 피해 갈 수 있는 방법을 찾았다.

생산성과 창조성

제1차 세계대전 이후 몇몇 여성 이론가들은 변화에 대한 희망을 안고 새로운 노동조건에 비판적으로 개입했다. 영국의 드레이크는 《노동조합의 여성들》에서 노동을 공예로 이상화하는 것과 전쟁 기간 동안 더욱 늘어난 대량생산의 현실을 결합시키려고 노력했다. '숙련공을 기계와 비슷하게' 격하시키는 것이 과학적 경영의 필수라고 하는 전제에 반박하면서, 드레이크는 이윤 추구가 아무런 동기부여도 되지 않는 사회로 변화하는 것에 여전히 관심을 보였다. "산업에 대한 통제가 전제적인 고용주 체제에서 노동자 민주주의 체제로 옮겨 오면서, 마침내 운영 방식도 기계적인 것에서 협동조합적인 것으로 바뀌었다. 그들은 예술가의 열정은 아니더라도, 최소한 인류의 공공복지를 위해 공유를 지향하는 인간적인 본성을 보여 줄 것이다."[44]

미국인 폴릿(Mary Parker Follett)은 지역사회 일을 그만두고 노동 현장에 대해 글을 쓰기 시작했다. 한때 보스턴에서 취업을 돕는 일을 하기도 했고, 1912년에는 매사추세츠에서 최저임금을 정하는 위원회에 참석하면서 폴릿은 집단의 역동성에 관심을 갖게 되었다. 그녀는 상점 소유자 파일린(Edward Filene)과 제조업자 데니슨(Henry Dennison) 같은 미래를 내다보는 자본가들과 만나면서 테일러주의를 접했다. 이후 전쟁 기간 동안에는 전쟁노동위원회(War Labor Boards)의 운영을 지켜보았다. 1920년대 폴릿은 지역 단체들을 조직화해야 한다는 자신의 신념을 기업 세계에 적용하여, 인사 행정에 관한 강연을 하기 시작했다.[45] 그녀는 자신의 영향력 있는 책 《창조적 경험》(Creative Experience, 1924)을 통해 노동 현장에서 자치적으로 움직이는 소모임을 강조했다. 생산에서는 인적 요소를 강조했지만, 노동자들의 참여를 이끌 수 있는 소모임뿐 아니라 리더십도 중요하다고 믿었다.[46] 흔히 경영자는 갈등이 생기면 그것을 풀려고만 하는데, 그보다는 그 안에 있는 유용한 잠재력을 볼 줄 알아야 한다면서 이에 대한 혁신적인 통찰을 내놓았다.

1925년에 발행된 《건설적인 갈등》(Constructive Conflict)에서 폴릿은 인사 관리자는 갈등을 포용할 줄 알아야 하고, 무엇보다 그들이 '우리를 위해 작동할 수 있도록' 만들어야 한다고 했다.[47] 또한 심리적 측면에서 나타나는 갈등은 '욕망들끼리의 상호작용'이라고 보았다.[48] 길드 사회주의에 대해 비판적인 관심을 갖고 있던 폴릿은 1928년에서 1933년까지 그녀의 동반자인 푸르스트(Katherine Furst)와 함께 영국에서 생활했다. 1930년대 이후 그녀는 미국에서 잊히었다가 1980년대에 '새로운' 경영을 추구하는 사람들에 의해 다시 한 번 관심을 받게 되었다. 그들은 생산과정에서 잠재적인 문제점을 풀어내는 수단으로 그녀가 선호한 노동 소모임을 주목했다. 조직 문화를 바꾸기 위해 개별 노동자들에게 접근하려고 한 이들도 폴릿의 이론을 인용했다. 19세기 말 사회적 살림으로부터 비롯된 흥미로운 변천이었다.

한때 유행하던 베르그송(Henri Bergson)의 유명한 어구인 '창조적 진화'를 빌려 책 제목에 사용한 《산업과 창조적 충동》(The Creative Impulse in Industry, 1918)에서 사회주의자 마로(Helen Marot)는 테일러식도 아니고 국가가 주도하는 방식도 아닌, 그렇지만 국가를 절대적으로 거부하는 아나키즘적인 방식도 피하면서 좀 더 직접적으로 생산에 접근하는 방식을 고안해 냈다. 페이비언 사회주의자들에게 영향을 받은 마로는 영국노동당에서 거론된 산업민주주의에 대한 논의와 생디칼리스트의 직접행동에도 익숙했다. 폴릿이 참여민주주의의 색채를 띤 개혁가였다면, 마로는 1912~1920년 동안 혁신주의 서클들을 휩쓸던 자유지상주의 사상의 절충적이고 역동적인 흐름에 영향을 받았다. 여성노동조합연맹에서 일한 뒤 그녀는 듀이(John Dewey), 베블런(Thorstein Veblen)과 잡지 《다이얼》을 편집하면서, 민주주의를 '자기실현'과 연결시킨 듀이의 사상과 베블런의 산업자본주의에 대한 사회적 비판을 받아들였다. 《다이얼》에서 함께 일했으며, 훗날 기술과 도시를 주로 다루는 작가가 된 루이스 멈퍼드(Lewis Mumford)와 마찬가지로, 마로 또한 지속 가능한 사회 계획에서 생생한 경험의 중요성을 강조한 영국의 계획가 패트릭 게디스(Patrick Geddes)의 영향을 받았다.[49]

마로는 과학적 경영이 인간의 능력을 이용하기 위해 노동자의 에너지를 측정하는 일에만 몰두해 있다고 비판했다. 그녀는 특히 날카로운 혜안으로 "테일러주의자들은 '생산의 진짜 원동력이 …… 노동자들의 입장에서는 사회적 가치를 실현하는 것이며, 그 창조적 내용물을 완성하는 것'이라는 점을 간파해 내는 데 실패했다"고 지적했다.[50] "근대 사회의 경제 조직은 보통 사람들의 창조적인 에너지 위에 세워진 것이기는 하지만, 그들의 창조적 잠재력은 이제껏 무시되어 왔다."[51] 마로는 과학적 경영이 처음에는 산업의 안정을 가져오지만 장기적으로는 갈등의 시작이 될 것이라고 예견했다. 이러한 통찰은 1930년대 산업별노동조합회의(Congress of Industrial Organizations)가 주도한 충돌의 불씨를 예언한 것이었다.[52] 그녀는 국가 주도의 사회주의가 착취를 누그러뜨릴 수는 있지만, 이는 자동적으로 되는 것이 아니며, '스스로 창조적인 노력을 이끌어 내야' 한다고 했다. '충분한 휴식과 음식'을 보장하는 것만으로 '창조적 충동'이 '작동'하게 만들 수는 없었다. 그녀는 "지금의 기업 시스템처럼 사회주의 국가 역시 소비적인 욕망에만 의존하여 생산 결과물을 내는 징후를 보인다"고 했다.[53]

1919년이 되자 마로는 '국가기구'에 의존한 사회 개혁가들이 전쟁 이후의 상황에서는 효과적인 전략을 내놓을 수 있는 처지가 아님을 알게 되었다. 정부로부터 철수하면서 입법 개혁의 시도들이 위기에 몰렸다. "이러 시도들의 뿌리는 너무 연약하여 우리의 정치적·산업적 기구들의 표면을 뚫지 못했다."[54] 결국 대안을 제시하려던 마로의 노력은 단단한 벽에 부딪쳤다. 극좌에서부터 사회적 개혁가에 이르기까지 거미줄처럼 얽혀 있는 저항 세력의 유대망이 확대되지 않도록 막아야 한다는, 전후의 편집증적인 주장에 따라 마로가 그 목표물이 되었기 때문이다. 1919년 말 좀 더 뚜렷한 형태의 민주주의와 창조적인 자아실현 활동을 근대 산업과 기계 생산에 접목시키려 했으나, 끝내 이런 시도는 포기해야 했다. 대신 그녀는 심리학에 관심을 쏟았지만, 산업 전문가로서 새로운 작업을 개척해 내지는 못했다.[55] 그러나 그녀는 생산에서 테일러주의 이론의 중요한 약점을 지적했다.

1920년대 급진주의자들과 개혁가들은 노동이 이루어지는 방식과 생산방식을 바꾸기보다는, 기존 구조 안에서 조건을 향상시키는 일에 집중했다. 대량생산에 반대하며 유토피아를 꿈꾼 이들은 까다로운 엘리트주의자들이었으며 실무에 어두운 이들처럼 보이기 쉬웠다. 미술공예에 대한 열의는 지속되었다. 많은 여성들이 디자인계로 진출했고, 학교에서 수공예 교육을 장려했다. 그러나 이는 주로 주변에서 발전했으며, 경제 전반에 대한 비판이 되지는 못했다. 좌파의 주류는 높아진 생산성이 노동자에게 더 나은 생활을 가져다줄 것이라는 전제를 여전히 고수했다.

그러나 경제에 대해서는 좀 더 거시적인 안목이 생겼다. 커크(Hazel Kyrk)의 《소비의 이론》은 대량생산이 이득을 가져온다는 점은 받아들이나, 부의 불평등한 분배가 인적 에너지의 배치를 뒤틀리게 만들고 있다고 주장했다. 경제활동이 부자가 욕망하는 상품 생산에만 집중되어 있기 때문이라는 것이다. 그러면서 그녀는 평등의 수준이 좀 더 높아진다면 다양한 유형의 상품에 대한 수요가 커질 것이고, 이는 경제 전반에 이득이 될 수 있을 것이라고 주장했다.[56] '생계를 위한 물질과 문화'를 '구매력의 분배'에만 맡겨도 되는지 문제를 제기하면서, 커크는 저소득층도 상품과 서비스 소비의 즐거움을 누릴 수 있어야 한다고 주장했다.[57] 또한 그녀는 생산뿐 아니라 소비, 생활수준, 주택, 가사 노동 등도 고려하면서 '경제'에 대해 근본적으로 다시 생각해 보는 시도를 했다. 얄궂게도 사회적·경제적 생활들을 통합하려는 이런 시도는 흐지부

지된 채로 격하되었다. 경제학을 재탄생시키는 대신, 소비와 가사 노동에 대한 연구를 '가정경제학'으로 분류했다.[58] 이는 학계에서 볼 때 낮은 지위에 배정된 것은 물론이고, 자본에 대한 공격을 준비하는 자리가 아닌 요리실로 집어넣는 꼴이 되었다.

1920년대 동안 노동에 대한 비판은 정치보다는 문화에서 빈번했다. 비주류의 작가와 예술가들은 표준화 앞에서 뒷걸음을 쳤다. 그들은 이런 현상이 경제에만 해당되는 것이 아니라 제도와 심리로까지 깊숙이 들어와 인간의 의식 전체를 잠식해 버릴 것이라고 보았다. 테일러주의의 분업화와 표준화에 대한 저항은 국제적인 아방가르드가 몰두해 있던 새로운 상상력을 추구하는 데 영향을 주었다. 라슨(Nella Larsen)은 자신의 소설 《모래성》에서 '낙소스'라고 부른 한 흑인 교육기관을 비판하면서, 과학적 경영을 사회적 관계와 문화적 순응을 통해 국제화된 백인 권력을 비유하는 데 이용했다.[59]

'낙소스'는 하나의 기구로 성장했다. 이제 흑인 지대에서 '낙소스'는 백인의 관대함을 증명하고, 흑인 남성의 무능함을 까발리는 하나의 전시장이 되었다. 생명은 이와 함께 소진되었다. 이것은 …… 그냥 큰 칼인데 …… 모든 것을 패턴대로, 백인의 패턴대로 잘라 낸다. 여기에는 어떤 혁신도 개인주의도 용납되지 않기 때문에 학생뿐 아니라 교사도 자르는 과정에 무조건 따라야 한다.[60]

1920년대까지 사회적·경제적·정치적 요소들이 한데 모여 의문을 제기했다. 전제에 대해 회의를 제기하는 것은 일상의 모습을 바꾸려는 노력에 불을 댕기기 충분했다. 물론 1880년대 이래 여성의 운명과 관런하여 여러 측면에서 문제 제기를 했던 선지자들과 개척자들은 경제 전반에 대해서도 근본적인 문제들을 꾸준히 제기해 왔다. 관계와 불평 등에 대한 그들의 비난에는 경제적·사회적인 생활 방식에 대한 도전 도 내재해 있었다. 그들은 노동과정, 기계 기술에 대한 통제, 개별적인 상품 소비의 확산에 기초한 풍요에 문제를 제기할 준비가 되어 있었 다. 어떤 이들은 생산과 소비에서 완전히 새로운 방식을 희망했다. 또 다른 이들은 좀 더 많은 여가를 위해 노동시간을 최소화할 것을 요구 했다. 국가의 개입이 더 많아지기를 원한 사람도 있었고, 줄어들기를 희망한 사람도 있었다.

그 과정에서 그들은 기존의 시각을 논박했고, 경계에 대한 관념을 허물었다. 이들은 임노동을 생계와 연결시켰고, 생산은 삶으로 확대되 었으며, 창조적인 인성으로 기계와 맞섰다. '어린 전화 교환원' 개인을 강조함으로써 경제 시스템의 문제점들을 밝혀냈다. 그들은 서로 의견 이 다르기도 했다. 그러나 그들은 무기력하지 않았다.

10장

일상과 민주주의

여성 정치와 연대

1913년 창간된 잡지 《새 정치가》(New Statesman)는 〈여성의 자각〉 이라는 특별호를 만들었다. 제목은 쇼팬(Kate Chopin)의 1899년 '신여 성' 소설인 《깨어남》에서 가져왔다. 길먼(Charlotte Perkins Gilman)은 기고가 가운데 한 사람이었으며, 비어트리스 웨브가 서문을 썼다. 웨 브는 '자각'이 참정권을 위한 정치 투쟁이나 페미니즘 안에만 머물지 않고 광범한 영역에서 이루어져야 한다고 했다. 웨브는 이러한 확대된 여성운동이 국제적 노동운동과 '억압받는 민중 사이에서 일어난 항 쟁'과 함께 연대해야 한다고 믿었다. 이런 광범한 운동에 선 여성들은 젠더에만 도전하는 것이 아니라 다른 예속 관계에도 맞서야 한다는 것 을 알고 있었다. 사회운동에 참여하는 과정에서 어떻게 의식이 만들어 지는지를 열심히 보여 주면서, 그녀는 이론적인 '개혁 기획들'을 '참다못해 터져 나온 영웅적 반란'과 결합하여 '곧바로 방법과 목표가 솟구쳐 오를 수 있도록' 하자고 제안했다.[1]

영국 노동계급 사회주의자이자 페미니스트인 미첼(Hannah Mitchell)은 자서전《힘겨운 오르막길》에서 바로 그런 통찰의 순간을 기록했다. 1890년대 중반의 어느 날, 한 감리교 예배당에서 벌어진 논쟁에서 한 '어린 청년'이 아담과 바울 사도와 밀턴은 모두 '여성이 정치에 참여하지 말아야 한다고 생각했다'고 주장하는 것을 들으며, 미첼은 화가 치솟아 자리를 박차고 일어났다. 먼저 그녀는 '젊은 친구'가 전능하신 분께서 정하신 여성의 지위에 대해 해박하다는 점을 칭찬한 뒤, 그에게 '좀 더 민주적인 글귀'가 들어 있는 책들로 독서 범위를 넓혀야겠다고 조언해 주었다. 그리고 그 청년과 그곳에서 논쟁을 하는 사람들을 향해 최근에 읽은 테니슨(Alfred Tennyson)의 글귀 가운데, "여성의 목적은 남성의 목적과 같다. 그들은 함께 날고 함께 추락한다"는 말을 해주었다. 약간 당혹스러운 분위기에서 그녀가 자리에 앉자 '참석한 여성들로부터 박수갈채'가 쏟아졌고, 곳곳에 남아 있던 '성적 편견은 크게 위축'되었다.[2] 대서양 건너에 있는 쿠퍼(Anna Julia Cooper)도《어느 남부인의 생각》에서 테니슨의 같은 구절을 인용했다. 여기서 쿠퍼는 흑인 여성을 사회적 활동에 나서게 해준 개인적 반란의 경험을 증언했다.[3] 미첼과 쿠퍼 모두 삶을 통해 억압을 경험하였고, 두 사람 모두 사회가 그들에게 기대하는 침묵을 과감히 거부하고 대항했다. 그들은 자신이 사랑하는 책들의 도움으로 편협함에 맞설 수 있었다.

공공 활동과 사적인 활동에 대한 지배적인 구분을 둘러싸고 여성들은 긴장되는 상황과 마주했는데, 이것이 오히려 저항심을 키워 주었다. 만약 그들이 더 큰 생각의 장으로 나아가고, 또 다른 종속 관계들도 바

안나 줄리아 쿠퍼

꾸어 나갔다면 이 주체적 저항은 밖으로 확장될 수도 있었을 것이다.

　일련의 사회운동 속에서 조직화를 경험한 여성들은 다양한 주장들 사이의 관계들을 통찰할 수 있게 되었다. 반노예제 운동과 여성참정권 운동, 여성기독인금주운동연합에서 활동한 하퍼(Frances Ellen Harper) 는 1891년 전국여성위원회에서 미국의 인종적 종속은 반유대주의와 같은 것이라고 말했다. 그녀는 계속해서 제국주의와 계급 체제를 비판 했다. "우리는 영어를 쓰는 민족들 가운데 약한 민족들, 예를 들어 불만에 가득한 아일랜드인과 피부색이 어두운 영국인들을 희생시켜 왔다."[4] 이렇게 상호 연결되어 있는 불의에 대해 공감하고 이를 이해하는 태도는, 당시 문화적 장벽을 극복하려는 여성들의 노력과 결합하여 사회적 시민권을 모든 측면으로 확대시키는 총체적인 접근법으로 발전해 나갔다. 1915년 협동조합 총회에 대표로 참석한 울리치의 길드 여성인 윔허스트 부인은 하나의 사물이 어떻게 다른 것들과 연결되어 있는지에 대해 이렇게 요약했다. "사회적 개혁은 융합되어 있는 것들 속에서 작동한다. 그것은 따로 떼어 낼 수 있는 것이 아니다."[5]

그러나 이러한 인식이 여러 변혁 운동 조직 속에 내재해 있는 불평등과 불화와 편견을 없애 주는 것은 아니었다. 이것은 일상과 일상의 관계들을 민주적으로 만들어 가면서, 시민의 권리를 확보하려는 여성들에게는 오히려 큰 장애가 되었다. 백인 여성참정권운동이 백인 남부 사람들과 남성 지배적인 흑인 운동의 지지를 얻기 위해 그들에게 맞추는 모습을 보고, 쿠퍼는 '아프리카계 미국인 여성의 파워'라는 문화적 발상으로 대응했다. "오직 흑인 여성만이 '폭력이나 소송 또는 특별한 후견인 없이, 자신의 존엄한 여성성을 문제 삼는 일 없이' 조용한 가운데 언제 어디로 들어가는지 말할 수 있다. 그때 그곳으로 모든 흑인이 나와 함께 들어가리라."[6] 쿠퍼는 19세기 초 급진적 사상에서 제기된, 여성을 새로운 사회질서의 선구자로 보는 사상을 창조적으로 적용하여, 여기에 정치적 색채를 부여했다. 그리하여 백인 여성 조직들 안에 있는 자기만족적인 친절과 편견은 물론이고 흑인 남성 지도자들의 쇼비니즘에 대해서도 도전장을 던졌다. 1898년 테럴(Mary Church Terrell)은 미국여성참정권협회에서 연설을 하면서, 흑인 여성에게 특별한 구원자의 역할을 부여하는 색다른 전술을 구사했다. "지치지 않는 에너지와 열정으로 유색인 여성들은 해방 이래 자신들의 인종을 교육하고 발전시키는 일을 계속 수행해 왔다. 그런 위대한 일을 할 수 있는 이들은 그들뿐이었다."[7]

그러나 실제로 흑인 여성이 함께할 수 있는 지점을 정하는 것은 백인 여성이나 혹인 여성 모두에게 힘들고 때때로 불화를 일으키는 등 어려움이 따랐다. 웜허스트 부인은 여성협동조합길드의 회원들에게 협동과 시민권은 불가분하다고 자랑스럽게 말해 왔지만, 급진주의자나 개혁가들 모두 어려운 딜레마에 처했다.[8] 만약 그들이 여성으로서 특별한 사명이 있다고 강조했다면, 분명 그들은 제한적이고 외적으로 규정된 한계 속에 갇혔을 것이다. 반면 보편적인 인간의 권리를 주장하면서 젠더 구분을 뛰어넘으려고 했다면, 그들 고유의 특별한 주장은 사라졌을 것이다. 이렇게 서로 상반된 상황에 처한 미래의 기획자들은 일상을 민주화하는 노력과 함께 민주주의를 다시 설계하는 프로젝트도 병행해야 한다는 사실을 깨닫게 되었다.

젠더에 따라 새롭게 규정된 사회적 시민권에서 보편성과 특수성을 결합하려는 특단의 시도가 있었다. 이는 결코 추상적인 것이 아니었으며, 실천을 통해 쟁점들을 결합해 가면서 전개되었다. 여성협동조합길드의 첫 번째 유급 조직가 레디시(Sarah Reddish)는 11살 때부터 비단실 감는 일감을 집으로 가져와 하면서 노동자 생활을 시작했고, 1907년에는 볼턴 타운의회 의원에 출마했다. 당시 출마의 변은 "타운의회의 일은 사람에 대한 일이다. 그런데 사람을 위한 일을 하는 의회가 왜 남성으로만 구성되어야 하는가?"[9]였다. 1894년 레디시는 노동계급 여성으로서 정치 활동을 한 경험이야말로 '어떤 사람은 어떤 일을 해야 하고, 또 어디에 속해야 한다'라고 구분하는 통념에 대해 한결같이 도전해 온 과정이었다고 정리했다.

여성은 아내이자 어머니이며, 그 의무에 충실한 것으로 충분하다는 이야기를 들어 왔다. 우리는 대답한다. 남자는 남편이자 아버지이며, 남편이자 아버지로서의 의무가 무시되어서는 안 된다고. 그러나 여론에 따르면 남성은 통치의 과학에도 관심을 기울여야 하고, 좀 더 큰 가족이라고 할 수 있는 사업, 지역정부, 국가에서도 자기 몫을 다해야 한다고 말하는 것을 우리는 알고 있다. 여성협동조합길드는 여성도 시민으로서 이런 일들에서 자기 몫을 다해야 한다는 것을 실제로 보여 주기 위해 많은 일들을 해왔다.[10]

레디시는 사회적·정치적 영역에서 여성의 지위와 함께 가정에서 남성의 역할을 강조하면서 '가정-여성, 공공-남성'이라고 하는 구분을 정면으로 돌파했다. 또한 그녀는 여성에게 익숙한 의무들 때문에 여성이 자기주장을 하며 살지 못하고 있다는 주장에 동의하지 않았다.

사회적 시민권이라는 여성 친화적인 형태를 만들어 여성의 자율성을 확인해 가는 과정에서, 개인주의와 공동체주의에 관한 당대의 논쟁에 젠더적 색채가 씌어졌다. 본(Helena Born)과 대니얼(Miriam Daniell)의 뒤를 이어 브리스틀에서 여성 노동자들을 조직하는 일을 한 에니드 스테이시(Enid Stacy)는 1899년 〈여성의 권리 한 세기〉(A Century of Women's Rights)라는 기사에서 개인의 주장과 사회적 주장을 한데 모으는 시도를 했다. 그녀는 '여성의 권리'라고 하는 말을 통해 좀 더 큰 인류의 목표, 즉 개인으로서 발전을 충분히 도모하면서도 공동체에 기여할 수 있는 좋은 삶의 조건들이 모두에게 보장되는 사회를 꿈꾸면서, 아울러 이 말 자체가 없어지는 날을 희망했다. 스테이시는 개별적인 개인의 권리가 공공의 정치적 권리 및 의무와 균형을 이룰 수 있어야 한다고 강조하면서, 그 방법을 다음과 같이 자세히 설명했다.

첫째, 여성 개인으로서! 구속받지 않고 자유를 누리면서, 어머니가 될 것인지를 결정할 힘을 가져야 한다.

둘째, 부인으로서! 남편과 아내 사이에 완벽한 평등과 상호 소통이 있어야 한다. 이를 위해서는 법 개정, 특히 이혼법 개정이 필수적이다. 예를 들어 이 법은 좀 더 느슨해지거나 아니면 좀 더 엄격해져서, 양성에 똑같이 효력을 발휘할 수 있도록 되어야 한다.

셋째, 엄마로서! 아버지와 똑같은 조건에서 자녀에 대한 양육권을 보장받아야 한다.[11]

스테이시의 네 번째 주장은 온전한 정치적 시민권이었고, 다섯 번째는 노동자로서 여성의 권리였다. 특히 이 마지막 주장은 그녀에게 어느 정도 어려움을 가져다주었다. 그녀의 궁극적인 목적은 '협동적인 공동체'로, 그 안에서 '각각의 시민은 성에 상관없이 교육과 개인의 능력에 따라 직장을 선택할 수 있어야 한다'고 했다.[12] 당장의 자본주의 생산 체제 안에서는 국가가 미래를 위해 모성을 보호해야 한다고 믿었다. 노동법이 여성과 남성을 모두 포괄하고 있기는 했지만, 어머니로서 여성이 제기하는 요구들을 고려하는 특별한 조치들이 추가되어야 한다고 주장했다.[13]

사회적 모성

1890년대부터 줄곧 국가가 여성의 출산을 보호해 줄 의무가 있다고 하는 공동체주의적인 생각은 어머니가 좀 더 나은 어머니가 될 수 있도록 사회적 자원을 분배해야 한다는 주장과 결합되었다. 이런 주장은 다양한 사상들에서 나왔다. 우생학 신봉자, 제국주의자, 사회정화 운동가, 박애주의적 개혁가들이 자유주의와 사회주의 여성들과 연대했다. 모성 운동을 펼친 이들은 사회적 시민권을 주장했는데, 그들이 생각하는 국가에 대한 생각은 다양했다. 개혁주의자와 급진주의자 사이의 구분은 그다지 선명하지 않았다. 그러나 넓게 볼 때, 개혁가들은 기존 국가가 도덕적으로 개선되어 가고 있으며 현대적인 사고를 갖추고 있다고 여기는 경향이 있었다. 반면 어머니의 입장에서 국가의 개입을 주장한 급진주의자들은 시민으로서 어머니의 권리가 민주주의의 확산을 가져올 것이라고 하면서, 기존 국가에 대한 비판을 시사했다.

사회적 모성을 권위주의적으로라도 실현해야 한다고 주장한 이들은 원칙을 강조했지만, 사회적 모성을 옹호한 급진주의자들은 민주주의를 확장시켜 가면서 어머니가 시민권을 누릴 수 있도록 포용해 가는 방식을 주장했다. 영국의 페이비언 사회주의자이면서 슈라이너(Olive Schreiner)를 따랐던 앳킨슨(Mabel Atkinson)은 《여성운동의 경제적 기초》(The Economic Foundation of the Women's Movement, 1914)에서 "연약한 아기를 보호하고 돌보면서 새 시민으로 키워 내는 일보다 더 중요한 시민 활동은 없다"라고 주장했다.[14] 시민권에 대해 특별히 젠더적인 시각으로 접근하는 것은 사회적 자원에 대한 주장으로 연결될 수 있었다. 이는 경제에 대해, 그리고 사회에서 인간 활동의 가치에 대해 다시 한 번 생각하게 해주었다. 어머니는 사회적 자원을 유용하게 사용할 권리가 있다는 주장은 결과적으로 진정한 사회적 민주주의를 광범하게 실현하는 사례로 확대되었다. 영국의 사회주의자 주슨(Dorothy Jewson)은 길먼이 제시한 사상을 현실에 맞게 적용하여 이렇게 썼다. "우리는 여성과 어린이들이 국가의 자원으로부터 자신의 몫을 분배받을 권리가 있다고 믿는다."[15] 그녀는 "다른 서비스들은 물질을 만드는 것과 관계되어 있지만, 모성에 대한 서비스는 인류를 만들어 내는 것과 관계되는 것이다"라고 주장했다.[16] 1912년 좌파 사회주의 신문《데일리 헤럴드》에 하딩(Mabel Harding)도 여성참정권의 필요에 대해 글을 쓰면서, 남성 중심적인 경쟁적 자본주의에 대한 사회적 대안의 가능성을 모성에 대한 전망에서 찾은 길먼의 생각을 반복했다. 하딩에게 '넓은 의미의 모성'은 가족을 넘어서서 무한한 책임을 지는 것을 의미했다.

깨끗한 음식, 지역정부가 제공한 우유, 건강한 학교, 학령기를 늘리는 것, 소년 소녀가 알아야 하는 삶의 지식들을 별나게 금지시키지 않으면서 건전한 도덕성을 교육받게 하는 것, 고한 노동의 철폐 그리고 그 밖에 다른 많은 주제들이 모두 여성의 관심사이며 사회적 모성의 일부이다.[17]

'시민-어머니'라는 생각은 국가가 주도하는 공동체주의적인 조류에서만 등장한 것은 아니었다. 그것은 가정의 범위를 지역사회로, 그리고 정치라는 공공의 영역으로 확대하면서 민주주의를 되살아나게 하려는 시도이기도 했다. 해넘(June Hannam)과 헌트(Karen Hunt)는 힉스(Margaretta Hicks)의 소비자 조직에 대해 언급하면서 이렇게 말했다. "어려운 시기에 일부 사회주의자 여성들은 '가정적인 것'과 '정치적인 것' 사이의 구분을 없애고, 소비보다 생산을 중시하는 사회주의 전략이 더 이상 의미가 없어 보인다고 생각하기 시작했다."[18] 일상의 활동을 분리하는 장벽들을 놓고 개척자들은 가정적이고 친밀한 영역을 여성의 영역으로, 노동과 공공 정치의 세계는 남성의 영역으로 규정하는 논쟁에 참여하였다. 이러한 갈등의 결과 많은 여성들이 정치의 영역에 도전하게 되었고, 일상과 관계들에 대해 새롭게 생각하게 되었다.

여성의 권리

인권의 공유를 강조하든, 여성이 해온 기존 활동과 요구들을 가장 앞에 놓든 새날을 꿈꾼 여성들은 그들이 가장 온건하다고 믿는 것일지라도 구체적으로 실천하려고 하면 편견과 맞서 싸워야 했다. 민주적 · 사회적 시민권은 에둘러 가야 하는 일이었다. 전략들이 계속 논의되고 조정되었다. 다른 많은 여성들과 마찬가지로 애슈턴(Margaret Ashton)도 참정권이 여성들에게 좀 더 광범위한 사회적 변화를 가져다줄 수 있는 한 방식이라고 보았다. 그러나 다른 한편, 그녀는 지역 시의회 의원이 되어 적극적으로 기여하기를 바라는 마음도 있었다. 홀리스(Patricia Hollis)는 1907년 애슈턴이 세인트조지 지역의 맨체스터 시의회 의원 선거에서 그녀가 건설 분야에서 일한 경험을 토대로 삼아 무소속으로 출마한 과정을 기록했다. 그러나 그녀는 당선되지 못했다. "다음해에 애슈턴은 위딩턴 지역에서 출마했다. …… 이번에는 배수와 통풍 분야에서 일한 경험은 언급하지 않았다. 대신 여성과 어린이에게 가정, 학교, 깨끗한 물, 세탁실, 적당한 가로등과 안전한 대중교통이 필요하다는 것을 이야기했다."[19]

현실적이었던 애슈턴은 잘 포장된 도로와 골목 그리고 배수 시설을 갖춘 잘 지어진 집을 여성의 특별한 요구라고 강조했다. 그녀는 "만약 여성이 그런 가정으로 돌아간다면 더 이상 남성의 일자리를 위협하지 않게 될 것"이라고 하면서 전략적으로 남성 유권자들을 공략했다.[20] 홀리스는 "대체 그녀가 남성들에게 뭐라고 말한 것인지 정말 모르겠다"

バスケットを持つ女性の絵の下のキャプション: "THE WOMAN WITH THE BASKET."

바구니를 들고 있는 여인

고 슬쩍 비웃기도 했다.[21] 애슈턴은 '여성'의 관심을 넓혀 가면서, 남성에게는 "여성들에게 아주 중요한 문제들이 그동안 무시되어 왔는데, 이는 의도적이라기보다는 남성들이 한 번도 이런 문제들을 고려해 본 적이 없었기 때문"이라고 설득했다.[22]

여성협동조합길드의 회원 카드에는 여성들의 단조로운 일상을 확대시켜 보고자 한 조직의 바람이 잘 그려져 있었다. 앞치마를 한 여성이 바구니를 들고 앞마당에 서 있다. 그녀 발아래 계곡으로 높은 굴뚝이 여러 개 솟아 있는 산업도시 하나가 보인다. 그녀는 그 도시를 넘어 멀리 위쪽을 바라보면서, 이마에 손을 얹어 눈부신 햇빛을 가리고 있다.

이를 참고한 뒤에 블룸스버리 그룹의 협동조합 운동가 버지니아 울프 (Virginia Wolf)가 1914년 총회에서 여성협동조합길드의 회원들을 냉철한 눈으로 면밀히 살폈지만, 그녀가 발견한 것은 그들을 땅에 묶어 두려고 하는 꽉 짜인 문화의 압력뿐이었다. "그들의 입술은 현재에 대해 마음이 평화로워졌을 때 짓게 되는 가볍고 초연한 감정을 결코 표현하지 못했다. 정말 그러지 못했다. 그들은 조금도 초연하거나 편안하거나 박애주의적이지 않았다. 그들은 토착적이었고 한 지점에 뿌리를 두고 있었다."[23] 울프가 보기에 그 여성들은 너무 고정되어 있었다. 개인의 삶에서 아주 중요한 탐험적이고 지적인 질문들이 그들에게는 불가능한 것처럼 보였다.

그러나 협동조합 여성들은 개인으로서 좀 더 나은 삶의 기회를 누려보고자 했고, 그들이 길드에 참여한 것도 자신감을 얻고 좀 더 넓은 문화를 경험해 보고자 함이었다. 그들은 경험에 바탕을 두어 이론을 만들었고, 길드는 그들의 시야가 바구니와 굴뚝을 넘어서서 더욱더 넓어질 수 있도록 도왔다. 대안적인 사회질서, 자기실현, 민주적인 시민권이 1919년 더비 지역의 여성협동조합길드 노동계급 회원인 패로(Florence Farrow)에 의해 기획되어 점점 확대되는 이상적인 미래상으로 자리를 잡았다. "모든 어머니들은 자녀가 생길 때마다 부양금을 지급받는다. 여성은 비싼 가격 때문에 아이에게 우유를 줄 수 없는 상황을 용납해서는 안 된다. 지역정부가 우유를 관리해야 한다. 지역정부가 관리하는 목욕탕, 더 나은 주택, 난방, 조명 그리고 에너지 공급에 대해 더 큰 차원에서 민주적으로 통제해야 한다. 노동계급 자녀들의 교육 수준을 높이기 위해 교사의 봉급도 올려야 한다. 아이들에게 최고의 영상을 보여 주고 아름다움을 사랑할 수 있게 지역정부가 운영하는 극장도 세워야 한다."[24]

여기에서 말하는 개인에게 더 나은 삶의 전망은 사회적이고 관계 지향적인 용어들로 제시되었다. 패로는 어머니처럼 자애로운 분위기의 유토피아를 상상했다. 미국의 노동 언론인 보스(Mary Heaton Vorse)가 전후 영국을 방문했을 당시 많은 여성 개혁가들이 그런 생각을 갖고 있었다. 보스는 끔찍한 가난을 겪으면서 마음이 약해지기도 했지만, 노동계급 여성들의 '엄청나게 열띤' 논쟁들을 보고 다시금 힘을 얻었다. 보스는 이렇게 회고했다.

나는 여유 있는 클럽 여성들뿐 아니라 노동계급 여성들과 노동자의 아내들도 함께 조직한다면 더 큰 힘을 발휘할 수 있을 것이라고 확신했다. 영국에서도 이들이 조직되었는데, 미국에서라고 왜 안 되겠는가? 나는 영국에서처럼 '엄마'들이 세상으로 나올 것을 예견하는 글을 썼다. 여성 노동자들 사이의 움직임이 나에게는 진짜 페미니스트 운동으로 보였다.[25]

보스가 만난 노동계급 여성들은 가족과 지역사회와 관련된 자신들의 사회적 권리를 놓고 집단적인 운동에 참여했다. 여성 해방의 사상은 노동자계급의 여러 요구들과 유기적으로 연결되어 있었다. 그래서 여성과 자녀들에게 좋은 조건이라면 남편이자 아버지인 노동계급 남성들에게도 좋은 것이라고 여겼다. 그러나 노동조합 운동 내부의 소수파 여성들은 남성과 맞서면서 평등의 문제를 고민하고 있었다. 여성 노동운동에서 권리와 자격에 대해 다양한 개념들이 나왔다. 비어트리스 웨브가 이끈 여성운동이 다양한 요소들을 광범위하게 품고 있었던 것처럼 여성 노동운동들도 결코 단일하지 않았다.

시민권에 대한 다양한 개념들은 참정권운동의 흐름과 함께하기도 했다. 그러나 제1차 세계대전 이후 우선순위, 전략, 정책을 둘러싼 갈등들이 구체화되었다. 시민권 주장을 평등한 권리라는 맥락에서 주장할 것인가, 여성의 특별한 요구에 기초해 주장할 것인가를 놓고 페미니스트, 사회 개혁가, 여성노동조합 운동가 사이에서 벌어진 불화는 노동보호법 제정을 둘러싸고 양극화되었다. 그러나 이는 정체성, 본성, 문화를 둘러싸고 앞으로 더욱더 첨예하게 대립될 논쟁 가운데 일부일 뿐이었다. 결국 이론적 논쟁에서 더 나아가 사회적·경제적인 차원에서 민주화를 어떻게 생각하는가의 문제로까지 논쟁이 이어졌다.

'여성성'을 둘러싼 논쟁

전후 시대에 영국과 미국의 페미니스트들은 여성성을 어떻게 인식하고 어떻게 평가해야 하는가를 놓고 서로 화합하지 못했다. 1926년과 1927년 사이에 《네이션》에 실린 신여성들의 글을 놓고 미국의 융 학파인 힝클(Beatrice M. Hinkle)은 페미니스트들 사이에서 '여성의 본성'에 대한 논의를 금해야 한다고 에둘러 말했다.[26] 미국과 영국 두 나라에서 생물학적 재생산과 관련된 여성의 필요와 요구에 초점을 맞춘 '새로운 페미니즘'이 등장했다. 그들은 여성이 남성과 다르다는 점을 강조하면서, 그런 차이가 대안적인 관점을 가능하게 만든다고 주장했다. 한편 일부 '신페미니스트들'은 그들이 생각하는 가치들이 시간에 구애받지 않는 '자연'에서 온 것이 아니라, 여성이 역사적으로 사회에서 특수한 처지에 있었기 때문에 나온 것이라고 생각했다. 그러나 그들의 반대자들인 평등주의자들은 여성이 남성과 다르다고 주장하는 것은 덫에 걸릴 수 있다고 보았다. 1924년 심포지엄에서 《변화하고 있는 우리의 도덕》을 쓴 레번워스(Isobel Leavenworth)는 "대다수 민중이 과거의 여성적 이상들을 확대시켜서 상황을 개선할 수 있다는 희망을 품고 있는데, 이는 참으로 안타까운 일"이라고 개탄했다.[27] 그녀와 다른 평등주의 페미니스트들은 기존의 '여성성'은 기존의 '남성성'과 마찬가지로 왜곡된 것이라고 생각했다.

이런 논쟁들이 모질고 불쾌하게 진행되기도 했지만, 그래도 지역 차원에서는 평등과 특별한 요구를 결합시키기 위해 건설적인 논쟁을 꾸준히 이어 갔다. 이유는 간단했다. 많은 여성들이 두 가지 사안을 모두 요구했기 때문이다. 반대되는 진영에 속한 여성들 사이에서도 차이는 미묘한 수준이었고, 오히려 뜻을 같이하는 지점이 훨씬 더 많았다.

페미니스트 운동에서 평등파에 속한 미국인 이스트먼(Crystal Eastman)은 1925년 영국에서 전국여성노동자회의에 참석했을 때, "경제, 교육, 정치 면에서 성 평등을 지지하지 않는 노동당 대표는 누구든 간에 엄격하고 철저하게 물고 늘어져야 한다"고 결의하는 모습을 보고 동조하지 않을 수 없었다고 썼다.[28] 이스트먼은 논의 주제가 광범했던 점이 인상적이었다면서, 여성들이 전국밀위원회에 빵 가격을 저렴한 수준에서 유지해 달라고 요구하고, 모든 초등·중등학교에 교육받은 간호사를 배치하고, 30세 이하의 여성에게도 참정권을 확대하고, 보건소에서 피임에 대한 도움을 받을 수 있도록 해 달라고 하는 주장들을 기록했다. 이스트먼은 여성의 정치적 전망에서 '여성이 강조할 부분'에 대해 논의한 회의 내용에 동의했다. 이를 통해 "가장 큰 비중이 인류의 복지, 특히 어린이의 복지에 놓이게 되었다"고 했다. 한마디로 정리하면, "여성이 정치에 대해 다른 관점을 가졌다기보다는, 다른 면에 중점을 두고 있었

다"고 보면 된다.[29]

이와 대조적으로 영국에서 참정권운동에 참여한 허백(Eva Hubback)
은 여성이 정치에 대해 다른 관점을 가져 왔다고 굳게 믿었다. 그녀는
전국평등시민협회연합에서 '신페미니스트' 진영에 속했는데, 이 기구
는 평등주의자들의 관점을 시대착오적인 것이라고 보았다. 1926년 그
녀는 법적 평등이 '분명히 보이는' 단계에 와 있으며, 이제 다른 의제
로 옮겨 가야 할 때라고 주장했다. 신페미니스트로서 허백은 "사회의
전체 구조와 운동은 여성의 경험과 요구를 균형 있게 반영하게 될 것"
이라고 믿었다. 이는 가족연금과 출산조절에 대한 요구가 페미니즘의
가장 '중심'에 있음을 인정하는 것을 의미했다. 대다수 여성들의 일상
에서 출산, 양육, 살림이 가장 크게 자리하고 있었기 때문이다.[30] 1929
년 허백은 여성특별보호법 요구를 위해 노동당 여성들과 연대했다.

미국인 라폴레트(Suzanne La Follette)는 이와 정반대되는 입장을 밝
혔다. 모성을 우러르는 것은 '감상주의'일 뿐이라고 했다.[31] 여성에게
가장 시급한 것은 경제적 자유이며, 여성의 영감으로 만드는 미래는
그다음에 제기해야 하는 문제라고 《여성에 관하여》에서 주장했다. 그
녀는 여성의 해방이 '독자적으로 오래갈 수 있는 이슈'라고 생각하지
않았다. 대신 '페미니스트가 인본주의자로 합류할' 때가 왔다고 믿었
다.[32] 그러나 좀 더 광범한 사회적 변화가 필요하다는 점에서는 허백과
의견을 같이했다. "여성의 자유를 다루는 문제의 모든 단계는 인간의
자유라는 더 큰 문제와 연관되어 있다."[33]

여성이 남성과 비슷하다는 점을 강조할 것인가, 여성으로서 특수한
요구가 있음을 강조할 것인가의 딜레마는 노동조합 운동에서도 나타
났다. 전국여성노동자연합의 서기였던 맥아더(Mary Macarthur)는 여성

과 임노동 사이에 모순되는 점들이 있다는 것을 인정하면서도, 여성이 노동조합으로 조직되어야 할 필요를 인식하는 데 있어서는 '타고난 무능력'은 없다고 주장했다.[34] 물론 맥아더가 노동조합에서 노련한 운영자이기는 했지만, 노동조합의 관료적 구조는 많은 여성에게 위압적이고 낯설었다. 또한 남성 조합원이 여성에게 항상 우호적이었던 것도 아니었다.[35] 사실 1920년대에 개별 여성노동조합은 취약한 여성 노동자를 제대로 방어하지 못했기 때문에 그것이 좋은 해결책으로 보이지 않았다.

산업 현장에서 여성의 지위

전쟁 기간 동안 노동조합 가입률이 증가한 것에 고무된 영국의 급진적인 여성들은 제1차 세계대전 직후 노동 현장에서 여성의 지위를 높이기 위해 새로운 방식으로 접근했다. 노동 현장에서의 조직화는 민주주의적 참여를 위해 중요하다고 여기게 되었다. 조합을 통해 노동 현장에서 사회적·경제적 영향력을 행사할 수 있고, 그런 경험은 더 큰 영역으로 확대될 수 있다고 생각했다. 드레이크(Barbara Drake)가 혁신적인 책《노동조합의 여성들》을 썼을 때, 그녀는 남성들의 적대적 태도와 여성을 계속 묶어 놓으려는 구조적·문화적 장벽에 대해 인정했다. 그러나 그녀는 산업여성조직상설연합위원회에서 희망을 찾았다. 이 위원회는 협동조합 여성들과 노동조합 여성들을 하나로 묶어 주었으며, 이는 전문직 여성 조직으로도 확대될 수 있으리라 생각했다. 드레이크는 소비자와 노동자 사이의 사회적 거리를 좁히고, 육체노동자와 정신노동자 사이의 계급적 구분을 좀 더 광범한 노동운동을 통해 무너뜨릴 수 있기를 희망했다.

　　자본에 대한 노동의 최전선 공격은, 산업에 좀 더 새롭고 고매한 방향
을 부여하려는 목적을 가진 것으로, 거의 틀림없이 남성들이 주도할 것이
다. 그러나 그보다는 덜 극적이지만 비슷하게 중요한 운동, 부(富)가
모두에게, 노동자 가운데 가장 가난한 이들에게, 시민권의 경계에 있는
이들에게 돌아갈 수 있도록 해주는 운동은 그 지도자를 여성 가운데서
찾아야 할 것이다.[36]

　　그러나 산업민주주의에 대한 드레이크의 생각, 즉 분배의 정의와 좀
더 넓은 의미의 노동조합주의는 남성이 우세를 차지하는 중공업 분야
의 노동시장 구조에 기초해 있었다. 새로운 노동시민권은 평등만이 아
니라 상호 보완적인 것을 추구했다.
　　드레이크는 페이비언 사회주의뿐 아니라 전쟁 이전 산업 현장의 전
투성에서도 영향을 받았다. 당시 그녀는 길드사회주의의 '노동자 통
제'에 대한 사상을 접했다. 모리스(William Morris)는 길드사회주의에
영감을 준 사람 가운데 한 명이었다. 이 운동은 중앙정부의 권력을 강
화하지 않으면서 참여 민주주의를 활성화시켜 사회적·경제적 필요에
부응할 수 있는 방식을 추구했다. 드레이크는 조직화의 가능성을 전망
하면서 노동과정 자체가 변혁되기를 희망했다. 《노동조합의 여성들》
에서 그녀는 '민주주의가 산업을 통제'하게 되면 '인류의 노동은 새롭
게 존중받게' 될 것이고, 노동자들은 '지도력'을 갖추게 될 것이라고
주장했다.[37] 또한 산업에서 '여성의 지위'를 논하기는 했지만, 노동 현
장에서 민주주의의 확장을 예견하는 부분을 '남성대명사 he'로 바꾸

어 썼다. 이는 노동의 존엄성과 노동자 통제에 대한 개념이 젠더에 구애받지 않는 것처럼 보이기는 해도, 암암리에 남성을 모델로 삼고 있음을 보여 주는 것이기도 했다. 노동 현장에서 민주주의를 여성의 시각으로 이론화하는 것은 노동 조직화의 관행을 바꾸는 것만큼이나 힘겨운 일임을 보여 주는 증거라 할 수 있다.

미국에서도 전쟁 전과 전쟁 기간 동안 급진적·개혁적인 프로젝트에 참여하면서 노동 문제를 경험한 여성들이 산업에서 일어난 극적인 변화에 직면하여 비슷한 고민을 했다. 몇몇은 여성 문제에서 전반적인 산업 문제로 초점을 옮겨, 산업민주주의라고 하는 용어를 새롭게 규정하려는 노력에 들어갔다. 넬슨 리히텐슈타인(Nelson Lichtenstein)은 이렇게 언급했다. "제1차 세계대전과 그 직후의 사회적 혼란으로 노동조합 운동의 규모는 짧은 기간 동안 3배로 증가했고, 여러 제도적 실험들이 이어졌다. 정부의 중재, 노동 위원회들, 고용주 대표의 계획들, 생산자 조합들, 산업의 국유화 구상 등이 기획, 실험되었다."[38] 리히텐슈타인은 여성 개혁가들에게 '산업민주주의'는 '노동자 통제'보다 좀 더 구미에 맞는 기획이었다고 전했다. 산업민주주의는 생디칼리스트 좌파뿐 아니라, 남성 숙련 노동자가 특권으로 주장했던 것과도 밀접하게 연관되어 있었다.[39]

민주적 참여

《다이얼》에서 마로(Helen Marot)와 함께 일한 작가 멈퍼드(Lewis Mumford)는 제1차 세계대전 이후 미국에서 '공장 위원회, 산업 위원회, 민주적인 참여 그리고 주요 산업을 통제할 수 있는 전국적 규모의 길드와, 궁극적으로는 그들 기구가 소유권을 장악함으로써' 산업 재건이 이루어질 것이라는 희망이 불꽃처럼 타올랐던 시기를 기록했다.[40] 그는 1918년 마로가 러시아의 소비에트와 영국의 길드사회주의에 열광했다고 회고했다.[41] 1914년에 펴낸 《미국의 노동조합》(American Labor Unions)에서 마로는 노동자의 주도권을 주장한 생디칼리스트적인 세계산업노동자연맹(IWW)에 경의를 표했다. 그녀는 자결주의와 능동적인 실천을 통한 학습을 중시했다. 그리고 "노동이 자신을 괴롭히는 악에 맞서 싸울 때마다 새로운 권력이 창출된다"라며 생디칼리스트적인 주장을 했다.[42]

마로는 아나키스트와 생디칼리스트가 로렌스 직물 산업 파업에서 중요한 역할을 한 것에 감동을 받았고, 국가주의적 문제 해결 방식에 대해서는 자유주의 좌파와 비슷하게 회의적이기도 했다. 하지만 1918년에 출간한 《산업과 창조적 충동》에서 그녀는 노동자들의 직접행동에 반대했다. 영국의 노조 간부와 IWW가 한 일은 '부의 분배 과정에서 노동자의 몫을 보호하는 것'에 지나지 않았기 때문이다. 그들은 "창조적인 기업을 개척해 나간다는 차원에서 산업에 대한 생각을 발전시켜 나간 것이 아니었다."[43] 멈퍼드에 따르면 그녀가 "노동과정을 높이 평가한 이유는 이익, 임금, 상품의 물리적 생산뿐 아니라 그것이 인류를 풍부하게 한다는 차원에서였다."[44] 마로는 개인적인 자기표현과 좀더 큰 사회적 집단의 자기표현 사이에 있는 긴장에 대해 잘 알고 있었고, 초기 급진적인 선지자들이 지닌 유토피아주의의 요소들도 갖고 있었다. 또한 인간관계의 새로운 형태에 대해서도 상상력을 넓혀 갈 준비를 갖추고 있었다. 아울러 노동과 생활을 함께 민주화하자고 주장해 온 그녀는 개인의 성취와 협동조합의 변혁을 중시했다.

마로는 듀이(John Dewy)의 교육에 대한 사상을 생산에 적용했다. 노동은 노동자의 자기실현에 가까워야 한다는 것이었다. 즉 개인이 자기 능력을 실현하는 과정이 곧 노동이어야 한다는 것이다. 그렇다고 마로가 개인주의자였던 것은 아니다. 그녀는 베르그송의 창조적 본능과 러스킨의 경제활동의 사회적 목적에 대한 비판을 결합시킨 용어를 사용해 이론화했다. 캠벨(Helen Campbell)과 길먼이 언급한 '생활의 예술'에 대해 마로는 이렇게 덧붙였다. "함께하는 생활의 예술은 개인의 중요한 이해관계가 걸려 있는 일들이 사회적 집단과 직업, 정치 상황에서 얻을 수 있는 발전과 잘 조화될 때, 좀 더 큰 이해관계와 집단, 상대방의 삶을 배려하고 깊이 헤아리는 가운데 조절이 가능하다."[45] 대량생산에 대해서 마로는 판단을 보류하긴 했지만, 드레이크와 마찬가지로 현대 산업이 '사회적으로 창조적인 관계들을 위해' 열어 놓은 제휴적인 가능성을 신뢰했다.[46]

미국의 사회 개혁가 폴릿(Mary Parker Follett) 역시 영국노동당 내에서 산업에 노동자의 민주적 참여를 증대시키는 것을 놓고 벌어진 논쟁에 관심을 가졌다. 폴릿은 길드사회주의자들뿐 아니라 머피(J. T. Murphy)와 같은 좌파 노동조합 간부들의 사상에 대해서도 익히 알고 있었지만, 그들의 주장이 '집단 이기주의'를 양산하지 않을까 우려했다.[47] 그녀는 자신의 책《새로운 국가: 집단 조직, 인민정부의 해결책》에서 국가가 "산업에 맡겨 버리거나 산업 관료제를 통제하는 것이 아니라 산업을 포괄해 가야 한다"고 주장했다.[48] 그러나 이 책에서 집단 조직에 대한 전망은 산업이 아니라 지역사회 내의 민주적인 참여에 맞추어져 있었다. 폴릿은 다른 여성 개척자들이 필요한 곳에 사회적 지원을 제공하기 위해 수많은 시도를 해오면서 현실적인 변화를 위해 투쟁해 온 것들을 이론화했다.

폴릿의 '새로운 국가'는 이상주의에 기초하고 있었다. 이는 사회적 자유주의자 그린(T. H. Green)의 유기적 신헤겔주의를 가사 노동의 사회화와 결합하고, 거기에 듀이의 활동을 통해 배운다고 하는 생각을 보탠 것이다. 폴릿은 '중요한 정치적 문제'는 '국가가 어떻게 구성되어야 하는가'의 문제라고 보았다.[49] 그리고 그 대답은 개인과 국가 사이의 분열을 극복할 수 있는 진정한 공동체 활동에서 찾을 수 있다고 믿었다. "만약 우리가 우유를 원하고, 아기를 건강하게 돌볼 수 있기를 원한다면, 한편에서는 지역의 의사들이 전문가와 협의하여 제도를 마련해야 하고, 다른 한편에서는 어머니들이 사회적 서비스를 제공받을 수 있도록 부서를 조직해야 한다."[50] 이러한 활발한 참여를 통해 부족한 부분을 채우고, 시간을 절약하고, 이웃에 어떠한 어려운 일이 있는지 더욱 세밀하게 조사해 나갈 수 있다고 보았다. 그녀는 "지역공동체 자체가 자신들의 문제를 잘 파악하고, 필요한 부분을 채울 수 있어야 하며, 염원들을 효과적으로 이루어 나가야 한다"고 주장했다. 그러면서 '개혁 협회'들이 지역공동체가 해야 하는 활동들을 대신해서 하고 있으며, 지역정부는 지역 주민에게서 '책임감'을 빼앗아 가고 있다고 비판했다.[51]

정치적 입장과 개인적 감정

폴릿은 국가가 보조금을 지급하는 정책에 대해 신중한 입장이었다. 그녀가 주장한 가사 노동의 사회화는 태머니홀(Tammany Hall, 뉴욕 시 민주당의 중앙위원회)의 방식과 비슷한 점이 있었다. 그녀는 사회가 스스로 조직화해 나가면 정치는 자연스레 해소될 것이라고 생각했다. "진부하고 무성의한 정당 모임 대신 소박하지만 구체적인 논의가 이루어지는 지역 회의가 더 활기를 띨 것이다."[52] 지역 단체들은 시민사회가 필요로 하는 부분들을 권력의 영역으로 해석해 내는 활동을 하고 있었다. 이들은 '개인적인 자기표현이 아니라 공동체적인 자기표현'에 기초해[53] '적극적이고 책임감 있으며 창조적인' 시민 의식의 중요한 요소로 자리 잡았다.[54] 낙천적인 폴릿은 이러한 참여 과정을 통해 '지역적이고 친밀하며 개인적인 관심들'이 드러나게 될 것이라고 믿었다.[55] 공과 사를 나누는 관념적 구분만이 아니라 가정과 도시 사이의 공간적 경계를 허물어뜨리면서, 폴릿은 민주주의 의식의 내면화를 추구했다. 정치가 더 이상 '외부적인' 것이 아닌 자기 스스로 '정치체가 된' 사회를 희망했다.[56]

외부에서 논의된 치유책에 대해 폴릿은 신뢰를 두지 않았는데, 이는 유기적 이상주의자의 국가관과 사회관에 영향을 받은 사회 개혁가들과 급진주의자들의 특징이기도 했다. 개신교들의 전통이기도 한 '외부적인 것'에 대한 거부는 19세기 자선 운동의 특징이었다. 19세기 말에 이는 내면의 변혁과 정치적·사회적 민주주의를 연결시키려는 도덕적 관심으로 이어졌고, 20세기 초에는 다양한 형태의 사상과 정치의 불합리한 영향력들에 대한 관심이 이론화되는 과정으로 이동했다.

폴릿이 변화를 지향하는 내면의 의식과 외적인 활동을 연결시키려고 노력한 데 반해, 쇼월터(Elaine Showalter)는 1920년대 동안 미국 페미니스트의 아방가르드가 공적인 활동에 몰두해 있는 자신들을 스스로 어떻게 평가했는지를 보여 주었다.[57] 젊은 시절 영웅적인 활동이라고 여기며 열정을 쏟았던 정치적·사회적 투쟁에 대해 일부분은 에너지를 너무 낭비한 것이라고 생각하기 시작했다. 그들이 품었던 여러 가지 이상들은 시간이 흐르면서 시들해졌다. 어떤 이들은 요구 사항으로 명확하게 정리되지 못한 욕망에 대해 탐구하기 시작했고, 또 다른 이들은 운동과 조화되지 않아 품고만 있던 의구심들을 표현하기 시작했다. 출산조절과 같은 개인적인 문제를 둘러싼 운동의 경우도 마찬가지였다. "나는 즐거운 도전 의식(이것을 페미니즘이라고 하나요?)을 자유롭고 거침없는 자기표현(아니면 이것을 페미니즘이라고 하나요?)과 바꾸려고 한다. 다시 말해 나는 성장했다"라고 피커링(Ruth Pickering)은 분명하게 밝혔다. 그녀는 한때 그리니치빌리지 이단클럽의 회원이었다.[58]

개인의 목소리로 말한다는 것은 외부와 관련된 모든 활동에서 물러나겠다는 것을 의미했다. 그러나 이는 아직 결심이 서지 않은 감정들을 반영하는 수단이기도 했다. 초기 활동가 세대 또한 자신들의 정치적 견해와 어울리지 않는 개인적 감정들 때문에 버거워 했다. 골드만(Emma Goldman)은 충직하지 못하고 오만한 그녀의 애인 라이트만(Ben Reitman) 때문에 격렬한 감정에 휘둘리면서, 자기 안에서 모순을 발견하고 힘들어 했다. 그녀는 강연을 통해 공식적으로 자유연애를 옹호했지만, 애인의 부정 때문에 상처받은 것은 물론이고 수치심을 견딜 수 없었다. 그녀는 이렇게 말했다. "나는 내 사랑에서 버려진 노예가 되었으니, 자유에 대해 말할 자격이 없습니다."[59] 실험 삼아 보헤미안으로 산 젊은 시절을 돌아보면서, 보스는 지속적으로 만났던 첫 상대와 헤어지게 된 과정을 분석했다.

나는 몇 년 동안 별 생각 없이 관계들을 …… 바꾸곤 했다. 그러면서도 그것을 깨닫지 못했다. …… 내가 더 많이 일할수록 그는 더 적게 일을 했다. 나의 성공이 그에게는 무엇이었던가? 그것은 삶의 어떤 면을 어둡게 만들었다. 그것은 그에게서 활력을 앗아 갔다. 거기에 그가 있었지만, 갑자기 더 이상 그가 필요하지 않게 되었다. …… 그가 스스로에게 내는 염증이 나에게도 느껴졌다.[60]

정치와 개인적인 것 사이에서 생겨난 균열이 1920년대에만 나타난 현상은 아니지만, 주관적인 목소리가 심리학적으로 정당성을 인정받게 되면서 여성들은 저마다 정치적 신념을 뒤흔들어 놓은 생각들을 표현하기 시작했다. 그리고 정치적 입장과 개인적 감정 사이에 있는 어떤 균열에 대해서도 분명히 자각할 수 있게 되었다. 심리 고백은 여성의 글쓰기에서 자주 볼 수 있을 만큼 특징이 되었다.《코즈모폴리턴》 (Cosmopolitan)에 실린 〈왜 나는 어머니로서 실패했는가〉라는 글에서 보스는 남성과 여성이 여태껏 일에 대해 매우 다른 태도를 취해 왔다고 했다. 사랑과 일을 결합시키려고 한 여성들은 '이중의 실패'를 경험하기 쉬웠다.[61] 고백적 스타일은 과묵한 영국에서는 그렇게 널리 유행하지 않았지만, 1928년 아일스(Leonora Eyles)는 《좋은 살림》에서 이혼 경험에 대한 생각을 솔직하게 썼다. 그녀는 남편에게 자신이 가지고 있는 간절함을 표현하지 못했기 때문에, '사랑과 연애에 대한 주체할 수 없는 욕망'으로 자신을 무너뜨렸다고 했다. "자존심이 너무 강해서 또는 너무 비열해서 남자에게 내 자신이 그를 얼마나 필요로 하는지 알 수 없게 했다."[62]

1920년대 모던 여성들은 새로운 젠더적 정체성들과 개인적 관계들 사이에서 어떻게 균형을 잡아야 하는지에 대해 확실한 방침을 갖지 못했다. 그런 가운데 주관적으로는 물론 이론적으로도 무의식의 문제에 대해 파고들어야 했다. 1927년 도라 러셀에 따르면, 여성은 외부적인 정치적·사회적·경제적 장벽뿐 아니라 어린 시절부터 받아 온 무의식적이고 심리적인 금기와 억압 때문에 발전이 가로막혀 있다고 주장했다. 그녀는 이런 개인적인 심리적 억압을 남성이 규정한 문화라고 하는, 좀 더 큰 차원의 문제와 연결시켰다. "이는 마치 피아니스트가 장갑을 끼고 연주를 하고, 배우가 마스크를 쓴 채 섬세한 연기를 하는 것과 같다. 여성을 바라보는 전반적인 우리의 시선은 여전히 그녀와 현실 사이에 장막을 드리우고 있다."[63]

감정의 소통

남성 문화의 헤게모니는 초기 세대의 개척자들에게도 마찬가지로 풀기 힘든 숙제였다. 여성이 적극적인 시민이 되어 사적 또는 공적인 영역에서 사회적 관계들을 변화시키고 민주주의의 여정을 다시 설계하기 위해서는, 문화적이고 심리적인 변화들도 함께 고민해 봐야 했다. 문제는 개척자들이 대안적 형태의 문화와 새로운 의식이 정확히 어떻게 형성되는지를 잘 알지 못했다는 점이다. 눈에 잘 띄지 않는 여성 문화가 일상 속에 내재해 있다고 하는 관점도 있었다. 1886년 슈라이너와 에이블링(Eleanor Marx Aveling)과 가깝게 지낸 작가 에마 브룩(Emma Brooke)은 여성의 암묵적인 인식에 대한 주장을 놓고 '남녀클럽'에서 칼 피어슨(Karl Pearson)의 주장을 논박했다. 브룩은 논리적인 피어슨에게 지식에는 다양한 형태가 있다고 말했다. 하나는 경험에서 나온 것으로, "여러 차례의 관찰과 주의 깊은 시선에 기초한 것이다." 브룩은 그가 그 무엇보다 여성들에게 배울 필요가 있다고 생각했다. "당신은 여성들의 말에 귀 기울여야 한다. 그리고 부지불식간에 속내와 감정을 표현하는 그들의 표정을 잘 봐야 한다."[64]

브룩이 볼 때 여성들은 사물을 인식하는 방식이 불안정하고 함축적이었다. 그러나 여성은 영적이고, 감정을 표현할 줄 알고, 알려지지 않은 영역을 본능적으로 통찰할 수 있는 자질을 갖고 있다고 강력한 전형을 세시함으로써 여성이 가진 차별성을 남성의 이성과 '객관성'의 세계에 대해 긍정적인 문화적 대안으로 부각시켰다. 여성 선지자들은 쿨리(Winifred Harper Cooley)의 1902년 유토피아 소설 《21세기의 꿈》(A Dream of the Twenty-First Century)에 나오는 '빛나는 존재'처럼 우화적으로 앞날을 제시하였다. 영매 같은 감수성도 흥미를 끌었다. 루언(Mabel Dodge Luhan)은 감수성을 높이 평가하는 그리니치빌리지의 분위기에 힘입어 '나는 거울이다'라고 표현했다.[65] 스톱스(Marie Stopes)는 권위 있는 여성 과학자라는 자신의 페르소나를 아름다운 꿈을 전파하는 사람으로 바꾸어 대중적인 성공을 거두었다.

이렇게 여성의 대안적인 힘을 회복하려는 시도가 있었지만, 반대로 완전히 새로운 문화가 만들어져야 한다는 신념을 가진 이들도 있다. 1896년 미국의 아나키스트 홈스(Lizzie Holmes)는 이런 우상 파괴적인 반문화는 개인의 의지 문제라고 생각했다. "우리에게는 정직한 여성들이 필요하다. 마음 깊은 곳에서 인류의 고통을 느끼고, 그래서 한때 우리의 운명처럼 보였던 잘못된 노선, 잘못된 정숙, 잘못된 무지를 완전히 잊어버릴 수 있을 정도로 자유와 정의를 위해 말하고 일하려는 열정으로 가득 찬 사람이 필요하다."[66] 골드만 역시 여성을 위해, 그리고 남성을 위해서도 새로운 문화를 만들기 위해서는 정치뿐 아니라 개인적으로도 직접행동이 필요하다고 믿었다.

다르게 사는 것은 모든 개척자들과 선지자들이 함께 공유하고 있는 주제였다. 이들은 젠더를 통해 그리고 대안적인 미래를 상상해 보는 방식을 통해 이 주제에 접근했다. 1907년 보스가 남편과 16명의 다른 보헤미안들과 함께 그리니치빌리지와 가까운 워싱턴스퀘어에서 협동조합 주택 사업에 참여했을 때, 그녀는 미래에 대한 기대로 부풀어 있었다. '여성들이 소득을 만들기 위해 이렇게 협동해서 사업을 함께하는 것만으로도 가정생활에 대한 해결책'이 될 수 있을 것 같았고, '페미니스트들이 경제적 독립을 외치며 공약한 모든 것들이 실현될 것'처럼 보였다.[67]

복지관 생활은 개인적인 만남을 통해 새로운 사회적 관계를 만들어 가는 덜 극단적인 방식이라고 여겼다. 애덤스(Jane Addams)는 헐하우스가 '사회학적 실험실'로 불리는 것에 반대했다. 헐하우스는 그런 용어가 풍기는 분위기보다 훨씬 더 인간적이고 자연스러운 만남과 관계를 만들어 주는 공간이라고 주장했다.[68] 가장 민주적이던 시절, 헐하우스에서는 서로 다른 배경을 가진 사람들끼리도 문화적 교류가 가능했다. 부유한 뉴잉글랜드 출신의 심코비치(Mary Kingsbury Simkhovitch)는 뉴욕의 로어이스트사이드의 복지관에 와서 가난한 세입자들과 함께 지내면서 많은 자극을 받았고, 그런 생활을 흥미롭게 여겼다.

이곳은 갓 구어 낸 따끈따끈한 강의들로 가득한 또 하나의 대학이었다. …… 로어이스트사이드 지역은 온갖 문제를 제기해 주었다. 이곳은 연구, 이해, 우정, 활동을 요구했다. 당장 일을 시작해야 했다. 먼저 이디시어를 읽고 말하는 것을 배우고, 극장과 식당에 가고, 지역의 사회적·정치적 생활에 참여했다. 이제껏 교육을 꽤 오래 받아 보았지만, 이곳처럼 흥미로운 곳은 없었으며, 모든 것을 평가받는 곳도 없었다.[69]

그녀는 감정이 이입된 문화적 몰입을 경험했다. "도움을 주기 전에 먼저 상황을 느끼고 깨닫고 이해해야 한다. 그렇게 생생한 활동을 통해서만 이해받고 또 다른 사람을 이해시킬 수 있다."[70] 1898년 영국의 사회주의자이자 페미니스트인 포드(Isabella Ford)도 그렇게 열린 마음이 필요하다고 강조했다. "당신이 억압과 부조리 속에서 살아 보지 않고 우리의 산업 시스템이 무엇으로 가득 차 있는지, 특히 여성에게 그것이 어떤 영향을 미치고 있는지를 깨닫는 것은 정말 어려운 일이다."[71]

개혁가들과 급진주의자들이 공감을 강조하고 활동을 통한 배움을 추구하고 있던 반면에, 19세기 말의 많은 박애주의 활동가들은 정반대의 생각을 갖고 있었다. 이들은 중간계급이 음식, 가사, 양육 또는 고용된 사람의 정당한 권리 의식 등에서 우월한 실천 지식을 갖고 있다는 점을 당연하게 생각했다. 활동가와 학자 사이에는 일정한 긴장감이 흘렀다. 직접 경험으로 삶을 배우고 노동조건을 체계적으로 조사해 나간 애덤스와 켈리(Florence Kelley)는 시카고대학에서 사회과학 분야가 급부상하는 것에 대해 회의적이었다. 그들은 탤벗(Marion Talbot)과 브레킨리지(Sophonisba Breckinridge)와 친밀한 관계에 있기는 했지만, 생각이 통하는 학자들이라도 사회문제를 연구할 때에는 아주 멀리 있는 이들처럼 느껴졌다. 그들은 실천을 통해, 즉 자신들이 관계 맺고 있는 사람들과의 상호적인 만남을 통해 배울 수 있다고 믿었다.[72] 그러나 20세기 초 신세대 여성 대졸자들이 위생 감독관 또는 사회복지사와 같은 전문직 자격증을 갖추면서, 이 새로운 전문가들은 공식 교육과 학문적인 훈련을 받고 계몽된 근대적인 태도를 갖추어야 한다는 입장을 고수하는 경향이 있었다. 이들이 볼 때 노동계급 여성들은 부엌일에 그리고 속담에나 있는 어리석은 미신에 사로잡혀 있어서 자신들의 이해관계에 대해 잘 파악하지 못한다고 생각했다.

존재 방식의 차이

개척자들은 지식의 방법을 놓고 크게 나뉘어졌다. 일부는 이성, 지성, 전문 기술을 옹호했고, 다른 이들은 관찰, 생생한 경험, 보이지 않는 지식에 바탕을 둔 이해를 중시했다. 아나키스트인 헬레나 본은 대부분의 사람들이 직접 눈으로 확인하기보다는 이중, 삼중의 간접적인 방식으로 지식을 습득하고 있다고 개탄했다. "자연을 사랑하는 이들은 직접 보고 경험하면서 지식을 쌓는 것을 좋아한다."[73] 1913년 미국의 개혁가 파크(Clara Cahill Park)는 뉴욕자선조직협회(New York Charity Organization Society)의 한 남성 회원이 어머니연금에 반대하면서, 그것이 여성의 자존감을 약하게 만들 것이라는 말을 들었다. 파크는 이에 분개하면서 '보통의 어머니'들이 갖고 있는 지혜를 언급했다. "어머니들은 이 문제에 대해 사회학자들이 뭐라고 말하든 간에 자신의 직접 경험에 기초해서 실제로 느끼는 바가 있다. …… 그리고 자기와 관련된 점에 대해서는 그렇게 말하지 못할지라도 자녀와 관련해서는 많이 배운 박사들이라도 모두 아마추어 집단일 뿐이라고 생각할 것이다."[74]

파크가 현장에서 멀리 떨어져 있는 지식인적인 식견을 불신한 까닭은 이런 지식이 권력을 행사하는 일이 잦고, 하층민을 정형화하는 데 익숙하다는 것을 잘 알고 있었기 때문이다. 1892년 쿠퍼는 백인 남성 작가들이 흑인에 대해 전혀 알지 못하고 쓰는 묘사에 대해 비난을 퍼부었다. 그녀는 백인 남성 작가들이 주변에 있는 몇몇 요리사나 마부에게 몇 가지 심리적 실험을 해본 것을 가지고 '흑인의 인종적 특징에 관해 논문을 쓴다'고 비웃었다.[75] 포드는 중산층 여성들이 노동계급 여성의 요구와 관심사를 결정하는 것에 강하게 반대했다. 그녀는 소책자 《산업 여성, 그들을 어떻게 도울 것인가》(Industrial Women and How to Help Them, 1901)에 "산업 여성들은 자신의 자유를 자신을 위해 만들어 내야 한다. 우리는 그들의 요구를 결코 그들만큼 잘 알 수 없다"고 썼다.[76] 이해하고, 알아 가고, 활동하는 방식들을 민주화하려는 노력을 통해 문화적 지배에 대한 급진적인 비판이 제기되었다.

그러나 이후 몇 년 동안 지식에 접근하는 방식이 두 가지 측면에서 퇴보하고 있다는 점이 분명해졌다. 전문 지식을 지지한 이들은 무신경하고 권위적이었으며, 다른 집단과 그들의 문화를 수용하고 이해하는 데 있어 아주 무능했다. 반대로 경험적 지식의 옹호자들은 자기만족적인 반지성주의를 키워 갔다. 직관적이고 드러내는 식의 경험 또는 그저 어머니로서의 경험만으로는 해방을 가져오기보다는 그 속에 갇히기 쉬웠다. 맹목적인 이해는 불만을 분출시키거나 단기간의 항쟁을 일으킬 수는 있었지만, 대안을 구상해 내지는 못했다. 게다가 구미에 맞지 않는 현실은 무시하면서 억압당하는 이들을 감상적으로 바라보게만 했다.[77]

새날을 꿈꾼 많은 사람들은 새로운 가치관을 궁리해 내고, 새로운 전략을 실천하기 위해서는 직접적인 경험 이상의 것이 필요하다는 것을 분명히 알고 있었다. 만약 먼 미래까지 내다보는 대안이 미리 준비되어 있고, 그것이 현대의 문화 속에서 계속 연기를 피워 주었다면 사회는 훨씬 더 빠르게 변화했을지도 모른다. 길먼은 눈에 보이지 않지만 몸에 배어 있는 전제들이 어떻게 여성을 종속시키는지를 알아차렸다. 《여성과 경제》에서 그녀는 관행을 통해 생활 조건에 익숙해질 수 있고, 생활 조건을 하나로 견고하게 묶어 주는 '상식'이 어떻게 현상을 지속시켜 주는지에 대해 언급했다. 그녀는 현재 상태에서 상상할 수 있는 미래의 어떤 상태로 바꾸어 가는 일이 매우 어렵다는 것을 알고 있었다.[78] 꼭 실현해야 하는 절대적인 대안을 가정하는 대신, 길먼의 튼튼한 유토피아는 현재의 희망들을 새로운 버릇으로 바꾸어 놓음으로써 지배적인 상식들과 맞설 수 있는 공간을 기획해 냈다. 길먼이 영향력을 행사할 수 있었던 이유 가운데 하나는 가장 어려운 문제와 씨름을 벌였기 때문이다. 즉 개인으로서 현재의 상태를 벗어나 과감하게 모험을 실행했고, 다른 사람들과도 서로 다르게 관계를 맺을 수 있다는 가능성을 열어 두면서 현재 여성의 존재 방식은 여전히 존중받을 수 있도록 하는 방법을 모색했다. 유토피아를 다룬 길먼의 책 《그녀들의 땅》에서 모성은 상호 관계에 대한 광범위한 상상력의 비유가 되었다. 이는 양육과 사랑, 협동의 가치를 구현한 것으로, 길먼은 새로운 문화의 가능성을 그 속에서 찾았다.[79] 그리하여 여성이 사랑을 통해 인정받아 온 오랜 유토피아의 전통을 변화하는 문화를 이해하는 개념으로 해석해 냈다.

그러나 정말 어려운 문제들은 여전히 해결되지 못했다. 길먼의 역동적인 생각들 속에서도 '모든 여성은 어머니이며, 어머니이기를 원한다'고 가정했다. 하나의 비유로서 모성은 사회적 시민 의식의 요소들을 확대시킬 수도 있었고, 제한할 수도 있었다. 여성을 하나의 집단으로서 변화의 촉매가 될 수 있게 만들려고 노력한 선지자들은, 여성들이 자율적으로 다양한 길을 모색할 수 있도록 선택권을 제한하지 않으면서, 어떻게 하면 대안적인 전망들을 고안해 낼 수 있을까 하는 문제를 놓고 씨름했다. 여성들에게 여성 고유의 특별한 이해관계를 놓고 단결할 수 있는 방식을 제안하면서도, 선지자들은 경계를 점점 제한하는 길로 거듭 빠져들었다.

브라우니(Stella Browne)는 여성에게 출산조절은 남성에게 노동자를 통제하는 것과 상응하는 것이라고 하면서, 집단적 힘의 개념을 도입하는 과감한 시도를 했다. 이러한 아나르코생디칼리슴식의 몸에 빗대어 말하는 방식은 개인과 좀 더 큰 사회적 맥락 사이를 역동적으로 연결시켜 주었다. 그러나 불행하게도 이런 이론적 분류는 잠재적으로 여성을 노동 현장에서 배제하고, 남성을 출산에서 배제시키는 담론을 만드는 것이기도 했다. 게다가 선지자들은 내부에서 그들끼리도 서로 상당히 다르다는 점을 발견했다. 그들은 모두 깨어 있기는 했지만 합의하고 있지는 않았다. 사회정화운동과 사회적 모성에 대한 주장, 양측에서 모두 제시한 희생적인 구원자는 당당하게 문화적 금기에 도전하고 권력을 추구하는 것과 충돌하였다. 여성 노동자 보호법을 지지한 이들은 여성의 노동을 조정해 줄 것을 제안했고, 평등주의자들은 규제 없는 평등을 원했다.

일상의 민주화

일상과 문화를 민주화하려는 여성의 노력을 둘러싸고 벌어진 이론적·전략적 논쟁들은 십 년마다 조금씩 달라진 모습으로 거듭 등장했다. 개인적인 것에 대한 정치적 해석, 차이와 평등, 개인과 사회 등 이모두가 갈등을 빚었다. 국가의 역할도, 새로운 문화와 의식이 창출되는 방식도 논쟁을 낳았다. 이것이 반복되면서 열기도 식었다. 가장 열정적인 선지자들조차 여성이 변화의 주체가 될 것이라는 낙관적인 신념을 지키기가 쉽지 않았다. 희망을 품기 힘들게 되면서, 길먼을 비롯한 여성 개척자들은 변화가 구조적으로 진행되고 있다는 전망을 확인하는 선까지 후퇴했다.

이런 동요가 여성들에게만 나타난 것은 아니었다. 이는 같은 시기에 일어난 주체와 구조를 둘러싼 좀 더 큰 논의에서도 비슷하고 분명하게 나타났다. 진화론적 사상과 진보에 대한 목적론적 신념이 19세기 혁신주의 사상의 모든 부분에 스며들어 있었다. 자유주의자, 아나키스트, 사회주의자, 마르크스주의자들은 구세계 속에서 신세계가 자라나는 신호를 계속 찾고 있었다. 특히 변화의 전망이 보이지 않을 때면 더욱 열심히 찾아다녔다. 의식적인 대안을 강조한 아나키스트 리지 홈스조차도 진화적인 변화를 간절히 바라고 있었다. 1887년 '노동거래소'를 세워 상품과 서비스를 교환하고, 대안적인 상호 신용 체제를 창출하기 위해 협력을 요청하면서 홈스는 이렇게 주장했다. "결국 새로운 사회의 건설은 오래된 부패한 껍질 아래서 성장하고 꽃피게 될 것이며, 시간이 지나면 별 소동이나 폭력 없이 오래된 체제는 썩어 무너져 내릴지도 모른다."[80]

좀 더 나은 사회로 구조적인 진화를 하고 있다는 믿음이 다시 힘을 얻게 되면서, 주체 의식과 사명감 또한 심리적으로 가중되었다. 누구보다 과학적인 사고를 한 개척자들조차 '구원의 날이 밝는다'는 식의 천년왕국설 정서를 유토피아주의자들과 공유했다. 민주주의를 다시 정의한다든가 일상을 민주화한다든가 하는 모든 불편한 논쟁들을 일축하고, 비어트리스 웨브는 광범한 여성운동, 노동운동 그리고 식민지의 저항을 "결국은 한 방향으로 …… 다수의 냉담함 속에서 인간들이 받아들이고 있는 사상, 관습, 법들을 변화시키기에 여념이 없는 방향

생명의 나무

으로 나아갈 수밖에 없는 움직임"이라고 생각했다.[81]

　당연한 것이겠지만, 개척자들이 결국 동의할 수밖에 없는 마지막 항목은 도착 지점에 관한 것이었다. 어떤 이들은 좀 더 잘 규제되는, 사회적 배려를 하는 자본주의를 생각했다. 벨러미(Edward Bellamy)의 《과거를 돌아보다》를 추종한 이들은 국가가 주도하는 사회주의를 생각했다. 그러나 또 다른 이들은 자연에 가까운 자유로운 공동사회를 꿈꾸었다. 금주운동 개혁가들에게 유토피아는 금주 사회였다. 보헤미안에게 그것은 단연코 자극적이고 흥미 있는 것들로 가득한 사회였다. 모성주의자들에게는 출산과 양육을 아무런 어려움 없이 다산할 수 있는 사회였다. 독립을 중시하는 부류에게 유토피아는 역동적이고 자유롭게 살 수 있는 사회였다.

　폴릿이 생각하는 아름다운 사회는 잘 조직된 도시 생활이었다. 그녀는 유토피아를 만드는 '노력'은 단지 도시를 청결하게 하는 것이 아니라, '사람들에게 진정한 집'을, '휴식과 즐거움과 행복'을 경험할 수 있는 곳을 만들어야 한다고 생각했다.[82] 이와 대조적으로, 세련되고 모던한 파슨스(Elsie Clews Parsons)에게 도시의 매력은 익명성에 있었다. "규모가 큰 사회에서는 다른 사람의 개인적인 관계에 대해서는 알지 못한다. 불가피하게 모르게 되는 것인데, 그것은 의도하지는 않았지만 성관계에서 다양성과 실험적인 것들에 대해 관용적인 태도를 갖게 해주는 효과가 있다."[83] 이는 이상적인 폴리스에 대해 서로 다른 개념을 갖고 있는 문제만은 아니었다. 논란은 새로운 도시주의냐 아니면 전원생활이냐를 놓고도 벌어졌다. 탁월한 선지자 드클레이르(Voltairine de Cleyre)는 미국 중서부 출신답게 '작고 독립적이며 자족할 수 있고, 자유롭게 협력하면서 친하게 지낼 수 있는' 사회를 선호했다. 그녀의 '이상'은 "모든 자연자원이 모두에게 영원히 개방되어 있는 조건에서, 모든 노동자가 중요한 필수품을 자족적으로 생산해 낼 수 있는 사회"였다.[84]

드클레이르에게 중요한 것은 실제로 추구하는 것이었다. 그녀가 생각하는 아나키즘은 역동적이고 유연했다.

이것은 하나의 경제체제가 아니다. 노동자들이 어떻게 산업을 지휘해야 하는지에 대해 자세한 계획을 갖고 당신에게 가는 것이 아니다. 교환 방법을 체계화하는 것도 아니다. '사물들을 통치하는' 조심스러운 문서 상의 조직들도 아니다. 이것은 단지 개인의 정신이 아래에서부터 위로 올라가도록 요구하는 것이다. 어떤 경제적 재조직화가 일어나던 간에 이것 자체를 최고로 놓는 것이다.[85]

그녀의 미래에 대한 염원은 초월적인 것이었다. "별을 목표로 하라. 그러면 문지방 꼭대기에 닿을 수 있다. 그러나 땅을 목표로 한다면, 땅을 차게 될 것이다."[86] 다른 이들은 그녀보다 덜 개인주의적이고 좀 더 용의주도해 보이기는 했지만, 그들 역시 일상에서 새로운 관계를 찾아서 나아갔다. 1912년 로렌스 파업 노동자들의 '우애'에 깊은 감동을 받은 스커더(Vida Dutton Scudder)는 모든 남성과 여성이 자신들의 노동에 대해 '정당한 대가'를 받을 수 있는 사회면 된다고 생각했고, 그런 사회에서는 '다양한 인종의 사람들도 정말 한마음이 될 수 있을 것'이라고 했다.[87]

19세기 말과 20세기 초, 개혁적인 혁신가들이 정치적으로 일관된 목표를 공유했다고 할 수는 없다. 그들은 비어트리스 웨브가 제안한 광범위한 '운동'이라는 느슨한 규정으로도 다 포괄할 수 없을 만큼 다양한 방향으로 자신들의 길을 개척해 나갔다. 그러나 각별하게 '깨어 있던' 여성들은 논쟁의 여지가 없을 정도로 창조적인 변화의 동력을 구성해 냈다. 개혁과 변혁을 향한 강한 추진력이 유아복에서 세계무역에 이르기까지 일상의 모든 면을 건드렸다. 개인적인 것과 공적인 것 사이의 경계를 흔들어 놓고, 젠더에 관한 기존의 견해들을 뒤집으면서, 새날을 꿈꾼 이들은 정치, 시민 의식, 민주주의, 노동, 문화, 사회적 존재 등 광범한 주제들에 문제를 제기해 나갔다. 그들은 정치와 유토피아의 설계에 대해서는 서로 의견을 달리했지만, 그들 모두가 함께 할 수 있는 커다란 것이 하나 있었다. '인생은 결코 같을 수 없고 반복되지 않는다'는 것이다.

맺음말

꿈꾼

세월이 흐르면서 새날을 꿈꾼 여성들 사이에서 조금씩 불평이 나오기 시작했다. 변화는 일직선으로 진행되는 것이 아니었다. 변화는 누덕누덕 기워 가는 것이었고, 고통스러울 정도로 느렸다. 1930년대 초 영국의 페미니스트 스트레이치(Ray Strachey)는 젊은 여성들이 '페미니즘'에 대해 적대적인 태도를 취하는 것이 불만이었다. 이는 '제1차 세계대전 이전의 삶이 어떤 것이었는지'를 모르기 때문이라고 생각했다.¹

미국에서 뉴딜 행정부가 대망의 사회 개혁들에 착수해서 왕년의 개척자들을 운영자로 영입했을 때에도, 일부 전문가들은 신세대 급진 여성들이 빈곤과 실업을 실용적 차원으로만 접근하는 경향이 있다고 불만스러워했다. 혁신주의 개혁가 비어드(Mary Beard)와 사회주의 페미니스트 블래치(Harriot Stanton Blatch)는 페미니스트 전략으로 평등권과 상충하는 관점을 갖고 있었다. 그러나 두 사람 모두 엘리너 루스벨트(Eleanor Roosevelt)를 둘러싼 뉴딜 개혁가들에 대해서는 비판적이었다. "그들은 '한 번에 한 가지씩만 보고 행동한다'는 신념을 갖고 있다"고 비어드는 1933년 블래치에게 불만을 드러냈다. 개혁적 선지자들은 여러 측면에서 변화를 바라보았고, 새로운 종류의 인류와 새로운 종류의 사회적 관계들을 상상했다.[2] 그들은 자신들의 정치적 전망에 기초해서 하나가 또 다른 하나로 천천히 또는 빠르게 연결되어 갈 것이라고 생각했다. 그러나 1930년대 경제공황이 오면서 상황과 태도는 근본적으로 바뀌었다.

한편, 새로운 맥락에서 새로운 관계들이 등장했다. 백샌달(Rosalyn Baxandall)과 유인(Elizabeth Ewen)은 미국의 교외 지역을 연구한《픽처 윈도》(Picture Windows, 2000)에서 미국노동총연맹의 주거위원회 실무 책임자인 바우어(Catherine Wurster Bauer)가 운동장과 세탁실, 테니스 경기장, 수영장이 있는 공동주택 프로젝트를 필라델피아에서 시작했으며, 이때 미국 양말메리야스산업노동자연맹의 후원을 받았다고 기록했다. 그들은 또한 가정이 민주주의적 의사 결정 과정이 이루어지는 공간이어야 한다는 생각을 그린벨트의 협동조합 공동체에서는 어떻게 바라보고 있는지를 보여 주었다. 그린벨트 지역에서는 개별 가구들이 협동조합 사업들과 연결되어 있었다. 1937년 이 지역 주민 클리브스(Mary E. Van Cleves)는 지역신문인《그린벨트협동조합》(Greenbelt Co-operator)에 흥분한 어조로 19세기 유토피아주의자들이 했을 법한 말을 했다. "우리는 삶의 새로운 방식을 개척하는 사람들이다."[3]

1930년대에는 흑인과 백인 여성 사이에서 연대 의식이 새롭게 생겨났다. 하인(Darlene Clark Hine)에 따르면, 디트로이트의 주부연맹(Housewives' League)은 '흑인의 경제적 지위를 안정시키기 위해 직접 소비를 함으로써' 자신들이 할 수 있는 방식으로 흑인 사업체를 지원했다.[4] 1930년대 중반에 '대중 파업' 과정에서 지역 활동과 노동 현장의 투쟁이 연결되었고, 《네이션》의 표현에 따르면 그런 분위기 속에서 '소비자 의식'이 성장했다. 1936년 《뉴리퍼블릭》은 '생산자와 소비자의 역할이 얼마나 긴밀하게 연결되어 있는지'를 설명하면서, 주부들의 활동은 노동운동의 이론적 사상들을 현장에서 십분 활용한 것이었다고 평가했다.[5] 노동 현장과 지역사회 사이의 연결은 산업별노동조합회의(Congress of Industrial Organizations, CIO)의 새로운 산업조합주의를 통해 조직화되었다. 1930년대 중반부터 내부에 공산주의자와 트로츠키주의자들까지 포괄하고 있던 CIO는 노동자와 지역 사이의 협력을 '여성 보조단체들'을 통해 독려했다. 지도자 보스(Mary Heaton Vorse)는 《수백만의 새로운 노동자》(Labor's New Millions, 1938)에서 조합주의에 큰 희망을 부여하면서, 조합은 '공식적인 지부 모임에서 멈추지 않을 것'이며, '조합을 통해 새로운 생활 방식을 찾을 수 있게 할 것'이라고 했다.[6]

캘리포니아에서 활동한 공산당원 인먼(Mary Inman)은 가사 노동이 임노동만큼이나 생산적인 경제활동이라고 주장했으며, 이런 주장 때문에 공산당 지도부는 그녀에 대해 비판적이었다. 그러나 그녀를 비롯해 플린(Elizabeth Gurley Flynn), 존스(Trinidadian Claudia Jones) 등은 공산당이 여성과 여성이 문화적으로 종속되어 있는 것에 대해 입장을 취하는 데 영향을 미쳤다.[7] 또한 가사 노동에 대한 저항은 좌파를 넘어서 널리 확대되었다. 1930년대 《숙녀가정저널》에 기고한 인기 언론인 톰슨(Dorothy Thompson)은 〈직업은 주부〉라는 글에서, 지인인 한 여성이 자신을 '주부'로 분류한 것을 보고 분개했던 일에 대해 썼다.

나는 말했다. 문제는 네가 하고 있는 십여 가지의 일들을, 그것도 전문
가 수준에서 거의 동시에 처리해 내는 그 많은 일들을 모두 포괄할 수
있는 하나의 단어를 찾아야 하는 것이라고. 나열하자면 이렇게 될 거야.
'사업 경영자, 요리사, 간호사, 운전사, 양재사, 인테리어 장식가, 회계
사, 연회 음식 전문가, 교사, 개인 비서.' 그도 아니면 그냥 '박애주의
자'라고 써.[8]

영국에서 여성 노동자들과 사회 개혁가들은 대공황과 관계없이 여성
과 어린이의 필요에 기초해서 인간적인 경제 운영을 주장하며 싸웠다.
그들이 기획해 올린 정책들의 일부는 제2차 세계대전 동안 실현되었
고, 제2차 세계대전 이후 복지국가에 영향을 미쳤다. 1930년대에 개척
자들이 개인적인 것을 공공 세계와 연결시키면서 직면한 여러 딜레마
들은 여전히 문제로 남아 있었다. 여성들이 공공 영역에서 섹스에 대해
말하는 것은 여전히 어려운 일이었다. 브라우니(Stella Browne)는 1937
년 비르켓위원회(Birkett Committee)에서 산모 사망률에 대해 증언하면
서 자신의 낙태 경험을 시인하기도 했는데, 이는 참으로 특이한 경우였
다.[9] 브라우니는 민주주의적으로 조정할 수 있는 범위를 넓히기 위해
노력을 계속했지만, 그녀를 비롯해 성적 급진주의자 여성들은 좌파로
부터 생산에 우선순위를 두라고 강요받았고, 성과 출산은 정치에서 부
수적인 것이라고 설득하는 소리를 들어야 했다.

그러나 1930년대 여성들은 성적 감수성을 측정하는 새로운 문화적 형
태를 모색해 나갔다. 1934년 영국의 소설가 미치슨(Naomi Mitchison)은
《가정과 변화하는 문명》(The Home and a Changing Civilization)에서 이것
저것 개혁 정책들을 짜깁기하는 것만으로는 부족하며, 가족수당 같은

정책들이야말로 정말 필요한 것이라고 주장했다. 성에 대한 권력관계의 중심이 바로잡혀 있어야 한다고 주장하면서, 미치슨은 성관계에 드리운 '소유권의 그늘'이 함의하는 것에 대해 곰곰이 생각했다. '여성 지식인'은 '사회적으로 소유되지' 않을 정도로 단호했고, 동시에 그들에게 상처가 될지언정 '개인적으로도 소유되기'를 거부했다. 반면에 다른 중간계급 여성들은 사회적으로 소유되는 것을 묵인했지만, 그 대가로 남성들로부터 가능한 한 많은 것을 받아 내 움켜쥐었다. 미치슨은 개인적으로 소유가 되는 것이 사회적으로 소유가 되는 것과 별개가 되어야 한다고 제안했다. 이를테면 '모던' 여성들이 성 경험을 추구하는 것은 상호 소유를 전제한 것이라고 주장했다.[10]

여성들은 새로운 여성성과 남성성에 대한 상상을 포기하지 않았다. 1920년대 파리의 상류층 문화뿐 아니라 대학에서 만난 여성 사회경제 학자들에게도 영향을 받은 하우스(Elizabeth Hawes)는 대량생산되는 여성 기성복 디자인에서 우아함과 편안함을 결합시키는 시도를 했다. 남성들에게도 정장은 이제 그만 입으라고 제안했다. 1939년 대안적인 패션을 선언한 책 《남성도 멋진 옷을 입을 수 있다》(Men Can Take It)에서 그녀는 편안하면서도 감각적인, 흘러내리는 시크한 스타일의 헐거운 겉옷을 제안했다.[11] 이 옷은 너무 앞서 간 것으로 판명되었다. 그러나 선지자들은 다른 존재와 다른 방식으로 사는 것을 상상하면서 여성들이 개인적으로라도 대안적인 가능성을 모색해 나가는 데 도움을 주었다. 자유연애, 레즈비언 관계 공개하기, 새로운 형태의 가정, 자녀 양육에 대한 새로운 접근법, 새로운 교육 이론, 음식과 몸에 대한 새로운 태도 등은 이 같은 비범한 열정의 도가니에서 나왔다.

그들은 활발히 활동하는 동안에도 기회가 있을 때마다 사회적 유토피아를 주장했다. 즉 보육 시설, 어머니 복지 센터, 출산조절 클리닉, 떠돌이 여성들을 위한 숙소, 전원주택지, 목욕탕과 실내 화장실, 전기와 가스 시설을 갖춘 공영주택에 대해서는 논의의 여지를 거의 남겨놓지 않으면서, 자신들이 꿈꾸는 새날을 넌지시 알려 나갔다. 이런 정책은 좀 더 발전한 제안들을 이끌어 내는 자극제가 되었다. 가사 노동의 사회화 일환으로써 실현된 지역정부의 세탁실은 좀 더 개인주의적인 유토피아로 발전했다. 1946년 여성협동조합길드는 공영주택의 모든 가구에 세탁기가 설치될 수 있도록 지방정부가 예산을 지원해야 한다고 요구했다.[12]

선지자들의 사회적 창의성은 집요하게 강조된, 때에 따라선 상충되기도 한 원칙들로 구체화되었다. 이 원칙들은 "모든 여성은 인종이나 계급에 관계없이 평등한 권리를 가져야 한다, 복지와 복리에 대한 책임은 전체 사회가 공유해야 한다, 개인의 불행을 그 개인이 모두 감수해야 하는 것은 아니다" 등이었다. 무난하게 들리는 이런 주장들은 광범한 내용을 함축하고 있었다. 이는 1913년 비어트리스 웨브가 지적했듯이, 실제 '개혁 기획들'도 마찬가지였다. 잘 짜인 일상에 사회적 소비 형태가 존재한다는 것만으로도 시장이 모든 수요를 만족시킬 수 있는 최선의 방법이라는 전제에 대한 비판이 되었다. 이는 수요를 중심으로 구성된 경제, 또는 이윤을 중심으로 조직된 기존 경제체제를 뒤흔드는 것이기도 했다. 선지자들의 영웅적인 활동들과 그들을 움직이게 만든 가치들은 기억에서 희미해져 갔다. 그러나 그들이 이룬 많은 업적들은 한눈에 띄지는 않았지만 현대 생활의 중요한 부분으로 이어졌다.

물론 이런 혁신들이 '눈에 보이는' 세계에서 실현되면서, 거기에 깃

들어 있던 급진적인 사회적 의미가 상당 부분 떨어져 나간 것도 사실이다. 의식적으로 앞선 패션의 옷을 입고 자전거를 탄 신여성들이 아무 생각 없이 바지를 입고 자전거로 언덕을 오르는 시대를 어떻게 상상할 수 있었겠는가? 1880년대와 1890년대에 소박한 생활을 주장하고 친자연적인 것을 추구한 미술공예가 20세기에 와서 규격화된 방갈로(베란다가 있는 간단한 목조 단층집 — 옮긴이)를 만드는 데 이용되거나, 다시 몇 세대가 지나서 초등학교 아이들이 라피아야자 나뭇잎으로 공예품을 만들리라고 그 누가 예측할 수 있었겠는가? 우화를 통해 미래를 꿈꾼 선지자들은 상상의 유토피아에 대한 자신들의 관심이 광고 산업을 발전시키는 데 크게 기여하리라고는 아무도 생각하지 못했다. 전원도시를 열정적으로 추진한 이들은 급진주의적 성격을 지닌 자신들의 대안적 사업이 틈새시장을 이용하는 사업 전략의 선구자 역할을 했다고 하는 말을 듣는다면 아마 이해하기 힘들 것이다. '선구적인 생활'은 표면을 포마이카로 처리한 부엌, 히피들이 하는 장신구, 레그 워머, 찢어진 청바지 등으로 나타나 전후부터 일련의 '라이프스타일'로 변형되었다. 20세기 일상의 발명가들은 결과물들을 통제하지 못했다.

1924년 트로츠키는 《일상의 문제들》(Problems of Everyday Life)에서 이렇게 썼다. "생활의 조건을 바꾸어 나가기 위해서 우리는 여성의 눈으로 생활을 보는 법을 배워야 한다." '일상에서 남성의 자기중심주의'를 간파해 낸 트로츠키의 이러한 생각은, 이후 일상을 이론화한 좌익 안에서는 거의 주목을 받지 못했다.[13] 전간시대에 초현실주의자들은 꿈과 욕망에 대한 초월적인 계시를 통해 놀라운 세상을 추구함으로써 일상적인 존재를 미화하고 싶어 했다. 그들은 일상의 변화를 위해 여성의 눈으로 세상을 바라보자고 하는 제안에 대해서는 별 흥미를 느끼지 못했다.[14] 마르크스주의자들은 노동 현장을 우선시했기 때문에 일상의 다른 측면들은 부차적인 비중을 차지할 뿐이라고 여겼다. 또 일상을 자본주의적인 대량 소비의 장으로 보기 일쑤였다.

전후 프랑스의 마르크스주의 이론가 앙리 르페브르(Henri Lefebvre)는 일상이 역사에 의해 만들어진다는 것을 깨닫고, 소비의 중요성을 강조했다. 《근대 세계의 일상》(Everyday Life in the Modern World, 1968)에서 그는 다른 이야기를 하다가 여성에게 일상이 어떻게 '위임'되는지를 쓰면서, 여성은 '끊임없이 저항했다'고 언급했다. 그러나 이 책에서 여성은 주로 소비 자본주의의 대상으로만 취급될 뿐, 사회적·성적 재생산의 조건들을 바꾸려고 꾸준히 투쟁한 역사적 주체로는 여기지 않았다.[15] 르페브르에게 여성은 광고의 기호로 새겨져 있었다.[16] 선구적이고 창의적인 여성 선지자들은 아예 존재하지도 않았던 것처럼 보였다. 개인적이고 사회적인 실존을 둘러싼 그 모든 투쟁들, 일상에 대한 그 모든 열정적인 논쟁들이 기록에서 지워진 것처럼 보였다.

그러나 1960년대 말에 여성해방운동이 수면 위로 떠올랐고, 몇 해 지나지 않아 여러 나라의 페미니스트들은 다시 한 번 개인적인 것과 정치적인 것, 생산 현장과 지역공동체, 사회와 국가 사이에 다리를 놓기 위해 노력했다. 이 새로운 운동을 통해 자유연애, 동성 관계, 공동 생활, 지역공동체 활동 그리고 한층 범위를 넓힌 노동조합 등을 실험한 역사에 대해 관심을 갖기 시작했다. 게다가 페미니즘과 함께 발전한 더욱 광범해진 여성운동이 이전에 사회적 시민권과 사회적 권리들을 재정비하려고 한 개척자들의 노력을 이어받았다. 세계적으로 여성 노동자들은 노동조합에서 평등을 주장했고, 지역사회에서는 파업에 참여한 남성들을 지원하는 활동을 했다. 가난한 여성들은 생계를 확보하기 위해 새로운 형태의 단체들을 생각해 냈다. 수자원에서 주택에 이르기까지, 위생 시설에서 토지에 이르기까지 그들은 자원에 접근할 수 있는 권리를 주장했고, 대기업의 환경 파괴에 맞서 싸웠다. 노동자의 조건을 향상시키는 수단으로 도덕적 소비에 대한 대안들이 생활임금, 기본 소득과 함께 다시 한 번 논제가 되었다.

지난 수십 년 동안 전 세계 여성들이 권리와 수급권을 주장하며 점점 수위를 높여 온 운동들을 통해 민주주의를 일상의 모든 측면으로 확대시켜야 한다는 주장이 더욱 힘을 받았다. 내부와 외부를 가르는 경계들이 변화했고, 인식을 구분하는 방식들이 새로운 상상력에 힘입어 새롭게 고안되었다. 칼로 자른 듯한 이분법은 좀 더 유동적인 것을 선호하는 경향 앞에서 겨우 버티고 있었다. '자각한' 신여성들은 19세기 말과 20세기 초 선지자들과 개척자들의 노력을 새롭게 부각시켰다.

개인의 경험과 욕망을 정치의 공공 영역으로 전환시키면서, 사랑하는 사람들과의 관계와 자립적 삶 사이의 균형을 유지하면서, 다른 이들을 돌보면서도 자아실현을 해 나가려고 노력하면서 현대 페미니스트들은 초기의 선지자들을 곤혹스럽게 한 딜레마들과 과감히 맞섰다. 한편 세계 곳곳에서 여성들이 민주주의적인 통제 아래 자원이 활용될 수 있도록 권리를 주장하자는 운동을 전개하였는데, 그 때문에 강력한 경제적·정치적 힘을 가진 세력들과 맞붙게 되었다. 지역사회와 지역 정치에 참여하고 있는 여성들이 중앙권력에 영향을 미칠 수 있도록 하기 위해 급진적이고 다양한 방식들이 개발되었다. 앞 세대의 선지자들과 마찬가지로, 지난 수십 년간 여성 운동가들은 변화는 계속 추구해야 한다는 점을 분명히 깨닫게 되었다. 정말로 한 가지를 성취할 때마다 생각하지도 못한 문제들이 나타났고, 다시 또 그에 맞는 해결책을 모색해야 했다.[17] 발전이 저절로 쌓여 가는 일은 없었다. 활동을 시작했던 초기의 발자국들은 지워지고 사라질 수도 있었다. 19세기 말과 20세기 초 선지자들의 꿈들도 마찬가지였다.

그토록 많은 것들을 생각해 낸 여성들 가운데 일부는 잊혀 갔다. 그들이 권력의 중심에 있지 않아서 그럴 수도 하고, 영웅적 활동에 관계하지 않았거나, 눈에 띄게 매력적이지 않아서 그럴 수도 있다. 그러나 사회는 눈에 보이는 것보다 훨씬 다양한 방식으로 재창조되었다. 평범함, 친밀함, 개인적인 분노와 연대 의식, 이 모든 것들로 일상이 이루어졌다. 그들의 잃어버린 유산을 재발견하는 것은 새로운 통찰력을 얻는 길이기도 했다. 이는 열정적인 앞 세대 혁신가들이 지금 이 세계에서 우리가 당연하게 여기는 것들을 이루기 위해 간절히 꿈꾸었기 때문만은 아니다. 그들은 오늘날에도 여전히 중요한 문제들을 둘러싸고 놀랍도록 풍부한 논쟁의 영역을 구축해 놓았다. 어떻게 국가를 새롭게 할 것인가, 광범한 차원에서 일관성을 유지하면서 어떻게 특수성을 고려할 것인가, 관계와 사회운동을 통해 연대를 모색하면서 어떻게 개인성을 보장할 것인가, 외부적 변화와 내부적 인식을 어떻게 결합할 것인가, 하층민의 경험과 안목을 어떻게 존중할 것인가, 현 상태에서 좀 더 나은 것으로 어떻게 움직여 갈 것인가 등 이 모든 문제들은 이전과 마찬가지로 지금도 아주 가깝게 맞닿아 있다.

19세기 말과 20세기 초의 각성은 단지 지성에만 국한된 것은 아니었으며, 여기에는 영성도 포함되어 있었다. 선구적인 선대 여성들의 유토피아주의는 존재와 관계의 새로운 방식을 암시해 주었다. 이들 모두는 린다 고든(Linda Gordon)이 '희망의 변환'이라고 부른 현상에 영향을 주었다.[18] 아마도 이런 가능성에 대한 믿음이 그들이 남긴 가장 소중한 유산일 것이다. 수십 년이 지난 지금도 웨이스브루커(Lois Waisbrooker)의 우렁찬 목소리는 선지자들의 열정과 에너지를 대변해 주면서, '일상적 생활 실천가'라는 새로운 흐름 속에 있는 소심한 가슴들을 불러 모은다. "첫발자국은 될 수 있다고 믿는 것이다. 그다음은 될 것이라고 믿는 것이다. 그리고 마지막은 우리가 직접 하자고 결심하는 것이다."[19]

감사의 말

    이 책은 돌로레스 헤이든(Dolores Hayden)의 《위대한 가정 혁명: 미국 가정, 이웃, 도시에 대한 페미니스트 디자인의 역사》(The Grand Domestic Revolution: A History of Feminist Designs for American Homes, Neighborhoods, and Cities, 1981)에서 크게 영감을 받았다. 노동조합과 지역 정치에서 여성의 활동을 연구하고 있던 나는, 일상을 재구성한 여성들에 대한 헤이든의 매혹적인 설명에 깊이 공감해 들어갔다. 1980년대 초에 나는 대런던 시의회의 산업 전략의 일부인 인구계획단에서, 이후에는 유엔대학의 경제연구소에서 일했는데, 그곳에서 가난한 여성들이 만든 세계적인 조직들에 대해 배우기 시작했다. 영국을 비롯해 전 세계 곳곳에서 집으로 일감을 가져가 일하는 여성 노동자들의 조직 활동에 관심을 갖고 연구하면서 지식도 깊어질 수 있었다.

    페미니즘이 일깨워 준 역사적 문화가 '여성들을 하나로 결집시킬 수 있는' 시대에, 누구를 그리고 무엇을 볼 수 있는지에 대해 의문을 제기

하는 시대에 글을 쓰게 된 것이 나로서는 큰 행운이었다. 이 책은 1960
년대 말 여성운동의 등장 이후 급속하게 성장한 여성의 역사와 젠더의
역사에 기대고 있다. 여성의 창의성을 주장하는 것은 역사적 주체로서
남성의 역할을 부정하는 것이 아니다. 내가 본 바에 따르면, 여성의 역
사가 기준이 되는 틀의 균형을 다시 잡아 보자는 것이다. 역사에서 여
성을 분리시켜 새로운 영역을 만들어 나가기보다, 여성이 아예 빠져
있거나 여성을 부속물로 보는 편향된 사고방식을 바꾸자는 것이다.

우리 어머니는, 아버지가 농부의 아들이라서 땅의 소리를 들어야 했
기 때문에 내 귀가 큰 것이라고 농담을 하곤 했다. '일상의 생활 실천
가'들을 돌아보면서, 나는 귀를 땅에 대는 마음으로 역사에 귀를 대고
이야기를 들었다. 이런 방법은 코브(Richard Cobb)와 톰슨 부부(E. P.
and Dorothy Thompson)한테서 배웠다. 대부분의 아이디어가 책과 논
문, 소책자, 보고서 등을 쓴 문필가들로부터 얻은 것이기는 하지만, 또
한 다양한 활동과 생생한 경험을 통해 얻기도 했다. 길을 가면서도 기
록을 했고, 이름 없는 수많은 사람들이 건네주는 이야기들을 얼른 받
아 챙겼다. 나는 큰 발자국을 남긴 인물들과 함께 통념에 문제를 제기
한 그다지 알려지지 않은 '선지자들'을 마침내 찾아낼 수 있었다. 이는
여성뿐 아니라 세상에 대한 기존의 지배적인 해석에서 배제된 모든 이
들에게도 맞는 방식이다.

나는 백샌달(Rosalyn Baxandall)에게 큰 신세를 졌다. 그녀는 책과 논
문들을 추천해 주었고, 초고를 읽고 세세하게 지적하면서 비판해 주었
다. 뛰어난 편집 능력과 통찰력과 지식을 갖춘 에번스(Faith Evans) 덕
분에 본문 내용을 다시 쓰는 데 아주 소중한 도움을 받았다. 버소 출판
사 발행인의 열정과 전문성 덕분에 오랜 기간에 걸친 프로젝트를 완수

할 수 있었다. 편집자 펜(Tom Penn)의 섬세한 제안과 비판으로 나는 좀 더 명료하게 생각을 표현할 수 있었고, 그가 관심과 공감을 보여 준 덕분에 힘을 낼 수 있었다. 원고 정리와 편집을 맡아 준 폭스(Lorna Scott Fox) 덕분에 잘못된 곳들을 바로잡을 수 있었을뿐더러 문장도 훨씬 잘 다듬을 수 있었다. 나를 RSI(반복 사용 긴장성 증후군)에서 구원해 준 레인(Sonia Lane)과 모로(Anne Morrow)에게도 깊이 감사한다. 이들이 내가 손으로 쓴 초고를 타이프로 일일이 쳐 주어 정말 큰 도움이 되었다.

문서와 그림 자료를 제공해 준 배로(Logie Barrow), 벤슨(Susan Porter Benson), 블랜드(Lucy Bland), 브레이트바트(Myrna Breitbart), 케이프스(Stella Capes), 디깅스(Lee Diggings), 갈루스티안(Carina Galustian), 고든(Linda Gordon), 패플란(Temma Kaplan), 밀크먼(Ruth Milkman), 래베츠(Alison Ravetz), 워커(Linda Walker), 콜린 워드(Colin Ward), 해리엇 워드(Harriet Ward), 윈슬로(Barbara Winslow)에게도 감사한다. 특히 버클리 캘리포니아대학의 '엠마 골드만 문서 프로젝트'에 있는 폴크(Candace Falk), 페이트먼(Barry Pateman), 모런(Jessica Moran)에게 감사한다. 이들은 나에게 자료를 안내해 주었고, 영국으로 돌아간 뒤에도 문서 조사 작업을 계속 뒷받침해 주었다. 이 책이 다루는 역사가 현대의 젠더, 계급, 인종을 다루는 운동과 정책들과 관계가 있음을 이해해 주고 격려해 준 배린토스(Stephanie Barrientos), 베이농(Huw Beynon), 엘슨(Diane Elson), 미터(Swasti Mitter), 시걸(Lynne Segal), 웨인라이트(Hilary Wainwright)에게도 감사한다.

인용을 허락해 준 타미넌트 도서관, 뉴욕 주의 로버트 와그너 노동문서보관소(Helena Born Papers), 스미스대학의 소피아 스미스 문서보관소(Ellen Gates Starr Papers), 셰필드 문서보관소(Carpenter Collection) 를 비롯한 여러 기관에도 고마움을 전한다. 부탁한 사진 자료를 찾고 또 사용할 수 있게 도와준 모든 기관과 직원들께도 감사드린다. 내가 온라인으로 연락을 할 수 있게 도와준 클라크(Derek Clarke)의 인내와 관용에 특히 감사한다.

옮긴이의 말

이 책의 원제는 《새날을 꿈꾼 사람들》(Dreamers of a New Day)이다. 엄마처럼은 살지 않겠다던 여성들, 딸에게는 다른 세상을 물려주고 싶었던 여성들의 이야기이다. 지금부터 백여 년 전, 영국과 미국에서 일군의 여성들이 기존의 사회적 통념대로는 살지 않겠다는, 아니 그렇게는 못살겠다는 생각을 했고, 다양한 집단을 구성해 대안을 모색했다. 이들은 기초적인 의식주에서부터 사랑, 결혼, 가사 노동, 임노동, 민주주의에 이르기까지 일상의 모든 영역을 놓고 토론을 벌였고, 이를 재구성하려고 했다. 기존의 관행이 개성과 자유를 억압한다고 느끼면 참고 견디기보다는, 춥고 배고프더라도 그 울타리를 벗어나는 쪽을 선택했다.

이들의 꿈은 제각각이었다. 사회주의자, 아나키스트, 페미니스트, 박애주의자, 자유연애주의자, 여성참정권자에 이르기까지 지향하는 바도 다양했고, 서로 충돌하기도 했다. 어떤 이들은 생산조직의 과학화와 생산력의 발전이 가사 노동과 임노동의 부담을 덜어 주어 여성을 비롯한 인류의 해방에 기여할 것이라고 낙관했고, 어떤 이들은 공장제를 통한 대량생산 체제가 노동을 통한 자아실현의 행복을 가로막고 있다고 우려했다. 방법론에서도, 정부 차원에서 정책의 변화를 추구한 이들도 있었고 아래로부터의 방식을 고수한 이들도 있었다. 이들에게 공통점이 있다면 가족을 비롯한 온갖 사회제도의 기초를 이루고 있는 남성성과 여성성에 대한 통념을 도저히 받아들일 수 없다는 생각이었다.

이들의 꿈은 당대의 상식으로 볼 때 발칙한 것이었고, 몰매를 맞을 수도 있는 일이었다. 실제로 애인과 결혼하는 대신 동거를 선택한 어떤 여성은 가족들에 의해 정신병원에 갇히기도 했다. 피임법을 인쇄해 알렸다는 이유로 수많은 여성이 투옥되기도 했다. 자전거를 신나게 타기 위해 치마 대신 반바지를 입고 시골 벌판을 달린 여성은 옷 보따리를 따로 가지고 다니면서, 시내에 들어서기 전에 드레스로 갈아입었다. 바지를 입고 시내를 활보하다가는 봉변을 당할 수도 있기 때문이다. 그러나 이런 억압 속에서도 이들의 상상력은 날개를 단 듯 가벼웠다. 젠더를 놓고 한 여성은 이런 생각을 했다.

"개인마다 어느 정도씩 가지고 있는 여성성과 남성성을 …… 보여 주어야 할(혹은 굳이 보여 줄 필요가 없을) 날이 올 것이다. 어느 날 아침 내가 남성인 것 같은 느낌이 들면 남자처럼 행동하고, 그러다가 오후에 여성인 것 같으면 또 그렇게 행동한다. 한낮이나 한밤중에 성별이 없는 존재처럼 느껴지면 또 그렇게 행동한다. …… 영원히 한 성 역할에만 매여 있어야 한다는 것은 정말 터무니없고 지긋지긋한 일이다."

이렇게 발랄한 상상력을 펼칠 수 있었던 것은 무엇보다 서로의 말을 진지하게 들어 주는 네트워크가 있었기 때문이다. 이들은 19세기 말부터 뜻을 같이하는 사람들끼리 모임을 조직하면서 유대를 다졌다. 이는 국제적으로 확대되기도 했다. 미국에서 피임에 관한 정보를 유포한 혐의로 기소되어 투옥될 처지에 놓인 마거릿 생어는 유럽으로 건너가서 몸과 마음을 추스를 수 있었다. 미국 사회복지운동의 선구자 제인 애덤스는 런던의 사회복지관인 토인비홀을 방문하여 받은 영감을 바탕으로 시카고에 헐하우스를 세웠고, 또 헐하우스가 이룬 업적과 명성은 다시 영국의 사회복지운동가들을 자극했다.

이들의 네트워크는 계층을 넘어선 것이기도 했다. 중산층 여성들이 주도했던 소비자 운동은 소비자의 권리뿐 아니라, 열악한 노동조건에 시달리는 노동자의 처우를 개선하기 위한 것이기도 했다. 이들은 노동조합이 없는 사업장의 제품에 대해서는 불매운동을 하기도 했고, 노동조합이 있는 공장의 제품만을 따로 판매하는 조합 상점을 운영하기도 했다. 노동자들을 이해하기 위해 자매가 몇 달을 공장 노동자로 취업한 사례도 있었다. 사회복지 활동을 한 이들은 성매매 여성들과도 정기적으로 만나 개인적인 친분을 쌓았다. 이런 만남은 서로에게 자극이 되었고, 양쪽 모두 세상을 보는 시야의 폭을 넓혀 주었다.

이들이 놀라운 상상력을 발휘할 수 있었던 두 번째 배경으로는 실천력을 꼽을 수 있다. 가사 노동의 사회화를 구상했던 이들은 육아를 함께할 수 있는 공동의 마당과 공공 부엌이 있는 공영주택을 기획했다. 가능하면 시정부를 동원했고, 안 되면 개인 재산을 내놓아서라도 생각을 현실화시키려고 노력했다. 이도 힘들면 공영 세탁장이라도 세워 기어코 변화를 일구어 냈다. 개별 가구가 세탁기를 마련하기 힘든 시대에 뜨거운 물이 콸콸 나오고 빨래를 바짝 말려 주는 건조기를 갖춘 공동 세탁장을 세운 이 여성들은 꿈을 눈앞에 보여 준 이들이었다.

이 책의 부제는 '20세기를 만든 여성들'(Women Who Invented the Twentieth Century)이다. 우리가 사는 시대는 이들의 상상력과 실천에 빚진 바가 크다. 여성들이 바지를 입고 거리를 활보하고, 대학 교육을 받고, 카페와 술집에서 다른 사람을 의식할 필요 없이 삼삼오오 환담을 나누는 것이 지금은 아주 자연스러운 일상이지만, 20세기 초만 해도 대다수 여성에게 그것은 꿈이고 자유고 해방을 의미했다. 아직 우리 사회는 논의와 실험 단계에 있지만, 영국에서는 제2차 세계대전 이후부터 본격적으로 육아수당이 지급되었는데, 여기에는 19세기 말부터 출산과 육아를 사회적으로 함께 책임져야 한다고 줄기차게 제기해 온 선구적인 여성들의 노력이 한몫을 했다.

책을 읽다 보면 백 년 전 영국과 미국의 여성들이 참으로 대단하다는 생각이 든다. 당시는 중산층 여성을 놓고 '가정의 천사'라고 치켜세우는 분위기가 절정에 달했는데, 자신의 방식대로 살아 보겠다고 이를 박차고 나온 것이다. 정말 용감한 여성들이었다. 그러나 이들을 역사에서 빛나는 존재로 드러내 준 것은 현대 영국과 미국 여성들의 역량이기도 하다. 여성이 지적으로 문화적으로 자신감을 갖게 되고, 정치·사회·경제적 지위를 어느 정도나마 확보하게 되면서 이들은 그런 발전을 가능하게 해준 뿌리를 찾아 나선 것이다.

따지고 보면 지난 한 세대 동안 우리나라 역시 눈부신 성취를 이루었다. 여성의 대학 진학률이 꾸준히 증가해 마침내 2년 전에는 남성을 앞지르기도 했고, 전문직과 공무원을 선출하는 고시에서도 여성의 비율이 거의 절반을 차지하게 되었다. 여성 총리, 여성 대사, 여성 장관도 배출했고, 얼마 전에는 여당 야당 가릴 것 없이 당의 간판이 되는 자리를 모두 여성이 차지해 화제가 되기도 했다. 그렇다면 그만큼 사회도 변화했는가? 사회는 여성이 주로 짊어져 온 부담을 인정하고 이를 함께 나눌 준비가 되어 있는가? 쉽지 않은 문제이다.

우리 사회에서 여성의 몸에 대한 권리는 제대로 공론화되지도 못하고 있는 실정이다. 출산과 육아의 상당 부분을 여성이 전담하고 있지만, 그럼에도 불구하고 여성은 이에 대해 충분한 결정권을 갖고 있지 못하다. 가임 여성은 누구나 예기치 않은 임신을 할 수 있다. 그러나 우리나라에서는 특별한 사유가 있지 않는 한 낙태가 불법이다. 물론 수십 년 동안 많은 산부인과에서 법을 크게 의식하지 않고 낙태를 해 온 것도 사실이다. 그러나 최근 낙태한 여성과 의사를 처벌한 판례가 나오면서 낙태 수술을 해주는 의료진을 찾는 일이 매우 어렵게 되었다. 우리 어머니 세대보다 우리 딸 세대가 어떤 면에서는 자신의 몸에 대한 권리를 더 제약받는 현상이 벌어지게 된 것이다.

1971년 프랑스에서는 철학자 시몬 드 보부아르를 비롯한 여성 명사 343명이 언론에 '우리는 낙태했다'라는 고백을 담은 선언문을 발표한 바 있다. 프랑스에서 낙태가 불법이던 시절이었다. 이 선언문은 "프랑스에서 해마다 여성 수만 명이 낙태를 하고 있다"고 하면서, "우리 역시 낙태를 한 적이 있음을 밝힌다. 우리는 피임 수단을 자유롭게 사용할 권리와 무상 낙태를 요구한다"라고 밝혔다. 몇 년 뒤인 1975년 프랑스 의회는 몇 가지 단서 조항을 두고 낙태를 허용하는 법안을 통과시켰다.

여성이 사회의 일원이 된다고 하는 것은 여성이 대학을 가고 장관이 되고 대통령이 되는 것이기도 하지만, 그것으로는 충분하지 않다. 여성이 제대로 사회의 평등한 일원이 되기 위해서는 그동안 여성들이 주

로 짊어져 왔던 출산과 육아, 가사 노동을 공론화하고 그 부담을 사회
가 함께 감당하려는 시도가 뒷받침되어야 한다. 얼마 전 한 여성 대법
관이 취임식에 바지를 입고 참석한 것이 기삿거리가 되었다. 그런 일
이 화제가 될 수 있는 법조계의 고루함에 혀를 찼다. 여성성과 남성성
에 대한 상투적 인식과 관행이 그대로 유지된다면, 여성 대법관이 여
럿 나오고 여성 대통령이 선출된다고 해도 그것은 양성평등 사회를 이
루는 것과 아무런 관련이 없다.

이 책을 통해 서구 신여성들의 통 큰 구상과 집요한 실천을 접하며
곳곳에서 웃음을 터뜨렸다. 독자들도 나와 비슷한 즐거움을 누릴 수
있을 것이다. 다만 생경한 인명과 조직명이 많이 나오고, 주장과 사례
들을 짧게 소개하는 식으로 구성되어 있어 읽는 과정에서 집중력이 떨
어질 수도 있다. 그러나 크게 보면 열 개의 장 아래 내용이 상당히 잘
조직되어 있기 때문에, 좀 더 인내심을 발휘한다면 어느새 머릿속에
20세기 전환기 선구자들의 문제의식과 그것이 갖는 역사적 의미가 정
리되는 것을 느낄 수 있을 것이다. 이 책은 영국과 미국의 여성들을 다
루고 있는데, 같은 논쟁이라고 해도 두 나라에서 제기되고 실행되는
방식에는 차이가 있다. 그 점을 잘 살펴보는 것도 이 책을 읽는 재미가
될 수 있을 것이다.

지은이 실라 로보섬은 영국의 대표적인 사회사학자 가운데 한 명으
로, 특히 노동사와 여성사에서 중요한 업적을 남긴 원로 학자이다.《영
국 노동계급의 형성》이라는 저작으로 유명한 E. P. 톰슨의 제자로 영국
마르크스주의 역사가의 전통을 잇는 인물이기도 하다. 한 대학에 자리
를 잡기보다는 노동자와 여성의 삶에 관심을 가지고 연구자이자 강사
로, 활동가이자 언론인으로 살았다. 활동 범위도 넓어서 영국을 비롯해

미국, 캐나다, 브라질, 프랑스, 인도 등 다양한 나라에서 강의와 연구 프로젝트 활동을 했다. 그의 책들은 서구뿐 아니라 중국과 중동 지역에서도 번역되었고, 우리나라에서도 벌써 30년 전에 《영국 여성 운동사》(이효재 역, 종로서적, 1982)가 번역된 바 있다. 지금도 미니스커트를 즐겨 입는 이 할머니 선생님은 최근에는 영국에서 가사도우미로 일하는 여성들의 조직화와 제3세계 여성 노동자들의 국제적인 네트워크 건설에 관심을 갖고 지원하는 활동을 하고 있다.

서구의 20세기를 여는 데 일조한 여성 선구자들의 이야기가 우리나라에서도 젠더적 상상력의 지평을 넓히는 발판으로 쓰일 수 있었으면 한다. 이 책의 번역을 권해 준 서울대 여성연구소의 이남희 선생님과 거친 번역문을 잘 다듬어 준 삼천리의 손소전 편집자께 특별히 감사드린다.

참고문헌

Addams, Jane, *Hull-House Maps and Paper by Residents of Hull-House: A Social Settlement*, Thomas Y. Crowell, New York, 1895.

Addams, Jane, *Twenty Years at Hull House*, Macmillan, New York, 1938.

Alberti, Johanna, *Eleanor Rathbone*, Sage Publications, London, 1996.

Allen, Polly Wynn, *Building Domestic Liberty: Charlotte Perkins Gilman's Architectural Feminism*, Pantheon, New York, 1990.

Alexander, Sally, *Becoming a Woman and Other Essays in 19th and 20th Century History*, Virago, London, 1994.

Attfield, Judy and Kirkham, Pat, *A View from the Interior: Feminism, Women and Design*, The Women's Press, London, 1989.

Avrich, Paul, *An American Anarchist: The Life of Voltairine de Cleyre*, Princeton University Press, Princeton, 1978.

Baxandall, Rosalyn Fraad, (ed.), *Words on Fire: The Life and Writing of Elizabeth Gurley Flynn*, Rutgers University Press, New Brunswick, 1987.

Baxandall, Rosalyn and Gordon, Linda (eds.), *America's Working Women: A Documentary History 1600 to the Present, Revised and Updated*, W. W. Norton, New York, 1995.

Baxandall, Rosalyn and Ewen, Elizabeth, *Picture Windows: How the Suburbs Happened*, Basic Books, New York, 2000.

Beard, Mary Ritter, *Woman's Work in Municipalities*(1915), Arno Press, New York, 1972.

Benstock, Shari, *Women of the Left Bank: Paris 1900~1940*, University of Texas, Austin, 1986.

Berch, Bettina, *Radical by Design: The Life and Times of Elizabeth Hawes*, E. P. Dutton, New York, 1988.

Besant, Annie, *The Law of Population: Its Consequences and Bearing Upon Human Conduct and Morals*(1891), Augustus M. Kelley, New York, 1970.

Black, Clementina, *A New Way of Housekeeping*, W. Collins and Sons, London,

1918.

Bland, Lucy, *Banishing the Beast: English Feminism and Sexual Morality 1885~1914*, Penguin Books, London, 1995.

Bland, Lucy and Doan, Laura, *Sexology in Culture: Labelling Bodies and Desires*, Polity Press, Cambridge, 1998.

Blatt, Martin Henry, *Free Love and Anarchism: The Biography of Ezra Heywood*, University of Illinois Press, Urbana, 1989.

Bloor, Ella Reeve, *We Are Many: An Autobiography*, International Publishers, New York, 1940.

Bock, Gisela and Thane, Pat, *Maternity and Gender Policies: Women and the Rise of European Welfare States*, Routledge, London, 1991.

Boris, Eileen, *Art and Labor: Ruskin, Morris and the Craftsman Ideal in America*, Temple University Press, Philadelphia, 1986.

Boris, Eileen, *Home to Work: Motherhood and the Politics of Industrial Homework in the United States*, Cambridge University Press, Cambridge, 1994.

Braithwaite, Brian and Walsh, Noelle (eds.), *Things My Mother Should Have Told Me: The Best of Good Housekeeping 1922~1940*, Ebury Press, London, 1991.

Branson, Noreen, *Poplarism, 1919~1925: George Lansbury and the Councillors' Revolt*, Lawrence and Wishart, London, 1979.

Brittain, Vera, *Halycon or the Future of Monogamy*, Kegan Paul, Trench, Trubner and Co., London, 1929.

Bruere, Martha Bensley and Bruere, Robert, *Increasing Home Efficiency*, The Macmillan Company, New York, 1913.

Buhle, Marie Jo, *Women and American Socialism 1870~1920*, University of Illinois Press, Urbana, 1983.

Buhle, Paul, *The Origins of Left Culture in the U.S. 1880~1940: An Anthology*, Cultural Correspondence, Boston, 1978.

Bullock, Ian and Pankhurst, Richard, *Sylvia Pankhurst: From Artist to Anti-Fascist*, St Martin's Press, New York, 1992.

Busby, Margaret (ed.), *Daughters of Africa: An International Anthology of Words and Writings by Women of African Descent from the Ancient Egyptian to the Present*, Jonathan Cape, London, 1992.

Callen, Anthea, *Angel in the Studio: Women in the Arts and Crafts Movement 1870~1914*, Astragel Books, London, 1979.

Cameron, Ardis, *Radicals of the Worst Sort: Labouring Women in Lawrence*

Massachusetts 1860~1912, University of Illinois Press, Urbana, 1993.

Camhi, June Jerome, *Women Against Women: American Anti-Suffragism 1880~1920*, Carlson, New York, 1994.

Campbell, Helen, *The Problem of the Poor*, Fords, Howard and Hulbert, New York, 1882.

Carby, Hazel, *Reconstructing Womanhood: The Emergence of the Afro-American Woman Novelist*, Oxford University Press, New York, 1987.

Carpenter, Edward, *Forecasts of the Coming Century*, The Labour Press, Manchester, 1897.

Chambers, John Whiteclay II, *The Tyranny of Change: America in the Progressive Era, 1890~1920*, Rutgers University Press, New Brunswick, 2001.

Champney, *The Woman Question*, Comrade Co-operative Company, New York, 1903.

Chateauvert, *Melinda, Marching Together: Women of the Brotherhood of Sleeping Car Porters*, University of Illinois Press, Urbana, 1998.

Chen, Constance M., *'The Sex Side of Life,' Mary Ware Dennett's Pioneering Battle for Birth Control and Sex Education*, The New Press, New York, 1996.

Chew, Doris (ed.), *Ada Nield Chew: The Life and Writings of a Working Woman*, Virago, London, 1982.

Clapperton, Jane Hume, *Scientific Meliorism and the Evolution of Happiness*, Kegan Paul, Trench and Co., London, 1885.

Clapperton, Jane Hume, *A Vision of the Future –Based on the Application of Ethical Principles*, Swan Sonnenschein, London, 1904.

Clark, Alice, *Working Life of Women in the Seventeenth Century*(1919), Frank Cass and Company, 1968.

Collette, Christine, *For Labour and For Women: The Women's Labour League 1906~1918*, Manchester University Press, Manchester, 1989.

Cook, Blanche Wiesen (ed.), *Crystal Eastman: On Women and Revolution*, Oxford University Press, Oxford, 1978.

Cook, Hera, *The Long Sexual Revolution:English Women, Sex, and Contraception 1800~1975*, Oxford University Press, Oxford, 2004.

Cooper, Anna Julia, *A View from the South*(1892), Oxford University Press, New York, 1988.

Crawford, Elizabeth, *The Women's Suffrage Movement: A Reference Guide 1866~1928*, UCL Press, London, 1999.

Cronwright–Schreiner, S.C. (ed.), *The Letters of Olive Schreiner 1876~1920*, T. Fisher Unwin, London, 1924.

Darley, Gillian, *Villages of Vision: A Study of Strange Utopias*, Five Leaves Publications, Nottingham, 2007.

Davies, Margaret Llewellyn (ed.), *Life As We have Known It*, Hogarth Press, London, 1931.

Davin, Anna, *Growing Up Poor: Home, School and Street in London 1870~1914*, Rivers Oram Press, London, 1996.

Davison, Jane and Davison, Lesley, *To Make a House for Me: Four Generations of American Women and the Houses They Lived In*, Random House, New York, 1980.

Dawson, Oswald, *The Bar Sinister and Illicit Love: The First Biennial Proceedings of the Legitimation League*, W. Reeve, London, 1895.

Deacon, Desley, *Elsie Clews Parsons: Inventing Modern Life*, The University of Chicago Press, Chicago, 1997.

Delap, Lucy, *The Feminist Avant-Garde: Transatlantic Encounters of the Early Twentieth Century*, Cambridge University Press, Cambridge, 2007.

Deutsch, Sarah, *Women and the City: Gender, Space, and Power in Boston 1870~1940*, Oxford University Press, Oxford, 2000.

Dimand, Mary Ann, Dimand, Robert W., Forget, Evelyn L. (eds.), *Women of Value: Feminist Essays on the History of Women in Economics*, Edward Elgar, Aldershot, Hants, 1995.

Doan, Laura, *Fashioning Sapphism: The Origins of a Modern English Lesbian Culture*, Columbia University Press, New York, 2001.

Douglas, Ann, *Terrible Honesty: Mongrel Manhattan in the 1920s*, The Noonday Press, Farrar, Strauss and Giroux, New York, 1995.

Drake, Barbara, *Women in Trade Unions(1920)*, Virago, London, 1984.

Drinnon, Richard, *Rebel in Paradise: A Biography of Emma Goldman*, The University of Chicago Press, Chicago, 1961.

Du Bois, Ellen Carol and Ruiz, Vicki L. (eds.), *Unequal Sisters: A Multicultural Reader in U.S. Women's History*, Routledge, New York, 1990.

Du Bois, Ellen Carol, *Harriot Stanton Blatch and the Winning of Woman Suffrage*, Yale University Press, New Haven, 1997.

Dye, Nancy Schrom, *As Equals and as Sisters: Feminism, Unionism and the Women's Trade Union League of New York*, University of Missouri Press, Columbia, 1980.

Dyhouse, Carol, *Feminism and the Family in England 1880~1939*, Basil Blackwell, Oxford, 1989.

Dyhouse, Carol, *No Distinction of Sex? Women in British Universities*

1870~1939, UCL Press, London 1995.

Eisenstein, Sarah, *Give Us Bread But Give Us Roses: Working Women's Consciousness in the United States, 1890 to the First World War*, Routledge and Kegan Paul, London, 1983.

Elshtain, Jean Bethke, *Jane Addams and the Dream of American Democracy*, Basic Books, New York, 2002.

Englander, David and O'Day, Rosemary (eds.), *Retrieved Riches: Social Investigation in Britain 1840~1914*, Scolar Press, Aldershot, Hants, 1995.

Evans, Barbara, *Freedom to Choose: The Life and Work of Dr Helena Wright, Pioneer of Contraception*, The Bodley Head, London, 1984.

Ewan, Elizabeth, Innes, Sue, Reynolds, Sian (eds.), *The Biographical Dictionary of Scottish Women*, Edinburgh University Press, Edinburgh, 2007.

Ewen, Elizabeth, *Immigrant Women in the Land of Dollars: Life and Culture on the Lower East Side 1890~1925*, Monthly Review Press, New York, 1985.

Ewen and Ewen 7, *Typecasting: On the Arts and Sciences of Human Inequality*, Seven Stores Press, New York, 2006.

Ewen, Stuart and Ewen, Elizabeth, *Channels of Desire: Mass Images and the Shaping of American Consciousness*, University of Minnesota Press, Minneapolis, 1992.

Ewen, Stuart, *PR! A Social History of Spin*, Basic Books, New York, 1996.

Eyles, Leonora, *The Woman in the Little House*, Grant Richards, London, 1922.

Falk, Candace, *Love, Anarchy and Emma Goldman: A Biography*, Holt, Rinehart and Winston, New York, 1984.

Falk, Candace, Pateman, Barry, Moran, Jessica (eds.), *Emma Goldman: A Documentary History of the American Years, Vol. I: Made for America 1890~1901*, University of California Press, Berkeley, 2003.

Fishbain, Leslie, *Rebels in Bohemia: The Radicals of the Masses 1911~1917*, University of North Carolina Press, Chapel Hill, 1982.

Fleming, Suzie (ed.), *Eleanor Rathbone, The Disinherited Family*, Falling Wall Press, Bristol, 1986.

Follett, Mary Parker, *The New State: Group Organization, The Solution of Popular Government(1918)*, Peter Smith, Gloucester, Massachusetts, 1965.

Follett, Mary Parker, *Creative Experience(1924)*, Peter Smith, New York, 1951.

Foner, Philip S., *Women and the American Labor Movement: From the First Trade Unions to the Present*, The Free Press, New York, 1982.

Foner, Philip S. and Miller, Sally M., *Kate Richards O'Hare: Selected Writings and Speeches*, Louisiana State University Press, Baton Rouge, 1982.

Frank, Dana, *Purchasing Power: Consumer Organizing: Gender, and the Seattle Labor Movement 1919~1929*, Cambridge University Press, Cambridge, 1994.

Frankel, Nora Lee and Dye, Nancy S. (eds.), *Gender, Class, Race, and Reform in the Progressive Era*, The University Press of Kentucky, Lexington, 1991.

Freeman, Joshua (et al.), *Who Built America? Working People and the Nation's Economy, Politics, Culture and Society*, Pantheon Books, New York, 1992.

Frederick, Christine, *The New Housekeeping: Efficiency Studies in Home Management*, Doubleday, Page and Company, New York, 1916.

Frederick, Mrs Christine, *Selling Mrs Consumer*, The Business Bourse, New York, 1928.

Gaffin, Jean and Thoms, David, *Caring and Sharing: The Centenary History of the Women's Co-operative Guild*, The Co-operative Union, Manchester, 1983.

Ganz, Marie, *Into Anarchy and Out Again*, Dodd, Mead and Co., New York, 1920.

Gardiner, Michael E., *Critiques of Everyday Life*, Routledge, London, 2000.

Garrison, Dee (ed.), *Rebel Pen: The Writings of Mary Heaton Vorse*, Monthly Review Press, New York, 1985.

Garrison, Dee, *Mary Heaton Vorse: The Life of an American Insurgent*, Temple University Press, Philadelphia, 1989.

Gawthorpe, Mary E. *Up Hill to Holloway*, Traversity Press, Penobscot, Maine, 1962.

Giddings, Paula, *When and Where I Enter: The Impact of Black Women on Race and Sex in America*, Bantam Books, Toronto, 1988.

Gilbreth, Lillian M., *The Home Maker and Her Job*, D. Appleton and Co., New York, 1927.

Gilman, Charlotte Perkins, *Women and Economics(1898)*, Harper and Row, New York, 1966.

Gilman, Charlotte Perkins, *The Home: Its Work and Influence(1903)*, University of Illinois, Urbana, 1972.

Gilman, Charlotte Perkins, *Herland(1915)*, Pantheon, New York, 1979.

Glassgold, Peter (ed.), *Anarchy! An Anthology of Emma Goldman's Mother Earth*, Counterpoint, Washington DC, 2001.

Goldman, Emma, *Anarchism and Other Essays*, Mother Earth Publishing Association, New York, 1910.

Goldman, Emma, *Living My Life: An Autobiography(1931)*, A Peregrine Smith Book, Gibbs M. Smith, Salt Lake City, 1982.

Goldman, Harold, *Emma Paterson*, Lawrence and Wishart, London, 1974.

Goldmark, Josephine, *Fatique and Efficiency: A Study in Industry*, Charities Publication Committee, New York, 1912.

Goodway, David (ed.), *The Anarchist Past and Other Essays: Nicolas Walter*, Five Leaves, Nottingham, 2007.

Goodwin, Joanne L., *Gender and the Politics of Welfare Reform: Mothers' Pensions in Chicago 1911~1929*, The University of Chicago Press, Chicago, 1997.

Gordon, Linda, *Woman's Body, Woman's Right: A Social History of Birth Control in America*, Viking Press, New York, 1976.

Gordon, Linda, *Heroes of Their Own Lives: The Politics and History of Family Violence*, Virago, London, 1989.

Gordon, Linda (ed.), *Women, the State and Welfare*, The University of Wisconsin Press, Madison, 1990.

Gordon, Linda, *Pitied but not Entitled: Single Mothers and the History of Welfare 1890~1935*, The Free Press, New York, 1994.

Gordon, Peter and Doughan, David, *Dictionary of Women's Organisations 1825~1960*, Woburn Press, London, 2001.

Graham, Pauline, *Mary Parker Follett – Prophet of Management: A Celebration of Writings from the 1920s*, Harvard Business School Press, Boston, Massachusetts, 1995.

Graves, Pamela M., *Labour Women in British Working-Class Politics 1918~1939*, Cambridge University Press, Cambridge, 1994.

Haarsager, Sandra, *Bertha Knight Landes of Seattle: Big-City Mayor*, University of Oklahoma Press, Norman and London, 1994.

Haller, Mark H., *Eugenics: Hereditarian Attitudes in American Thought*, Rutgers University Press, New Brunswick, 1984.

Hamilton, Alice, *Exploring the Dangerous Trades(1943)*, Northeastern University Press, Boston, 1985.

Hamilton, Cicely, *Marriage as a Trade*, Chapman and Hall, London, 1912.

Hamon, Augustin, *Psychologie de L'Anarchiste-Socialist*, Stock, Paris, 1895.

Hannam, June, *Isabella Ford*, Basil Blackwell, Oxford, 1989.

Hardy, Dennis, *Community Experiments 1900~1945*, E. and F. N. Spon, London, 2000.

Hannam, June and Hunt, Karen, *Socialist Women in Britain, 1880s to 1920s*, Routledge, London, 2002.

Harrison, Brian, *Prudent Revolutionaries: Portraits of British Feminists Between the Wars*, Clarendon Press, Oxford, 1987.

Hayden, Dolores, *The Grand Domestic Revolution: A History of Feminist Designs for American Homes, Neighborhoods and Cities*, The MIT Press, Cambridge, Massachusetts, 1982.

Henderson, Kathy (ed.), *My Song is My Own: 100 Women's Songs*, Pluto, London, 1979.

Hewitt, Nancy A. and Lebsock, Suzanne (eds.), *Visible Women: New Essays on American Activism*, University of Illinois Press, Urbana, 1993.

Hewitt, Nancy A., *Southern Discomfort: Women's Activism in Tampa, Florida 1880s~1920s*, University of Illinois Press, Urbana, 2001.

Higgs, Mary and Hayward, Edward. E, *Where Shall She Live: The Homelessness of the Woman Worker*, P. S. King and Son, London, 1910.

Hill, Mary A., *Charlotte Perkins Gilman: The Making of a Radical Feminist 1860~1896*, Temple University Press, Philadelphia, 1980.

Hine, Darlene Clark, King, Wilma, Reed, Linda, (eds.), *We Specialize in the Wholly Impossible: A Reader in Black Women's History*, Carlson Publishing, New York, 1995.

Hollis, Patricia, *Ladies Elect: Women in British Working-Class Politics 1918~1939*, Cambridge University Press, Cambridge, 1994.

Hunt, Karen, *Equivocal Feminists: The Social Democratic Federation and the Woman Question 1884~1911*, Cambridge University Press, Cambridge, 1996.

Hunter, Tera W., *To 'Joy My Freedom: Southern Black Women's Lives and Labours After the Civil War*, Harvard University Press, Cambridge, Massachusetts, 1997.

Jameson, Storm, *Journey from the North, Vol.1*, Virago, London, 1984.

John, Angela V., *Evelyn Sharp: Rebel Woman 1869~1955*, Manchester University Press, Manchester, 2009.

Jones, Kathleen, *Compassionate Authority: Democracy and the Representation of Women*, Routledge, New York, 1993.

Jones, Jacqueline, *American Work: Four Centuries of Black and White Labor*, W. W. Norton, New York, 1998.

Katz, Esther, *The Selected Papers of Margaret Sanger, Vol. 1, The Woman Rebel 1900~1928*, University of Illinois Press, Urbana, 2003.

Kennedy, David M., *Birth Control in America: The Career of Margaret Sanger*, Yale University Press, New Haven, 1970.

Kessler, Carol Farley (ed.), *Daring to Dream: Utopian Stories by United States*

Women 1836~1919, Pandora Press, Boston, 1984.

Kessler, Carol Farley, *Charlotte Perkins Gilman: Her Progress Toward Utopia with Selected Writings*, Liverpool University Press, Liverpool, 1995.

Kessler–Harris, Alice, *Out to Work: A History of Wage-Earning Women in the United States*, Oxford University Press, Oxford, 1982.

King, Elspeth, *The Hidden History of Glasgow's Women*, Mainstream Publishing, Edinburgh, 1993.

Kirchwey, Freda, *Our Changing Morality: A Symposium*, Albert and Charles Boni, New York, 1924.

Kirk, Neville, *Labour and Society in Britain and the USA, Vol. 2*, Scolar Press, Aldershot, Hants, 1994.

Knupfer, Anne Meis, *Toward a Tenderer Humanity and a Nobler Womanhood: Afro-American Women's Clubs in Turn-of-the-Century Chicago*, New York University Press, New York, 1996.

Kornbluh, Joyce L. and Frederickson, Mary (eds.), *Sisterhood and Solidarity*, Temple University Press, Philadelphia, 1984.

Koven, Seth and Michel, Sonya (eds.), *Mothers of a New World: Maternalist Politics and the Origins of Welfare States*, Routledge, New York, 1993.

Kyrk, Hazel, *A Theory of Consumption,* Isaac Pitman and Sons, London, 1923.

Ladd–Taylor, Molly, *Mother-Work, Women and Child Welfare and the State 1890~1930*, University of Illinois, Urbana, 1994.

La Follette, Suzanne, *Concerning Women(1926)*, Arno Press, New York, 1972.

Lane, Ann J. (ed.), *Mary Ritter Beard, A Sourcebook*, Schocken Books, New York, 1977.

Lane, Ann J., *To Herland and Beyond: The Life and Work of Charlotte Perkins Gilman*, Pantheon, New York, 1990.

Leavitt, Sarah, *From Catharine Beecher to Martha Stewart: A Cultural History of Domestic Advice*, University of North Carolina Press, Chapel Hill, 2002.

Lefebvre, Henri, *Everyday Life in the Modern World*, Allen Lane, The Penguin Press, London, 1971.

Lefebvre, Henri, *The Survival of Capitalism*, Allison and Busby, London, 1976.

Lengermann, Patricia Madoo and Niebrugge-Brantley, Jill (eds.), *The Women Founders:Sociology and Social Theory 1830~1930*, McGraw Hill, Boston, 1998.

Lewenhak, Sheila, *Women and Trade Unions: An Outline History of Women in the British Trade Union Movement*, Ernest Benn, London, 1977.

Lichtenstein, Nelson, *State of the Union: A Century of American Labor,* Princeton

University Press, Princeton, 2002.

Liddington, Jill, and Norris, Jill, *One Hand Tied Behind Us: The Rise of the Women's Suffrage Movement*, Virago, London, 1978.

Liddington, Jill, *The Life and Times of a Respectable Rebel: Selina Cooper 1864~1946*, Virago, London, 1984.

Linklater, Andro, *An Unhusbanded Life: Charlotte Despard, Suffragette, Socialist and Sinn Feiner*, Hutchinson, London, 1980.

Lister, Ruth, *Citizenship: Feminist Perspectives*, Palgrave, Macmillan, 2003.

Lockhart, J. G., *Cosmo Gordon Lang*, Hodder and Stoughton, London, 1949.

MacKenzie, Norman and MacKenzie, Jeanne (eds.), *The Diaries of Beatrice Webb*, Virago, London, 2000.

MacKinnon, Janice and MacKinnon, Stephen R., *Agnes Smedley: The Life and Times of an American Radical*, Virago, London, 1988.

McPhee, Carol and Fitzgerald, Ann (eds.), *The Non-Violent Militant: Selected Writings of Teresa Billington-Greig*, Routledge and Kegan Paul, London, 1987.

Malos, Ellen (ed.), *The Politics of Housework*, Allison and Busby, London, 1980.

Mappen, Ellen, *Helping Women at Work: The Women's Industrial Council 1889~1914*, Hutchinson and Co., London, 1985.

Marot, Helen, *American Labor Unions(1914)*, Arno and The New York Times, New York, 1969.

Marot, Helen, *Creative Impulse in Industry: A Proposition for Educators*, E. P. Dutton, New York, 1918.

Marsh, Margaret S., *Anarchist Women 1870~1920*, Temple University Press, Philadelphia, 1981.

McCrindle, Jean and Rowbotham, Sheila (eds.), *Dutiful Daughters: Women Talk About Their Lives*, Penguin, London, 1983.

McDonald, Deborah, *Clara Collet, 1860~1948: An Educated Working Woman*, Woburn Press, London, 2004.

McLaren, Angus, *Birth Control in Nineteenth Century England*, Holmes and Meier, New York, 1978.

Meade, Marion, *Dorothy Parker: What Fresh Hell is This?*, Heinemann, London, 1988.

Milkman, Ruth (ed.), *Women, Work and Protest: A Century of U.S. Women's Labor History*, Routledge and Kegan Paul, Boston, 1985.

Mitchell, Hannah, *The Hard Way Up*, Virago, London, 1977.

Mitchison, Naomi, *The Home and a Changing Civilisation*, John Lane, The

Bodley Head, London, 1934.

Montefiore, Dora, *Singings Through the Dark*, Sampson Low & Co., London, 1898.

Morris, Jenny, *Women and the Sweated Trades: The Origins of Minimum Wage Legislation*, Gower, Aldershot, 1986.

Mumford, Lewis, *Sketches from Life: The Early Years*, The Dial Press, New York, 1982.

Oliver, Hermia, *The International Anarchist Movement in Late Victorian London*, Croom Helm, London, 1983.

Orleck, Annelise, *Common Sense and a Little Fire: Women and Working Class Politics in the United States 1900~1965*, The North Carolina Press, Chapel Hill, 1995.

Pearson, Lynn F., *The Architectural and Social History of Cooperative Living*, Macmillan, London, 1988.

Peiss, Kathy, *Cheap Amusements: Working Women and Turn-of-the-Century New York*, Temple University Press, Philadelphia, 1986.

Peiss, Kathy and Simmons, Christina, *Passion and Power: Sexuality in History*, Temple University Press, Philadelphia, 1989.

Pivar, David J., *Purity Crusade: Sexual Morality and Social Control*, Greenwood Press, Westport, Connecticut, 1973.

Pozzetta, George F., *Ethnicity and Gender: The Immigrant Woman*, Garland, New York, 1991.

Pujol, Michèle A., *Feminism and Anti-Feminism in Early Economic Thought*, Edward Elgar, Aldershot, 1992.

Ravetz, Alison, *Council Housing and Culture: The History of a Social Experiment*, Routledge, London, 2001.

Raw, Louise, *Striking a Light: The Bryant and May Matchwomen and their Place in History*, Continuum, London, 2009.

Richards, Ellen H., *The Chemistry of Cooking and Cleaning: A Manual for Housekeepers*, Home Science Publishing, Boston, 1897.

Richards, Ellen H., *Food Materials and their Adulteration*, Whitcomb and Barrows, Boston, 1906.

Rosen, Robyn L., *Reproductive Health, Reproductive Rights: Reformers and the Politics of Maternal Welfare 1917~1940*, The Ohio State University Press, Columbus, 2003.

Rosen, Ruth and Davidson, Susan, *The Maimie Papers*, The Feminist Press, New York, 1977.

Rothschild, Joan (ed.), *Machina Ex Dea: Feminist Perspectives on Technology*, Pergamon Press, New York, 1983.

Rowbotham, Sheila, *A New World for Women: Stella Browne, Socialist Feminist*, Pluto, London, 1977.

Rowbotham, Sheila (ed.), *Dreams and Dilemmas: Collected Writings*, Virago, London, 1983.

Rowbotham, Sheila, *Friends of Alice Wheeldon*, Pluto Press, London, 1986.

Rowbotham, Sheila, *Women in Movement: Feminism and Social Action*, Routledge, New York, 1992.

Rowbotham, Sheila and Mitter, Swasti (eds.), *Dignity and Daily Bread: New Forms of Economic Organising among Poor Women in the Third World and the First*, Routledge, London, 1994.

Rowbotham, Sheila, *Edward Carpenter: A Life of Liberty and Love*, Verso, London, 2008.

Rowe, Marsha (ed.), *Spare Rib Reader*, Penguin, London, 1982.

Rubinstein, David, *Before the Suffragettes: Women's Emancipation in the 1890s*, The Harvester Press, Brighton, Sussex, 1985.

Rudnick, Lois Palken, *Mabel Dodge Luhan: New Woman, New Worlds*, University of New Mexico Press, Albuquerque, 1984.

Rupp, Leila J., *Worlds of Women: The Making of an International Women's Movement*, Princeton University Press, Princeton, 1997.

Russell, Mrs Bertrand, *Hypatia or Women and Knowledge*, Kegan Paul, Trench, Trubner & Co., 1925.

Russell, Mrs Bertrand, *The Right to Be Happy*, Garden City Publishing, New York, 1927.

Russell, Dora, *The Tamarisk Tree: My Quest for Liberty and Love*, Elek/Pemberton, London, 1975.

Sander, Kathleen Waters, *The Business of Charity: The Woman's Exchange Movement 1832~1900*, University of Illinois Press, Urbana, 1998.

Sanderson Furniss, A. D. and Phillips Marion, *The Working Woman's House*, The Swarthmore Press, London, 1919.

Sanger, Margaret, *Woman and the New Race*, Brentano's, New York, 1920.

Scott, Gillian, *Feminism and the Politics of Working Women: The Women's Co-operative Guild 1880s to the Second World War*, UCL Press, London, 1998.

Scudder, Vida D., *Social Ideals in English Letters*, Houghton, Mifflin and Co., 1898.

Searle, G. R. *A New England? Peace and War 1886~1918*, Clarendon Press,

Oxford, 2004.

Sears, Hal D., *The Sex Radicals: Free Love in High Victorian America*, The Regents Press of Kansas, Lawrence, 1977.

Seymour –Jones, Carole, *Beatrice Webb: Woman of Conflict*, Pandora, London, 1993.

Shaw, Marion, *The Clear Stream: A Life of Winifred Holtby*, Virago, London, 1999.

Shaw, Nellie, *Whiteway: A Colony in the Cotswolds*, C. W. Daniel, London, 1935.

Showalter, Elaine (ed.), *These Modern Women: Autobiographical Essays from the Twenties*, The Feminist Press, New York, 1978.

Showalter, Elaine (ed.), *A Jury of her Peers: American Women Writers from Anne Bradstreet to Annie Proulx*, Virago, London, 2009.

Sicherman, Barbara, *Alice Hamilton: A Life in Letters*, Harvard University Press, Cambridge, Massachusettes, 1984.

Sklar, Kathryn Kish, *Florence Kelley and the Nation's Work: The Rise of Women's Political Culture 1830~1900*, Yale University Press New Haven, 1995.

Slack, Kathleen M., *Henrietta's Dream: A Chronicle of the Hampstead Garden Suburb*, Hampstead Garden Suburb Archive Trust, London, 1997.

Sochen, June, *Movers and Shakers: American Women Thinkers and Activists 1900~1970*, Quadrangle, The New York Times Book Co., New York, 1973.

Stanley, Liz, *Imperialism, Labour and the New Woman: Olive Schreiner's Social Theory*, Sociology Press, Durham, 2002.

Stansell, Christine, *American Moderns: Bohemian New York and the Creation of a New Century*, Metropolitan Books, Henry Holt and Co., New York, 2000.

Steedman, Carolyn, *Childhood, Culture and Class in Britain 1860~1921*, Rutgers University Press, New Brunswick, 1990.

Stein, Leon, *The Triangle Fire*, ILR Press, Cornell University Press, Ithaca, 2001.

Sterling, Dorothy, *Black Foremothers: Three Lives*, The Feminist Press, New York, 1987.

Stockham, Alice B., *Tokology*, L. N. Fowler, London, 1918.

Stopes, Marie, *Radiant Motherhood: A Book for Those who are Creating the Future*, G. P. Putnam and Sons, London, 1920.

Strachey, Ray (ed.), *Our Freedom and Its Results*, Hogarth Press, London, 1936.

Strasser, Susan, *Never Done: A History of American Housework*, Pantheon, New York, 1982.

Swados, Harvey, *Years of Conscience, The Muckrakers: An Anthology of Reform Journalism*, Meridian Books, Cleveland, 1962.

Swenarton, Mark, *Homes Fit for Heroes: The Politics and Architecture of Early State Housing in Britain*, Heinemann, London, 1981.

Tarbel, Ida M., *All in the Day's Work: An Autobiography*, Macmillan Company, New York, 1939.

Tax, Meredith, *The Rising of the Women: Feminist Solidarity and Class Conflict 1880~1917*, Monthly Review Press, New York, 1980.

Thomson, Mathew, *Psychological Subjects: Identity, Culture and Health in Twentieth-Century Britain*, Oxford University Press, Oxford, 2006.

Thompson, Dorothy (ed.), *The Courage to be Happy*, Houghton Mifflin, New York, 1957.

Thompson, E. P., *The Romantics*, Merlin, London, 1997.

Thompson, Tierl (ed.), *Dear Girl: The Diaries and Letters of Two Working Women 1897~1917*, The Women's Press, London, 1987.

Trotsky, Leon, *Problems of Everyday Life*(1924), Pathfinder Press, New York, 1973.

Vicinus, Martha, *Independent Women: Work and Community for Single Women 1850~1920*, Virago, London, 1985.

Vorse, Mary Heaton, *A Footnote to Folly: Reminiscences*(1935), Arno Press, New York, 1980.

Vorse, Mary Heaton, *Labor's New Millions*, Arno and the New York Times, New York, 1969.

Walter, Nicolas (ed.), *Charlotte Wilson: Anarchist Essays*, Freedom Press, London, 2000.

Weeks, Jeffrey, *Sex, Politics and Society: The Regulation of Sexuality Since 1800*, Longman, London, 1981.

Weigand, Kate, *Red Feminism: American Communism and the Making of Women's Liberation*, The John Hopkins University Press, Baltimore, 2001.

Weiss, Andrea, *Paris Was A Woman: Portraits from the Left Bank*, Pandora, London, 1995.

Wikander, Ulla, Kessler−Harris, Alice, and Lewis, Jane (eds.), *Protecting Women: Labor Legislation in Europe, the United States and Australia 1880~1920*, University of Illinois Press, Urbana, 1995.

Winslow, Barbara, *Sylvia Pankhurst: Sexual Politics and Political Activism*, St. Martin's Press, New York, 1996.

Woollacott, Angela, *On Her Their Lives Depend: Munitions Workers in the Great War*, University of California Press, Berkeley, 1994.

Wright, Barbara Drygulski, et al. (eds.), *Women, Work and Technology*

Transformations, The University of Michigan Press, Ann Arbor, 1987.

Wright, Gwendolyn, *Building the American Dream: A Social History of Housing in America*, MIT Press, Cambridge, Mass., 1981.

Yeo, Eileen Janes, *The Contest for Social Science: Relations and Representations of Gender and Class*, Rivers Oram Press, London, 1996.

Yeo, Stephen (ed.), *New Views of Co-operation,* Routledge, London, 1988.

미출간 논문

Allen, Margaret, 'The Women are Worse Than the Men: Women's Political Activism in Mining Communities, 1919~1939,' MA Dissertation, International Centre for Labour Studies, University of Manchester, 1997.

Barrow, Logie, 'The Socialism of Robert Blatchford and the Clarion Newspaper, 1889~1914,' PhD Thesis, University of London, 1975.

Debenham, Clare, 'The Origins and Development of the Birth Control Movement in Manchester and Salford, 1917~1935,' MA Dissertation, Manchester Metropolitan University, 2006.

Englander, Susan Lyn, 'Rational Womanhood: Lillian M. Gilbreth and the Uses of Psychology in Scientific Management, 1914~1935,' PhD Thesis, University of California, Los Angeles, 1999.

Moran, Jessica, 'The Story of Kate Austin: Anarchist Revolutionary Writer, Unpublished Paper, 1999,' in Emma Goldman Archive, Berkeley, California.

신문과 정기간행물

Accrington Labour Journal
The Adult
The Alarm
Clarion
Commonweal
The Communist
Daily Herald
Eugenics Review
Freewoman
Halfpenny Short Cuts

Industrial Worker

International Socialist Review

Ladies' Garment Worker

Lansbury's Labour Weekly

Liberty

Lucifer

Manchester Guardian

Mother Earth

New Age

New Generation

New Leader

The Nineteenth Century

Out of Work

Oxford University Extension Gazette

The Social Democrat

The Syndicalist

The Times

Woman Citizen

Woman's Dreadnought/Workers' Dreadnought

Woman Rebel

Woman Worker

Women Workers: Quarterly Magazine of the Birmingham Ladies' Union

문서보관소 자료

Angela Tuckett Manuscript on Enid Stacy, Working-Class Movement Library

Charlotte Perkins Gilman Collection, Schlesinger Library, Radcliffe Institute, Harvard University

Eleanor Rathbone Papers, University of Liverpool

Ellen Gates Starr Papers, Sophia Smith Collection, Smith College

Elizabeth Gurley Flynn Papers, Tamiment Library and Robert F. Wagner Labor Archives

Emma Goldman Papers, University of California, Berkeley

Ford Family Papers, Brotherton Library, University of Leeds

Ford Scrapbook, Leeds Archive

Hale Family Papers, Sophia Smith Collection, Smith College

Havelock and Edith Ellis Papers, British Library

Helena Born Papers, Tamiment Library and Robert F. Wagner Labor Archives

Helen Tufts – Bailie Papers, Sophia Smith Collection, Smith College

H. J. Wilson Papers, Sheffield Archives

Jane Addams Papers, Sophia Smith Collection, Smith College

Karl Pearson Collection, University College, London

Margaret Ashton Papers, Manchester Central Reference Library

Margaret Sanger Papers Project, New York University

Marie Stopes Papers, British Library

Mary E. Gawthorpe Papers, Tamiment Library and Robert F. Wagner Labor
Archives

Ministry of Health, Interdepartmental Committee on Abortion, National Archive

Richards Papers, Sophia Smith Collection, Smith College

Samuel Bale Collection, Bristol Public Library

Sylvia Pankhurst Papers, International Institute of Social History, Amsterdam

Vida Dutton Scudder Papers, Sophia Smith Collection, Smith College

Wheeldon Papers, National Archives

Women's Rights Papers (Biographies), Sophia Smith Collection, Smith College

Women's Suffrage Collection, Manchester Central Reference Library

주석

서문 새날을 꿈꾼 여성들

1. Winifred Harper Cooley, 'A Dream of the Twenty-First Century,' in ed. Carol Farley Kessler, *Daring to Dream: Utopian Stories by United States Women 1836~1919*, Pandora Press, Boston and London, 1984, p. 207. Winifred Harper Cooley, *Woman's Who's Who of America 1914~15*, p. 203 도 참조 Women's Rights Papers Biographies; Box 3 Series 2, Sophia Smith Collection, Smith's College Northampton, Mass에서도 인용.

2. Ada Nield Chew, 'Mother-Interest and Child-Training,' in ed. Doris Nield Chew, *Ada Nield Chew: The Life and Writings of a Working Woman*, Virago, London, 1982, p. 249.

3. Clementina Black, *Woman's Signal*, 29 August 1895, David Rubinstein, *Before the Suffragettes: Women's Emancipation in the 1890s*, The Harvester Press, Brighton, Sussex, 1985, p. 217에서 인용.

4. *Punch*, 26 May 1894, quoted in Rubinstein, *Before the Suffragettes*, p. 17; Christine Stansell, *American Moderns: Bohemian New York and the Creation of a New Century*, Metropolitan Books, Henry Holt and Co., New York, 2000, pp. 26~34.

5. Mary Ritter Beard, 'Mothercraft,' in ed. Ann J. Lane, *Mary Ritter Beard: A Sourcebook*, Schocken Books, New York, 1977, p. 79.

6. 사회적·경제적 배경에 대해서는 Neville Kirk, *Labour and Society in Britain and the USA*, Vol. 2, Scolar Press, Aldershot, Hants, 1994; Joshua Freeman et al., *Who Built America? Working People and the Nation's Economy, Politics, Culture and Society*, Pantheon Books, New York, 1992; John Whiteclay Chambers II, *The Tyranny of Change: America in the Progressive Era, 1890~1920*, Rutgers University Press New Brunswick, New Jersey, 2001 참조

7. Eds. Peter Gordon and David Doughan, *Dictionary of Women's*

Organisations, 1825~1960, Woburn Press, London, 2001, pp. 174~5. Patricia Hollis, *Ladies Elect: Women in English Local Government, 1865~1914*, Oxford University Press, Oxford, 1987, pp. 27, 307~36, 358~9 에서도 인용.

8. Pamela M. Graves, *Labour Women: Women in British Working-Class Politics, 1918~1939*, Cambridge University Press, Cambridge, 1994, p. 175.

9. Deborah McDonald, *Clara Collet, 1860~1948: An Educated Working Woman*, Woburn Press, London 2004, pp. 45~7; Jean Bethke Elshtain, *Jane Addams and the Dream of American Democracy*, Basic Books, New York, 2002, pp. 74~5.

10. Patricia Madoo Lengermann and Jill Niebrugge-Brantley, *The Women Founders: Sociology and Social Theory 1830~1930*, McGraw-Hill, Boston, 1998, pp. 229~75.

11. Johanna Alberti, *Eleanor Rathbone*, Sage Publications, London, 1996, pp. 21~9, 68~75.

12. Sally Alexander, 'The Fabian Women's Group 1908~52' in ed. Sally Alexander, *Becoming a Woman and other Essays in 19th and 20th Century Feminist History*, Virago, London, 1994, pp. 149~58.

13. National Woman's Alliance, 'Declaration of Purposes,' Mari Jo Buhle, *Women and American Socialism 1870~1920*, University of Illinois Press, Urbana, 1983, p. 88에서 인용.

14. Buhle, *Women and American Socialism*, pp. 89~103.

15. 블랙(Clementina Black)은 ed. Ellen Mappen, *Helping Women at Work: The Women's Industrial Council 1889~1914*, Hutchinson and Co., London, 1985, p. 61에서 인용.

16. Barbara Winslow, *Sylvia Pankhurst: Sexual Politics and Political Activism*, St. Martin's Press, New York, 1996 참조.

17. Chambers II, *The Tyranny of Change*, pp. 167~8.

18. Ellen H. Richards and S. Maria Elliott, *The Chemistry of Cooking and Cleaning: A Manual for Housekeepers*, Home Science Publishing, Boston 1897, pp. 81~3, 137; Dolores Hayden, *The Grand Domestic Revolution: A History of Feminist Designs for American Homes, Neighborhoods and Cities*, MIT Press, Cambridge, Massachusetts, 1982, pp. 151~3, 186~7; Kathryn Kish Sklar, *Florence Kelley and the Nation's Work: The Rise of Women's Political Culture, 1830~1900*, Yale University Press, New Haven, Connecticut, 1995, pp. 141~5, 306~11; Sarah Deutsch, *Women and the City: Gender, Space and Power in Boston, 1870~1940*, Oxford University Press, Oxford, 2000, pp.

182~3 참조

19. Stephanie J. Shaw, 'Black Club Women and the Creation of the National Association of Colored Women' and Linda Gordon, 'Black and White Visions of Welfare: Women's Welfare Activism, 1890~1945,' in eds. Darlene Clark Hine, Wilma King, Linda Reed, *We Specialize in the Wholly Impossible: A Reader in Black Women's History*, Carlson Publishing, New York, 1995, pp. 433~47, 449~85; Dorothy Sterling, *Black Foremothers: Three Lives*, The Feminist Press, New York, 1988, pp. 83~140.

20. 하퍼(Frances Ellen Harper)는 Hazel Carby, *Reconstructing Womanhood: The Emergence of the Afro-American Woman Novelist*, Oxford University Press, New York, 1987, p. 70에서 인용.

21. Polly Wynn Allen, *Building Domestic Liberty: Charlotte Perkins Gilman's Architectural Feminism*, The University of Massachusetts Press, Amherst, 1988, pp. 41~5, 86~121; Ann J. Lane, *To Herland and Beyond: The Life and Work of Charlotte Perkins Gilman*, Pantheon, New York, 1990, pp. 160~4, 297~299; eds. Mary Ann Dimand, Robert W. Dimand, Evelyn L. G. Forget, *Women of Value: Feminist Essays on the History of Women in Economics*, Edward Elgar, Aldershot, 1995, p. 55.

22. Martin Henry Blatt, *Free Love and Anarchism: The Biography of Ezra Heywood*, University of Illinois Press, Urbana, 1989, p. 152; Hal D. Sears, *The Sex Radicals: Free Love in High Victorian America*, Regents Press of Kansas, Lawrence, 1977, pp. 111, 204~19.

23. Lucy Bland, *Banishing the Beast: English Feminism and Sexual Morality, 1885~1914*, Penguin Books, London, 1995, pp. 159~61.

24. 홉킨스(Pauline Elizabeth Hopkins)에 대해서는 Carby, *Reconstructing Womanhood*, pp. 121~8에서 인용.

25. Lucy Delap, *The Feminist Avant-Garde: Transatlantic Encounters of the Early Twentieth Century*, Cambridge University Press, Cambridge, 2007, pp. 22~8, 45~6.

26. Delap, *The Feminist Avant-Garde*, pp. 29~34, 49~52.

27. Storm Jameson, *Journey From the North*, Vol. 1, Virago, London, 1984, p. 65.

28. Adeline Champney, *The Woman Question*, Comrade Co-operative Company, New York, 1903, p. 20.

29. Mary Parker Follett, *The New State: Group Organization, The Solution of Popular Government*, Peter Smith, Gloucester, Massachusetts, 1965, p. 189.

1장 침묵의 일상을 깨우다

1. Howard S. Miller, 'Kate Austin: A Feminist-Anarchist on the Farmer's Last Frontier,' *Nature, Society, and Thought*, Vol. 9, No. 2, April 1996, pp. 195~8 참조

2. 홈스(Lizzie M. Holmes)는 (née Swank) Meredith Tax, *The Rising of the Women: Feminist Solidarity and Class Conflict, 1880~1917*에서 인용, Monthly Review Press, New York, 1980, p. 41.

3. *Chicago Tribune*, 3 May 1886, Tax, *The Rising of the Women*, p. 50에서 인용.

4. Lizzie M. Holmes (née Swank), 'Our Memorial Day,' *The Alarm*, 16 June 1888, Vol. 1, No. 14, p. 1.

5. Lengermann and Niebrugge-Brantley, *The Women Founders*, p. 230.

6. Chew, *Ada Nield Chew*, pp. 75~134 참조

7. G. R. Searle, *A New England? Peace and War, 1886~1918*, Clarendon Press, Oxford, 2004, p. 71에서 인용.

8. Frances E. Willard, 'Women and Organization,' Address to the Woman's National Council of the United States, First Triennial Meeting, 1891, Library of Congress, 온라인은 http://www.history.ohio-state.edu/projects/prohibition/willard/willard.htm(27/05/02 접속).

9. Mary Church Terrell, 'The Progress of Colored Women,' Address before the National American Women's Suffrage Association, 1898, 온라인은 http://www.gos.sbc.edu/t/terrellmary.htm(21/05/02 접속).

10. Shaw, 'Black Club Women and the Creation of the National Association of Colored Women,' in eds. Hine, King, Reed, '*We Specialize in the Wholly Impossible*,' pp. 436~7; Tera W. Hunter, *To 'Joy My Freedom: Southern Black Women's Lives and Labors After the Civil War*, Harvard University Press, Cambridge, Massachusetts, 1997, pp. 136~7.

11. Louisa Twining, 'Workhouse Cruelties,' *The Nineteenth Century*, Vol. XX, July–Dec., 1886, p. 709.

12. 오헤어(Kate Richards O'Hare)는 eds. Philip S. Foner and Sally M. Miller, *Kate Richards O'Hare: Selected Writings and Speeches*, Louisiana State University Press, Baton Rouge, 1982, p. 200에서 인용.

13. Vida D. Scudder, *Social Ideals in English Letters*, Houghton, Mifflin and Co., 1898, p. 300.

14. Emily Ford, 'Reminiscences' 1880~1910, Ford Family Papers, Mss. 371/3, p. 3, Brotherton Library, University of Leeds.

15. Ellen Gates Starr to Mary Blaisdell, 23 February, 1889(?), Correspondence,

Series 2, Box 8, Ellen Gates Starr Papers, Sophia Smith Collection, Smith's College, Northampton, Mass; Jane Addams, *Twenty Years at Hull House*, Macmillan, New York, 1938, pp. 115~17.

16. Carol Dyhouse, *No Distinction of Sex? Women in British Universities, 1870~1939*, UCL Press, London, 1995, p. 193.

17. Mrs Havelock Ellis (née Edith Lees), 'Olive Schreiner and her Relation to the Woman Movement,' mss Havelock Ellis Papers; British Library.

18. Lizzie Holmes, "The 'Unwomanly' Woman," *Our New Humanity*, Vol. 1, No. 3, March 1896, p. 13.

19. *Commonweal*, 16 August 1890; 13 September 1890.

20. Beatrice Webb (née Potter), August 1885, quoted in Carole Seymour-Jones, *Beatrice Webb: Woman of Conflict*, Pandora, London, 1993, p. 128.

21. 예지에르스카(Anzia Yezierska)는 Annelise Orleck, *Common Sense and a Little Fire: Women and Working Class Politics in the United States, 1900~1965*, The University of North Carolina Press, Chapel Hill, 1995, p. 39 에서 인용. 예지에르스카에 대해서는 Elaine Showalter, *A Jury of Her Peers: American Women Writers from Anne Bradstreet to Annie Proulx*, Virago, London, 2009, pp. 313~21 참조

22. 쿠퍼(Anna Julia Cooper)는 Mary Helen Washington, Introduction, *Anna Julia Cooper, A Voice from the South*, Oxford University Press, New York, 1988, p. xvii에서 인용.

23. 헌터(Jane Edna Hunter)는 Shaw, 'Black Club Women,' p. 438에서 인용.

24. Florence Kelley to Friedrich Engels, 1887, Sklar, *Florence Kelley and the Nation's Work*, p. 143에서 인용. *Helen Campbell, The Problem of the Poor: A Record of Quiet Work in Unquiet Places*, Fords, Howard and Hulbert, New York, 1882 참조

25. Beatrice Webb, quoted in Seymour-Jones, *Beatrice Webb*, p. 78.

26. Virginia Woolf, Introduction, in ed. Margaret Llewellyn Davies, *Life As We Have Known It*, Hogarth Press, London, 1931, p. xxxvi.

27. Jane Hume Clapperton, *Scientific Meliorism and the Evolution of Happiness*, Kegan Paul Trench and Co., London, 1885, p. 286.

28. Terrell, 'The Progress of Colored Women,' 온라인은 http://gos.sbc.edu/t/terrellmary.html(27/05/02접속).

29. 웨브(Catherine Webb)는 Alistair Thomson, 'Domestic Drudgery will be a Thing of the Past: Co-operative Women and the Reform of Housework,' in ed. Stephen Yeo, *New Views of Co-operation*, Routledge, London, 1988, p. 123에서 인용.

30. Charlotte M. Wilson, 'What Socialism Is,' Fabian Society, Tract No. 4, June 1886, in ed. Nicolas Walter, *Charlotte Wilson: Anarchist Essays,* Freedom Press, London, 2000, p. 53.

31. Sheila Rowbotham, *Edward Carpenter: A Life of Liberty and Love,* Verso, London, 2008 참조.

32. Helena Born to William Bailie, 1 May 1898, Born Papers, The Tamiment Library and Robert F. Wagner Labor Archives.

33. Charlotte Perkins Stetson (Gilman) Diary, 28 September 1896 and Charlotte Perkins Stetson (Gilman) to Houghton Gilman, 4 June 1897, Charlotte Perkins Gilman Papers, Schlesinger Library, Radcliffe Institute, Harvard University.

34. Mary Gawthorpe, *Up Hill to Holloway,* Traversity Press, Penobscot, Maine, 1962, p. 121.

35. Alison Ravetz, *Council Housing and Culture: The History of a Social Experiment,* Routledge, London, 2001, pp. 29~32; Carolyn Steedman, *Childhood, Culture and Classic Britain: Margaret McMillan, 1860~1921,* Rutgers University Press, New Brunswick, New Jersuey, 1990, pp. 47~8; Jill Liddington, *The Life and Times of a Respectable Rebel: Selina Cooper, 1864~1946,* Virago, London, 1984, p. 68; Mary A. Hill, *Charlotte Perkins Gilman: The Making of a Radical Feminist, 1860~1896,* Temple University Press, Philadelphia, 1980, p. 242.

36. Scudder, *Social Ideals in English Letters,* p. 219.

37. Constance M. Chen, *The Sex Side of Life: Mary Ware Dennett's Pioneering Battle for Birth Control and Sex Education,* The New Press, New York, 1996, p. 22.

38. Hill, *Charlotte Perkins Gilman,* pp. 264~72.

39. Lengermann, Niebrugge-Brantley, *The Women Founders,* pp. 75, 242; Sklar, *Florence Kelley,* pp. 100~105; Karen Hunt, *Equivocal Feminists: The Social Democratic Federation and the Woman Question, 1884~1911,* Cambridge University Press, Cambridge, 1996, pp. 81~117.

40. Lengermann, Niebrugge-Brantley, *The Women Founders,* p. 298.

41. Delap, *The Feminist Avant-Garde,* p. 205.

42. Maurine Weiner Greenwald, 'Working-Class Feminism and the Family Wage Ideal: The Seattle Debate on Married Women's Right to Work, 1914~1920,' *Journal of American History,* Vol. 76, No. 1, June 1989, p. 135.

43. Sterling, *Black Foremothers,* pp. 90~92. 파이어니어 클럽(Pioneer Club)에 대해서는 Erika Diane Rappaport, *Shopping for Pleasure: Women in the Making of*

London's West End, Princeton University Press, Princeton, 2000, p. 96 참조.

44. Phyllis Grosskurth, *Havelock Ellis: A Biography*, New York University Press, New York, 1985, p. 191; Sheila Rowbotham, *Women in Movement: Feminism and Social Action*, Routledge, New York, 1992, pp. 158~61.

45. Ellen Carol Du Bois, *Harriot Stanton Blatch and the Winning of Woman Suffrage*, Yale University Press, New Haven, Connecticut, 1997, pp. 60~85; Lane, *Mary Ritter Beard*, pp. 1~23; Alice Hamilton, *Exploring the Dangerous Trades*, Northeastern University Press, Boston, 1985, pp. 240~41. 공식 기구에 대해서는 Leila J. Rupp, *Worlds of Women: The Making of an International Women's Movement*, Princeton University Press, Princeton, 1997 참조.

46. Sheila Rowbotham, *A New World for Women: Stella Browne – Socialist Feminist*, Pluto, London, 1977, pp. 15~17; Desley Deacon, *Elsie Clews Parsons: Inventing Modern Life*, The University of Chicago Press, Chicago, 1997, fn. 32, p. 434.

47. Jill Liddington and Jill Norris, *One Hand Tied Behind Us: The Rise of the Women's Suffrage Movement*, Virago, London, 1978, pp. 236~7; Thomson, 'Domestic Drudgery will be a Thing of the Past,' p. 115.

48. 콘(Fannia Cohn)은 Orleck, *Common Sense and a Little Fire*, p. 192에서 인용.

49. Hermia Oliver, *The International Anarchist Movement in Late Victorian London*, Croom Helm, London, 1983, pp. 25~33; Nicolas Walter, 'Charlotte Wilson' in ed. David Goodway, *The Anarchist Past and Other Essays: Nicolas Walter*, Five Leaves, Nottingham, 2007, pp. 220~30.

50. Dora Barrow Montefiore in ed. Elizabeth Crawford, *The Women's Suffrage Movement: A Reference Guide 1866~1928*, UCL Press, London, 1999, pp. 418~23.

51. Deacon, *Elsie Clews Parsons*, pp. 34~53, 121~3.

52. Marie Jenny Howe quoted in Deacon, *Elsie Clews Parsons*, p. 121.

53. Bland, *Beauty and the Beast*, pp. 14~47.

54. Ibid., pp. 250~96; Delap, *The Feminist Avant-Garde*, pp. 49, 122~6; Mathew Thomson, *Psychological Subjects, Identity, Culture and Health in Twentieth-Century Britain*, Oxford University Press, Oxford, 2006, pp. 20~22, 100~101.

55. Mabel Dodge Luhan quoted in Lois Palken Rudnick, *Mabel Dodge Luhan: New Woman, New Worlds,* University of New Mexico Press, Albuquerque, 1984, p. 143.

56. 파슨스(Parsons)는 Deacon, *Elsie Clews Parsons*, p. 129에서 인용.

57. Blanche Wiesen Cook, ed. *Crystal Eastman: On Women and Revolution,*

Oxford University Press, Oxford, 1978, pp. 46~57.

58. Mrs. Bertrand Russell (Dora Russell), *The Right to Be Happy*, Garden City Publishing, New York, 1927, p. 295.

2장 어떻게 존재할 것인가

1. Dora Montefiore, 'The New Woman,' *Singings Through the Dark*, Sampson Low & Co., London, 1898, pp. 62~3.
2. Holmes, "The 'Unwomanly' Woman," p. 13.
3. Emma Heller Schumm, Boston Branch of the Walt Whitman Fellowship, 17 March 1901, Born Papers, The Tamiment Library and Robert F. Wagner Labor Archives.
4. Ibid.
5. Clapperton, *Scientific Meliorism*, p. 140.
6. Teresa Billington-Greig, 1914, Brian Harrison, *Prudent Revolutionaries: Portraits of British Feminists Between the Wars*, Clarendon Press, Oxford, 1987, p. 63에서 인용.
7. 시먼스(Mary Simmons)는 Martha Vicinus, *Independent Women: Work and Community for Single Women: 1850~1920*, Virago, London, 1985, p. 230에서 인용.
8. Florence Exten-Hann, quoted in ed. Sheila Rowbotham, *Dreams and Dilemmas: Collected Writings*, Virago, London, 1983, p. 224.
9. Crystal Eastman, quoted in Cook, *Crystal Eastman*, p. 9.
10. Ibid.
11. 스탠턴(Elizabeth Cady Stanton)은 Crawford, *The Women's Suffrage Movement*, p. 271에서 인용.
12. Anon., 'Infant Clothing,' *The Rational Dress Society's Gazette*, Vol. 2, No. 6, July 1889, p. 76.
13. Rita McWilliams, Tullberg, 'Mary Paley Marshall, 1850~1944' in eds. Mary Ann Dimand, Robert W. Dimand, Evelyn L. Forget, *Women of Value: Feminist Essays on the History of Women in Economics*, Edward Elgar, Aldershot, 1995, p. 161에서 인용.
14. Helena Born, 'Whitman and Nature,' Mss C. 1890, Born Papers, Tamiment Library and Robert F. Wagner Labor Archives.
15. Gordon and Doughan, *Dictionary of British Women's Organisations*, p. 63.
16. Dennis Hardy, *Community Experiments, 1900~1945*, E. and F. N. Spon,

London, 2000, p. 123.

17. Nellie Shaw, *Whiteway: A Colony in the Cotswolds*, C. W. Daniel, London, 1935, p. 109.

18. Gordon and Doughan, *Dictionary of British Women's Organisations*, p. 63.

19. Shari Benstock, *Women of the Left Bank: Paris 1900~1940*, University of Texas, Austin, 1986, p. 302.

20. 길먼(Charlotte Perkins Gilman)은 Lane, *To Herland and Beyond*, p. 285에서 인용.

21. Christine Stansell, *American Moderns: Bohemian New York and the Creation of a New Century*, Metropolitan Books, New York, 2000, p. 35.

22. Cosmo Gordon Lang quoted in J. G. Lockhart, Cosmo Gordon Lang, Hodder and Stoughton, London, 1949, p. 49.

23. Sheila Rowbotham, Interview with Maurice Hann, Mss Notes, 1973.

24. Chew, *Ada Nield Chew*, p. 10.

25. Ibid.

26. Harrison, *Prudent Revolutionaries*, p. 189에서 인용.

27. 새블리치(Milka Sablich)는 Ella Reeve Bloor, *We Are Many: An Autobiography*, International Publishers, New York, 1940, pp. 218~19에서 인용.

28. Angela Woollacott, *On Her Their Lives Depend: Munitions Workers in the Great War*, University of California Press, Berkeley, 1994, p. 130에서 인용.

29. Melinda Chateauvert, *Marching Together: Women of the Brotherhood of Sleeping Car Porters*, University of Illinois Press, Urbana, 1998, p. 9에서 인용.

30. Laura Doan, *Fashioning Sapphism: The Origins of a Modern English Lesbian Culture*, Columbia University Press, New York, 2001, p. 120에서 인용. 도안(Laura Doan)은 스타일의 변화에 담긴 문화적 의미에 대해 pp. 96, 120~25에서 설명했다.

31. 파슨스(Elsie Clews Parsons)는 Deacon, *Elsie Clews Parsons*, p. 129에서 인용.

32. 이스트먼(Max Eastman)은 Rudnick, *Mabel Dodge Luhan*, p. 117에서 인용.

33. 파슨스(Elsie Clews Parsons)는 Deacon, *Elsie Clews Parsons*, p. 129에서 인용.

34. Isabel Leavenworth, 'Virtue for Women,' in ed. Freda Kirchwey, *Our Changing Morality: A Symposium*, Albert and Charles Boni, New York, 1924, p. 97.

35. 베이커(Josephine Baker)는 Ann Douglas, *Terrible Honesty: Mongrel Manhattan in the 1920s*, The Noonday Press, Farrar, Strauss & Giroux, New York, 1995, p. 52에서 인용.

36. 포셋(Jessie Fauset)은 Benstock, *Women of the Left Bank*, p. 13에서 인용.

37. Carby, *Reconstructing Womanhood*, p. 173.

38. Charlotte Perkins Gilman, 'Toward Monogamy' in ed. Kirchwey, *Our Changing Morality*, p. 54.

39. 루언(Mabel Dodge Luhan)은 Rudnick, *Mabel Dodge Luhan*, p. 62에서 인용.

40. Sheila Rowbotham, Interview with Margery Corbett Ashby, Mss Notes, 1973.

41. 포드(Isabella Ford)는 June Hannam, *Isabella Ford*, Basil Blackwell, Oxford, 1989, p. 54에서 인용.

42. *Clarion*, 23 December 1899, Logie Barrow, *The Socialism of Robert Blatchford and the Clarion Newspaper, 1889~1914*, University of London, PhD Thesis, 1975, p. 273에서 인용.

43. Julia Dawson, *Clarion*, 30 December 1899, Barrow, *The Socialism of Robert Blatchford and the Clarion Newspaper*, p. 273에서 인용.

44. Ada Nield Chew, 'The Economic Freedom of Women,' *Freewoman*, 11 July 1912, in ed. Chew, *Ada Nield Chew*, p. 240.

45. Ibid., pp. 20~21.

46. Annie Davison, in eds. Jean McCrindle and Sheila Rowbotham, *Dutiful Daughters: Women Talk about Their Lives*, Penguin, London, 1983, p. 64.

47. Dana Frank, *Purchasing Power: Consumer Organizing, Gender, and the Seattle Labor Movement, 1919~1929*, Cambridge University Press, Cambridge, 1994, p. 57.

48. Frank, *Purchasing Power*, p. 57.

49. 어린이를 위한 로즈버드 샘(Children's Rosebud Fountains)에 대해서는 Elsa Barkley Brown, 'Womanist Consciousness: Maggie Lena Walker and the Independent Order of Saint Luke,' in eds. Ellen Carol Du Bois and Vicki L. Ruiz, *Unequal Sisters: A Multicultural Reader in US Women's History*, Routledge, New York, 1990, p. 212에서 인용.

50. 뉴먼(Pauline Newman)은 Orleck, *Common Sense and a Little Fire*, p. 35에서 인용.

51. Mary Heaton Vorse quoted in ed. Dee Garrison, *Rebel Pen: The Writings of Mary Heaton Vorse*, Monthly Review Press, New York, 1985, p. 15.

52. Nancy A. Hewitt, *Southern Discomfort: Women's Activism in Tampa, Florida, 1880s~1920s*, University of Illinois Press, Urbana, 2001, p. 115에서 인용.

53. Emma Goldman, 'The Tragedy of Woman's Emancipation,' June Sochen, *Movers and Shakers: American Women Thinkers and Activists, 1900~1970*, Quadrangle, The New York Times Book Co., New York, 1973, p. 63에서 인용.

54. Charlotte Perkins Gilman, 'An Anchor to Windward,' 1882, Hill, *Charlotte Perkins Gilman*, p. 93에서 인용.

55. Charlotte Perkins Gilman to Martha Lane, 20 January 1890, 위의 책., p. 160에서 인용.

56. 커트니(Kate Courtney)와 웨브(Beatrice Webb)는 Seymour-Jones, *Beatrice Webb*, p. 209에서 인용.

57. Beatrice (Potter) Webb, 5 May 1890, in eds. MacKenzie, *The Diaries of Beatrice Webb*, p. 139.

58. Elsie Clews Parsons, quoted in Deacon, *Elsie Clews Parsons*, p. 143.

59. Beatrice M. Hinkle, 'Women and the New Morality,' in ed. Kirchwey, *Our Changing Morality*, p. 249.

60. 파슨스(Elsie Clews Parsons)는 Deacon, *Elsie Clews Parsons*, p. 96에서 인용.

61. Beatrice Hastings, *New Age*, Vol. XI, No. 11, 11 July 1912, p. 253. 헤이스팅스에 대해서는 Dan Franck, *The Bohemians: The Birth of Modern Art: Paris, 1900~1930*, Weidenfeld and Nicolson, London, 2001, pp. 187~261 참조.

62. June Sochen, *The New Woman in Greenwich Village, 1910~1920*, Quadrangle, The New York Times Book Co., 1972, pp. 18~23, 34~5. 글래스펠(Susan Glaspell)에 대해서는 Showalter, *A Jury of Her Peers*, pp. 262~3 참조.

63. 파슨스(Elsie Clews Parsons)는 Deacon, *Elsie Clews Parsons*, p. 142에서 인용.

64. Leonora Eyles, 'The Unattached Woman,' *Good Housekeeping*, March 1928, in eds. Brian Braithwaite, Noëlle Walsh, *Things My Mother Should Have Told Me: The Best of Good Housekeeping 1922~1940*, Ebury Press, London, 1991, p. 74.

65. Leonora Eyles, 'Sex Antagonism,' *Lansbury's Labour Weekly*, 28 November 1925, p. 13.

66. Elise Johnson McDougald, 'The Double Task: The Struggle of Negro Women for Sex and Race Emancipation,' *Survey Graphic*, 1925, in ed. Margaret Busby, *Daughters of Africa: An International Anthology of Words and Writings by Women of African Descent from the Ancient Egyptian to the Present*, Jonathan Cape, London, 1992, p. 184.

67. Garland Smith, 'The Unpardonable Sin,' in ed. Elaine Showalter, *These Modern Women: Autobiographical Essays from the Twenties*, The Feminist Press, New York, 1978, p. 120.

68. Ruth Pickering, 'A Deflated Rebel,' in ibid., p. 62.

69. Dorothy Dunbar Bromley, quoted in ibid., p. 4.

70. Beatrice M. Hinkle, 'Why Feminism?,' in ibid., p. 141.

71. Crystal Eastman, 'Now We Can Begin,' 1920, in ed. Cook, *Crystal Eastman*, pp. 53~4.

72. Suzanne La Follette, *Concerning Women*, Arno Press, New York, 1972, p.

303.

73. Emma Goldman to Hutchins Hapgood, 26 October 1927, Candace Falk, *Love, Anarchy and Emma Goldman: A Biography*, Holt, Rinehart and Winston, New York, 1984, p. 7에서 인용.

74. Emma Goldman to Alexander Berkman, December 1927, 위의 책, p. 10에서 인용.

3장 섹스

1. Lillian Harman, 'The Gospel of Self-Respect,' *Lucifer*, Vol. I, No. 16, 21 April 1897, p. 125.

2. Sarah Holmes ('Zelm'), 'Love and Ideas, Ideals about Love,' *Liberty*, Vol. 5, No. 26, Issue 130, 21 July 1888, p. 7.

3. Sears, *The Sex Radicals*, pp. 252~3.

4. Lillian Harman, *Some Problems of Social Freedom*(pamphlet), The Adult, London, 1898, p. 4.

5. Holmes, 'Love and Ideas,' p. 7.

6. Elmina Slenker, quoted in Blatt, *Free Love and Anarchism*, p. 153.

7. Elmina Slenker, 'Dianaism,' *Lucifer*, Vol. I, No. 15, 14 April 1897, p. 117.

8. Ibid.

9. Alice B. Stockham, *Karezza*(1896), Angus McLaren, *Birth Control in Nineteenth-Century England*, Holmes and Meier, New York, 1978, p. 204에서 인용.

10. Dora Forster, *The Adult*, October 1897, quoted in Bland, Banishing the Beast, p. 172.

11. Amy Linnett, 'Continence and Contraception,' *Lucifer*, Vol. I, No. 18, 15 May 1897, p. 39.

12. Elizabeth Johnson, Letter, *Lucifer*, Vol. I, No. 42, 20 October 1897, p. 335.

13. Rosa Graul, *Hilda's Home*(1897), Kessler, *Daring to Dream*, p. 203에서 인용.

14. Ibid.

15. Harman, *Some Problems of Social Freedom*, p. 8.

16. Lillie White, *Lucifer*, 19 June 1891, Sears, *The Sex Radicals*, p. 247에서 인용.

17. Sarah Holmes ('Zelm'), 'The Problem which the Child Presents,' *Liberty*, Vol. 6, No. 2, Issue 132, 1 September 1888, p. 7.

18. Graul, *Hilda's Home*, quoted in Kessler, *Daring to Dream*, p. 203.

19. Kate Austin, 'A Woman's View of It,' *Firebrand*, 25 April 1897, Jessica

Moran, 'The Story of Kate Austin: Anarchist Revolutionary Writer,' unpublished paper 1999, in Emma Goldman Papers, Berkeley, California에서 인용.

20. Blaine McKinley, 'Free Love and Domesticity: Lizzie M. Holmes, *Hagar Lyndon*(1893), and the Anarchist-Feminist Imagination,' Journal of American Culture, Vol. 13, No. 1, Spring 1990, p. 60.

21. Edith Vance, 25 February 1895, ed. Oswald Dawson, *The Bar Sinister and Illicit Love: The First Biennial Proceedings of the Legitimation League*, W. Reeve, London, 1895, pp. 228~9에서 인용.

22. Shaw, *Whiteway*, p. 129.

23. Voltairine de Cleyre, 'Those Who Marry Do Ill,' *Mother Earth*, Vol. II, No. 11, January 1908, in ed. Peter Glassgold, *Anarchy! An Anthology of Mother Earth*, Counterpoint, Washington, DC, 2001, p. 106.

24. Mona Caird, 'Marriage,' *Westminster Review*, Vol. 130, August 1888, quoted in Bland, *Banishing the Beast*, p. 129.

25. Mona Caird, 'Phases of Human Development,' Bland, *Banishing the Beast*, p. 129에서 인용.

26. Caird, 'Marriage,' quoted in Bland, *Banishing the Beast*, p. 129.

27. Margaret McMillan to John Bruce Glaiser, 2 February 1893, Steedman, *Childhood, Culture and Class in Britain*, p. 123에서 인용.

28. Meridel LeSueur, 'A Remembrance,' in Emma Goldman, *Living My Life: An Autobiography*, A Peregrine Smith Book, Gibbs M. Smith, Salt Lake City, Utah, 1982, p. v.

29. Bland, *Banishing the Beast*, pp. 95~111 참조

30. David J. Pivar, *Purity Crusade: Sexual Morality and Social Control*, Greenwood Press, Westport, Connecticut, 1973, pp. 186, 204, 228~37 참조

31. Bland, *Banishing the Beast*, p. 115.

32. Pivar, *Purity Crusade*, pp. 261~73.

33. Hamilton, *Exploring the Dangerous Trades*, pp. 92~3.

34. Maimie Pinzer, Letter 27, in eds. Ruth Rosen and Sue Davidson, *The Maimie Papers*, The Feminist Press, New York, 1977, p. 81.

35. Mary Ritter Beard, *Woman's Work in Municipalities*(1915), Arno Press, New York, 1972, p. 148에서 인용.

36. Dr. Rosalie Morton, quoted in ibid., p. 129.

37. The Women's Municipal League of Boston, 위의 책, p. 125에서 인용.

38. Angela Heywood, *The Word*, April 1887, Blatt, *Free Love and Anarchism*, p. 161에서 인용.

39. Ezra Heywood, *The Word*, July 1884, 위의 책에서 인용.

40. Ess Tee, 'Wanted: A New Dictionary,' *The Adult*, November 1897, Bland, *Banishing the Beast*, p. 273에서 인용.

41. Maria Sharpe, 'Conclusion,' 5 July 1889, 위의 책, pp. 25~6에서 인용.

42. Lizzie Holmes, Letter, *Lucifer*, 28 August 1891, Sears, *The Sex Radicals*, p. 269에서 인용.

43. Dora Marsden, *Freewoman*, 16 May 1912, Bland, *Banishing the Beast*, p. 273에서 인용.

44. Dora Marsden, *Freewoman*, 23 November 1911, pp.1~2.

45. Mabel Dodge Luhan, 'Magnetism,' 1912, Rudnick, *Mabel Dodge Luhan*, p. 65에서 인용.

46. Olive Schreiner to Havelock Ellis, 7 August 1912, in ed. S. C. Cronwright-Schreiner, *The Letters of Olive Schreiner, 1876~1920*, T. Fisher Unwin, London, 1924, p. 312.

47. Kathlyn Oliver, 'Asceticism and Power,' *Freewoman*, 15 February 1912, p. 252.

48. New Subscriber, *Freewoman*, 22 February 1912, p. 270; Kathlyn Oliver, *Freewoman*, 29 February 1912, p. 290; New Subscriber, *Freewoman*, 7 March 1912, p. 313; Kathlyn Oliver, *Freewoman*, 14 March 1912, p. 331.

49. Edith Ellis to Edward Carpenter, 5 December 1905, Mss 358/7. Carpenter Collection, Sheffield Archives.

50. F. W. Stella Browne, 'The Sexual Variety and Variability among Women and their Bearing upon Social Reconstruction,' 1915, in Rowbotham, *A New World for Women*, p. 104.

51. Ibid., pp. 103~4.

52. Elsie Clews Parsons, 'Wives and Birth Control,' 1916, Deacon, *Elsie Clews Parsons*, p. 159에서 인용. 이런 새로운 자의식의 뿌리에 대해서는 위의 책, p. 125 참조.

53. Stansell, *American Moderns*, p. 307.

54. Neith Boyce to Hutchins Hapgood, 13 April 1899, Stansell, *American Moderns*, p. 261에서 인용.

55. Neith Boyce to Hutchins Hapgood, December 1905, 위의 책, p. 285에서 인용.

56. Eds. Candace Falk, Barry Pateman, Jessica Moran, *Emma Goldman: A Documentary History of the American Years, Vol. I: Made for America, 1890~1901*, University of California Press, Berkeley, 2003, pp. 13~14 참조.

57. Emma Goldman to Ben Reitman, no date, quoted in Candace Falk, *Love, Anarchy and Emma Goldman: A Biography*, Holt, Rinehart and Winston, New York, 1984, pp. 79~80.

58. Stansell, *American Moderns*, p. 295.

59. Almeda Sperry to Emma Goldman, no date, 1912, Falk, *Love, Anarchy and Emma Goldman*, p. 173에서 인용.

60. LeSueur, 'A Remembrance,' in Goldman, *Living My Life*, p. xv.

61. Janice R. MacKinnon and Stephen R. MacKinnon, *Agnes Smedley: The Life and Times of an American Radical*, Virago, London, 1988, p. 34.

62. Margaret Llewellyn Davies, draft foreword to Catherine Webb, *The Woman with the Basket*, quoted in Gill Scott, 'Working Out Their Own Salvation: Women's Autonomy and Divorce Law Reform in the Co-operative Movement, 1910~1920,' in ed. Yeo, *New Views of Co-operation*, p. 131.

63. Gawthorpe, *Up Hill to Holloway*, p. 151.

64. Ed. Tierl Thompson, *Dear Girl: The Diaries and Letters of Two Working Women 1897~1917*, The Women's Press, London, 1987, pp. 154~5.

65. Ibid., p. 15.

66. Ada Nield Chew, quoted in Chew, *Ada Nield Chew*, p. 61.

67. Mary Archibald, *Seattle Union Record*, 29 April 1918, quoted in Greenwald, 'Working-Class Feminism and the Family Wage Ideal,' *Journal of American History*, Vol. 76, No 1, June 1989, p. 136.

68. Rose Schneiderman to Pauline Newman, 11 August 1917, quoted in Orleck, *Common Sense and a Little Fire*, p. 137.

69. Elsie Clews Parsons, 'Changes in Sex Relations,' in ed. Kirchwey, *Our Changing Morality*, p. 37.

70. Margaret Leech, quoted in Marion Meade, *Dorothy Parker: What Fresh Hell Is This?*, Heinemann, London, 1988, p. 76.

71. Ann Douglas, *Terrible Honesty: Mongrel Manhattan in the 1920s*, The Noonday Press, Farrar, Strauss & Giroux, New York, 1995, p. 47.

72. Carby, *Reconstructing Womanhood*, pp. 173~4.

73. Mrs Bertrand Russell, *Hypatia or Women and Knowledge*, Kegan Paul, Trench, Trubner and Co., London, 1925, pp. 42~3.

74. Vera Brittain, *Halcyon or the Future of Monogamy*, Kegan Paul, Trench, Trubner and Co., London, 1929, p. 17.

75. 데닛(Mary Ware Dennett)은 Brittain, *Halcyon*, p. 24에서 인용.

76. Sheila Rowbotham, Interview with Dora Russell, Mss Notes, 1974.

77. Leonora Eyles, *The Woman in the Little House*, Grant Richards, London, 1922, p. 129.

78. Ibid., pp. 133~4.

79. Ibid., p. 136.

80. Annie Williams, in eds. McCrindle and Rowbotham, *Dutiful Daughters*, pp. 39~40.

81. Martha, 'Problems of Real Life,' *Lansbury's Labour Weekly*, 3 October 1925, p. 2.

82. Leonora Eyles, 'And the Poor Get,' *Lansbury's Labour Weekly*, 23 May 1925, p. 14.

83. Leonora Eyles, 'The Husband,' *Lansbury's Labour Weekly*, 21 March 1925, p. 14.

84. Leonora Eyles, 'Doing Wrong,' *Lansbury's Labour Weekly*, 5 September 1925, p. 17.

85. Andrea Weiss, *Paris Was a Woman: Portraits from the Left Bank*, Pandora, London, 1995, p. 21

86. Benstock, *Women of the Left Bank*, pp. 184~85.

87. Weiss, *Paris Was a Woman*, pp. 65~6.

88. Doan, *Fashioning Sapphism*, pp. 185~94.

89. 브리튼(Vera Brittain)은 Marion Shaw, *The Clear Stream: A Life of Winifred Holtby*, Virago, London, 1999, p. 211에서 인용.

90. Brittain, *Halcyon*, p. 23.

91. Ibid.

92. Russell, *The Right to Be Happy*, p. 148.

93. Gilman, 'Toward Monogamy,' in ed. Kirchwey, *Our Changing Morality*, pp. 57~9.

94. Crystal Eastman, 'Alice Paul's Convention,' in ed. Cook, *Crystal Eastman*, pp. 62~3.

95. La Follette, *Concerning Women*, p. 98.

96. Ibid., pp. 99~100.

97. Parsons, 'Changes in Sex Relations,' in ed. Kirchwey, *Our Changing Morality*, p. 46.

98. Ibid., p. 47.

4장 출산

1. Graul, *Hilda's Home*, in ed. Kessler, *Daring to Dream*, pp. 203~4.

2. Lois Waisbrooker, 'Woman's Power,' *Lucifer*, Vol. I, No. 16, 21 April 1897, p. 125.

3. Slenker, 'Dianaism,' *Lucifer*, Vol. I, No. 15, 14 April 1897, p. 117.

4. Blatt, *Free Love and Anarchism*, p. 164.

5. Linnett, 'Continence and Contraception,' *Lucifer*, Vol. I, No. 18, 5 May 1897, p. 39.

6. Du Bois, *Harriot Stanton Blatch*, pp. 66~7. 자발적 모성에 대해서는 Linda Gordon, *Woman's Body, Woman's Right: A Social History of Birth Control in America*, Viking Press, New York, 1976, pp. 95~115 참조

7. Annie Besant, 'Preface,' *The Law of Population: Its Consequences and Bearing upon Human Conduct and Morals*(1891), Augustus M. Kelley, New York, 1970, p. 4.

8. Clapperton, *Scientific Meliorism*, p. 95.

9. Malthusian League, 'To Working Men and Women: Do Not Have a Large Number of Children,' Malthusian League, no date, copy of leaflet in author's possession.

10. Moses Harman, 'The Social Side of Anarchism,' *Lucifer*, Vol. V, No. 39, 12 October 1901, p. 7.

11. Beard, *Woman's Work in Municipalities*, p. 68.

12. Jeffrey Weeks, *Sex, Politics and Society: The Regulation of Sexuality Since 1800*, Longman, London, 1981, pp. 128~40.

13. Mark H. Haller, *Eugenics: Hereditarian Attitudes in American Thought*, Rutgers University Press, New Brunswick, 1984, pp. 84, 178; Ewen and Ewen 7, *Typecasting: On the Arts and Sciences of Human Inequality*, Seven Stores Press, New York, 2006, pp. 281~312.

14. Gilman, 'Humanness' (1913), Lane, *To Herland and Beyond*, p. 283에서 인용.

15. 블래치(Blatch)는 Du Bois, *Harriot Stanton Blatch*, p. 67에서 인용.

16. Anna Davin, *Growing Up Poor: Home, School and Street in London 1870~1914*, Rivers Oram Press, London, 1996, p. 213.

17. Beard, *Woman's Work in Municipalities*, p. 69.

18. Sears, *The Sex Radicals*, p. 244.

19. Hamilton, *Exploring the Dangerous Trades*, p. 111.

20. McLaren, *Birth Control in Nineteenth Century England*, p. 226.

21. Hannah Mitchell, *The Hard Way Up*, Virago, London, 1977, pp. 88~9.

22. Alice Drysdale Vickery, *A Women's Malthusian League: A Women's League for the Extinction of Poverty and Prostitution through the Rational Regulation of the Birth-Rate*, Pamphlet of The Malthusian League, London, no date, pp. 2~4.

23. Dora Forster, 'America Under Comstock,' *New Generation*, January 1927, p. 6.

24. 코니코우(Antoinette Konikow)는 Mari Jo Buhle, *Women and American*

Socialism, 1870~1920, University of Illinois Press, Urbana, 1983, p. 270에서 인용. 코니코우의 영향력에 대해서는 pp. 270~71 참조

25. Richard Drinnon, *Rebel in Paradise: A Biography of Emma Goldman*, The University of Chicago Press, Chicago, 1961, pp. 166~8.

26. Gordon, *Woman's Body, Woman's Right*, p. 214.

27. David M. Kennedy, *Birth Control in America: The Career of Margaret Sanger*, Yale University Press, New Haven, Connecticut, 1970, p. 23; Gordon, *Woman's Body, Woman's Right*, pp. 209~36도 참조

28. Margaret Sanger, 'Comstockery in America,' *International Socialist Review*, Vol. XVI, No. 1, July 1915, pp. 46, 48.

29. Stella Browne, Letter, *Freewoman*, 1 August 1912, p. 217.

30. Stella Browne to Margaret Sanger, 7 September 1915, Margaret Sanger Papers Project, New York University.

31. Jane M. Jensen, 'The Evolution of Margaret Sanger's *Family Limitation* (pamphlet), 1914~1921,' *Signs*, Vol. 6, No. 3, Spring 1981, pp. 548~55.

32. Margaret Sanger, *The New Motherhood*, Jonathan Cape, London, 1922, p. 225.

33. Agnes Smedley to Margaret Sanger, June 1924, quoted in Mackinnon and Mackinnon, *Agnes Smedley*, pp. 98~9.

34. Robyn L. Rosen, *Reproductive Health, Reproductive Rights: Reformers and the Politics of Maternal Welfare, 1917~1940*, Ohio State University Press, Columbus, 2003, pp. 93~5, 115, 120.

35. Mary Ware Dennett quoted in Chen, '*The Sex Side of Life*,' p. 172.

36. 버로우 판사에 대해서는 위의 책, p. 290에서 인용.

37. Dora Russell, *The Tamarisk Tree: My Quest for Liberty and Love*, Elek/Pemberton, London, 1975, p. 169.

38. Stella Browne, Letter, *New Leader*, 5 January 1923, p. 7; Dora Russell, Letter, *New Leader*, 26 January 1923, p. 13; Evelyn Sharp, Letter, *New Leader*, 9 March 1923, p. 15.

39. Russell, *The Tamarisk Tree*, p. 172.

40. Rowbotham, *A New World for Women*, pp. 54~9; Clare Debenham, 'The Origins and Development of the Birth Control Movement in Manchester and Salford, 1917~1935,' MA Manchester Metropolitan University, 2006, pp. 107~15 참조

41. Lesley A. Hall, 'Feminist Reconfigurations of Heterosexuality in the 1920s,' in eds. Lucy Bland and Laura Doan, *Sexology in Culture: Labelling Bodies and Desires*, Polity Press, Cambridge, 1998, p. 137; Hera Cook, *The Long*

Sexual Revolution: English Women, Sex, and Contraception 1800~1975, Oxford University Press, Oxford, 2004, pp. 192~202.

42. Marie Stopes, *A Letter to Working Mothers on How to Have Healthy Children and Avoid Weakening Pregnancies*(pamphlet), Mothers' Clinic for Constructive Birth Control, London, 1926, p. 2.

43. Ibid., p. 16.

44. 스톱스(Marie Stopes)는 Barbara *Evans, Freedom to Choose: The Life and Work of Dr. Helena Wright – Pioneer of Contraception*, Bodley Head, London, 1984, p. 144에서 인용.

45. Marie Stopes, *Radiant Motherhood: A Book for Those Who Are Creating the Future*, G. P. Putnam and Sons, London, 1920, p. 176.

46. Margaret Sanger, 'Birth Control and Racial Betterment,' 1919, in ed. Esther Katz, *The Selected Papers of Margaret Sanger, Vol. I, The Woman Rebel, 1900~1928*, University of Illinois Press, Urbana, 2003, p. 252.

47. Katz, *The Selected Papers of Margaret Sanger*, p. 274.

48. Margaret Sanger, *Woman and the New Race*, Brentano's, New York, 1920, pp. 45~6.

49. Stella Browne, 'Working Woman Supports Birth Control,' in *New Generation*, November 1922, p. 3.

50. Sheila Rowbotham Interview with Dora Russell, Mss Notes, 1974.

51. 'SW,' 'Birth Control and You,' *Woman Worker*, No. 4, July 1926, p. 4.

52. 1921년 듀보이스(W. E. B. Du Bois)는 Jessie M. Rodrique, 'The Black Community and the Birth Control Movement,' in eds. Kathy Peiss and Christina Simmons, *Passion and Power: Sexuality in History*, Temple University Press, Philadelphia, 1989, p. 142에서 인용.

53. Quoted in ibid., p. 145.

54. Suzie Fleming and Gloden Dallas, 'Interview with Jessie Stephen' in ed. Marsha Rowe, *Spare Rib Reader*, Penguin, London, 1982, p. 560.

55. Rowbotham, *A New World for Women*, pp. 23, 56~8.

56. Crystal Eastman, 'Britain's Labor Women,' 1925, in ed. Cook, *Crystal Eastman*, p. 142.

57. Mrs E. Williams, Letter, *Lansbury's Labour Weekly*, 11 July 1925, p. 14.

58. Hamilton, *Exploring the Dangerous Trades*, p. 112.

59. Marie Stopes, *Mother England: A Contemporary History*, John Bale and Danielsson, London, 1929, p. 183.

60. Russell, *The Tamarisk Tree*, p. 175.

61. Stella Browne, 'Birth Control in Taff Vale: A Socialist Synthesis,' *New*

Generation, October 1923, p. 116.

62. Stella Browne, Letter, *The Communist*, 19 August 1922, p. 8.

63. Parsons, 'Changes in Sex Relations,' in ed. Kirchwey, *Our Changing Morality*, p. 49.

64. Russell, *The Right to Be Happy*, p. 152.

65. Teresa Billington‒Greig, 'Commonsense on the Population Question,' 1915, quoted in Harrison, *Prudent Revolutionaries*, p. 63.

66. Dora Marsden, *Freewoman*, 2 May 1912, Bland, *Banishing the Beast*, p. 272 에서 인용.

67. Helen Winter, *Freewoman*, 7 March 1912, 위의 책, p. 234에서 인용.

68. Crystal Eastman, 'Now We Can Begin,' 1920, in ed. Cook, *Crystal Eastman*, p. 52.

5장 어머니

1. Russell, *The Tamarisk Tree*, p. 171.

2. Richard Evans, *The Feminist Movement in Germany, 1894~1933*, Sage, London, 1976, p. 121; Karen Offen, *European Feminisms, 1700~1950*, Stanford University Press, Stanford, 2000, p. 267; Graves, *Labour Women*, p. 101.

3. Pat Thane, 'Visions of Gender in the making of the British Welfare State: The case of women in the British Labour Party and social policy, 1906~1945,' in eds. Gisela Bock and Pat Thane, *Maternity and Gender Policies: Women and the Rise of the European Welfare States*, Routledge, London, 1991, p. 102.

4. Andro Linklater, *An Unhusbanded Life: Charlotte Despard, Suffragette, Socialist and Sinn Feiner*, Hutchinson, London, 1980, pp. 97~100.

5. Hollis, *Ladies Elect*, p. 437.

6. Ibid., p. 439.

7. Thane, 'Visions of Gender,' p. 102.

8. Liddington, *The Life and Times of a Respectable Rebel*, p. 213.

9. Thane, 'Visions of Gender,' p. 101.

10. 'The Mothers' Arms,' Sylvia Pankhurst Papers, International Institute for Social History, Amsterdam; Winslow, Sylvia Pankhurst, pp. 95~6 참조.

11. Thane, 'Visions of Gender,' p. 102.

12. Hollis, *Ladies Elect*, p. 438; Shena Simon, 'Margaret Ashton and her work,'

The Woman Citizen, (no volume number), No. 281, December 1937, p. 3, Margaret Ashton Papers, Manchester Reference Library도 참조

13. Hollis, *Ladies Elect*, p. 435.
14. Gillian Scott, *Feminism and the Politics of Working Women: The Women's Co-operative Guild 1880s to the Second World War*, UCL Press, London, 1998, pp. 111~16.
15. Ibid., p. 118.
16. Ibid., pp. 118~20; Thane, 'Visions of Gender,' pp. 104~7.
17. Pivar, *Purity Crusade*, pp. 204, 228~31; Molly Ladd-Taylor, *Mother-Work, Women, Child Welfare and the State, 1890~1930*, University of Illinois, Urbana, 1994, pp. 46~57.
18. Chicago Afro-American Mothers' Council, 1900, Anne Meis Knupfer, *Toward a Tenderer Humanity and a Nobler Womanhood: African American Women's Clubs in Turn-of-the-Century Chicago*, New York University Press, New York, 1996, p. 69에서 인용.
19. Barbara Sicherman, *Alice Hamilton: A Life in Letters*, Harvard University Press, Cambridge, Mass., 1984, p. 316; Beard, *Woman's Work in Municipalities*, pp. 56~65, Ladd-Taylor, *Mother-Work*, pp. 75~81.
20. Gordon, 'Black and White Visions of Welfare: Women's Welfare Activism, 1890~1945' and Shaw, 'Black Club Women and the Creation of the National Association of Colored Women,' in eds. Hine, King and Reed, '*We Specialize in the Wholly Impossible,*' pp. 433~85 참조
21. 스콧(Clotee Scott)은 Knupfer, *Toward a Tenderer Humanity*, p. 99에서 인용.
22. Ladd-Taylor, *Mother-Work*, pp. 81~91, 167~90.
23. Linklater, *An Unhusbanded Life*, p. 99.
24. Hollis, *Ladies Elect*, p. 462; on Margaret McMillan, see Steedman, *Childhood, Culture and Class in Britain*.
25. 치그넬(Mary Chignell)은 Steedman, *Childhood, Culture and Class in Britain*, p. 60에서 인용.
26. 래스본(Eleanor Rathbone)에 대해서는 Alberti, *Eleanor Rathbone* 참조
27. Scott, *Feminism and the Politics of Working Women*, pp. 119~20.
28. Eleanor Rathbone, Letter, *The Times*, 26 August 1918, p. 6.
29. Thane, 'Visions of Gender,' p. 110.
30. Russell, *Hypatia*, p. 67.
31. Thane, 'Visions of Gender,' p. 111.
32. Report on Family Allowances by a Special Joint Committee, TUC and Labour Party, London, 1930, quoted in ed. Suzie Fleming, *Eleanor*

Rathbone, *The Disinherited Family*, Falling Wall Press, Bristol, 1986, p. 73.

33. Joanne L. Goodwin, *Gender and the Politics of Welfare Reform: Mothers'
    Pensions in Chicago, 1911~1929*, University of Chicago Press, Chicago,
    1997, pp. 4~6, 101~15.

34. Beard, *Woman's Work in Municipalities*, pp. 250~51.

35. 파크(Clara Cahill Park)는 Beard, *Woman's Work in Municipalities*, pp.
    252~3에서 인용.

36. Ladd‒Taylor, *Mother-Work*, pp. 116~17, Rosen, *Reproductive Health,
    Reproductive Rights*, pp. 46~8.

37. White House Conference on the Care of Dependent Children, quoted in
    Gwendolyn Mink, 'The Lady and the Tramp: Gender, Race and the Origins
    of the American Welfare State,' in ed. Linda Gordon, *Women, the State and
    Welfare*, University of Wisconsin Press, Madison, 1990, p. 109.

38. Mink, 'The Lady and the Tramp,' p. 110.

39. Linda Gordon, *Pitied but not Entitled: Single Mothers and the History of
    Welfare, 1890~1935*, The Free Press, New York, 1994, pp. 47~51.

40. Ibid., pp. 287~300.

41. Rathbone, Letter, *The Times*, 26 August 1918, p. 6.

42. Dorothy Jewson, *Socialists and the Family: A Plea for Family
    Endowment*(pamphlet), ILP Publication, London, no date, p. 5.

43. Dorothy Evans quoted in Graves, *Labour Women*, p. 104.

44. Eastman, 'Now We Can Begin,' in Cook, *Crystal Eastman*, p. 54.

45. Ada Nield Chew, 'Mother Interest and Child-Training,' *Freewoman*, 22
    August 1912, in ed. Chew, *Ada Nield Chew*, pp. 250~51.

46. Benita Locke, 'The Latest Capitalist Trap,' *Woman Rebel*, Vol. 1, No. 1,
    March 1914, p. 4.

47. Stella Browne, 'The Disinherited Family,' *New Generation*, February 1925,
    p. 22.

48. Carrica Le Favre, *Mother's Help and Child's Friend*, Brentano's, New York,
    1890, p. 139.

49. Alice B. Stockham, *Tokology*, L. N. Fowler, London, 1918, pp. 130~31.

50. Ibid., p. 333.

51. Charlotte Perkins Gilman, 'Moving the Mountain,' 1911, in ed. Carol Farley
    Kessler, *Charlotte Perkins Gilman: Her Progress Toward Utopia with Selected
    Writings*, Liverpool University Press, Liverpool, 1995, p. 161.

52. Graul, *Hilda's Home*, in ed. Kessler, *Daring to Dream*, p. 197.

53. Gilman, *Moving the Mountain*, p. 161.

54. Charlotte Perkins Gilman, *Herland*, Pantheon, New York, 1979, p. 69.

55. Mabel Harding, 'Social Motherhood,' *Daily Herald*, 19 April 1912.

56. 화이트(Lillie D. White)는 Sears, *The Sex Radicals*, p. 245에서 인용.

57. Georgia Kotsch, 'The Mother's Future,' *International Socialist Review*, Vol. X, No. 12, June 1910, p. 1100.

58. De Cleyre, 'They Who Marry Do Ill,' 1908, in ed. Glassgold, *Anarchy!*, p. 109.

59. 'A Freewoman's Attitude to Marriage,' *Freewoman*, Vol. I, No. 8, 11 January 1912, p. 153.

60. Beatrice Hastings, *New Age*, Vol. XII, No. 10, 9 January 1913, p. 237.

61. Du Bois, *Harriot Stanton Blatch*, p. 216.

62. Ada Nield Chew, 'Mother Interest and Child-Training,' in ed. Chew, *Ada Nield Chew*, p. 248.

63. 로드먼(Henrietta Rodman)은 Ladd – Taylor, *Mother-Work*, p. 114에서 인용.

64. Ibid.

65. Crystal Eastman, 'Marriage under Two Roofs,' 1923, in ed. Cook, *Crystal Eastman*, pp. 76~83.

66. Women's Legislative Congress, 1918, quoted in Goodwin, *Gender and the Politics of Welfare Reform*, p. 143.

67. Leonora Eyles, 'Sleep,' *Lansbury's Labour Weekly*, 14 April 1925, p. 14.

68. Charlotte Perkins Gilman, *The Home: Its Work and Influence*(1903), University of Illinois, Urbana, 1972, p. 97.

69. Charlotte Perkins Gilman, *Women and Economics*(1898), Harper and Row, New York, 1966, p. 335.

70. Kotsch, 'The Mother's Future,' p. 1100.

71. Ibid.

72. Ada Nield Chew, 'Mother-Interest and Child-Training,' in ed. Chew, *Ada Nield Chew*, p. 253.

73. A. D. Sanderson Furniss and Marion Phillips, *The Working Woman's House*, Swarthmore Press, London, 1919, pp. 58~9.

74. Agnes Henry, in Augustin Hamon, *Psychologie de l'Anarchiste-Socialiste*, Stock, Paris, 1895, pp. 224~59.

75. Gilman, *Moving the Mountain*, p. 173.

76. Steedman, *Childhood, Culture and Class in Britain*, p. 96.

77. Russell, *The Tamarisk Tree*, p. 199.

78. Gilman, *The Home*, p. 258.

79. Gilman, *Moving the Mountain*, p. 173.

80. Lizzie Holmes, 1892, Margaret S. Marsh, *Anarchist Women, 1870~1920*, Temple University Press, Philadelphia, 1981, p. 119에서 인용.

81. De Cleyre, 'Modern Educational Reform,' Paul Alrich, *An American Anarchist: The Life of Voltairine de Cleyre*, Princeton University Press, Princeton, 1978, p. 218에서 인용.

82. Emma Goldman, 'The Child and Its Enemies,' 1909, Marsh, *Anarchist Women*, p. 119에서 인용.

83. Annie Davison, in eds. McCrindle and Rowbotham, *Dutiful Daughters*, p. 62.

84. Paul Buhle, *The Origins of Left Culture in the US, 1880~1940: An Anthology*, Cultural Correspondence, Boston, 1978, p. 45.

85. Russell, *The Right to Be Happy*, pp. 185~6.

86. Ibid., p. 185.

87. Ibid., p. 149.

6장 집안일

1. Gilman, *The Home*, p. 93.

2. 리처즈(Ellen Swallow Richards)는 Jane Davison and Lesley Davison, *To Make a House for Me: Four Generations of American Women and the Houses They Lived In*, Random House, New York, 1980, p. 102에서 인용. 리처즈에 대해서는 George F. Kunz, 'Tribute to Mrs Ellen Swallow Richards,' Association of College Alumnae, no date, The Papers of Ellen Swallow Richards, Box 1, File 2, Sophia Smith Collection, Smith College, Northampton, Massachessets 참조.

3. 캠벨(Helen Campbell)에 대해서는 Hayden, *The Grand Domestic Revolution*, pp. 185~6; Kessler, *Charlotte Perkins Gilman*, pp. 27~8; Hill, *Charlotte Perkins Gilman*, pp. 238~58 참조.

4. Sarah Leavitt, *From Catharine Beecher to Martha Stewart: A Cultural History of Domestic Advice*, The University of North Carolina Press, Chapel Hill, 2002, pp. 59~61.

5. 캠벨(Helen Campbell)은 Leavitt, *From Catharine Beecher to Martha Stewart*, p. 51에서 인용.

6. Hill, *Charlotte Perkins Gilman*, p. 242.

7. Leavitt, *From Catharine Beecher to Martha Stewart*, pp. 51~2.

8. The New York Ladies' Health Protective Association, 1894, quoted in Nancy S. Dye, Introduction, in eds. Nora Lee Frankel and Nancy S. Dye, *Gender,*

Class, Race and Reform in the Progressive Era, The University Press of Kentucky, Lexington, 1991, p. 3.

9. Beard, *Woman's Work in Municipalities*, pp. 306~7.

10. Ibid., pp. 212~13, 217~18.

11. Rheta Child Dorr, 1910, Paula Baker, 'The Domestication of Politics,' in ed. Gordon, *Women, the State and Welfare*, p. 63에서 인용.

12. 키트리지(Mabel Kittredge)는 Beard, *Woman's Work in Municipalities*, p. 11 에서 인용.

13. Martha Bensley Bruère and Robert W. Bruère, *Increasing Home Efficiency*, The Macmillan Company, New York, 1913, p. 169.

14. Vicinus, *Independent Women*, p. 239.

15. Carol Dyhouse, *Feminism and the Family in England, 1880~1939*, Basil Blackwell, Oxford, 1989, p. 132.

16. 'Scotia,' 'Our Woman's Corner,' *Accrington Labour Journal*, No. 26, July 1914.

17. 베리(Mrs Bury)는 Thomson, 'Domestic Drudgery will be a Thing of the Past,' in Yeo, *New Views of Co-operation*, pp. 110~11에서 인용.

18. 'Scotia,' 'Our Woman's Corner.'

19. Thane, 'Vision of Gender,' in eds. Bock and Thane, *Maternity and Gender Politics*, p. 96.

20. Mitchell, *The Hard Way Up*, p. 99.

21. Ada Nield Chew, 'Men, Women and the Vote,' *Accrington Observer*, 9 September 1913, in ed. Chew, *Ada Nield Chew*, p. 220.

22. Mary Macarthur, 'Editorial,' *The Woman Worker,* 5 June 1908, p. 1.

23. Margaret G. Bondfield, 'Women as Domestic Workers,' 1919, in ed. Ellen Malos, *The Politics of Housework*, Alison and Busby, London, 1980, p. 87.

24. Quoted in Buhle, *Women and American Socialism*, p. 87.

25. Mary Archibald, 1918, Greenwald, 'Working-Class Feminism and the Family Wage Ideal,' *Journal of American History*, Vol. 76, No.1, June 1989, p. 136 에서 인용.

26. Lillie D. White, 'Housekeeping,' *Lucifer*, 27 January 1893, Sears, *The Sex Radicals*, p. 246에서 인용.

27. White, 'Housekeeping,' *Lucifer*, 20 January 1893, 위의 책에서 인용.

28. White, 'Housekeeping,' *Lucifer*, 27 February 1893, 위의 책에서 인용.

29. Holmes, "The 'Unwomanly' Woman," *Our New Humanity*, Vol. 1, No.3, March 1896, p. 10.

30. 오스틴(Kate Austin)은 Howard S. Miller, 'Kate Austin: A Feminist-Anarchist on the Farmer's Last Frontier,' *Nature, Society and Thought*, Vol. 9, No. 2,

April 1996, p. 201에서 인용.

31. Charlotte Perkins Gilman, 'What Diantha Did,' Hayden, *The Grand Domestic Revolution*, p. 196에서 인용.

32. Kotsch, 'The Mother's Future,' *International Socialist Review*, Vol. X, No. 12, June 1910, p. 1101.

33. Gilman, *Women and Economics*, p. 343.

34. Emma Heller Schumm, Speech at Boston Branch of the Walt Whitman Fellowship, 17 March 1901, Helena Born Papers, Tamiment Library and Robert F. Wagner Labor Archives.

35. Chen, '*The Sex Side of Life*,' pp. 20~63; Eileen Boris, *Art and Labor: Ruskin, Morris and the Craftsman Ideal in America*, Temple University Press, Philadelphia, 1986, pp. 32~52.

36. Laurence C. Gerckens, 'Milestones in American City Planning,' *Blueprints*, Vol. X, No. 2, Spring 1992 참조.

37. Kathleen M. Slack, *Henrietta's Dream: A Chronicle of the Hampstead Garden Suburb - Varieties and Virtues*, Hampstead Garden Suburb Archive Trust, London, 1997, p. 11; Hollis, Ladies Elect, pp. 450~51.

38. Hollis, *Ladies Elect*, p. 452.

39. Beard, *Woman's Work in Municipalities*, pp. 307~8.

40. Jane Hume Clapperton, *A Vision of the Future - Based on the Application of Ethical Principles*, Swan Sonnenschein, London, 1904, pp. 276~7.

41. Ibid., pp. 276~8.

42. Ibid., p. 334.

43. On Alice Melvin, see Dyhouse, *Feminism and the Family in England*, pp. 118~19.

44. Sochen, *Movers and Shakers*, pp. 36~41.

45. Clementina Black, *A New Way of Housekeeping*, W. Collins and Sons, London, 1918, pp. 6~7, 61~75.

46. Lynn F. Pearson, *The Architectural and Social History of Cooperative Living*, Macmillan, London, 1988, p. 130.

47. Pearson, *The Architectural and Social History of Cooperative Living*, pp. 110~11.

48. Maxine S. Seller, 'Beyond the Stereotype: A New Look at the Immigrant Woman, 1880~1924,' in ed. George F. Pozzetta, *Ethnicity and Gender: The Immigrant Woman*, Garland, New York, 1991, p. 66.

49. Crystal Eastman, 'Mother-Worship,' in ed. Cook, *Crystal Eastman*, p. 43; Hayden, *The Grand Domestic Revolution*, pp. 268~74.

50. Crystal Eastman, 'Lady Rhondda Contends that Women of Leisure are Menace,' in ed. Cook, *Crystal Eastman*, p. 105.

51. Clementina Black, 'The Domestic Service Problem,' 1919, quoted in Pearson, *The Architectural and Social History of Cooperative Living*, p. 159.

52. 존스(Ben Jones)는 Thomson, 'Domestic Drudgery will be a Thing of the Past,' in ed. Yeo, *New Views of Co-operation*, p. 108. During agitation for a nine-hour day in the early 1870s, the broadside ballad 'Nine Hours a Day' had applied the demand to women. Kathy Henderson, *My Song is My Own: 100 Women's Songs*, Pluto, London, 1979, pp. 128~9에서 인용.

53. Tom Mann, 'Leisure for Workmen's Wives,' *Halfpenny Short Cuts*, 28 June 1890, p. 163.

54. Mitchell, *The Hard Way Up*, p. 113.

55. Ibid., p. 109.

56. Elizabeth Gurley Flynn, 'Problems Organizing Women,' 1916, in ed. Rosalyn Fraad Baxandall, *Words on Fire: The Life and Writing of Elizabeth Gurley Flynn*, Rutgers University Press, New Brunswick, New Jersey 1987, p. 137.

57. Sylvia Pankhurst, *Delphos*, 1927, Harrison, *Prudent Revolutionaries*, p. 221에서 인용.

58. Josephine Conger–Kaneko, 'Does a Woman Support Her Husband's Employer?,' 1913, in eds. Rosalyn Baxandall and Lindon Gordon, *America's Working Women: A Documentary History 1600 to Present*, W. W. Norton, New York, 1995, pp. 186~7.

59. Cicely Hamilton, *Marriage as a Trade*, Chapman and Hall, London, 1912, pp. 92~3, 97.

60. Crystal Eastman, 'Now We Can Begin,' 1920, in ed. Cook, *Crystal Eastman*, p. 56.

61. Ibid.

62. Mary Alden Hopkins, 'Fifty-Fifty Wives,' *Woman Citizen*, 7 April 1923, in Hayden, *The Grand Domestic Revolution*, p. 288.

63. La Follette, *Concerning Women*, p. 194.

64. Bruère and Bruère, *Increasing Home Efficiency*, p. 290.

65. Eunice Freeman, quoted in Knupfer, *Toward a Tenderer Humanity*, p. 17.

66. Lillian M. Gilbreth, *The Home-Maker and Her Job*, D. Appleton and Co., New York, 1927, p. 5.

67. Martha Moore Trescott, 'Lillian Moller Gilbreth and the Founding of Modern Industrial Engineering,' in ed. Joan Rothschild, *Machina Ex Dea: Feminist*

Perspectives on Technology, Pergamon Press, New York, 1983, p. 23.

68. Christine Frederick, *The New Housekeeping: Efficiency Studies in Home Management,* Doubleday, Page and Company, New York, 1916, p. 3.

69. Ibid., pp. xiii~xiv.

70. Gilbreth, *The Home-Maker and Her Job*, p. 29.

71. Hazel Hunkins, ʻKeep a Budget,ʼ *Good Housekeeping*, December 1925, in eds. Braithwaite and Walsh, *Things My Mother Should Have Told Me*, p. 47.

72. 길브레스(Lillian Gilbreth)는 Davison and Davison, *To Make a House a Home*, p. 105에서 인용.

73. Frederick, *The New Housekeeping*, p. 68.

74. 《집을 아름답게》는 Davison and Davison, *To Make a House a Home*, p. 76에서 인용.

75. Christine Collette, *For Labour and for Women: The Womenʼs Labour League, 1906~1918*, Manchester University Press, Manchester, 1989, pp. 161~2.

76. 프리스트먼(Mabel Tuke Priestman)은 Gwendolyn Wright, *Building the American Dream: A Social History of Housing in America*, MIT Press, Cambridge, Mass., 1981, p. 160에서 인용.

77. 로저스(Henry Wade Rodgers)는 Davison and Davison, *To Make a House a Home*, p. 75에서 인용.

78. Frederick, *The New Housekeeping*, pp. xiii~xiv.

79. Leavitt, *From Catharine Beecher to Martha Stewart*, p. 57.

80. Hewitt, *Southern Discomfort*, p. 165.

81. Hayden, *The Grand Domestic Revolution*, p. 274.

82. Gilman, *The Home*, p. 330.

83. Quoted in Hayden, *The Grand Domestic Revolution*, p. 276.

7장 소비자의 힘

1. Hayden, *The Grand Domestic Revolution*, p. 151.

2. Pearson, *The Architectural and Social History of Cooperative Living*, p. 58; Angela V. John, *Evelyn Sharp: Rebel Woman, 1869~1955*, Manchester University Press, Manchester, 2009, p. 145.

3. Scott, *Feminism and the Politics of Working Women*, pp. 58~9.

4. Dyhouse, *Feminism and the Family in England*, p. 122.

5. Ibid., p. 123.

6. Crawford, *The Women's Suffrage Movement*, p. 112.

7. Ibid., p. 135.

8. Thomson, 'Domestic Drudgery Will be a Thing of the Past,' in ed. Yeo, *New Views of Co-operation*, pp. 119~20.

9. Susan Strasser, *Never Done: A History of American Housework*, Pantheon, New York, 1982, p. 113.

10. Hayden, *The Grand Domestic Revolution*, pp. 267~70.

11. Frank, *Purchasing Power*, pp. 52~60, 71~2.

12. Kathleen Waters Sander, *The Business of Charity: The Women's Exchange Movement 1832~1900*, University of Illinois Press, Urbana, 1998, pp. 86~7.

13. Julia Dawson, *Why Women Want Socialism*, Clarion Pass On Pamphlet, No. 4, Clarion, London, no date, p. 16.

14. Herbert Morrison, *Better Times for the Housewife: Labour's Policy for the Homemaker* (pamphlet), Labour Party, London, 1923, pp. 9~11.

15. Beard, *Woman's Work in Municipalities*, pp. 197~206.

16. Ravetz, *Council Housing and Culture*, p. 28.

17. Hollis, *Ladies Elect,* pp. 452~3; Gillian Darley, *Villages of Vision: A Study of Strange Utopias*, Five Leaves Publications, Nottingham, 2007, p. 203.

18. Hollis, Ladies Elect, p. 454; Mary Higgs and Edward E. Hayward, *Where Shall She Live: The Homelessness of the Woman Worker*, P. S. King and Son, London, 1910 참조.

19. Ravetz, *Council Housing and Culture*, p. 74.

20. Hunter, *To 'Joy My Freedom*, p. 135.

21. 워커(Maggie Lena Walker)는 Elsa Barkley Brown, 'Womanist Consciousness,' in eds. Du Bois and Ruiz, *Unequal Sisters*, p. 215에서 인용.

22. Ibid., p. 218.

23. Helen Campbell, *Prisoners of Poverty*, 1887, Sklar, *Florence Kelley and the Nation's Work*, p. 145에서 인용.

24. 노동여성협회(Working Women's Society)는 Tax, *The Rising of the Women*, p. 98에서 인용.

25. Sklar, *Florence Kelley and the Nation's Work*, pp. 308~11.

26. The Label Shop Publicity Committee, 'Women's Trade Union League,' *Ladies' Garment Worker*, Vol. II, No. 3, March 1911, p. 5.

27. 'Report and Proceedings of Special Convention, May 1st to May 3rd, 1913,' *Ladies' Garment Worker*, Vol. IV, No. 6, June 1913, p. 3.

28. Greenwald, 'Working-Class Feminism and the Family Wage Ideal,' *Journal of American History*, Vol. 76, No. 1, June 1989, pp. 130~32; Frank,

Purchasing Power, p. 113.

29. Clementina Black, 'London County Council, Special Committee on Contracts. Inquiry into the condition of the Clothing Trade' in ed. Rodney Mace, *Taking Stock: A Documentary History of the Greater London Council's Supplies Department*, The Greater London Council, London, 1984, p. 29.

30. Advertisement, 'A Remedy for the Sweating System,' *The Syndicalist*, Vol. II, Nos 3~4, March—April 1913, p. 6.

31. Teresa Billington—Greig, 'The Consumer in Revolt,' c. 1912, in eds. Carol McPhee and Ann FitzGerald, *The Non-Violent Militant: Selected Writings of Teresa Billington—Greig*, Routledge and Kegan Paul, London, 1987, p. 284.

32. 힉스(Margaretta Hicks)는 June Hannam and Karen Hunt, *Socialist Women in Britain, 1880s to 1920s*, Routledge, London, 2002, p. 140에서 인용.

33. Ibid., pp. 141~2.

34. Billington—Greig, 'The Consumer in Revolt,' p. 270.

35. Mrs Levy, 1902, Paula E. Hyman, 'Immigrant Women and Consumer Protest: The New York City Kosher Meat Boycott of 1902,' in ed. Pozzetta, *Ethnicity and Gender*, p. 93에서 인용.

36. Marie Ganz in collaboration with Nat J. Ferber, *Into Anarchy and Out Again*, Dodd, Mead and Co., New York, 1920, p. 251.

37. Ganz, *Into Anarchy and Out Again*, p. 252. 전쟁 기간에 나타난 전투성에 대해서는 Elizabeth Ewen, *Immigrant Women in the Land of Dollars: Life and Culture on the Lower East Side, 1890~1925*, Monthly Review Press, New York,1985, pp. 176~83 참조.

38. Minute Book, Council of the East London Federation of the Suffragettes, 6 August 1914, Sylvia Pankhurst Papers, The International Institute of Social History, Amsterdam. The Woman's Dreadnought, 8 March 1914, Hannam and Hunt, Socialist Women, p. 180에서 인용.

39. *The Woman's Dreadnought*, 8 March 1914, Hannam and Hunt, *Socialist Women*, p. 180에서 인용.

40. 바버(Mary Barbour), 크로퍼드(Helen Crawfurd), 돌런(Agnes Dollan)에 대해서는 eds. Elizabeth Ewan, Sue Innes, Siân Reynolds, *The Biographical Dictionary of Scottish Women*, Edinburgh University Press, Edinburgh, 2007, pp. 28~9, 84~5, 98 참조.

41. 'A Remarkable Demonstration in Glasgow of Women and Children' in Elspeth King, *The Hidden History of Glasgow's Women*, Mainstream Publishing, Edinburgh, 1993, p. 136.

42. Parkhead Shop Stewards, quoted in Hannam and Hunt, *Socialist Women*, p.

146.

43. Sheila Rowbotham, *Friends of Alice Wheeldon*, Pluto Press, London, 1986, pp. 87~92.

44. Martin Pugh, 'Women, Food and Politics, 1880~1930,' *History Today*, March 1991, p. 17.

45. Collette, *For Labour and For Women*, p. 163; Noreen Branson, *Poplarism, 1919~1925: George Lansbury and the Councillors' Revolt*, Lawrence and Wishart, London, 1979, pp. 234~7.

46. Hannam and Hunt, *Socialist Women*, p. 144.

47. Winslow, *Sylvia Pankhurst*, pp. 91~2; Barbara Winslow, 'Sylvia Pankhurst and the Great War,' in eds. Ian Bullock and Richard Pankhurst, *Sylvia Pankhurst: From Artist to Anti-Fascist*, St. Martin's Press, New York, 1992, pp. 102~3.

48. Mary Heaton Vorse, *A Footnote to Folly: Reminiscences*, Arno Press, New York, 1980, p. 170.

49. Margaret Bondfield, 'Women as Domestic Workers,' in ed. Malos, *The Politics of Housework*, p. 89.

50. Mitchell, *The Hard Way Up*, p. 208.

51. Pearson, *The Architectural and Social History of Cooperative Living*, p. 144.

52. Pat Thane, 'Women in the British Labour Party and the Construction of State Welfare, 1906~1939,' in eds. Seth Koven and Sonya Michel, *Mothers of a New World: Maternalist Politics and the Origins of Welfare States*, Routledge, New York, 1993, pp. 365~6.

53. Quoted in Mark Swenarton, *Homes Fit for Heroes: The Politics and Architecture of Early State Housing in Britain*, Heinemann, London, 1981, p. 98.

54. Margaret Allen, The Women are Worse than the Men: Women's Political Activism in Mining Communities, 1919~1939, MA Dissertation, International Centre for Labour Studies, University of Manchester, 1997, p. 15.

55. Manchester Women's History Group, 'Ideology in Bricks and Mortar: Women's Housing in Manchester between the Wars,' *North-West Labour History*, No. 12, 1987, pp. 24~48.

56. 'Women's Guild Congress, 1923,' *The People's Year Book and Annual of the English and Scottish Wholesale Societies*, The Co-operative Wholesale Society, Manchester, 1924, pp. 33~4.

57. Branson, *George Lansbury and the Councillors' Revolt*, pp. 233~7.

58. Bertha K. Landes, quoted in Sandra Haarsager, *Bertha Knight Landes of Seattle: Big-City Mayor*, University of Oklahoma Press, Norman and London,

1994, p. 134.

59. Ibid., pp. 152~3.

60. Ewen, *Immigrant Women*, p. 127.

61. Orleck, *Common Sense and a Little Fire,* p. 222에서 인용.

62. Ibid., p. 217.

63. Ibid., pp. 225~40.

64. Reproduction of C.W.S. poster. Eds. Lawrence Black and Nicole Robertson, *Consumerism and the Co-operative Movement in Modern British History. Taking Stock*, Manchester University Press, Manchester, 2009; Pugh, 'Women, Food and Politics,' *History Today*, March 1991, p. 18도 참조.

65. Stuart Ewen, *PR! A Social History of Spin*, Basic Books, New York, 1996, p. 180.

66. Mrs Christine Frederick, *Selling Mrs Consumer*, The Business Bourse, New York, 1928, p. 190; 영화와 성적 매력, 소비에 대해서는 Stuart Ewen and Elizabeth Ewen, *Channels of Desire, Mass Images and the Shaping of American Consciousness*, University of Minnesota Press, Minneapolis, 1992, pp. 65~73 참조.

67. Frederick, *Selling Mrs Consumer*, p. 194.

68. Ibid., p. 191.

69. Ibid., p. 264.

70. Hayden, *The Grand Domestic Revolution*, p. 275.

71. Hazel Kyrk, *A Theory of Consumption*, Isaac Pitman and Sons, London, 1923, pp. 46~64.

72. Hannam and Hunt, *Socialist Women*, pp. 153~6.

73. *The Socialist*, 1 December 1918, p. 4.

74. Ethel Puffer Howes, 1923, Hayden, *The Grand Domestic Revolution*, p. 270 에서 인용.

75. Louise Eberle, 'The Faking of Food,' *Collier's*, November 1910, in ed. Harvey Swados, *Years of Conscience, The Muckrakers: An Anthology of Reform Journalism,* Meridian Books, Cleveland, 1962, p. 261.

8장 일하는 여성

1. Beatrice Potter to Sidney Webb, 12(?) September 1891, Seymour-Jones, *Beatrice Webb*, p. 216에서 인용.

2. Beatrice Webb, Diary, 1 November 1887, eds. Janice and Norman

Mackenzie, *The Diaries of Beatrice Webb*, Virago, London, 2000, p. 94에서 인용.

3. Sidney Webb, 1891, quoted in Michèle A. Pujol, *Feminism and Anti-Feminism in Early Economic Thought*, Edward Elgar, Aldershot, 1992, p. 55. 미국의 비슷한 사례는 Deutsch, *Women and the City*, pp. 109~12 참조.

4. C. Helen Scott, Letter, *The Oxford University Extension Gazette*, April 1893, p. 95.

5. Clara Collet, Diary, May 1900(?), Rosemary O'Day, 'Women and Social Investigation,' Clara Collet and Beatrice Potter,' in eds. David Englander and Rosemary O'Day, *Retrieved Riches, Social Investigation in Britain 1840~1914*, Scolar Press, Aldershot, 1995, p. 177에서 인용.

6. Harold Goldman, *Emma Paterson*, Lawrence and Wishart, London, 1974, pp. 44~5.

7. Isabella Ford, *Women's Wages*(pamphlet), The Humanitarian League, London, 1893; Isabella Ford, *Women as Factory Inspectors and Certifying Surgeons*(pamphlet), The Women's Co-operative Guild, London, 1898; Isabella Ford, *Industrial Women and How to Help Them*(pamphlet), The Humanitarian League, London, c. 1901.

8. 성냥 공장 여성 노동자에 대해서는 Louise Raw, *Striking a Light: The Bryant and May Matchwomen and Their Place in History*, Continuum, London, 2009 참조. 베전트(Besant)와 딜크(Dilke)에 대해서는 Hollis, *Ladies Elect*, p. 113 참조. 흑인에 대해서는 ed. Rodney Mace, *Taking Stock: A Documentary History of the Greater London Council's Supplies Department*, Greater London Council, London, 1984, p. 29 참조.

9. Elizabeth Morgan, Sklar, *Florence Kelley and the Nation's Work*, p. 210에서 인용.

10. Ibid., pp. 233~8, 246~7.

11. Jenny Morris, *Women and the Sweated Trades: The Origins of Minimum Wage Legislation*, Gower, Aldershot, 1986, p. 142.

12. Eleanor Marx, 'A Women's Trade Union' in eds. Hal Draper and Ann G. Lipow, 'Marxist Women Versus Bourgeois Feminism,' *Socialist Register*, Merlin Press, London, 1976, pp. 223~4.

13. *Commonweal*, 1 November 1890, p. 351.

14. Tax, *The Rising of the Women*, p. 49에서 인용.

15. Ada Nield Chew, in ed. Chew, *Ada Nield Chew*, p. 75.

16. Ibid., pp. 75~6.

17. Mrs Rigby, Women's Co-operative Guild Conference, *Manchester Guardian*,

19 June 1896, Women's Suffrage Collection, Reel 11, Manchester Central Library.

18. Women's Trade Union League, *Quarterly Report and Review*, April 1891, No. 1, Women's Trade Union League, London, 1892, pp. 9, 13~14.

19. Mary Quaile, 'Margaret Ashton,' *Woman Citizen*, (no volume numbers), No. 281, December 1937, p. 5.

20. Nancy Schrom Dye, *As Equals and as Sisters: Feminism, Unionism and the Women's Trade Union League of New York*, University of Missouri Press, Columbia, 1980, pp. 14~16.

21. Cooper, *A View from the South*, p. 254.

22. 워커(Maggie Lena Walker)는 Jacqueline Jones, *American Work: Four Centuries of Black and White Labor*, W. W. Norton, New York, 1998, p. 333 에서 인용.

23. Rosalyn Terborg–Penn, 'Survival Strategies Among African-American Women Workers: A Continuing Process,' in ed. Ruth Milkman, *Women, Work and Protest: A Century of US Women's Labor History*, Routledge and Kegan Paul, Boston, 1985, pp. 142~4.

24. Sharon Harley, 'When Your Work is Not Who You Are: The Development of a Working-Class Consciousness Among Afro-American Women,' in eds. Hine, King, Reed, '*We Specialize in the Wholly Impossible*,' p. 28.

25. Doris Nield Chew, 'The Life,' in Chew, *Ada Nield Chew*, pp. 27~8.

26. Avrich, *An American Anarchist*, pp. 70~74.

27. 예지에르스카(Anzia Yezierska)는 Alice Kessler–Harris, *Out to Work: A History of Wage-Earning Women in the United States*, Oxford University Press, Oxford, 1982, p. 226에서 인용. 예지에르스카에 대해서는 Showalter, *A Jury of Her Peers*, pp. 318~21 참조.

28. Charlotte Perkins Gilman, 1933, Lane, *To Herland and Beyond*, p. 324에서 인용. 캐서린과 결별한 후 길먼의 고통에 대해서는 Charlotte Perkins Gilman to Emily (Perkins) Hale, 29 May, 1897. Hale Family Papers, Box 108, Sophia Smith Collection, Smith College, Northampton, Mass 참조.

29. Florence Kelley, Sklar, *Florence Kelley and the Nation's Work*, p. 179에서 인용.

30. Eileen Boris, *Home to Work: Motherhood and the Politics of Industrial Homework in the United States*, Cambridge University Press, Cambridge, 1994, p. 112.

31. Kessler–Harris, *Out to Work*, p. 230.

32. Alice Kessler–Harris, 'The Paradox of Motherhood: Night Work Restrictions in the United States,' in eds. Ulla Wikander, Alice Kessler–Harris, and Jane

Lewis, *Protecting Women: Labor Legislation in Europe, the United States and Australia, 1880~1920*, University of Illinois Press, Urbana, 1995, p. 339.

33. 맥아더(Mary Macarthur)는 Sheila Lewenhak, *Women and Trade Unions: An Outline History of Women in the British Trade Union Movement*, Ernest Benn, London, 1977, p. 126에서 인용.

34. Gertrude Tuckwell, 'Preface,' *Handbook of the Daily News Sweated Industries Exhibition*(pamphlet), Anti-Sweating League, London, 1906, p. 13.

35. Sheila Rowbotham, 'Strategies Against Sweated Work in Britain, 1820~1920,' in eds. Sheila Rowbotham and Swasti Mitter, *Dignity and Daily Bread: New Forms of Economic Organizing Among Poor Women in the Third World and the First*, Routledge, London, 1994, pp. 179~80.

36. The Black Country Living Museum, *Women Chainmakers: By Anvil or Hammer*, Black Country region of the TUC, Dudley, 2009, p. 13.

37. Sylvia Pankhurst, *Daily Herald*, 29 October 1912, in Winslow, *Sylvia Pankhurst*, p. 30.

38. Sally Alexander, 'The Fabian Women's Group,' in ed. Alexander, *Becoming a Woman*, p. 153; Pujol, *Feminism and Anti-Feminism in Early Economic Thought*, pp. 75~93.

39. 새프란(Rose Safran)은 Leon Stein, *The Triangle Fire*, ILR Press, Cornell University Press, Ithaca, 2001, p. 168에서 인용.

40. 슈나이더만(Rose Schneiderman)은 Orleck, *Common Sense and a Little Fire*, p. 39에서 인용.

41. 샤벨슨(Clara Shavelson)은 Sarah Eisenstein, *Give Us Bread But Give us Roses: Working Women's Consciousness in the United States, 1890 to the First World War*, Routledge and Kegan Paul, London, 1983, p. 141에서 인용.

42. 라이리(Kate Ryrie)는 ibid., p. 144에서 인용.

43. Colette A. Hyman, 'Labour Organizing and Female Institution-Building: The Chicago Women's Trade Union League, 1904~1924,' in Milkman, *Women, Work and Protest*, pp. 25~9, 34~7; Robin Miller Jacoby, 'The Women's Trade Union League Training School for Women Organizers, 1914~1926,' in eds. Joyce L. Kornbluh and Mary Frederickson, *Sisterhood and Solidarity*, Temple University Press, Philadelphia, 1984, pp. 10~13; eds. Dimand, Dimand, Forget, *Women of Value*, pp. 47~50.

44. Orleck, *Common Sense and a Little Fire*, pp. 67~8.

45. Helen Marot, *American Labor Unions*(1914), Arno and *The New York Times*, New York, 1969, p. 68.

46. Elizabeth Gurley Flynn, 'Address to Workers,' *Industrial Worker*, Vol. 1,

No. 18, 15 July 1909, p. 3.

47. Elizabeth Gurley Flynn, 'Lawrence,' *Industrial Worker*, Vol. 4, No. 10, 25 July 1912, p. 4.

48. Ardis Cameron, 'Bread and Roses Revisited: Women's Culture and Working-Class Activism in the Lawrence Strike of 1912,' in Milkman, *Women, Work and Protest*, pp. 55~6.

49. Mary Heaton Vorse, 'The Trouble at Lawrence,' *Harper's Weekly*, 1912, in ed. Garrison, Rebel Pen, pp. 31, 35.

50. Ardis Cameron, *Radicals of the Worst Sort: Labouring Women in Lawrence, Massachusetts*, 1860~1912, University of Illinois Press, Urbana, 1993, pp. 142~3.

51. Priscilla Long, 'The Women of the Colorado Fuel and Iron Strike, 1913~1914,' in Milkman, *Women, Work and Protest*, p. 81.

52. Ernest Barker, 'Equal Pay for Equal Work,' *The Times*, 22 August 1918, p. 6.

53. Philip S. Foner, *Women and the American Labor Movement: From the First Trade Unions to the Present*, The Free Press, New York, 1982, p. 262에서 인용.

54. 산업여성조직상설위원회(1917)는 Barbara Drake, *Women in Trade Unions*, Virago, London, 1984, p. 103에서 인용.

55. Lewenhak, *Women and Trade Unions*, p. 182.

56. Drake, *Women in Trade Unions*, pp. 68~110.

57. Lewenhak, *Women and Trade Unions*, p. 183.

58. Lily (Webb) Ferguson, 'Some Party History,' Typed Mss in author's possession. 여성 실업에 대한 논쟁은 *Out of Work*, Nos 22~37, 1922 참조.

59. Augusta Bratton in eds. Baxandall and Gordon, *America's Working Women*, pp. 205~6.

60. Frank, *Purchasing Power*, p. 104.

61. Elise Johnson McDougald, 'The Double Task: The Struggle of Negro Women for Sex and Race Emancipation(1925),' in ed. Busby, *Daughters of Africa*, p. 183.

62. Du Bois, *Harriot Stanton Blatch*, pp. 218~24.

63. 뉴먼(Pauline Newman)은 Graves, *Labour Women*, pp. 144~5에서 인용.

64. Kessler-Harris, *Out to Work*, pp. 207~14.

65. Graves, *Labour Women*, p. 141.

66. Ibid., p. 143.

9장 노동과 정치

1. Emma Goldman, 'Intellectual Proletarians,' *Mother Earth*, Vol. III, No. 12, February 1914, p. 265.

2. Lily Gair Wilkinson, *Woman's Freedom*(pamphlet), Freedom Press, London, c. 1914, pp. 15~16.

3. Olive Schreiner, *Woman and Labour*, T. Fisher Unwin, London, 1911, p. 196.

4. Ibid., p. 65.

5. Ibid., p. 123.

6. Ibid., p. 201.

7. Ibid., p. 204.

8. Cooper, *A View from the South*, p. 254.

9. 오스틴(Kate Austin)은 Miller, 'Kate Austin,' *Nature, Society and Thought*, Vol. 9, No. 2, April 1996, p. 201에서 인용.

10. Liz Stanley, *Imperialism, Labour and the New Woman: Olive Schreiner's Social Theory*, Sociology Press, Durham, 2002, p. 88 참조.

11. Ada Heather-Bigg, 1894, Pujol, *Feminism and Anti-Feminism in Early Economic Thought*, p. 61에서 인용.

12. Rowbotham, *Edward Carpenter*, p. 214 참조.

13. Alice Clark, Preface, *Working Life of Women in the Seventeenth Century*, Frank Cass and Company, London, 1968, 머리말 참조.

14. Eds. Dimand, Dimand, Forget, *Women of Value*, pp. 44, 47, 51, 53, 55; Maxine Berg, 'The First Women Economic Historians,' *Economic History Review*, Vol. 45, No. 2, May 1992, pp. 308~29 참조.

15. Clark, Preface, *Working Life of Women in the Seventeenth Century*, no page numbers for preface.

16. Anthea Callen, *Angel in the Studies: Women in the Arts and Crafts Movement 1870~1914*, Astragal Books, London, 1979, p. 7. 그 밖에 eds. Judy Attfield and Pat Kirkham, *A View from the Interior: Feminism, Women and Design*, The Women's Press, London, 1989 참조.

17. 데닛(Mary Ware Dennett)은 Chen, '*The Sex Side of Life*,' pp. 24~7에서 인용.

18. Boris, *Art and Labor*, p. 132.

19. 애덤스(Jane Addams)는 Boris, *Art and Labor*, p. 132에서 인용.

20. 애덤스(Jane Addams)는 위의 책에서 인용.

21. Ibid., p. 133.

22. Ellen Gates Starr, 'Art and Labor,' in ed. Jane Addams, *Hull-House Maps*

and Papers by Residents of Hull-House, A Social Settlement, Thomas Y. Crowell, New York, 1895, p. 169.

23. Scudder, *Social Ideals in English Letters*, p. 231.

24. Ibid., p. 294; Vida Dutton Scudder, 'Early Days at Denison House,' Mss Vida Dutton Scudder Papers, Series 1, Box1/1, Sophia Smith Collection, Smith College, Northampton, Mass 참조.

25. Voltairine de Cleyre, 'The Dominant Idea,' *Mother Earth*, Vol. V, No. 3, May 1910, p. 134.

26. Emma Goldman, *Anarchism: What It Really Stands For*(pamphlet), Mother Earth Publishing Association, New York, 1911, no page numbers.

27. Emma Goldman, *Anarchism and Other Essays*, Mother Earth Publishing Association, New York, 1910, p. 75.

28. Lily Gair Wilkinson, 'Women in Freedom,' *Woman Rebel*, Vol. I, No. 1, March 1914, p. 29.

29. Wilkinson, *Woman's Freedom*, p. 15.

30. 글래스펠(Susan Glaspell)은 Leslie Fishbain, *Rebels in Bohemia: The Radicals of the Masses 1911~1917*, University of North Carolina Press, Chapel Hill, 1982, p. 66에서 인용.

31. Susan Lyn Englander, *Rational Womanhood: William M. Gilbreth and the Use of Psychology in Scientific Management, 1914~1935*, PhD, University of California, Los Angeles, 1999, pp. 114~18.

32. Trescott, 'Lillian Moller Gilbreth,' in ed. Rothschild, *Machina Ex Dea*, p. 31.

33. Ida M. Tarbell, *All in the Day's Work: An Autobiography*, Macmillan Company, New York, 1939, p. 112.

34. Ibid., p. 114.

35. Ibid., pp. 241~2.

36. June Jerome Camhi, *Women Against Women: American Anti-Suffragism 1880~1920*, Carlson, New York, 1994, pp. 156~7.

37. Tarbell, *All in a Day's Work*, p. 282.

38. Josephine Goldmark, *Fatigue and Efficiency: A Study in Industry*, Charities Publication Committee, New York, 1912, pp. 44, 52.

39. Ibid., pp. 79~80.

40. Ibid., pp. 81~2.

41. Ibid., p. 286.

42. Kathy Peiss, *Cheap Amusements: Working Women and Turn-of-the-Century New York*, Temple University Press, Philadelphia, 1986, p. 40.

43. 하우스(Elizabeth Hawes)는 Bettina Berch, *Radical by Design: The Life and*

Times of Elizabeth Hawes, E. P. Dutton, New York, 1988, p. 37에서 인용.

44. Drake, *Women in Trade Unions*, pp. 196~7.

45. Ed. Pauline Graham, *Mary Parker Follett – Prophet of Management: A Celebration of Writings from the 1920s*, Harvard Business School Press, Boston, Massachusetts, 1995, pp. 14~16; Englander, *Rational Womanhood*, pp. 54~9.

46. Mary Parker Follett, *Creative Experience*, Peter Smith, New York, 1951, p. 200.

47. Mary Parker Follett, *Constructive Conflict*, quoted in Graham, *Mary Parker Follett*, p. 68.

48. Ibid., p. 71.

49. Lewis Mumford, *Sketches from Life: The Early Years*, The Dial Press, New York, 1982, pp. 222~3.

50. Helen Marot, *Creative Impulse in Industry: A Proposition for Educators*, E. P. Dutton, New York, 1918, p. 52.

51. Ibid., p. 7.

52. Ibid., pp. 16~19.

53. Ibid., p. 24.

54. Helen Marot, 'Why Reform is Futile,' *The Dial*, 22 March 1919, Janet Polansky, 'Helen Marot: The Mother of Democratic Technics,' in ed. Barbara Drygulski Wright et al., *Women, Work, and Technology: Transformations*, University of Michigan Press, Ann Arbor, 1987, p. 260에서 인용.

55. Mumford, *Sketches from Life*, pp. 244~7.

56. Kyrk, *A Theory of Consumption*, p. 63.

57. Ibid., p. 57.

58. Eds. Dimand, Dimand, Forget, *Women of Value*, pp. 47~8, 60~64.

59. Carby, *Reconstructing Womanhood*, p. 170.

60. Nella Larsen, *Quicksand*, 1928, quoted in Carby, *Reconstructing Womanhood*, p. 170.

10장 일상과 민주주의

1. Beatrice Webb, 'Introduction to 'The Awakening of Women,' A Special Supplement to the New Statesman," 1 November 1913, in Lengermann and Niebrugge-Brantley, *The Women Founders*, p. 303.

2. Mitchell, *The Hard Way Up*, pp. 98~9.

3. Cooper, *A View from the South*, p. 61.

4. Frances Ellen Harper, 'Duty to Dependent Races,' Transactions of the National Council of Women of the United States, 온라인은 http://womhist. binghamton.edu/aswpl/doc2.htm, p. 4(05/06/02 접속).

5. Scott, *Feminism and the Politics of Working Women*, p. 148.

6. Cooper, *A View from the South*, p. 31.

7. Terrell, 'The Progress of Colored Women'; http://gos.sbc.edu/t/terrell-mary.htm, p. 3.

8. Scott, *Feminism and the Politics of Working Women*, p. 148; Paula Giddings, *When and Where I Enter: The Impact of Black Women on Race and Sex in America*, Bantam Books, Toronto, 1988, pp. 85~117 참조.

9. Sarah Reddish, 1907, quoted in Hollis, *Ladies Elect*, p. 431.

10. Sarah Reddish, 1894, quoted in Scott, *Feminism and the Politics of Working Women*, p. 77.

11. Enid Stacy, 'A Century of Women's Rights,' in ed. Edward Carpenter, *Forecasts of the Coming Century*, The Labour Press, Manchester, 1897, p. 100.

12. Ibid., p. 101.

13. Ibid., p. 97.

14. Mabel Atkinson, *The Economic Foundations of the Women's Movement*, Fabian Tract, No. 175, The Fabian Society, London, 1914, p. 22; eds. Dimand, Dimand, Forget, *Women of Value*, p. 44 참조.

15. Dorothy Jewson, *Socialists and the Family: A Plea for Family Endowment*(pamphlet), ILP Publication, London, no date, p. 6.

16. Ibid., p. 5.

17. Mrs Mabel Harding, 'Social Motherhood,' *Daily Herald*, 19 April 1912, p. 11.

18. Hannam and Hunt, *Socialist Women*, p. 145.

19. Hollis, *Ladies Elect*, p. 420.

20. Margaret Ashton, 위의 글에서 인용.

21. Ibid.

22. Margaret Ashton, 위의 글에서 인용.

23. Virginia Woolf, 'Introduction' in ed. Llewellyn Davies, *Life As We Have Known It*, p. xv.

24. Florence Farrow, Women's Guild Congress, Report, *Derby Monthly Records*, October 1919, p. 27.

25. Vorse, *A Footnote to Folly*, p. 168.

26. Beatrice M. Hinkle, 'Why Feminism?,' in. ed. Showalter, *These Modern Women*, p. 141.

27. Leavenworth, 'Virtue for Women' in ed. Kirchwey, *Our Changing Morality*, p. 86.

28. Crystal Eastman, 'Britain's Labour Women,' *The Nation*, 15 July 1925, in ed. Cook, *Crystal Eastman*, p. 142.

29. Crystal Eastman, 'A Matter of Emphasis,' *Time and Tide*, 5 June 1925, in ibid., p. 139.

30. Eva Hubback, 1926, quoted in Harrison, *Prudent Revolutionaries*, p. 280.

31. La Follette, *Concerning Women*, p. 53.

32. Ibid., p. 306.

33. Ibid., p. 207.

34. 맥아더(Mary Macarthur)는 Drake, *Women in Trade Unions*, p. 45에서 인용.

35. Drake, *Women in Trade Unions*, p. 31.

36. Ibid., p. 209.

37. Ibid., p. 197.

38. Nelson Lichtenstein, *State of the Union: A Century of American Labor*, Princeton University Press, Princeton, p. 7.

39. Ibid., pp. 8~9.

40. Mumford, *Sketches from Life*, p. 218.

41. Ibid., p. 222.

42. Marot, *American Labor Unions*, p. 9.

43. Marot, *The Creative Impulse in Industry*, p. 63.

44. Mumford, *Sketches from Life*, p. 223.

45. Marot, *The Creative Impulse in Industry*, p. 144.

46. Ibid., p. 144.

47. Mary Parker Follett, *The New State: Group Organization the Solution of Popular Government*, Peter Smith, Gloucester, Massachusetts, 1965, p. 330.

48. Ibid., p. 330.

49. Ibid., p. 238.

50. Ibid., p. 235.

51. Ibid., pp. 233~5.

52. Ibid., p. 222.

53. Ibid., p. 241.

54. Ibid., p. 222.

55. Ibid., p. 241.

56. Ibid., pp. 234, 240.

57. Showalter, Introduction, in ed. Showalter, *These Modern Women*, pp. 3~29.

58. Ruth Pickering, 'A Deflated Rebel,' in ed. Showalter, *These Modern Women*,

p. 62.

59. Emma Goldman to Ben Reitman, 13 December 1909, quoted in Falk, *Love, Anarchy and Emma Goldman*, p. 113.

60. 보스(Mary Heaton Vorse)는 Dee Garrison, *Mary Heaton Vorse: The Life of an American Insurgent*, Temple University Press, Philadelphia, 1989, p. 25 에서 인용.

61. Ibid., p. 189.

62. Leonora Eyles, 'The Unattached Woman,' *Good Housekeeping*, March 1928, in eds. Braithwaite and Walsh, *Things My Mother Should Have Told Me*, p. 74.

63. Russell, *The Right to Be Happy*, p. 148.

64. Emma Brooke, 1886, quoted in Bland, *Banishing the Beast*, p. 28.

65. Mabel Dodge Luhan, 1914, quoted in Rudnick, *Mabel Dodge Luhan*, p. 73.

66. Holmes, "The 'Unwomanly' Woman," *Our New Humanity*, Vol. 1, No. 3, March 1896, p. 13.

67. Mary Heaton Vorse, quoted in Garrison, *Mary Heaton Vorse*, p. 34.

68. Jane Addams, quoted in Sklar, *Florence Kelley and the Nation's Work*, p. 295.

69. Mary Kingsbury Simkhovitch, quoted in Deacon, *Elsie Clews Parsons*, p. 32.

70. Ibid., p. 38.

71. Isabella Ford, *Women as Factory Inspectors and Certifying Surgeons*(pamphlet), Women's Co-operative Guild, London, 1898, p. 4.

72. Sklar, *Florence Kelley and the Nation's Work*, p. 295. On Britain see Eileen Janes Yeo, *The Contest for Social Science: Relations and Representations of Gender and Class*, Rivers Oram Press, London, 1996, pp. 246~78.

73. Helena Born, *Scrapbooks 1870~1892*, 'Whitman and Nature: Thoreau,' Manuscript Lecture Notes, p. 5, Tamiment Institute Library and Robert F. Wagner Labor Archives.

74. Clara Cahill Park, quoted in Beard, *Woman's Work in Municipalities*, p. 252.

75. Cooper, *A View from the South*, p. 186.

76. Ford, *Industrial Women and How to Help Them*, p. 9.

77. On this tension in relation to class see E. P. Thompson, 'Education or Experience,' in E. P. Thompson, *The Romantics*, Merlin, London, 1997, pp. 4~32.

78. Gilman, *Women and Economics*, p. 79. See Lane, *To Herland and Beyond*, p. 297.

79. Lane, Introduction to Gilman, *Herland*, pp. xxi~xxii.

80. Lizzie Holmes, 'Labor Exchangers' in *Labor Exchange*, 30 April 1887, p. 5.

81. Webb, 'Introduction to The Awakening of Women' in Lengermann and Niebrugge-Brantley, *The Women Founders*, p. 303.

82. Mary Parker Follett, quoted in Beard, *Woman's Work in Municipalities*, p. 308.

83. Parsons, 'Changes in Sex Relations' in ed. Kirchwey, *Our Changing Morality*, p. 48.

84. Voltairine de Cleyre, 'Ideas of Anarchism,' in *Man: A Journal of the Anarchist Ideal and Movement*, Vol. 3, No. 6, June 1935, p. 5.

85. Ibid.

86. De Cleyre, 'The Dominant Idea,' quoted in Avrich, *An American Anarchist*, pp. 169~70.

87. Vida Dutton Scudder, quoted in 'Miss Scudder's Criticized Speech,' Typescript, p. 2, *The Boston Common*, 9 March 1912, Vida Dutton Scudder Papers, File 3, Articles and Clippings, Sophia Smith Collection, Smith College, Northampton, Mass.

맺음말

1. Ed. Ray Strachey, *Our Freedom and Its Results*, Hogarth Press, London, 1936, p. 10.

2. Mary Beard to *Harriot Stanton Blatch*, 15 June 1933, Du Bois, *Harriot Stanton Blatch*, p. 263에서 인용.

3. Mary E. Van Cleves, Rosalyn Baxandall and Elizabeth Ewen, *Picture Windows: How the Suburbs Happened*, Basic Books, New York, 2000, p. 71 에서 인용.

4. Darlene Clark Hine, 'The Housewives' League of Detroit: Black Women and Economic Nationalism' in eds. Nancy A. Hewitt and Suzanne Lebsock, *Visible Women: New Essays on American Activism*, University of Illinois Press, Urbana, 1993, pp. 223~4.

5. *New Republic*, 8 April 1936, Orleck, *Common Sense and a Little Fire*, p. 239 에서 인용.

6. Mary Heaton Vorse, *Labor's New Millions*, Arno and The New York Times, New York, 1969, p. 292. 영국에 대해서는 Henry Srebrnik, 'Class, Ethnicity and Gender Intertwined: Jewish Women and the East London Rent Strikes, 1935~1940,' in *Women's History Review*, Vol. 4, No. 3, 1995, pp. 283~99 참조.

7. Kate Weigand, *Red Feminism: American Communism and the Making of Women's Liberation*, Johns Hopkins University Press, 2001, pp. 32~8,

102~13.

8. Dorothy Thompson, 'Occupation: Housewife, Observation of Everyday Life,' in ed. Dorothy Thompson, *The Courage to be Happy*, Houghton Mifflin, New York, 1957, p. 203.

9. Stella Browne, Evidence before Interdepartmental Committee on Abortion, Ministry of Health, 1938, National Archives.

10. Naomi Mitchison, *The Home and a Changing Civilisation*, John Lane, The Bodley Head, London, 1934, pp. 49~50, 143~5.

11. Elizabeth Hawes, 'Men Can Take It' (1939) in Bettina Berch, *Radical by Design: The Life and Times of Elizabeth Hawes*, E. P. Dutton, New York, 1988, pp. 81~2.

12. Jean Gaffin and David Thoms, *Caring and Sharing: The Centenary History of the Co-operative Women's Guild*, The Co-operative Union, Manchester, 1983, p. 162.

13. Leon Trotsky, *Problems of Everyday Life*(1924), Pathfinder Press, New York, 1973, p. 65.

14. Michael E. Gardiner, *Critiques of Everyday Life*, Routledge, London, 2000, pp. 34~9.

15. Henri Lefebvre, *Everyday Life in the Modern World*, Allen Lane, Penguin Press, London, 1971, p. 92. 르페브르(Lefebvre)는 *The Survival of Capitalism*, Allison and Busby, London, 1976, p. 74에서 '여성의 반란'이 어떻게 '몸'을 다시 '전복'의 요소로 재등장하게 했는가에 대해 언급했다.

16. Lefebvre, *Everyday Life in the Modern World*, p. 173.

17. Ruth Lister, *Citizenship: Feminist Perspectives*, Palgrave, Macmillan, New York, 2003; Kathleen Jones, *Compassionate Authority, Democracy and the Representation of Women*, Routledge, New York, 1993; eds. Sheila Rowbotham and Stephanie Linkogle, *Women Resist Globalization: Mobilizing for Livelihood and Rights*, Zed Books, London, 2001 참조.

18. Linda Gordon, 'The New Feminist Scholarship on the Welfare State,' in ed. Gordon, *Women, the State and Welfare*, p. 28.

19. Lois Waisbrooker, 'A Sex Revolution' (1894) in ed. Kessler, *Daring to Dream*, p. 179. '일상적 생활 실천가'(everyday makers)라는 용어는 덴마크어에서 왔다. 덴마크에서 이 용어는 지역의 일상 문제에 관여하는 활동가 여성을 지칭한다. Lister, *Citizenship*, p. 151.

사진 목록

찾아보기(인물)

354

찾아보기(사항)